好的经济学

破解全球
发展难题的
行动方案

[美] 阿比吉特·班纳吉
[法] 埃斯特·迪弗洛 / 著

张　缘　蒋宗强 / 译

中信出版集团 | 北京

图书在版编目（CIP）数据

好的经济学：破解全球发展难题的行动方案／（美）阿比吉特·班纳吉，（法）埃斯特·迪弗洛著；张缘，蒋宗强译. -- 北京：中信出版社，2020.4（2020.7重印）

书名原文：Good Economics for Hard Times

ISBN 978-7-5217-1318-3

Ⅰ. ①好… Ⅱ. ①阿… ②埃… ③张… ④蒋… Ⅲ. ①经济学—研究 Ⅳ. ① F0

中国版本图书馆 CIP 数据核字（2019）第 288499 号

Good Economics for Hard Times: Better Answers to Our Biggest Problems by Abhijit V. Banerjee and Esther Duflo.
Copyright © 2019 by Abhijit V. Banerjee and Esther Duflo.
Simplified Chinese translation copyright © 2020 by CITIC Press Corporation
All rights reserved.

本书仅限中国大陆地区发行销售

好的经济学——破解全球发展难题的行动方案

著　者：［美］阿比吉特·班纳吉　［法］埃斯特·迪弗洛
译　者：张　缘　蒋宗强
出版发行：中信出版集团股份有限公司
　　　　　（北京市朝阳区惠新东街甲 4 号富盛大厦 2 座　邮编　100029）
承　印　者：北京楠萍印刷有限公司

开　　本：880mm×1230mm　1/32　印　张：14.75　字　数：315 千字
版　　次：2020 年 4 月第 1 版　　　印　次：2020 年 7 月第 3 次印刷
京权图字：01-2019-7308　　　　　　广告经营许可证：京朝工商广字第 8087 号
书　　号：ISBN 978-7-5217-1318-3
定　　价：68.00 元

版权所有·侵权必究
如有印刷、装订问题，本公司负责调换。
服务热线：400-600-8099
投稿邮箱：author@citicpub.com

目 录

前　言 _ VII

第一章　**让经济学再次伟大** _ 001

第二章　**鲨口余生** _ 015
　　离开家园 _ 020
　　移民抽签 _ 022
　　岩浆炸弹 _ 023
　　他们知道吗？_ 025
　　吊起所有的船？_ 027
　　移民有什么特殊性？_ 031
　　工人和西瓜 _ 036
　　技术移民 _ 039
　　哪里有大篷车？_ 040
　　缺乏人际关系 _ 041
　　家庭的舒适 _ 043
　　家庭纽带 _ 046
　　加德满都不眠夜 _ 047
　　风险与不确定性 _ 050

穿过黑暗的玻璃 _ 051

托克维尔之后 _ 053

回归城市之旅 _ 057

艾森豪威尔和斯大林 _ 059

第三章　贸易之痛 _ 063

斯坦尼斯拉斯·乌拉姆的挑战 _ 066

美即是真理，真理即是美 _ 069

对于不可言说的东西，人们必须以沉默待之 _ 071

事实可能并非如此 _ 076

黏性经济 _ 079

保护的对象是谁？_ 082

品牌有什么关系？_ 083

品牌的世界 _ 091

你持有的公司 _ 092

它值 2.4 万亿美元吗？_ 096

制造业的衰退与中国的冲击 _ 098

去他的集群化 _ 100

忘记那些失败者 _ 103

贸易值得吗？_ 106

计算贸易收益：有点技术含量的题外话 _ 107

规模很重要 _ 108

小就美吗？_ 110

贸易战不能解决问题 _ 112

如果不加关税，那要怎么做？_ 114

第四章　喜欢、想要和需要 _ 119

不动如山？_ 123

集体行动 _ 127

集体反应 _ 129

医生和圣人 _ 130

"黑人要求变革（零钱）" _ 133

这次情况不同了 _ 134

统计歧视 _ 136

自我强化的歧视 _ 140

非裔美国人会打高尔夫球吗？_ 142

表现得像白人 _ 144

让我们试着分析一下偏好 _ 145

积极的信念 _ 146

任意的连贯性 _ 149

罗伯斯山洞 _ 151

同质性 _ 152

回音室和全息图 _ 154

全新的公共空间？ _ 156

互联网不起作用了 _ 160

一起赛跑 _ 164

争取公平录取的学生与哈佛大学 _ 167

板球课 _ 171

为和平分区 _ 172

重新摆放躺椅？ _ 174

第五章　增长的终结？ _ 179

辉煌的 30 年 _ 182

不那么辉煌的 40 年 _ 184

增长终结了吗？ _ 185

花朵的战争 _ 188

无限的乐趣 _ 190

索洛的预感 _ 193

经济趋同？_ 195

经济增长的确会发生 _ 196

给我一个杠杆 _ 198

增长的故事 _ 203

百万美元的工厂 _ 206

特区城市 _ 210

创造性毁灭 _ 211

减　税 _ 214

隐秘的扭曲 _ 218

企业走向全球化 _ 220

一些好消息 _ 221

寻找经济增长的魔法 _ 222

以工程援助促进穷国发展？_ 229

带着手机去打鱼 _ 232

银行业的倾斜 _ 236

生命只有一次 _ 238

永远在等待 _ 240

每个人都对，每个人都错 _ 245

追逐增长奇迹 _ 250

传递幸福 _ 252

第六章　　水温渐热 _ 255

50/10 规则 _ 258

沐浴在波罗的海 _ 259

救命的空调 _ 262

现在行动？_ 263
免费的午餐？_ 265
绿色和平的答案_ 267
造成死亡的污染_ 271
绿色新政？_ 275

第七章　《自动钢琴》_ 279
一个路德主义者_ 282
路德主义者之光？_ 287
自己造成的伤害_ 291
大逆转_ 293
"赢者通吃"？_ 297
在丹麦，有些事情尚未发生_ 299
高税率和文化改变_ 303
两个足球联赛的故事_ 305
胜利不是一切_ 306
"天堂文件"_ 308
联合公民？_ 312
"赶上琼斯家"_ 314
美国人的噩梦_ 315
对抗世界_ 318

第八章　被认可的政府_ 321
税收与支出_ 324
政府是问题所在？_ 327
对腐败的执念_ 330
美国是第一名吗？_ 335

第九章　　资助与关注 _ 341

设计社会福利计划 _ 344

钱去哪儿了？_ 350

中产阶层的道德 _ 351

每天都要给我们面包 _ 356

穷人低估了自己 _ 357

避开蛇坑 _ 358

"全民超级基本收入"计划 _ 362

美国实施"全民基本收入"计划？_ 369

超越弹性保障制度 _ 374

聪明的凯恩斯主义：为公益事业提供补贴 _ 377

起跑线 _ 380

协助搬家 _ 384

有尊严地战胜贫困 _ 388

从尊重穷人做起 _ 393

结　论 _ 399

致　谢 _ 405

注　释 _ 409

前　言

10年前，我们写了一本有关我们所做工作的书《贫穷的本质》[①]。令我们惊讶的是，这本书竟然找到了一位读者。我们深感荣幸，但我们也很清醒地知道，我们的作家生涯已经结束了。经济学家们不会真的去写书，人们最不可能阅读的书。我们写了一本书，然后不知为何居然侥幸取得了成功；现在是时候回到我们的老本行——撰写和发表研究论文了。

在我们干回老本行的时候，奥巴马执政之初曾给世人带来如晨光般的希望，但随后人们看到的却是英国脱欧的迷幻疯狂，法国爆发了"黄背心"运动，特朗普要在美墨边境建墙，趾高气扬的独裁者（或他们挑选的同等货色）取代了诞生于"阿拉伯之春"的混乱的乐观主义。不平等问题呈爆炸性增长，环境灾害和全球政策灾难迫在眉睫，而我们除了了无新意的陈词滥调之外，没有别的办法来应对这些问题。

我们写这本书的目的是为了保持希望，让我们自己清楚哪些地方出了问题，为什么会出问题，同时也让我们记住所有正确的事情。相较于找出问题，本书还将花费同样的篇幅探讨如何让世界重回正轨，前提是我们不会"讳疾忌医"。本书不仅会指出经济政策的失败之处，我们被意识形态蒙蔽之处，我们明显的错漏之处，还将阐明在当前这样一个世界环境下，好的经济学在哪些领域会发挥重要作用，以及为什么会发挥重要作用。

尽管世人非常需要这样一本书，但这并不意味着我们就是写这

[①] 《贫穷的本质》简体中文版由中信出版社出版。——编者注

本书的合适人选。当前困扰世界的许多问题在富裕的北半球尤其突出，而我们一直以来都致力于研究生活在贫穷国家里的穷困人口。显然，我们将不得不花费大量精力对许多全新的资料进行研究，并且我们的研究不可避免会出现一些错漏。我们花了一段时间才能说服自己，尽管如此，这仍然值得尝试。

最终我们毅然做出写书的决定，一部分原因是我们感到厌倦，当公众围绕核心经济问题（移民、贸易、增长、不平等或环境）的讨论变得越来越离谱时，自己仍然保持着距离观望。另一部分原因是，我们深入思考后认识到很奇怪的现象，发达国家所面临的问题，实际上通常和我们习惯在发展中国家研究的问题是相似的——人民无法享受发展成果，社会不平等极速加剧，对政府缺乏信心，碎片化的社会和政体，诸如此类。在完成本书的过程中，我们学到了很多，也让我们坚信作为经济学家能够找到的最优应对方法，就是保持实事求是的态度，对取巧的答案和所谓的灵丹妙药保持警惕，对我们已知和理解的事情保持谦虚和诚实。而可能最重要的，是愿意去尝试提出想法，解决问题，犯下错误，只要这些尝试能够驱使我们迈向最终目标，建立一个更加人性的世界。

第一章

让经济学再次伟大

一个女人被医生告知她的生命只剩半年。医生建议她找一位经济学家结婚然后搬到美国南达科他州生活。

女人："这样做能够治好我的病吗？"

医生："不能，但这样会让你剩下的半年时间变得非常长。"

我们生活在一个两极分化日益严重的时代。从匈牙利到印度，从菲律宾到美国，从英国到巴西，从印度尼西亚到意大利，左派和右派之间的公开交流已经越来越多地演变成高分贝的互相谩骂，双方无所顾忌地互放狠话，根本不留任何回旋余地。在我们生活和工作的美国，分裂投票①处于历史最低。[1]在明确表明支持某一党派的人当中，81%的人对另一方持否定态度。[2]61%的民主党人认为共和党人都是种族主义者、性别歧视者或是偏执狂。54%的共和党人声称民主党人居心不良。三分之一的美国人会因为一位亲密的家庭成员与来自对立党派的人结婚而感到失望。[3]

我们在法国和印度待了很长时间，政治权利的兴起在我们所在的自由"开明"的精英世界被广泛讨论着，但讨论的内容越来越多地出现千禧年主义措辞。一种清晰的感觉逐渐浮现：我们所熟知的、建立在民主和对话基础上的文明正受到威胁。

作为社会科学家，我们的任务是向世人提供事实并予以说明，

---

① 分裂投票（split-ticket voting），指选民为非自己所属政党的候选人投票。——编者注

希望凭此能够调解分歧，帮助分歧双方理解彼此的话语，即使无法达成共识，也能够理性地看待分歧。民主可以与异议共存，只要双方彼此尊重，但尊重需要一些理解。

当前这种状况尤其令人担忧，因为这种对话的空间似乎在缩小。社会观点似乎开始"部落化"，不只关于政治，还涉及主要社会问题及相应的处理方式。一项大规模的民意调查发现，美国人对一系列广泛问题所持的观点，集合起来就像几串葡萄串联在一起。[4] 那些秉持相同核心信念的人，似乎对一系列问题都持相同的看法。比如说，同样相信男女有别，或努力工作就能取得成功的人，不论是对移民、贸易、税收还是社会不平等，抑或是对政府的角色，他们的看法都趋于一致。相比收入、人口群体或居住地，这些核心信念更能准确地预测他们的政治观点。

这些问题在某种程度上是政治话语的前沿和中心，而且不仅局限于美国。移民、贸易、税收或政府角色这些问题在欧洲、印度、南非甚至越南同样充满争议。但对这些问题的看法往往完全取决于对特定个人价值观的认同（"我支持移民，因为我是一个慷慨的人""我反对移民，因为移民威胁到我们的民族认同"）。如果要问什么支撑自己的观点，他们给出的答案却是编造的数字和对事实过分简单的解读。没有人是自己认真思考过而得出结论的。

这种现象的确是灾难性的，因为我们似乎陷入了艰难时期。全球经济在贸易扩张和中国惊人的经济成功推动下，迅猛增长，这样的时代可能已经结束，因为中国的经济增长速度开始放缓，而贸易摩擦则在全球各地爆发。亚洲、非洲和拉丁美洲的许多新兴国家在这段上升的发展潮流中获益匪浅，如今则开始担心接下来将会面临什么样的局面。当然，绝大多数富裕的西方国家对缓慢的经济增长并不陌生。但让人非常担忧的是，我们看到在这些国家社会契约正以惊人的速度分崩离析。我们似乎又回到了狄更斯笔下的艰难时世，贫富差距日益拉大，矛盾日趋尖锐，益不满的穷人之间互相对峙，而目之所及，看不到任何解决方案。[5]

当下危机的核心在于经济和经济政策出现了问题。是否可以采取措施推动经济增长？难道这也是富裕的西方世界的当务之急？还有别的需要优先考虑的吗？世界各地急速加剧的社会不平等怎么办？国际贸易是引发危机的原因，还是解决危机的方案，它对不平等造成的影响是什么？国际贸易的未来趋势是怎样的呢，劳动力成本更加低廉的国家能否吸引全球制造业离开中国？那么人口迁移呢，真的有太多的低技术移民吗？新技术怎么样？比如，我们应该担心人工智能（AI）的兴起还是应该赞美它？而或许最迫切的问题是，社会如何帮助所有那些被市场抛下的人？

这些问题绝不是只靠一条推特就能解决的，因此人们有强烈的冲动要逃避这些问题。其中一部分原因是各国对解决我们这个时代最紧迫的挑战无所作为；这种不作为不断地助长愤怒和不信任，使社会严重地撕裂并对立，我们越发难以共同对话和思考，采取行动改变现状。这通常像是一个恶性循环。

经济学家对这些重大问题有很多话要说。他们研究移民对薪资的影响，研究税收是否影响了企业的发展，研究再分配是否鼓励了懒惰。他们思索各国间的贸易情况，并对哪一方可能从中获利或是遭受损失做出有效的预测。他们努力研究为什么有些国家能够实现经济增长，而其他国家不行，以及政府在经济无法增长的情况下要采取何种措施改善局面。他们收集数据，研究是什么让人们变得慷慨、谨慎，是什么让人们离开家去到一个陌生的地方，社交媒体是如何助长人们的偏见的。

事实证明，最新的研究成果往往让人惊奇不已，那些习惯于电视"经济学家"和高中教科书给出的标准答案的人尤其会如此。这些新的研究成果将为那些争论指明新的方向。

不幸的是，很少有人给予经济学家足够的信任，愿意认真倾听经济学家给出的忠告。就在英国举行脱欧公投前夕，我们的英国同行拼了命想要提醒公众，英国脱欧将造成巨大的损失。但他们感到自己的警告没有起到作用。结果证明他们是对的。没有人对他们的警告给予太多关注。2017年初，舆观调查网（YouGov）在英国进行了一项民意调查，问题如下："当下列几种人就自己的专业领域发表言论时，你最相信哪种人的意见？"护士排在第一位，84%的人投票信任护士。政客排在最后，得票率只有5%（尽管地区议会成员被信赖的程度高一点，得票率有20%）。经济学家的排名仅仅比政客高一位，得票率在25%。天气预报员的信任度是经济学家的两倍。[6] 2018年秋天，我们在美国做了同样的调查（加上了其他几个关于经济议题的问题，其结果被我们用来支持本书中的各种观点），访问了1万名美国人。[①] 结果再次显示，只有25%的人相信经济学家在其专业领域的见解，而政客的排名则比英国更低。

这种信任赤字和另一种现象互为镜像，那就是经济学家的专业共识（当它存在时）往往和普通民众的意见截然不同。芝加哥大学布斯商学院会定期向大约40名学院派经济学家（被公认为各自专业

---

① 这项调查是与斯蒂芬妮·斯坦切娃（Stefanie Stancheva）合作完成的。阿比吉特·班纳吉（Abhijit Banerjee）、埃斯特·迪弗洛（Esther Duflo）与斯蒂芬妮·斯坦切娃合著的《我和其他所有人：人们会像经济学家一样思考吗？》(*Me and Everyone Else: Do People Think Like Economists?*) 对这项调查进行了描述。

带头人）询问有关经济的核心问题，在本书中我们将之称为 IGM 布斯咨询小组答案。我们挑选了 10 个 IGM 布斯咨询小组接受的问题摆到我们的普通受访者面前。在大部分问题上，经济学家和受访者的回答完全不同。例如，所有 IGM 布斯商学院咨询小组的成员都不同意"美国对钢铁和铝新增关税将改善美国人民的福祉"；[7] 而调查受访者当中只有三分之一多一点的人持同样的观点。

总的来说，我们的调查受访者比经济学家更悲观：40% 的经济学家赞同"自 2015 年夏天开始涌入德国的难民将在未来 10 年为德国带来经济利益"这一主张，其余人对此持不确定态度，或没有发表意见（只有一人不同意）。[8] 与之形成鲜明对比的是，只有 25% 的调查受访者对这一主张表示赞同，而 35% 的受访者持反对意见。相比经济学家，我们的调查受访者更倾向相信机器人和人工智能的兴起会导致大规模失业，基本不认为机器人和人工智能会创造足够多的新财富来弥补那些被淘汰的人。[9]

造成这种观念差异的原因，不是因为经济学家总是比世界上的其他人更加支持自由放任政策。早前曾有一项研究，邀请经济学家和 1 000 名普通美国人回答相同的 20 个问题，然后比较两者的差异。[10] 研究发现，经济学家（很大程度上）更加支持提高联邦税（97.4% 的经济学家赞成，相比之下 66% 的普通美国人赞成）。相比公众，经济学家对美国政府在 2008 年危机之后所采取的政策（银行救助、刺激措施等）也更有信心。另一方面，67% 的普通美国人认为大公司的首席执行官的薪资过高，而经济学家中仅有 39% 的人持同样观点。这项研究的重要发现是，总体而言，典型的学院派经济学家和普通美国人的思考方式存在巨大差异。在所有 20 个问题中，针对某一特定说法，持肯定态度的经济学家的人数和持同样态度的普通美国人的人数相差 35 个百分点，反映出两个群体之间存在巨大分歧。

此外，即使将著名经济学家对所提问题的看法告知普通受访者，也不能改变他们的观点。对专家和公众明显存在分歧的三个问题，研究人员采用了不同的提问方式。对一部分受访者，研究人员会在正式提问之前以"几乎所有专家都同意这一点……"为开场白，对另外一些人则直接提出问题。最终研究人员得到的答案没有任何区别。例如，关于北美自由贸易协定是否增加了普通人的福利（95% 的经济学家回答"是"），51% 的受访者在被告知经济学家观点的情况下回答"是"，没有被告知的情况下则有 46% 的受访者回答"是"。这充其量也只是一个很小的差异。由此可以看出，似乎很大一部分公众已经彻底拒绝听取经济学家关于经济的观点。

我们从来都不认为，当经济学家和公众的看法不同时，经济学家就一定是正确的。我们经济学家经常太过沉湎于自己的模型和方法，有时会忘记科学有其局限，思想体系有其伊始。我们回答政策问题时始终以假设为基础，这种方式对我们来说已成为第二天性，因为这些假设是我们建立经济模型的基本要素，但这并不意味着它们总是正确的。然而，我们同样掌握其他人所没有的专业知识。本书的目标（保守而言）是向公众传授这方面的一些专业知识，并就我们这个时代最紧迫和最具分歧性的话题重新开启对话。

为此，我们需要了解是什么破坏了公众对经济学家的信任。部分原因是普通民众周遭充斥着大量糟糕的经济学。那些代表"经济学家"出现在公共场合发表公开言论的人，通常和 IGM 布斯咨询小组的成员不是同一批人。除了一些重要的例外，那些在电视或媒体上自封的经济学家——通常顶着 X 银行或 Y 公司首席经济学家头衔，本质上都是其所在机构经济利益的代言人，经常随意忽略证据的重要性。更重要的是，他们更倾向于不惜一切代价对市场做出乐观主义预测，而这正是普通公众大致上能与经济学家取得一致的地方。

不幸的是，从外表（穿着西装，打着领带）或说话的方式（夹杂着许多专业术语），以及电视上谈话时的面部特写看，你很难将他们和学院派的经济学家区别开来。两者之间最重要的区别可能在于这些电视经济学家更加愿意发表意见和预测，而不幸的是这让他们在公众眼里更具权威性。但事实上他们的预测工作做得很糟糕，一部分原因是预测未来几乎是不可能的，因此大多数学院派经济学家对未来学都敬而远之。国际货币基金组织（IMF）的一项工作是预测近期世界经济的增长率。这里请容我们多说一句，尽管该组织拥有非常优秀的经济学家团队，但基本上他们的预测从来没有成功过。《经济学人》杂志曾经计算过国际货币基金组织2000—2014年的预测误差的平均值。[11] 从预测时间开始的两年（比如2012年预测的2014年增长率），平均预测误差为2.8个百分点。也就是说，国际货币基金组织的经济学家做出的预测，比每年随便从 -2% 到 10% 之间挑出一个数字要稍微准确一点。如果只是将连续增长假设为4%，那么两者误差程度则不相上下。我们怀疑这事极大地助长了公众对经济学的普遍怀疑。

另一个造成信任差距的重要因素是，学院派经济学家从未花时间来解释他们那些更加微妙的结论背后通常极为复杂的推理过程。他们是怎样分析这些存在多种解读可能的证据的？他们如何将这些来自不同领域的证据关联起来，从而得出最合理的答案？得出合理答案的程度有多高？是值得我们据此采取行动，还是应该拭目以待？当今的媒体文化天然地排斥这类微妙或长篇大论的解释。我们两个人都曾不得不与电视主持人反复争辩，才能完整地讲述我们的观点（但通常在实际播出时会被剪辑掉），因此我们认识到学院派经济学家通常不愿承担责任向公众发声的原因。向普通民众准确地传达观点，需要花费巨大努力，并且伴随各种风险，比如普通民众会认为你的观点听来非常愚蠢，或者你小心谨慎选择的措辞被媒体操弄，让公众误解成截然不同的意思。

当然有些人会站出来发声，但除了重大例外，这些人往往观点极端，且对现代经济学最优秀成果全无耐心加以研读。其中有一部分人过于崇拜某些正统观点，对任何与之不相符的事实视而不见，像念咒语般地反复宣扬旧的思想，即使这些思想早已被证伪。另外一部分人则对主流经济学不屑一顾，当然有些时候这是主流经济学应得的；但这通常意味着鄙视主流经济学的人不太可能代表当今经济学最杰出的研究。

我们的感觉是，最好的经济学往往是最不刺耳的。世界充满着复杂和不确定，经济学家必须与民众分享的最宝贵的东西往往不是他们的结论，而是他们为了得出结论而选择的道路——他们所知道的事实，他们解释这些事实的方式，他们采取的推理步骤，他们仍然不确定的其他信息。这是因为经济学家不是物理学家那种意义上的科学家，他们往往无法给出绝对意义上的确定性。看过喜剧《生活大爆炸》的人都知道物理学家瞧不起工程师。物理学家思考深奥的理论，而工程师则摆弄各种材料，试图在现实中证明这些理论（至少在这部剧里是这样呈现的）。假如有一部调侃经济学家的电视剧，我们怀疑经济学家的地位会比工程师还要低上好几等，或者顶多也就和制造火箭的工程师相当。与工程师（或者至少是《生活大爆炸》里的那些人）不同，我们没法依靠物理学家来准确地告诉我们火箭脱离地球引力需要的条件。经济学家更像是水管工，我们将基于科学的直觉、基于经验的猜测，以及一连串纯粹的反复试错结合起来以解决问题。

这意味着经济学家经常会犯错。毫无疑问，我们在这本书中也会犯很多错误。不仅是预测增长率这种本身就毫无希望的动作，还有一些更有限的问题，比如征收碳税对气候变化有多大帮助，如果大幅提高税收对首席执行官的薪水有何影响，或者全民基本收入（UBI）会对就业结构产生什么影响。但经济学家并不是唯一犯错误的人，每个人都会犯错误。犯错误并不危险，危险的是过于迷信某个人的观点而置基本的事实于不顾。为了取得进步，我们必须不断回归事实，承认我们的错误，并继续前进。

除此之外，我们周围有很多好的经济学。好的经济学从一些令人不安的现实入手，根据我们已经了解的人类行为和其他理论进行推测，利用数据来测试这些推测，根据新掌握的一系列现实来改进（或彻底地改变）自己的"进攻线路"，并最终在好运的加持下得到一个解决方案。从这方面来看，我们的工作也很像医学研究。悉达多·穆克吉（Siddhartha Mukherjee）所著的关于抗击癌症的精彩书籍《众病之王：癌症传》（*The Emperor of All Maladies*）讲述了一个关于新药面市的真实事件。灵机一动的猜测和仔细的测试，以及多轮改进，所有这些结合在一起才最终使新药面市。[12] 经济学家的很大一部分工作和这本书中讲述的情形非常相像。就像在医学领域一样，我们永远不能确定我们已经掌握了真理。我们只是对一个答案有足够的信心并将之付诸实践，同时心里清楚实践之后可能不得不改变主意。和医学一样，基础科学的完成和核心思想的建立，并不意味着我们的工作结束，在现实世界中实现这个想法也是我们工作的开端。

在某个层面上，人们可以将这本书看作一份经济学研究的"战场报告"：当今最优秀的经济学向我们指出现今社会正在努力解决的根本问题是什么。我们在书中描述了当今最优秀的经济学家是如何看待这个世界的，除了他们的结论，还有他们得出结论的思考过程，他们一直以来，都在试图将现实和白日梦、勇敢的假设和可靠的结果、我们所希望的和我们所知道的区分开来。

重要的是，我们是在一个宏大的信念指引下投身这个项目之中，这个信念就是人类的愿望以及美好生活的根源。也许经济学家眼中的美好生活离不开金钱和物质，而我们所有人想要拥有的充实的生活，远远不止这些，它还包括：社会的尊重，家人和朋友的慰藉，尊严、轻松和愉悦。只将重点放在收入上，不仅是一条便利的捷径，还提供了一幅扭曲现实的镜像，它会让最聪明的经济学家误入歧途，让政策制定者决策失误，让我们之中相当多的人都陷入不应有的困扰。正因为对金钱或物质的执迷，让我们如此之多的人相信整个世界正等着夺走我们的高薪工作；导致我们一门心思将重心放在让西方国家重拾过去那段经济快速增长的光辉岁月；使我们在同一时间对那些穷人的生存状态也产生了深深的怀疑，并且害怕看到自己也沦落到和他们相同的境地。这个同样的原因，也使得经济增长与地球生态之间的平衡看起来更加严峻。

更有效的对话必须首先承认人类对尊严和人际交往的深切渴望，不要把它当作一种干扰，而是将其视为一种更好地理解彼此的方式，把我们从看似棘手的对立中解放出来。我们在本书中将证明，将人的尊严重新放在中心位置，会引发对经济发展的优先事项与该怎样关怀社会成员的深刻反思，尤其是在他们急需帮助的时候。

也就是说，我们将在本书中讨论的任何一个问题，或者也可能是所有的问题，你都可能会得出与我们不同的结论。我们并不希望说服你条件反射性地认同我们，而是希望你采用我们的部分方法，对我们的一部分希望和恐惧感同身受。也许到最后，我们会真正地与彼此交谈。

第二章

鲨口余生

移民问题是大事，大到足以搅动大部分欧洲国家和美国的政坛。对于全球一些最富裕的国家来说，移民问题恐怕是所有问题中最具影响力的政治议题，从唐纳德·特朗普总统杜撰出来的一批凶残的墨西哥移民，到德国移民政策中排外的漂亮话，从法国的国民阵线，到英国的脱欧派，意大利、匈牙利和斯洛伐克这些国家的执政党，莫不如此。对于来自欧洲主流政党的政治家们来说，一边是他们想要坚持的自由主义传统，另一边则是长长的海岸线上将要袭来的威胁，他们需要努力调和这两者之间的矛盾。而对发展中国家而言，虽然移民问题没有那么突出，但南非的津巴布韦难民、孟加拉国的罗兴亚人危机，以及印度阿萨姆邦的公民身份法案引发的冲突，同样让所在国感到惊惧。

恐慌从何而来？2017年，国际移民占世界人口的比例大致与1960年或1990年相同，为3%。[1] 欧盟（EU）每年平均接收来自世界其他地区的非欧盟移民人数在150万至250万人之间。250万人不到欧盟人口的0.5%，并且其中大部分人是通过就业和投靠亲人的合法途径获得移民资格的。2015年和2016年，欧盟涌入了大量难民，这很罕见。等到2018年，向欧盟寻求庇护的人数已经回落到63.8万人，只有38%的申请获得批准，[2] 相当于每2 500名欧盟居民中仅有一名难民。这种情况很难被称为难民潮。

出于对种族融合的恐惧和对种族纯洁的迷信，种族主义者罔顾事实并危言耸听。一项调查采访了6个国家（法国、德国、意大利、瑞典、英国和美国）的 22 500 名本地居民，在这些国家里，移民问题已成为最核心的政治问题。调查结果显示，这些国家的民众对移民的数量和构成均存在巨大误解。[3] 例如在意大利，移民在全国人口中的实际比例为 10%，但受访者的平均看法是 26%。

同时，受访者严重高估了穆斯林移民，以及来自中东和北非移民的比例。而且他们眼中的移民受教育程度和贫困程度，以及移民失业和依靠政府救济的可能性，都比实际情况更为糟糕。

政客们过分地夸大事实，以此增添民众的担忧。2017 年法国总统大选前夕，玛丽娜·勒庞（Marine Le Pen）经常提到 99% 的移民是成年男性（实际上只有 58%），而 95% 定居法国的移民因为不想工作而"被国家养了起来"（实际上 55% 的移民进入了劳动力市场）。[4]

最近的两项实验表明，哪怕是在可以对事实真相进行系统性核查的世界，依靠这种策略也能赢得选举。在美国的一项研究中，研究人员设置了两组问题。一组旨在征集受访者对移民的看法，另一组则旨在了解受访者对移民数量和特征的真实了解程度。[5] 一部分受访者先回答有关移民实际情况的问题，然后再说出自己的看法（通过这种方式，让他们意识到自己对移民的偏见）时，他们会更加倾向于反对移民。而当了解到真实数据时，他们对移民现状的认识发生了变化，但他们对移民问题的基本看法却没有改变。在法国，相似的实验得出了类似的结果。接触玛丽娜·勒庞虚假说法的人更可能会投票给她。[6] 悲哀的是，即使勒庞的说法被当面揭穿，这些人仍然顽固不化。真相没能劝说他们改变自己的看法。只是单纯地思考移民问题就已经让人变得狭隘，就连事实摆在眼前也没办法阻止他们对移民抱有偏见。

事实被忽视的一个重要原因是存在一种看上去完全不言自明的经济学观点,因为这种观点的存在,哪怕现实证据支持完全相反的结论,许多人仍然没有办法放弃原来的看法。对移民的经济分析常常沦为一种颇具吸引力的三段论,即世界上到处都是穷人,如果他们能想方设法去到一个条件更好的地方(任何地方),当然就能够赚到更多的钱。因此,不论他们原本在哪里,哪怕只有一半的机会,他们也肯定会选择离开,来到我们的国家,从而拉低我们的工资水平,让大部分原本生活在这里的人变得更加穷困。

这种论点之所以能够吸引人,是因为它完全符合高中经济学对供需规律的标准解释。人们想要更多的钱,因此不论何地,只要工资更高,就会成功吸引所有人(供给增加)。随着劳动力需求曲线的下降,劳动力供给的增加会降低所有人的工资水平。移民会从中受益,但本地工人会遭受损失。特朗普总统坚持说美国已经"满员",正是试图利用这种情绪。这套理论的推理过程如此简单,以至在一张小小的餐巾纸上就能完美演示,如图 2-1 所示。

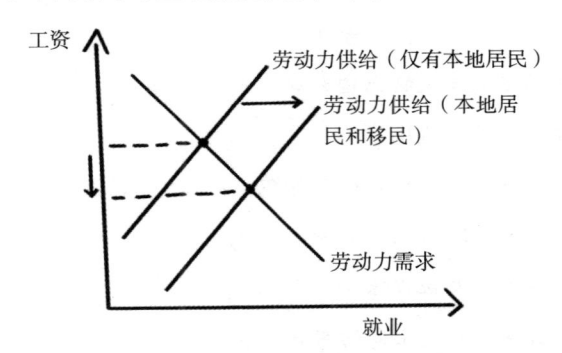

图 2-1 "餐巾纸上的经济学"。为什么移民必然导致我们其他人更贫穷?

这个推理逻辑简单、具有迷惑性,同时也是错误的。首先,国家（更普遍的情况是地区）间的工资差异与是否有移民没有丝毫关系。虽然确实有很多人不论身处何地都渴望能够离开，但正如我们将要看到的那样，长久以来一直困扰着我们的不解之谜是，为什么会有那么多人在可以离开的时候却没有离开？

其次，并没有可靠的证据表明，大批低技术移民的涌入会伤害到本地居民，包括那些在技能方面和移民最为相似的本地居民。实际情况是，移民似乎改善了自身和包括本地居民在内的大多数人的处境。这和劳动力市场的特殊性有很大关系，但与那种关于供需关系的标准说法呈弱相关。

离开家园

英国的索马里裔诗人沃尔森·希雷（Warsan Shire，又译瓦森·沙尔）写道：

> 没人会离开家园，除非，
> 家园变成鲨鱼的血盆大口，
> 你只能奔向边境。
> 当你看到整个城市也在奔跑，
> 你的邻居跑得比你更快，
> 喉咙里透着血腥味儿，
> 过去和你一起上学的男孩，
> 曾在旧锡厂后面吻得你天旋地转，
> 此时正举着一杆比他还高的枪，
> 你只能离开家园，

如果它不让你留下……[7]

希雷当然意有所指。人们最迫切想要离开的地方（比如伊拉克、叙利亚、危地马拉甚至也门这样的国家），远非世界上最贫穷的国家。在调整人们的生活成本差异［经济学家称之为购买力平价（purchasing power parity），即PPP］之后，伊拉克的人均收入大约是利比里亚的20倍，至少是莫桑比克或塞拉利昂的10倍。尽管也门2016年的收入水平经历了大幅下滑，但其富裕程度仍然是利比里亚的3倍（最近几年缺乏数据）。而特朗普总统最喜欢攻击的墨西哥，则是一个收入中等偏上国家，其福利制度广受赞誉并被他国效仿。

那些试图离开这些国家的人，恐怕不像利比里亚或莫桑比克的普通居民那样，面临着令人无法忍受的极端贫困。他们更多是由于日常生活的崩溃而选择离开：墨西哥北部的毒品战争、危地马拉恐怖的军政府，以及中东的内战，给他们的生活带来动荡和暴力。尼泊尔的一项研究发现，即使是在农业严重歉收的年份，也没有多少尼泊尔人离开国家。[8]事实上，灾年里离开的人非常少，因为他们根本负担不起路上的费用。直到尼泊尔国内的政治环境突然变得恶劣，人们才开始逃离。他们是在逃离鲨鱼的血盆大口。当这种情况发生时，要阻止他们是不可能的，因为他们心中已经没有了可以回去的家园。

当然，相反的情况也存在：怀揣雄心壮志，不惜一切代价想要离开的移民。比如，在萨蒂亚吉特·雷伊（Satyajit Ray）执导的优秀系列电影《阿普三部曲》第二部《大河之歌》中充满矛盾的主角阿普，被夹在农村家中孤独的母亲和城市令人向往的丰富可能性之间；[9]比如一个想移民的中国人可以同时打两份工，为有朝一日能够供孩子去哈佛大学上学而省吃俭用。我们知道，这样的人是存在的。

剩下的大多数，就是处在这两者之间的人，不论是内心欲望，还是外部环境，都缺乏迫使他们背井离乡的极端因素。他们并不打算竭尽全力赚走每一元可以赚到的钱。即使外国没有边境检查，也不需要躲避移民局，他们还是选择留在本国，譬如和城市存在着巨大收入差距的农村。[①] 德里有一项调查，对象是贫民窟的居民，其中许多人是不久前从德里东部两个大邦——比哈尔邦和北方邦迁移而来的。该调查显示，在支付住房费用后，普通家庭每天的生活费仅略高于 2 美元（按购买力平价计算）。[10] 而比哈尔邦和北方邦底层 30% 的人口每日平均生活费不足 1 美元（按购买力平价计算）。两者对比，德里贫民窟的生活水准要远远高出后者。但是，那些极度贫困的人（大约有 1 亿人）并没有选择搬到德里，让自己的收入翻倍。

不仅仅是发展中国家的人不会因为更好的经济环境迁移。2010—2015 年，希腊的经济危机正值最严重时期，整个国家饱受重创。但在这段时间里，大约只有不到 35 万希腊人选择了移民国外，[11] 至多占希腊总人口的 3%。而事实上，希腊在 2013 年和 2014 年的失业率高达 27%，而且作为欧盟成员国之一，希腊人是可以在欧洲各国自由工作和流动的。

移民抽签

但是，或许没有什么好困惑的，也许我们高估了移民带来的好

[①] 阿尔文·扬（Alwyn Young）利用 65 个国家的数据，发现城市居民的消费比农村居民多 52%。Alwyn Young, "In-equality, the Urban-Rural Gap, and Migration," *Quarterly Journal of Eco-nomics* 128, no. 4 (2013): 1727–85.

处。在判断移民是否有益时，一个重要而普遍的现象是，我们通常只关注移民人口所获得的工资，而忽视了他们做出移民选择的多种理由，以及他们能够成功移民的多种条件。这些移民可能具备特殊的技能或者非凡的韧性，即便留在家乡也能比别人赚更多钱。就算移民从事的许多工作不需要特殊技能，他们的工作往往也和艰苦勤劳联系在一起，需要耐力和耐心（想想做建筑工或者摘水果，这是许多拉丁美洲移民在美国从事的工作），不是任何人都能够日复一日地做到这些。

因此，我们不能简单地将移民收入与仍留在本国的居民收入进行比较，然后像那些鼓吹更多移民的"啦啦队长"所说的那样，认为移民将带来巨大的好处。这正是经济学里所说的"可识别的问题"。为了能够说明是地方差异而不是别的什么原因导致工资差异，我们需要在原因和结果之间建立起明确的联系。

研究签证抽签是一种简便的方法。参与抽签的赢家和输家除了一点点运气之外，在其他各方面往往都是完全相同的。因此，获得签证所带来的收入差异不可能是其他原因导致的，而只能是签证获签所带来的地点改变。以南太平洋小岛国汤加（该国大部分人都非常穷）申请移民新西兰的签证抽签的赢家和输家为例，该研究显示，成功移民的人在一年内增加了两倍多的收入。[12] 而拿到签证获益最大的是在美国工作的印度软件从业者，其收入是印度同行的 6 倍。[13]

岩浆炸弹

造成这些数字差异的原因很容易解释：因为这些数字比较的依据是在申请签证抽签的人之间进行。对于那些没有申请的人来说，情况可能大不相同。比如，他们因为缺乏合适的技能，恐怕无法通过移民获益。不过，还有一些非常具有启发性的研究，是关于人们因为纯粹偶然的事件而被迫迁徙的。

韦斯特曼纳群岛是远离冰岛海岸的一个繁荣的渔业群岛。1973年1月23日，该群岛的火山喷发了。岛上的5 200名居民在4个小时内被疏散，只有1人死亡。火山喷发持续了5个月，岩浆摧毁了岛上大约三分之一的房屋。被毁的房屋位于岛的东部（被岩浆直接淹没），其中一些房屋是被随机的"岩浆炸弹"击中的。由于不可能建造出能抵御岩浆的房屋，因此房屋是否被破坏完全取决于位置和运气。看起来岛屿东部和其他地区没有什么不同：被毁房屋和侥幸脱险的房屋的市场价值完全相同，居民也都是同一类人。这就是社会科学家所说的"自然实验"：我们完全可以相信，那些房屋被毁的人和那些房屋安全的人一开始并没有什么差异，然后，大自然掷出色子。

随后，一个很重要的差异出现了。那些房屋被毁的人得到了与其房屋和土地价值相符的现金赔偿，他们可以用这笔钱重建或者购买另一栋房屋，又或者搬到他们喜欢的其他地方。房屋被毁的人当中有42%选择了搬家（而房屋安全的人当中则有27%选择搬家）[14]。冰岛是一个国土面积不大但运转良好的国家，我们可以通过税收和其他记录来追踪韦斯特曼纳群岛所有原始居民的长期经济发展轨迹。而令人印象深刻的是，详尽的基因数据还让我们可以追踪火山喷发时那些岛民的后代。

利用这些数据，研究人员发现，对于火山喷发时年龄低于25岁的人来说，房屋受损为其带来了日后巨大的经济收益。[15] 到2014年，即使不是所有人都搬离了小岛，相比那些父母房屋安然无恙的人，那些父母房屋被毁的人每年能够多赚 3 000 美元。这种效应集中体现在火山喷发时年纪尚轻的人身上。其中一部分原因是他们更有可能上大学。而且被迫搬家似乎也使他们更有可能找到一份自己擅长的工作，而不是像韦斯特曼纳群岛的大多数人那样变成一个渔民。对于那些尚未花费多年时光学习打鱼技巧的年轻人来说，这条路也更为好走。当然，人们还必须被迫离开（因为岩浆随机的"恩赐"）；那些最大限度保住房屋的人，则仍然像无数前人那样继续捕鱼和生活。

关于这种生活惯性，还有一个更好的例子，来自第二次世界大战结束几年后的芬兰。由于在战争中曾和败北的德军共同作战，芬兰被迫将一块富饶的领土割让给苏联。在这片区域生活的人被迫迁移到其他地区重新安置，总人数约为 43 万，占芬兰全国人口的 11%。[16]

在战前，这批流离失所者，相比其他芬兰人，除了融入城市（如果有的话）和得到正式雇用的可能性偏低，其他方面都相差不多。然而 25 年之后，尽管当年匆忙而混乱的迁出必定留下了许多伤痕，但这些无家可归者已经比其他人更为富裕。这主要是因为他们的流动性更强、融入城市的程度更高，也更容易获得正式的工作。被迫迁居似乎松开了束缚他们的绳索，让他们变得更富有冒险精神。

出于对自然灾害的担忧，或者受战争的影响，人们被迫前往收入更高的地方，这些都说明，仅靠经济激励并不足以让人迁徙。

他们知道吗？

当然，还有一种可能的情况是，贫穷的人并没有觉察到迁移是改善自身经济状况的机会。不过在孟加拉国进行的一个有趣的实验表明，这并非穷人不移民的唯一理由。

孟加拉国境内没有阻止迁移的法律。然而，即使在通常被称为"蒙加"（"饥饿季节"）的干旱季节，在很少有赚钱机会的农村地区，也很少会有人迁移到城市，寻找建筑和运输等行业的低技术就业机会；甚至没有人会迁移到邻近的农村地区，去种植不同生长周期的农作物。为了了解其中的原因，同时鼓励季节性的迁移，研究人员试着利用不同的方式鼓励孟加拉国北部的朗布尔民众在蒙加期间迁移。[17] 当地非政府组织随机选择了一些村民，告诉他们迁移的好处（主要是介绍城市的工资水平），或者在他们同意迁移的情况下，提供相同的信息，并额外提供 11.5 美元的现金或贷款（这笔钱大致相当于去城市的交通费用和几天的用度）。

第二种做法让大约四分之一（22%）原本不会选择迁移的家庭同意一名家庭成员外出工作。他们当中的大部分人都成功找到了工作。他们在外出工作期间的平均收入约为 105 美元，远远超过了留在家乡时的收入。他们平均将收入中的 66 美元汇回或带回给留守的家人。令人惊喜的结果是，当一个家庭每多出一名外出工作的人，这个家庭消耗的卡路里就会增加 50%，从而让这些家庭的生活水平从近乎饥馑提升到轻松获得温饱。

但是这些人为什么要在非政府组织的推动下才下定决心外出工作呢？难道饥饿还不足以驱动他们吗？

很明显，在这种情况下，信息不是绑住人们手脚的限制条件。当非政府组织向随机选择的人群提供有关工作机会的信息（但没有激励措施）时，这些信息完全没有发挥什么作用。此外，在得到财务支持（以及信息支持）并选择外出工作的人当中，尽管已经拥有了找工作和赚钱的经验,但也只有大约一半的人在第二年的蒙加季里选择回到城市。至少对这些人而言,我们很难说是工作机会在阻碍他们外出迁移。

换句话说,尽管那些被迫或是出于其他原因外出工作的人确实在经济上有所收获,但我们很难真的认为大多数人只是在等待一个放弃一切的机会,然后去一个富裕的国家。考虑到经济奖励的力度,移民人数比我们预期的要少得多。一定还有其他原因阻止人们选择移民——稍后我们会再讨论这个问题。在此之前,我们有必要了解针对移民的劳动力市场是如何运作的,尤其是它是否像许多人所相信的那样,移民收入增加的代价是牺牲当地人的利益。

吊起所有的船?

这个问题在经济学界一直都处于激烈争论当中。但总体而言,现实证据似乎表明,即使出现了大规模的移民潮,也几乎没有对所涉及人群的工资或就业前景产生负面影响。

争论之所以一直持续,主要是因为想要说清楚这件事往往并不容易。各国都会限制移民,特别是在经济不景气的情况下,更不可能允许移民进入。而移民也会用脚投票,自然倾向于前往有更好选择的国家。在这两个因素的综合作用下,如果我们用城市的本地人工资与城市中移民工资的比例作图,我们会画出一条优美的往上延伸的线:移民越多,工资就越高。对于支持移民的人来说,这是个好消息,但这也可能是一种彻头彻尾的假象。

想要找出移民对当地人工资的真正影响,我们需要找到那些并非直接因为追求城市工资而出现的移民变化。甚至这样还不够,因为本地的居民和企业也会用脚投票。比如，可能是移民的涌入将许多本地工人挤出城市，才让留下来的本地工人的工资没有下降。如果我们只看到那些选择留在移民定居城市的当地人的工资，我们就会完全忽视那些离去者的痛苦。还有一种可能是，新移民吸引企业进驻某座城市，但代价却是牺牲其他城市的利益，我们可能也看不到这些其他城市的工人所付出的代价。

戴维·卡德（David Card）对"马列尔偷渡事件"的研究是试图回答这些问题的一次巧妙尝试。[18]1980年4月20日，菲德尔·卡斯特罗（Fidel Castro）出人意料地发表了一次讲话，放开对马列尔港的控制，允许国人按照自己的意愿离开古巴。演讲之后，人们反应迅速，从4月底开始就有人离开。从4月到9月期间，共有12.5万名古巴人抵达美国的迈阿密，其中大部分人没有或只接受过极少的教育。他们当中绝大部分都永久定居在迈阿密，导致迈阿密的劳动力增长了7%。

那么工资出现了什么变化呢？为了找出答案，卡德采取了一种被称为"双差法"的分析方法。他将移民到达前后迈阿密原有居民的工资和就业率的变化情况，与美国其他4个"相似"城市（亚特兰大、休斯敦、洛杉矶和坦帕）居民的变化轨迹进行了对比。他希望了解，当"马列尔人"出现时，迈阿密原有居民的工资和工作机会的增加是否落后于其他4个城市的居民。

卡德发现，不论是在移民到达后不久，还是几年后，这一对比都没有什么不同。"马列尔人"的到来没有影响当地人的工资水平。卡德还特地研究了在"马列尔偷渡事件"之前就来到美国的古巴移民的工资。他们和新来的古巴移民最为相似，因此也最有可能受到移民涌入的影响，但其结果仍然没有差异。

这项研究对于找到移民会带来何种影响这个问题的明确答案非常重要。迈阿密被移民选中，不是因为就业机会，而只是因为这里是离古巴人最近的登陆点。偷渡事件是突发的意外，迈阿密的工人和企业在短期内都没有机会对此做出反应（工人离开，企业进入）。不论是方法还是结论，卡德的研究都产生了非常巨大的影响。他第一次证明了供需模型无法直接适用于移民问题。

毫无疑问，这项研究也饱受争议，经历了多轮的驳斥和对反驳的反驳。恐怕没有其他任何一个关于经济学的实证研究能够引发这么多轮的交锋和热切关注。乔治·鲍尔斯（George Borjas）长期对"马列尔偷渡事件"的研究持批评态度，他是一位直言不讳地支持排斥低技能移民政策的经济学家。鲍尔斯重新分析了"马列尔偷渡事件"的经过，包括选择更多城市进行比较，并特别关注非西班牙裔的高中辍学男性，因为他们是我们最应该关心的群体。[19] 鲍尔斯发现在这个人群样本中，相比其他对照城市，在偷渡者抵达后，迈阿密的工资水平急剧下降。但之后的重新分析显示，当纳入西班牙裔高中辍学者（看上去应该是最能与古巴移民进行比较的人，却出于某种原因被鲍尔斯忽略了）和妇女（同样在没有明确原因的情况下被鲍尔斯忽略了）的数据后，鲍尔斯的研究结果被推翻了。[20] 此外，通过和在偷渡事件发生前，与迈阿密拥有相似的工资和就业情况的其他城市对比，研究发现工资或就业并没有受到移民的影响。[21] 尽管如此，鲍尔斯仍然坚持己见，围绕"马列尔偷渡事件"的争论仍在继续。[22]

如果你拿不准该如何看待这些事，没关系，你并不孤单。坦白地说，争论双方没人因此改变看法，而且他们的想法似乎和政治立场紧密相关。但不管从哪个角度来看，将移民政策的未来和30年前发生在一个城市的事件挂钩都是不合理的。

幸运的是，受卡德研究的启发，许多学者试图发现类似的场景，即移民或难民在没有任何提前警告，也没有限制目的地的情况下前往某方。一项研究分析了1962年阿尔及利亚从法国独立后，将拥有欧洲血统的阿尔及利亚人遣返法国的情况。[23] 另一项研究则着眼于苏联在1990年取消移民限制后，在4年内令以色列的人口增长了12%所造成的影响。[24] 还有一项研究则考察了大迁徙时代（1910—1930年），欧洲移民大量涌入美国所造成的影响。[25] 在所有这些大规模移民事件中，研究人员都没有发现当地人口受到了负面影响。实际上，有些时候移民的影响是正面的。例如，欧洲移民抵达美国后，提升了本地人的总体就业水平，使本地人有更多机会成为领班或经理，同时促进了工业生产。

最近来自世界各地的难民涌入西欧，这也提供了一些证据来说明移民对当地人口的影响。一项非常有趣的研究将丹麦作为对象。[26] 从许多方面来讲，丹麦都是一个了不起的国家，其中之一是丹麦保存了该国所有人的详细记录。从历史上看，难民常常被送往不同的城市，他们的个人喜好或者找工作的能力很少被考虑。需要考虑的只是公共住房是否足够，还有行政能力是否能够帮助难民安顿下来。1994—1998年，来自波斯尼亚、阿富汗、索马里、伊拉克、伊朗、越南、斯里兰卡和黎巴嫩等国家的大量移民涌入丹麦，分布在丹麦各地。随着1998年行政安置政策的废止，移民最常前往的便是其同族人居住的地方，比如首批伊拉克移民多少出于偶然选定的定居处，成了伊拉克新移民的目的地。丹麦的一些地方比其他地方接收了更多移民，究其原因，无非是在1994—1998年，这些地区有余力安置移民。

这项研究与历史上的其他研究得出了相同的结论。将这些城市中受突发移民潮影响的受教育程度较低的本地人的工资和就业变化，与其他城市的相比,并没有发现任何移民造成负面影响的证据。

所有这些研究都表明,低技术移民通常不会损害本地人的工资和就业。但是目前的政治辩论极其热衷使用夸张的辞藻,也不管真实情况是否支持其论点,让人很难了解辩论参与者的政治观点。那么,在哪里可以听到平和理性的声音呢?如果读者对于在经济学界建立共识的技巧感兴趣,不妨阅读(免费的)美国国家科学院(该机构称得上是美国最受尊敬的学术机构)编撰的有关移民影响报告的第 267 页。[27]美国国家科学院会不时召集专家小组,就一个问题进行讨论并得出科学的共识。在有关移民影响报告的专家小组里,有一些人是移民政策的支持者,也有一些人是怀疑者(乔治·鲍尔斯也是其中一员)。他们需要确保报告的内容包括好的、坏的和难听的内容,他们的表述往往不是那么直接,但是他们得出的结论却是你能够从一群经济学家身上得到的最明确的那种:

"最近几十年的实证研究表明,当以 10 年以上的时间来度量时,总体而言,移民对本地人工资的影响非常小,这与新美国国家研究委员会 1997 年的发现基本上是一致的。"

移民有什么特殊性?

为什么经典的供需理论(你拥有的东西越多,价格越低)不适用于移民?深入探究这个问题很重要,因为哪怕低技术工人的工资明显不受移民影响,但除非我们知道其中的原因,否则我们总是会怀疑这些情况或数据只是特例。

事实证明,许多因素是彼此相关的,而基本的供需关系潜藏其中。第一个原因，一批新工人的涌入通常会使需求曲线向右移动，这将有助于抵消需求下滑的趋势。新移民需要消费，他们要吃饭、理发、购物。这些需求创造了就业，并且大部分的工作适合低技术的人群。如图 2-2 所示，这倾向于增加他们的工资，或许就是以这样的方式平衡了劳动力供给变化所带来的影响。

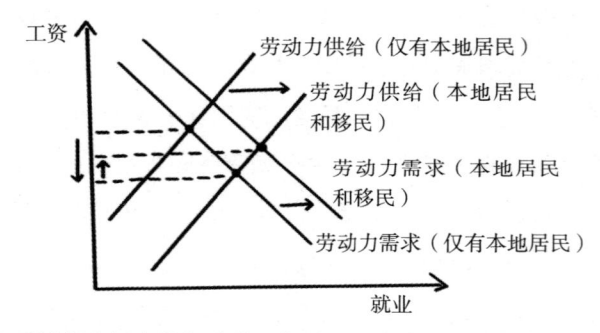

图 2-2　重绘餐巾纸上的经济学。为什么更多移民不一定导致工资下降？

实际上，有证据表明，如果需求渠道关闭，移民确实可能对当地人产生"预期的"负面影响。有很短一段时间，捷克工人被允许越过边境去德国工作。最高峰时，德国边境城镇多达 10% 的劳动力来自捷克。此时，当地人的工资变化很小，但就业却大大减少。原因在于，与我们上面讨论的情况不同，捷克人在挣到钱以后，选择返回家乡进行消费。因此，德国的劳动力需求并没有出现连锁反应。除非将挣到的钱花在当地，否则移民可能无法为新社区带来经济增长。如果这些钱被汇回本国，东道国将无法获得移民所创造的经济利益。[28] 这时，我们就回到了图 2-1 所描述的情况，沿着向下倾斜的劳动力需求曲线移动，却没有劳动力需求的变化进行补偿。

低技术移民可能会增加劳动力需求的第二个原因是，低技术移民减缓了机械化进程。低薪工人的稳定来源，降低了节省劳动力技术的吸引力。1964年12月，在农场打短工的墨西哥移民被逐出加利福尼亚，因为他们被指压低了加利福尼亚本地居民的工资。但他们的离开对当地人没有任何帮助：工资和就业都没有增长。[29]原因是，墨西哥的短工被赶走以后，过去曾经严重依赖他们的各地农场立即着手干了两件事：首先，将生产机械化。以番茄为例，20世纪50年代就有了可以将每个工人的生产效率提升一倍的收割机，但其推广使用非常缓慢。1964年，也就是墨西哥短工被赶走的那一年，收割机在加州的使用率还是0，而到1967年，收割机的使用率就变成了100%。而在没有受到墨西哥短工影响的俄亥俄州，收割机的使用率在那几年则没有任何变化。其次，农场放弃了那些无法机械化生产的农作物。加利福尼亚就是这样，至少是暂时地放弃了芦笋、草莓、生菜、芹菜以及腌黄瓜这些美味食材。

第三个原因是，雇主可能会希望通过重新组织生产方式，提升新工人的效率，这样可以为本地的低技术人口找到新的定位。以丹麦移民为例，丹麦的低技术工人最终受益于移民的涌入，其部分原因是移民使他们能够改变自己原有的职业。[30]在有大量移民的地方，更多的本地低技术工人的工作从体力劳动提升为非体力劳动，并更换了雇主。同时，他们也开始从事更复杂、需要更多交流和技术的工作；这与移民刚到丹麦时因为不会说丹麦语而无法与当地人竞争此类工作的情况一致。在19世纪末和21世纪初欧洲人大规模迁徙到美国期间，也发生了同样的职业升级。

更广泛地说，这说明低技术的本地人不必和移民直接竞争。他们可以从事不同的工作，移民主要从事不太需要沟通的工作，本地人则从事其他工作。实际上，移民的存在可能会鼓励企业雇用更多工人。移民从事较为简单的工作，而本地人则转向辅助性的、回报更高的工作。

第四个原因，移民愿意从事本地人不愿从事的工作，这是移民与本地劳动力是补充关系而非竞争关系的另一种表现。移民修剪草坪，制作汉堡，照顾婴儿或病人。当更多移民涌入时，这些服务的价格往往会下降，这便有助于本地人[31]削减生活成本，并将他们从过去的低端工作中解脱出来，以便从事其他工作。当本地存在很多移民时，掌握高技能的女性将更愿意外出工作。[32] 高技能女性进入劳动力市场反过来又增加了其家庭或其所在企业对低技术劳动力的需求（育儿、餐饮、清洁）。

很关键的一点是，移民的影响取决于其自身的素质。那些有志向的人可能会创办企业，并为当地人创造就业机会。而素质极差的移民可能只能成为无法划分的群体中的一员，并与本地的低技术工人产生竞争。

移民需要跨越的门槛通常决定了哪些人能够选择移民。当特朗普总统将来自海地、萨尔瓦多和一些非洲国家（被特朗普贬称为"屎坑国家"）的移民与来自挪威的优秀移民进行比较时，他恐怕不知道很久以前，艾玛·拉扎勒斯（Emma Lazarus）还在诗中将挪威移民视为"群氓"中的一部分。[33]

针对19世纪末20世纪初大规模移民时代来到美国的挪威移民，曾有过一项研究。[34] 当时，除了船票的价格，没有什么可以阻止移民。该研究将移民家庭与没有移民的家庭进行了比较，发现移民往往来自最为贫穷的家庭，这些人的父辈的贫困程度远低于平均水平。因此，历史学家（和经济学家）很愿意以此为讥讽，因为那个时代的挪威移民正是特朗普本希望敬而远之的那类人。在当时那个时代，这些挪威移民正是他眼中的"屎坑里的人"。

相反，如今从贫穷国家移民出来的人，除了要有钱来负担交通费用，通常还需要有勇气（或者高学历）面对为他们量身定做的移民控制系统。他们中的许多人都具有非凡的技术、抱负、耐心和韧性，帮助他们成为能够创造就业的人，或者让自己的孩子成为这样的人。美国创业中心（Center for American Entrepreneurship）的一份报告显示，2017年，《财富》500强中的美国企业，43%是由移民或移民后代创立或共同创立的。此外，前25强企业中由移民创办的占52%，前35强中占57%，13个最有价值品牌中有9个是由移民创立的。[35] 亨利·福特（Henry Ford）是爱尔兰移民的儿子，史蒂夫·乔布斯（Steve Jobs）的亲生父亲来自叙利亚，谢尔盖·布林（Sergey Brin）出生于俄罗斯，杰夫·贝佐斯（Jeff Bezos）的名字来自他的继父、古巴移民迈克·贝佐斯（Mike Bezos）。

甚至那些一开始并不特别的人，面对移民到异国的现实，想要致富却缺少社会关系，一心一意追求前程却面临种种限制，反而激发了他们想去尝试新鲜事物。阿比吉特认识许多跟他一样的孟加拉国中产阶级男性，在离家之前，他们从来没有自己洗过盘子。但是，等到他们在英国或美国的某个小镇上手头拮据，又有大把时间的时候，最终会做在本地餐馆传菜的工作。而且他们发现，比起想象中的白领工作，原来自己更喜欢做动手的工作。也许发生在那些原本要做渔民的冰岛人身上的事正好相反，当他们被抛到一个陌生的地方，一个有更多人会进入大学的地方，他们会觉得上学也是不错的选择。[36]

因此，将供需分析应用于移民的一个重要问题是，移民的涌入不仅增加了劳动力的供给，同时也增加了对劳动力的需求。这是当存在更多移民时，工资并不会下降的原因之一。劳动力市场从本质上讲还有一个更深层次的问题：供需关系并非描述劳动力市场实际运作情况的最佳选择。

工人和西瓜

当漫步在清晨的达卡（孟加拉国）、德里（印度）或达喀尔（塞内加尔），有时你会看到几拨人蹲守在主要路口的人行道上，其中大部分是男人。他们都是求职者，等着那些需要他们工作的人把他们带走，而这些工作往往都在建筑工地。

对于社会科学家而言，令人震惊的是这样的体力劳动力市场非常稀缺。考虑到大德里地区有近 2 000 万人口，人们很容易认为在每个街角都会看到这样的人群。但实际上，如果不专门去找，你是看不到他们的。

在德里或达喀尔，很少看到张贴的招工广告。虽然网上和就业门户网站有很多招聘广告，但大多数工作是普通牧羊人无法胜任的。相比之下，波士顿的地铁里到处贴满了招聘广告，不过这些工作对于应聘者来说往往具有挑战性，要求他们解决一些看似不可能的问题，以证明自己的能力。雇主想招人，但又不想让工作变得太容易得到。这反映了劳动力市场一些非常基本的问题。

招聘不同于在批发市场上买西瓜这样的东西，原因有二。首先，雇佣关系持续的时间比买几个西瓜要长久得多。如果你不喜欢买到的西瓜，下次可以换一家买。但是，即便在对解雇工人没有法律限制的地方，解雇也是颇为令人不快的一件事，而且一旦心怀不满的员工情绪失控，有可能带来潜在的危险。因此，大多数企业不会轻易雇用任何一个愿意为他们工作的人。他们担心这个员工是否会准时到岗，工作表现是否合格，是否会与同事吵架，是否会侮辱重要的客户或者破坏昂贵的设备。其次，员工的素质比西瓜的品质更难判断（专业的西瓜销售商显然很擅长判断西瓜的品质[37]）。尽管卡尔·马克思对此有话要说，① 但劳动力毕竟不是普通的商品。

因此，企业需要努力了解他们准备雇用的人。这意味着如果要雇用薪水较高的人，那么企业在面试、笔试和推荐等方面要花费更多的时间和金钱。对于公司和员工来说，这都是巨大的成本，但这种情况似乎非常普遍。埃塞俄比亚的一项研究发现，哪怕申请一个中级文员的工作，也需要消耗几天的时间并往返数次。每次应聘工作都要花掉应聘者一个月工资的十分之一，而且他们被录用的可能性非常低，这也是导致应聘人数很少的原因之一。[38] 出于上述原因，在雇用低薪员工时，企业经常省掉面试，主要依靠信赖的员工进行推荐。一般来说，即使应聘者愿意接受更低的工资，也很少有企业会雇用那种直接推门进来找工作的人。显然，这种现象完全抛弃了标准的供需理论。这都是因为雇主想要避免承担解雇员工的高成本。一个明显的例子是，研究人员曾试图在埃塞俄比亚找到那些愿意进行随机聘用的企业，在接触了 300 多家企业后，只有 5 家企业愿意参与该研究。[39] 尽管涉及的工作不需要什么特殊技能，但企业仍然希望保留对聘用的部分控制权。而在埃塞俄比亚的其他几项研究表明，即便是蓝领工作，也有 56% 的企业坚持员工需要有工作经验，[40] 并且通常要求有前雇主的推荐。[41]

---

① 货币所有者要把货币转化为资本，就必须在商品市场上找到自由的工人。这里所说的自由，具有双重意义：一方面，工人是自由人，能够把自己的劳动力当作自己的商品来支配；另一方面，他没有别的商品可以出卖，自由得一无所有，没有任何实现自己的劳动力所必需的东西。参见 Karl Marx, Das Kapital (Hamburg: Verlag von Otto Meissner, 1867).

这个现象有几个重要的含义。第一，与单纯的供需模型让我们相信的相比，成熟的工人在面对新来者的竞争时要安全得多。他们现在的雇主了解并信任他们：在职状态本身就是一个巨大的优势。

不过从移民的角度来看，这是个坏消息。更糟的是，这种情况还有第二个含义。设想雇主会如何惩罚表现不佳的员工，最坏的情况是解雇员工。但是，只有当员工获得的薪酬足够让他们心甘情愿留下时，解雇才是有效的处罚。正如乔·斯蒂格利茨（Joe Stiglitz）在获得诺贝尔经济学奖之前所指出的那样，企业不愿意只支付给员工最低水平的工资，因为他们不想陷入一则苏联笑话所描述的情况："他们假装付我们钱，我们假装工作。"

这种逻辑意味着，为了让员工好好工作，企业支付的工资通常需要高到让解雇能够带来真实伤害的程度。这就是经济学家所说的效率工资。这导致企业支付给熟练员工的工资与新员工的差异可能不是很大，因为企业不敢冒险承担后果。[42]

这让雇用准移民的动机变得更弱。此外，雇主也不愿企业内部出现工资差异过大的情况，他们担心这样会导致员工士气低下。有证据表明，即使不平等与生产率相关，但在工资和生产率之间尚未建立直接而清晰的关联时，工人讨厌企业内部的不平等。[43] 不快乐的工人不能创造一个富有生产力的工作场景。这也是本地工人没有被廉价的移民迅速取代的原因之一。

这与之前提到的捷克移民研究的另一个发现非常吻合：本地人的失业实际上不是损失，更准确的说法应该是收益降低（相比没有捷克人的德国地区）。[44] 德国公司没有用捷克移民取代他们已有的员工。那些已经在德国工作的捷克移民同样受益于企业对员工的熟悉程度。有些时候德国公司会雇用他们同样不了解的捷克人，而不是雇用那些新来的他们不认识的本地人。

即使愿意接受更低的工资,移民也没有太多机会得到本地人已经拥有的工作机会。这一点有助于我们理解为什么移民最后往往会从事本地人不想做的工作,或者在没人想去的城市得到工作。在这种情况下,移民并非从别人手里抢夺工作,因为如果没有移民,这些工作的空缺仍将无法填补。

技术移民

到目前为止,我们一直在谈论无技术或低技术移民对当地人的影响。但是,就算那些反对无技术移民的人,通常也会对技术移民报以欢迎的姿态。我们所提出的低技术移民不会和低技术的本地人产生竞争的许多解释,都不适用于技术移民。首先,技术移民的工资通常比最低工资高很多。不需要向这些人支付效率工资,因为他们的工作本身就令人兴奋,而有机会从事这些工作并取得成就,本身就是一种奖励。如此说来,技术移民其实更有可能拉低本地人的工资,这和他们所受到的欢迎程度存在着矛盾。其次,对于技术员工来说,相对于应聘者的个性或可靠程度,雇主更加关心他们是否拥有相应的技能。比如,大多数雇用护士的医院主要会关注应聘者是否符合从事护士工作的法律要求(尤其是他们是否参加并通过了护理委员会的考试)。如果出生在国外、拥有证书的护士的预期薪酬更低,那么医院没有理由不聘用这个人。此外,不经过一系列的面试和考试,是不会有人雇用这类员工,或冒险将这些陌生的员工与彼此熟悉或者建立起关系的员工放在同一位置上的。

因此,美国的一项研究毫无意外地发现,城市中每雇用一名熟练、合格的外国护士,本地护士就会减少一到两名。[45] 这在一定程度上是因为,面对国外护士的竞争,本地学生不愿参加所在州的美国护理委员会的考试。

因此,尽管包括特朗普总统在内的人士广泛支持技术移民,但从本土家庭人员的角度看,技术移民的影响是综合的。这对低技术的本地人有益,因为他们获得了更便宜的服务(大多数为美国贫困人口服务的医生是来自发展中国家的移民),但代价则是令具有类似技能(护士、医生、工程师和大学教师)的本土人员的劳动力市场前景恶化。

哪里有大篷车?

移民的谬见正在瓦解。并没有证据表明低技术移民进入富裕国家会拉低当地人的工资和就业水平,哪怕是卖水果这样的劳动力市场,也不会出现这种情况。所以移民并不遵循供给与需求的法则。但是,移民问题在政治层面极具争议的另一个原因是,有一种看法认为,想要移民的人太多了。大批成群的陌生人、外国人,会带着外来语言和习俗,制造出刺耳嘈杂的噪声,伺机跨越我们始终如一的单一文化边界。

然而,正如我们所看到的那样,根本没有证据表明有这么一群人在等待时机登陆美国(包括英国或法国)的海岸,以至需要动用武力(或隔离墙)加以限制。事实上,除非发生天灾人祸,否则大多数穷人更愿意留在家乡,他们根本就没有敲过这些国家的门,他们更喜欢自己的国家,甚至都不愿搬到本国首都这么"远"的地方。富国的人认为这种情况太反常了,即使面对事实也拒绝相信。那么,该如何解释这种现象呢?

缺乏人际关系

人们不迁移的原因有很多。所有会增加与本地人竞争工作机会难度的因素都会降低他们迁徙的意愿。正如我们所看到的，对于一个移民来说，找到一份体面的工作并不容易，除非雇主是他的亲戚或朋友，或者朋友的朋友，或者至少是同一民族的——要么认识，要么至少了解该移民。出于这个原因，移民倾向于前往有人际关系的地方，在那里找工作比较容易，可以帮助他们在城市里站住脚。当然，出于种种原因，随着时间的流逝，来自同一地区的移民的就业前景会变得相互关联。比如，如果一个村子里的人都是非常优秀的水管工，那么新老几代移民都会找到水管工的工作。不过，亲属关系的作用更大。剑桥大学教授凯万·孟希（Kaivan Munshi）证明了墨西哥移民会明确寻求他们可能认识的人的帮助。他成为一个小型的、联系紧密的印度琐罗亚斯德教徒（Zoroastrian，也称帕西人）社团成员，恐怕也不是一个巧合。[46]

孟希教授观察发现，不论在美国的机会如何，暴雨（灾难）都会让人被迫离开墨西哥。当某个村庄降下暴雨，村里人就会离开，寻找其他的谋生机会。他们当中许多人最后去了美国，结果是此后来自同一村庄的移民在美国有了人脉关系。这些人有稳定安全的工作，能够帮助新移民找到工作。孟希教授预测，如果我们设想两个墨西哥村庄在今年遭遇了同样的灾难天气，如果其中一个村庄几年前曾经经历过干旱（导致一些村民移民），而另一个没有，那么受过灾的村庄居民比起没有受过灾的村庄居民更容易找到工作（同时也更容易找到更好的工作）。他预计，前一个村庄中会出现的移民更多，就业更多，收入更高，而这正是数据显示的结果。可见人脉关系非常重要。

这一现象同样适用于难民的安置。最有可能找到工作的难民，其安置地点会有很多来自同一国家的难民。[47]这些老难民通常不认识他们的新同胞，但他们仍然觉得有必要提供帮助。

人际关系对于拥有它的人来说显然非常有用，但那些没有人际关系的人怎么办？这些人显然处境不利。事实上，那些带着推荐信出现的人会剥夺其他所有人的机会。如果雇主习惯雇用有推荐信的员工，那么他们很可能对所有没有推荐信的人持怀疑态度。只要意识到这一点，任何一个有机会拿到推荐信的人都宁愿多等待一段时间（也许认识潜在雇主的人脉关系马上会出现，也许有朋友会开始创业），只有那些连一封推荐信都拿不到的人（也可能是因为他们实际上不是好员工）才会到处登门应聘。但如果是这样，雇主根本没有理由见他们。

但这种情况会导致市场的失败。1970年，日后的诺贝尔经济学奖获得者乔治·阿克洛夫（George Akerlof）刚刚获得博士学位，他写出了《柠檬市场》这篇论文。他在文中指出，因为人们有卖掉破车的冲动，从而导致二手车市场可能关门停业。这符合我们在劳动力市场上看到的有关新加入劳动力的自证的看法：买家对在售二手车的怀疑越多，他们愿意付的钱就越少。[48]而他们愿意付的钱越少，状况良好的二手车的所有者就越倾向于继续留着车不卖（或将车出售给认识并信任他们的朋友）。只有那些知道自己的车马上要散架的人，才愿意在公开市场上销售。最后只有最差的汽车或最差的员工进入市场，这个过程被称为逆向选择。①

人际关系本来能够为人们提供帮助，但现实情况是，有人有关系，有人没关系。原本在所有人都没有人际关系的情况下，市场可能良好运转，但这种不平等的现实会导致市场的失败。如果没有人际关系，竞争会是公平的。一旦某些人拥有人际关系，市场就会瓦解，进而造成大部分人失业。

家庭的舒适

阿比吉特曾经询问德里贫民窟的移民为什么喜欢住在城市里。[49]他们的回答涉及很多方面：让孩子有更多机会接受良好的教育，有更好的医疗保健条件，更容易找到工作。他们唯一不喜欢的就是环境。这毫不意外，德里的空气质量是全世界最糟糕的。[50]当被问及最想要解决生活环境中的哪些问题时，69%的人提到了排水管和下水道，54%的人抱怨垃圾清理。排水管堵塞、没有下水道和堆积如山的垃圾，常常使印度（及其他地区）的贫民窟散发出介于刺激性和腐烂性之间的独特气味。

出于明显的原因，许多贫民窟居民犹豫着要不要把家人带来一起生活。而当一切变得难以忍受，他们就会选择回到家乡，这个过程经常发生得很快。在拉贾斯坦邦农村最常见到的是，村民离开村

---

① 审稿人和编辑显然觉得阿克洛夫的论文难以理解。从本质上讲，要解释这种循环推理，需要借助数学予以恰当论证，以确保其无懈可击，但在1970年，这种特殊的数学论证方式对大多数经济学家来说是陌生的。因此，过了一段时间之后才有杂志敢发表它，而一旦发表就立即成为经典，并一直是最具影响力的论文之一。它所使用的数学知识属于应用数学分支——博弈论，现在经济学专业的本科生都在学。

子外出挣钱，然后每月回来一次。[51] 外出工作时间超过 3 个月的人只占十分之一。这意味着外出打工者往往倾向于待在离自己家乡比较近的地方，这可能会限制他们能够得到的工作和学到的技能。

但是，他们为什么要住在贫民窟或者更糟的环境里呢？他们为什么不给自己租更好的地方呢？通常来说，即使能够负担得起租金，他们也不会这样做。在许多发展中国家，住房市场往往两极分化，缺少中间的选项，贫民窟边上可能就是这些移民根本无法触及的漂亮小公寓。

造成这种现象是有原因的。大多数第三世界国家的城市缺乏服务国民的基础设施。最新的一份报告显示，2016—2040 年，仅印度预计就需要 4.5 万亿美元的基础设施投资，肯尼亚则需要 2 230 亿美元，墨西哥需要 1.1 万亿美元。[52] 这意味着在大多数城市中，那些相对较小的拥有良好基础设施的地区的土地始终供不应求，价格也随之攀升，直到变成天文数字。比如，全世界最贵的一部分房地产就在印度。由于缺乏投资，城市其他部分的发展十分混乱，穷人经常擅自占用那些恰好闲置的土地，根本不考虑这块地是否有下水管道或者自来水管道。尽管迫切需要居住的地方，但由于担心因为土地不属于自己，随时可能被驱逐出去，因此他们搭起了简易的临时窝棚，显眼得就像城市的伤疤。这就是著名的第三世界贫民窟。

更糟糕的是，正如爱德华·格莱泽（Edward Glaeser）在其著作《城市的胜利》中所指出的，城市规划人员拒绝为中产阶级建造密集的高层住宅，而是建造"花园城市"。[53] 例如，印度对城市建筑的高度有极为严苛的限制，比巴黎、纽约或新加坡的相关规定还要严格。这些限制导致印度大部分城市只能大规模向四周延伸，从而导致城市通勤的距离越来越长。尽管没有印度的情况极端，但同样的问题在其他许多国家也已经出现。[54]

对于可能出现的低收入外来打工者而言，这一系列糟糕的政策会让他们陷入痛苦的两难境地。他们可以选择挤进贫民窟（如果够幸运），每天通勤几个小时；或者甘愿忍受日常生活的痛苦，睡在天桥下、公司地板上、自己的人力车里、卡车底下，或是人行道上，靠街边商店的遮阳篷遮风挡雨。如果这还不够令人沮丧，出于我们此前讨论过的原因，低技术外来打工者很清楚，至少他们一开始能得到的只是别人不想要的工作。如果你已经穷途末路，当然只能接受这一切，但长久地离开朋友和家人，睡在天桥下，清洗地板或公交车站牌，这样的生活怎么说都难以让人感到愉快。通常能够欣然接受这一切的人，只能是那些有能力将眼前的障碍和痛苦抛在脑后，并打算从餐厅杂工一步步变成连锁饭店老板的外来打工者。

家庭的吸引力不仅在于让身体得到放松。穷人的生活往往非常艰难，收入不稳定，健康状况不稳定，因此能在有需要时马上找到可以帮助自己的人，这点对他们而言非常重要。你和周围人的关系越紧密，当坏事发生时你受到打击的概率就越小。你要去的地方可能有一个人际关系网，但是在你长大的地方，人脉会更加深厚和有力。一旦离开，你（和你的家人）可能会失去这些关系网。最后，只有离开愿望最迫切的人，或者家庭条件优越到可以承受相应风险的人，才会选择离开。

生活舒适度和人际关系对可能出现的国际移民起着类似的限制作用，但其作用更强。因为一旦他们选择离开家乡，通常只能独自一人，并在未来许多年里放弃他们所熟悉或热爱的东西。[55]

家庭纽带

传统社区生活的本质可能是阻碍移民的另一个重要原因。来自加勒比地区的经济学家阿瑟·刘易斯（Arthur Lewis）是发展经济学领域的先驱之一，他于 1979 年获得诺贝尔经济学奖。他在 1954 年发表的一篇著名论文中做出了下面的简单观察。[56] 假设在城市工作每周的收入是 100 美元，而村里没有工作。但如果你在家庭农场工作，那么你就可以分享农场收入——每周 500 美元。家里有兄弟 4 人，因此每个人每周可得 125 美元。如果离开，你的兄弟们将不会与你分享收入，那么如果在工作的时间相同，并且同样令人不愉快的情况下为什么要选择离开？刘易斯认为，这取决于农场是否需要你。假设无论你是否在农场工作，农场的产出都是 500 美元，而你去城市可以为家庭总收入增加 100 美元。你不会这样做，因为这么做对你没有好处，你最终只能得到 100 美元，而你的 3 个兄弟却可以平分农场的 500 美元。当然，也可能不是农场，家庭出租车也同样可能会让你选择留在家里。

刘易斯指出，如果能够摆脱这个模式，家庭中的每个人都可以过上更好的生活。比如，他们可以承诺从农场收入中拿出 50 美元给你，这样你离开后的总收入就是 150 美元，而你的 3 个兄弟每人也可以分得 150 美元。但他们也许不会这样做，也许这个承诺很容易就会被遗忘。一旦你离开，也许他们会否认你曾经是家族事业的一部分。因此，你选择留下来，强调自己的所有权。刘易斯认为，这样做的结果是，无论国内还是国外，农村劳动力向生产率更高的城市部门融合的速度都太过缓慢。但刘易斯的设想对移民因素的考虑太少了。

更普遍的观点是，人际关系网（家庭就是一个具体的例子）是为了解决具体问题而设计的，但这并不意味着它们促进了总体的社会利益。例如，因为担心老了以后被遗弃，父母可能会减少对子女教育的投资，以确保他们长大后没有办法搬到城市。在距离德里不远的哈里亚纳邦，研究人员与招聘后台处理工作的公司合作，向村民提供有关工作机会的信息。[57]这些工作有两个要求：搬到城市居住，具有高中学历。对于女孩来说，这些信息无疑对她们的父母产生了积极的影响。和这项研究没有涉及的村子里的女孩相比，获得信息的村子里的女孩接受了更好的教育，结婚更晚，而且特别值得注意的是，她们的营养状况更好、个头更高。[58]但男孩子的平均受教育水平并没有得到提高。信息干预措施使男孩们也像女孩子一样希望离开村庄赚钱，但父母希望他们留在家里照顾自己，导致男孩子接受的教育较少。事实上，父母为了把儿子留在家中而会给儿子制造障碍。

加德满都不眠夜

在为村民提供11.5美元前往孟加拉国的一个大城市试水就业市场的实验中，许多参与者最终都大幅改善了生活，就算让他们自己花钱争取这个机会，他们也是乐意的。[59]但仍然有一部分人，如果让他们自己支付路费，恐怕会让他们的生活雪上加霜：这些人没有找到工作，两手空空地回到村子。大部分人不喜欢冒险，那些生活在基本水平线附近的人更是如此，因为任何损失都可能使他们陷入饥饿。但这就是那么多人不能勇于尝试的原因吗？

这种解释的问题在于，准外出打工者还有另一种选择，就是在出门之前把这11.5美元存下来。如果他们找不到工作，还可以回家，而且他们的生活不会比没有存钱、没有尝试外出打工的情况更糟。他们中的大部分人似乎就是这么做的。有证据表明，他们也在其他事情上省钱，这11.5美元当然也可以省下来。那么他们为什么没有行动呢？一种可能的原因是他们高估了风险。尼泊尔的一项研究揭示了这一点。

如今，超过五分之一的尼泊尔男性劳动适龄人口至少有过一次出国工作的经历。他们大多在马来西亚、卡塔尔、沙特阿拉伯或阿拉伯联合酋长国工作，通常和某个明确的雇主签订雇佣合同，然后工作几年。

在这种情况下，你可能会单纯地认为，因为需要有工作机会才能申请签证，所以出国务工人员会很清楚地了解潜在的成本和收益。然而，我们见到的尼泊尔政府官员却担忧，出国务工人员对即将到来的新生活恐怕并不了解。官员们告诉我们，这些移民对收入有着非常高的期望，对国外的生活条件会糟糕到什么程度并没有概念。我们一位尼泊尔裔博士生马赫什·什雷斯塔（Mahesh Shrestha）决定调查这些官员说的是否属实。[60]他加入了一个小团队，在加德满都的护照署工作，准备出国务工人员都在那里申请护照。他采访了其中的3 000多人，详细询问了他们对报酬、去向以及国外生活条件的看法。

马赫什发现，这些准备出国务工人员实际上对国外工作的收入前景过分乐观。具体地说，他们对自己可能获得的收入高估了大约25%。高估有各种原因，其中就包括提供工作机会的招募者有可能对他们撒了谎。但是这些准备出国务工人员犯下的最大错误是，他们大大高估了在国外的死亡率。一个典型的准备出国务工人员认为，1 000个出国务工人员中大约有10个人会在两年时间里被装在骨灰盒里带回国，但实际上这个数字只有 1.3。

接着，马赫什告诉一些尼泊尔准备出国务工人员国外的真实工资水平或实际的死亡风险（或两者都告知）。通过比较获知相关信息的申请者和没有获知信息的申请者（随机挑选）的出国务工决定，马赫什发现了强有力的证据，证明信息是有用的。获知工资水平的申请者降低了期望，而获知死亡率的申请者也下调了他们的预估。此外，申请者会根据掌握的信息采取行动。马赫什在几周后回访时发现，那些获知工资信息的申请者更有可能留在尼泊尔。相反，获知有关死亡率信息的申请者则更有可能离开尼泊尔。此外，由于错误的死亡率信息造成的损害远比错误的工资信息严重得多，因此同时获知这两种信息的人更有可能选择离开尼泊尔。因此，一般来说，与尼泊尔政府的看法相反，是错误的信息导致出国务工人员留在国内。

人们为什么会系统性地高估死亡的风险？马赫什提供了一个答案。如果某个来自尼泊尔特定地区（一个小地方）的出国务工人员在国外身亡，那么从该地区前往死亡发生国的出国务工人员将明显减少。[61] 显然，准备出国务工人员关注死亡发生国的信息。问题在于，当媒体报道来自某个特定地区的外来务工人员死亡时，并没有同时报道来自该地区的外来务工人员人数。因此，人们不知道死亡的人是 100 个当中的一个，还是 1 000 个当中的一个，而在缺少相应信息的情况下，人们往往会做出过度反应。

考虑到尼泊尔有众多的职业介绍所、大量出入境的工人，以及一个实实在在关心其出国务工人员福利的政府，如果人们还无法获得正确的信息，那么我们就只能想象大部分各地的准备出国务工人员该有多困惑了。当然，困惑可能会导致两种结果：像尼泊尔这样抑制出国务工，或者在人们过度乐观的情况下推动出国务工。那么为什么会存在对移民的系统性偏见呢？

风险与不确定性

也许马赫什的受访者那夸张的死亡恐惧感应该被看作一种普遍的预感。毕竟，出国务工是离开熟悉环境而拥抱未知的人。而未知，正如经济学家指出的那样，不仅仅是具有相关概率的一系列不同的可能结果。实际上，经济学区分可量化风险的传统由来已久，至少可以追溯到弗兰克·奈特（Frank Knight），他将可量化的风险（发生这种情况或另一种情况的可能性均为50%）与其余风险区分开来，唐纳德·拉姆斯菲尔德（Donald Rumsfeld）曾称之为"未知的未知数"[62]，奈特式经济学家则称之为不确定性。[63]

弗兰克·奈特坚信人类对风险和不确定性的反应截然不同。大多数人不喜欢处理未知的未知数，在不知道确切问题的情况下，会竭力避免做出决定。

从孟加拉国农村的外出打工者的角度来看，城市（当然还包括任何外国）是一个充满不确定性的陷阱。除了不知道市场将如何看待他们自身具备的技能外，他们还担心在哪里能找到可能的雇主，是有雇主争着雇用自己，还是会被单一雇主剥削，他们需要什么样的参考资料，找工作需要多长时间，在找到工作之前如何生存，住在哪里等。他们的经验很少，或者干脆就没有任何的经验可以借鉴。因此他们一定会想东想西，常常犹豫不决，也就毫不奇怪了。

穿过黑暗的玻璃

移民的前途突然陷入未知之中,所以即使人们原则上可以通过攒钱来应对各种财务意外,人们还是非常不愿意贸然行动。背后的原因更多是规避不确定性,而不是规避风险。此外,有充分的证据表明,人们特别讨厌自己犯的错误。世界充满不确定性,其中许多是人类无法掌控的。这些变幻莫测的事情使人们感到沮丧,但相比之下,主动做出选择,却仅仅因为运气不好,导致结果比什么都不做更糟,会让人们更加难过。所谓现状,是顺其自然的结果,是自然的基准。相对于这个基准的任何损失都是令人极其痛苦的。这个概念被两位在经济学领域有着非凡影响力的心理学家丹尼尔·卡尼曼(Daniel Kahneman)和阿莫斯·特沃斯基(Amos Tversky)称为"损失厌恶"(卡尼曼在 2002 年获得了诺贝尔经济学奖,特沃斯基本来也能得诺贝尔经济学奖,但他去世太早了)。

继他们开创性的研究之后,大量文献证明了损失厌恶的存在,并且利用这一理论解释了许多看起来古怪的行为。例如,大多数人为了获得较低的免赔额,会为自己的房屋保险支付巨额保费。[64] 这样一来,他们就可以避免在房屋因意外损失之后,必须自掏腰包支付大笔费用(较高的免赔额)的痛苦。相比之下,让他们在当下付出更多的钱(为了获得免赔额较低的保单)的痛苦却比较轻,因为他们永远不会发现这样做是否是一个错误。同样的逻辑也解释了为什么那些容易受骗的买家常常会选择购买贵得离谱的"延长保修"。实质上,损失厌恶使我们对任何来自主动选择的风险——哪怕很小——都极度担忧。除非所有人都在做,否则移民就是这样一个主动的选择,当然也是一个重大选择,不难想象很多人会谨慎对待。

最后，移民是否失败是人们从个人角度出发所得出的结论。人们听过太多用赞许的语调讲出来的成功故事，以至他们相信，既然人人都可以成功，我怎么会失败呢？1952年，埃斯特·迪弗洛的祖父、兽医阿尔伯特·格朗容（Albert Granjon）在法国勒芒经营着一家屠宰场。那一年，他带着妻子和4个孩子前往阿根廷，接着乘船航行了几周。他在冒险精神的感召下，制订了一个大概的计划，想在那里找些熟人一起养牛。抵达阿根廷后不到一年，这个计划就宣告失败了。农场的条件比他想象的更差，他一直与商业伙伴争吵，其他人抱怨他没有带来足够的资金。年轻的一家人发现自己身处这个国家的陌生荒野之中，还断了收入。那时返回法国并不困难。在战后蓬勃发展的年代里，埃斯特的祖父可以很容易地找到工作，他的两个家境殷实的中产阶级兄弟本来可以出钱帮他们一家返回法国，但是祖父没有选择回去。多年后，祖母伊芙琳告诉埃斯特，空手而归、恳求兄弟出钱帮他返回法国，是祖父无法接受的耻辱。这个家庭历尽艰苦支撑了下来，在长达两年多的时间，他们的生活极度贫困，而且因为祖父相比当地人有一种莫名的优越感，使得情况变得更糟。孩子们在家里不允许讲西班牙语。埃斯特的母亲维奥莱纳通过一门法语函授课程完成了她的全部学业——她在阿根廷从未上过学，业余时间则做家务，给孩子们穿的布鞋打补丁。阿尔伯特最终找到了一份为法国制药公司梅里埃研究所（Institut Mérieux）管理一个实验农场的工作，家里的财务状况终于有所改善。他们在阿根廷待了十多年，然后又去了秘鲁、哥伦比亚和塞内加尔。阿尔伯特在健康状况恶化之后（尽管还很年轻）回到了法国。至此，他的职业发展轨迹的确可以称得上是一次成功的冒险。但艰苦的生活也让他付出了代价，他回到法国不久之后就去世了。

对失败的恐惧严重阻碍了人们去冒险，许多人连试一试都不愿意。毕竟，我们大多数人都希望自己能保持一个聪明、勤奋、正直的个人形象，也不愿意承认自己实际上是愚蠢、懒惰和不道德的。此外，保持良好的自我感觉可以让我们在面对生活中的种种遭遇时保持不断尝试的动力。

如果保持一定的自我形象这件事很重要，那么对其加以呵护也就说得过去了。我们可以通过过滤负面信息来主动实现这一点，也可以简单地避免采取至少有可能给我们带来伤害的行动。如果我过马路时不从乞丐身前经过，也就不会让人发现我不够慷慨的缺点。一个优秀的学生可能会在考试前不认真复习，这样他就为自己制造了一个借口，就算成绩不理想，也不会影响自己很聪明的自我认知。一个待在家里的准移民总是能够幻想只要自己离开，就一定能成功。[1]

想要改变这种维持现状的倾向，需要坚持梦想（埃斯特的祖父阿尔伯特追求冒险，而不是逃避困境），或者具备相当程度的自信。这也许就是移民（除了那些在绝望中被赶出国门的人）往往不是最富有或受教育程度最高的人，而是拥有特殊动力的人的原因，也是移民中涌现出那么多成功企业家的原因。

托克维尔之后

然而美国人好像不符合这个规律。他们中的大多数人愿意承担

---

[1] 我们将在第四章继续探讨这些具有激励作用的信念。参见罗兰·贝纳布（Roland Bénabou）和让·梯若尔（Jean Tirole）合写的《正念经济学：生产、消费及信仰价值》一文，该文刊载信息如下：*Journal of Economic Perspectives* 30, no. 3 (2016): 141–64.

风险并能够抓住机会，至少在很长一段时间里，这是美国的神话。阿历克西·德·托克维尔（Alexis de Tocqueville）是19世纪的法国贵族，他将美国视为自由社会的典范。在他看来，永不停息是使美国与众不同的原因之一：人们一直在跨部门和跨职业地流动。托克维尔将这种不安分归因于没有世袭阶级的结构，以及对财富永不停歇的渴望。[65]每个人都有机会通过奋斗变得富有，因此不论机会出现在哪里，抓住它就变成了一种责任。

美国人仍然相信这个美国梦。尽管相比欧洲，遗传在当今美国人的命运中的作用更大。[66]这可能与美国逐渐变得稳定有关。在美国人对国际移民容忍度下降的同时，他们自己的流动性也开始降低。在20世纪50年代，每年会有7%的人口搬家到另一个地方。到2018年，这个比例已经不足4%。下降始于1990年，并于21世纪第一个十年中期开始加速。[67]此外，美国国内迁移的方式也发生了惊人的变化。[68]直到20世纪80年代中期，美国富裕州的人口增长速度要比其他州快得多。但从1990年之后的某个时候开始，这种情况发生了变化。总的来说，富裕州不再吸引更多人。高技术的工人继续从贫穷的州搬迁到富裕的州，但是低技术的工人尽管从某种程度上讲依然保持流动，但其流动的方向似乎与之前相反。这两个趋势意味着，自20世纪90年代以来，美国劳动力市场在技术水平方面越来越分化。沿海地区吸引着越来越多受过良好教育的人，而受教育程度较低的人似乎集中到了内陆，特别是东部地区，如底特律、克利夫兰和匹兹堡等老工业城市。这一系列变化助长了美国社会在收入、生活方式和投票模式等方面的两极分化，而不同地区经济发展水平的极度不平衡，带来了一种混乱的感觉。

对于受过高等教育的软件或生物技术人员而言，加利福尼亚州的帕洛阿尔托市或马萨诸塞州的剑桥市具有强大吸引力不足为奇。受过教育的人在这些城市获得的工资更高,也更容易找到朋友和喜欢的设施。[69]

但是,为什么受教育程度低一些的人没有跟随他们的步伐呢?毕竟,律师也需要园丁、厨师和咖啡师。受过良好教育的人集中在一起应该会产生对低教育程度工人的需求,并鼓励他们流动。而且美国和孟加拉国不同,这里几乎所有人都付得起全州乃至全国的巴士钱。这里的信息也更加透明,所有人都知道新兴城市在哪里。

在蓬勃发展的城市里,只有高中学历的工人的工资增幅低于高技术工人,但这只是部分地解释了上述现象。[70] 低技术工人也有工资溢价。根据网上发布的薪资信息,星巴克的咖啡师在波士顿每小时的工资约为12美元,在博伊西约为9美元。[71] 这比高技术工人的收入要少,但仍然不容忽视(波士顿的咖啡师已经开始抱怨了)。

然而,正是由于不断增长的对高技能工人的需求,帕洛阿尔托、剑桥和其他类似地方的住房成本激增。纽约的律师和大楼管理员都比南部诸州的相同工作挣得要多得多,而且两地律师的薪水差异(45%)要比大楼管理员(32%)更高。但是住房成本仅占纽约律师薪水的21%,却占到了纽约大楼管理员薪水的52%。如果比较扣除生活费用的实际收入,纽约律师的收入的确比南部诸州的律师高出许多(37%),但对于大楼管理员来说则完全不同(纽约的只比南部诸州的多挣6%)。这让大楼管理员去纽约工作变得没有任何道理。[72]

旧金山的教会区已经变成这种现象的典型。直到20世纪90年代后期,这都是一个由不久前到来的西班牙裔移民占主导的工人阶级社区,但它的地理位置对科技行业的年轻人很有吸引力。单间公寓的平均租金开始飙升,2011年的租金是1 900美元,2013年就涨到了 2 675 美元，2014 年则上涨到 3 250 美元。[73] 如今，教会区一套公寓的平均租金已经完全超出了拿着最低工资的这部分人的承受能力。[74] "教会区雅皮士清除计划"（Mission yuppie eradication project）是通过破坏汽车来驱赶这些技术人员所做的最后努力，这一行动确实引起了人们对教会区住宅高档化的极大关注，但最终该计划还是失败了。[75]

当然，在快速扩张的城市周边可以建造更多的房屋，但这需要时间。此外，美国许多历史悠久的城市都有区划规定，限制建造新的或是密集的住宅。新建筑与已有的建筑不能有太大区别，占地面积必须是最小的，等等。这使得当地在住房需求上升时，很难有高密度社区。与发展中国家一样，这使得新移民面临相当糟糕的选择：要么搬到远离工作场所的地方生活，要么出高价住在城里。[76]

美国近些年的增长主要集中在拥有强大教育机构的地区。这些地方往往是有些历史的城市，房价昂贵，而且很难扩张。许多城市也非常"欧化"，相比发展城市，它们往往更愿意保护自己的历史，因此催生了严格的区划规定和高额租金。这可能是普通美国人没有前往正在迅猛发展的地区的原因之一。

如果一个人因为其所在地区受到经济衰退的影响而失业，并且考虑是否搬到其他地方找工作，那么房产问题将变得更加复杂。只要他拥有自己的房子，哪怕转手的价值非常低，他也可以选择住在里面。如果他没有房子，那么在当地经济崩溃导致房屋租金下降的情况下，相比高技术工人，他所获得的收益要更大，因为住房原本占据了他更多的生活预算。[77] 经济低迷往往会导致当地住房市场的崩溃，而这反过来却让穷人无法前往其他地方。

即使家乡的机会少，其他地方的机会多，人们还是会找到理由留下来。比如，由于法规严格和缺乏公共补贴，托儿服务的价格在美国很高。对于从事低薪工作的人来说，以市场价格购买托儿服务通常是不可能的。唯一的求助对象是爷爷奶奶，如果不行，就只能找其他亲戚或朋友帮忙。因此，除非可以带着这些人一起搬家，否则搬家是不可能的。当大多数妇女专职在家照看孩子时，这并不是什么大问题。但是在当今世界，这就变成了一个很重要的问题。

此外，工作可能不会一直都有。失业让人没有归属感，而没有家庭地址则会让人很难再找到一份工作。[78] 在这种情况下，家庭能提供财务和情感上的安全网。失业的年轻人搬回父母家。正当壮年的失业男性中，有 67% 的人与父母或近亲属同住（从 2000 年的 46% 逐渐增加）。[79] 由此我们也很容易理解，为什么一个人不愿意放弃这种舒适感和安全感，搬到另外一座城市了。

年轻时进入家乡的一家制造企业，为一个老板工作了大半辈子后，却丢掉了工作，对这样的人而言，不得不重新开始的创伤体现在他生活的方方面面。和许多父辈从安逸的工作平稳过渡到优雅的退休生活不同，他们被要求重新设定期望值，搬到一个没人认识他们的小镇，从最底层开始干一份从未想过的工作。难怪他们宁愿留在原地。

回归城市之旅

如果人们很难离开受困之地，为什么工作机会不来找他们呢？当然，在其他企业都倒闭的县里，新企业可以从新的可用劳动力、较低的工资和较低的租金中获益。这个想法已经渐渐成形。2017年 12 月，美国在线（AOL）的联合创始人、亿万富翁史蒂夫·凯斯（Steven Case）和感叹美国腹地迷失的《乡下人的悲歌》(*Hillbilly*

Elegy）一书的作者 J.D. 万斯（J. D. Vance），共同创立了投资基金 Rise of the Rest（其余地区的崛起）。该基金由美国一些最著名的亿万富翁（从杰夫·贝佐斯到埃里克·施密特）投资建立，用于投资传统上被科技投资者忽视的州。一群硅谷的投资者乘巴士（"回归城市之旅"）前往俄亥俄州的扬斯敦和阿克伦、密歇根州的底特律和弗林特、印第安纳州的南本德等地。基金发起人很快说明这不是社会影响基金，而是传统的赚钱业务。在《纽约时报》关于这次旅行[80]和基金[81]的报道中，许多硅谷投资者强调湾区存在着交通拥堵、与外界隔离、生活成本高昂等问题，以及"中心地带"的巨大机遇。

但是抛开这些滔滔不绝的宣传，我们有足够的理由持怀疑态度。该基金的规模仅为 1.5 亿美元，对于那些基金发起人来说相当于零用钱。贝佐斯虽然支持该项目，但尚不足以将底特律列入亚马逊 HQ_2（第二总部）计划的候选名单。该基金希望引发一些激情，推动一些企业起步，引起早期投资者的注意，并鼓励其他投资者跟进。既然在哈勒姆取得了成功，那么为什么在阿克伦就不行呢？哈勒姆位于土地稀缺的曼哈顿，同时拥有该地区的激情和众多便利设施。哈勒姆迟早会复兴，但我们对阿克伦（或南本德、底特律）就没有那么乐观了。那些地方依然难以为多数年轻富人提供那些诱人的设施，比如漂亮的餐厅、豪华的酒吧，或者提供高品位咖啡师和高价浓缩咖啡的咖啡馆。换句话说，这是一个鸡生蛋还是蛋生鸡的问题。除非提供这些生活设施，否则受过教育的年轻人不会来，但如果附近没有足够多的喜欢这种生活情调的人，这些设施又不可能发展起来。

实际上，几乎每个行业的企业都倾向于扎堆。如果你在美国地图上随机扔飞镖,会发现飞镖留下的洞大致是均匀分布的。但任何行业的实际分布地图都不会像那样,似乎所有的飞镖都被人扔向了同一地方。[82] 部分原因可能是出于声誉的考虑,买家可能会对玉米地中冒出来的一家软件公司感到怀疑。此外,如果每次需要新员工时,都必须说服某人从国内很远的地方搬来,而不是从隔壁公司直接挖人,就很难招到员工。另外,还有监管方面的原因,区划法规通常将污染严重的产业集中在一个地区,饭店和酒吧则集中在另一个地方。最后,同行往往形成了相似的偏好(技术员喜欢咖啡,金融家喜欢炫耀价值不菲的葡萄酒)。人群集中让提供偏好设施变得更容易。

出于所有这些原因,扎堆是有道理的,但是这意味着从小规模开始发展变得越来越困难。在阿巴拉契亚开一家生物技术公司总是很难。我们希望"回归城市之旅"能够成功,但不会抱太大的期望(我们也不想在底特律买房)。

艾森豪威尔和斯大林

真正的移民危机不是国际移民过多。在大多数情况下,移民不会为当地人口带来任何经济损失,并且对移民者自身来说有明显的好处。真正的问题是,人们常常不能或不愿在国内外流动,以便抓住经济发展的机会。这是否表明一个具有前瞻性的政府应该奖励那些搬家的人,甚至可能的话,惩罚那些拒绝搬家的人?

考虑到截至目前我们的讨论主要集中在如何限制移民上,这话听起来可能有些奇怪。但在 20 世纪 50 年代,美国、加拿大、南非和苏联政府都或多或少地采用了强迫迁徙的政策。这些政策通常带有没有明说但非常残酷的政治目标(压制制造麻烦的族裔是其中之一），并往往喜欢用现代化的语言加以掩饰，强调传统经济安排的缺陷。这些案例经常对发展中国家的现代化进程有所启发。

发展中国家的政府还有一项历史悠久的传统，即利用价格和税收政策，以牺牲农村的利益为代价，使城市的生产部门获益。20世纪70年代，非洲许多国家建立起所谓的农业营销委员会。这是一个残酷的笑话，大多数委员会的目标是防止生产的市场化，以便委员会能够以最低的价格购买产品，从而稳定城市居民的物价。印度等国家禁止农产品出口，从而保持城市消费者希望的价格。这些政策的副作用是让农业无利可图，让农民离开田地。这些政策伤害了经济体中最贫穷的人——那些可能无钱搬迁的小农和无地劳工。

但是，这段不幸的历史不应该让我们无视移民在经济上的合理性。人口的流动（国内和国际的）是一个重要的渠道。通过该渠道，各个地区和国家的生活水平可以达到均衡，还可以稳定一个地区的经济波动。一旦工人选择搬家，他们便离开了遭受经济打击的地方，并对新的机会善加利用。一个经济体就是通过这种方式来化解危机和适应结构转型的。

显然，对于我们这些人（包括大多数经济学家）来说，身处比较富裕的国家和成功的城市中，生活环境如此之好，以至我们认为所有人都想住进来。在经济学家看来，成功地区的经济吸引力在很大程度上是一件好事。从另一个方面讲，对于发展中国家的城市居民或富裕国家的居民来说，把全世界的人吸引到他们所在的地区，是一件恐怖的事情。从工作到公共住房，再到停车位，他们想象大批外来人口会抢夺自己拥有的这些稀缺资源。而他们最担心的是，移民会拉低本地人的工资水平和就业前景。尽管这种担忧是错置的，但对于过度拥挤的忧虑，尤其是对第三世界建设中的城市的担忧，也并非完全没有道理。

对人口泛滥的恐惧也引起了人们对同化的担忧。如果有太多不同文化背景的人（比如从印度国内搬来的乡下亲戚、定居美国的墨西哥人），他们是会被同化，还是会改变现有的文化？还是说，他们会同化得非常彻底，以至其本身的文化最终消逝，留给我们一个单一乏味的全球化？为了响应经济机会差异而出现的完美且短暂的乌托邦运动，可能会成为其自身的反乌托邦。

但是，我们离这种乌托邦或反乌托邦还远得很。经济上获得成功的地区远没有对经济上困难的人产生不可抗拒的吸引力，他们通常更喜欢待在家里。

这表明，无论是国内还是国外，鼓励移民确实应该作为一项优先政策。但正确的做法不是像过去那样强迫人民，或采取扭曲的经济激励措施，而是应该清除一些关键障碍。

简化整个移民流程并提高沟通效率，让人们对移民的成本和收益有更清晰的了解，将有助于鼓励移民。让移民及其家庭彼此更容易汇款，也将有助于减少移民的孤独感。鉴于人们极其害怕失败，为移民提供一些针对失败的保险也是可行的做法。孟加拉国提供此项服务时，其效果好得几乎就像是销售公交车票。[83]

但是，在使移民更受当地人欢迎的同时，帮助（也可能是鼓励）移民的最佳方法可能是减少他们融入的难度。提供住房援助（房租补贴）、移民前的工作匹配、提供托儿服务等，将确保所有的新移民能迅速在社会上找到自己的位置。这适用于国内和国际的人口流动，使那些犹豫不决的人更容易下定决心，并让他们更快融入所在国的社区，成为现有正常结构中的一分子。我们现在的情况几乎正相反。除了一些组织在帮助难民，人们没有做任何能够帮助移民更容易适应移民生活的事情。在获得合法工作权方面，国际移民面临着真正的障碍。而国内移民找不到住处，即使看起来有很多机会，往往也很难找到自己的第一份工作。

当然，我们不要忘记，应对移民问题的政策不仅是一种被误解的经济学，也是对身份政治的误用。经济与政治的脱节从来就不是什么新鲜事。在欧洲移民的黄金时代，接收欧洲移民最多的美国城市从中得到了经济好处。但尽管如此，移民还是引发了广泛而敌对的政治反应。为了应对移民，城市削减了税收和公共支出。在被削减的公共支出中，那些有助于种族间接触的服务（如学校）或为低收入移民提供帮助的服务（如污水处理、垃圾收集等）被削减的幅度尤其巨大。在移民最多的城市，支持移民的民主党的选票在减少，那些更加保守的，尤其是支持1924年《移民出生国配额法》（终结了无限制移民美国的时代）的从政者获得了选举胜利。选民对他们与新移民之间的文化差异做出反应。当时，直到被理所应当地同化之前，天主教徒和犹太人都被认为是无可救药的异类。[84]

历史会重演，但这个事实并不会令它的第二次或第三次出现变得让人愉快。不过，这也许能帮助我们更好地认识该如何回应这种愤怒。我们将在第四章解答这个问题。

最后，我们要记住，不管提供什么样的激励措施，还是会有许多人选择不离开。这种固执，违背了经济学家们有关人类行为的直觉，却对整体经济有着深远的影响。正如我们将在本书中看到的那样，它影响了范围广泛的经济政策的结果。比如我们将在下一章中看到，它部分地解释了为什么国际贸易的收益远不如许多人所期望的那样。在第五章中，我们将讨论它如何影响经济增长。在第九章，我们会将人口的不流动因素考虑在内，对社会政策进行重新思考。

第三章

贸易之痛

2018年3月上旬,在头戴安全帽的钢铁工人环绕下,特朗普总统签署命令,对钢铁和铝征收新关税。不久之后,我们在第一章中提到的IGM布斯咨询小组按照自己的专家名录,找到了所有来自顶级经济学系的高级经济学教授,既有共和党人,也有民主党人。IGM布斯咨询小组向这些教授提了一个问题:"美国对钢铁和铝征收新的关税能否提升美国人的福利?"65%的人"强烈"表示不赞同。剩下的全都只是表示"不赞同"。没有一个人表示赞同,甚至也没有一个人表示不确定。[1] IGM布斯咨询小组又提了另外一个问题:"针对空调、汽车和饼干等产品新增或提高进口关税(以鼓励生产商在美国本土制造)是否是个好主意?"所有人再次意见一致,认为这并非好主意。[2] 自由经济学派的领袖人物保罗·克鲁格曼(Paul Krugman)喜欢贸易,但是乔治·布什总统时期的经济顾问委员会主席、经常批评克鲁格曼观点的哈佛大学教授格雷格·曼昆(Greg Mankiw)同样也喜欢贸易。

相比之下,美国公众对贸易的态度充其量也就是喜忧参半,而且负面态度在多数时间里都占多数——并且不是近期才这样。对于钢铁和铝的关税,公众的看法则出现了分歧。2018年秋天,我们进行过一项调查,向一组具有代表性的美国人提出了与IGM布斯咨询小组完全相同的问题。只有37%的人表示不赞同或是强烈反对特朗普的关税,33%的人表示赞同。[3] 然而,无论是右派还是左派,更普遍的观点,都是认为美国对其他国家的商品过于开放。54%的受访者认为提高关税以鼓励生产商在美国生产是个好主意,只有 25% 的人对此不认同。

经济学家大多谈论贸易的收益。自由贸易是有益的,这是现代经济学中最古老的命题之一。英国议员兼股票经纪人大卫·李嘉图(David Ricardo)在两个世纪前就解释过,由于贸易使每个国家可以专注于自己最擅长的领域,因此只要贸易发生,所有国家的总收入理应增长,也就是贸易赢家获得的收益必然超过输家蒙受的损失。过去的两百年给了我们完善这一理论的机会,但很少有经济学家不被其基本逻辑所左右。事实上,它在我们的文化中如此根深蒂固,以至于我们有时会忘记,进行自由贸易的理由绝不是不言自明的。

首先,公众肯定不是心悦诚服。他们并非看不到贸易的收益,但他们同样看到了贸易带来的痛苦。他们确实看到了能够低价购买国外商品的各种好处,但他们也会担心,至少对那些直接受到低价进口商品冲击的人来说,收益会被代价抵消。根据我们的调查,42% 的受访者认为,美国和中国的贸易对低技能工人造成了伤害(21% 的人认为他们从中受益),只有 30% 的人认为价格下降使所有人都获益(27% 的人认为所有人都受到了伤害)。[4]

那么,究竟是公众单纯无知呢,还是他们凭直觉感知到了经济学家遗漏的什么事情?

斯坦尼斯拉斯·乌拉姆的挑战

斯坦尼斯拉斯·乌拉姆(Stanislas Ulam)是一位波兰数学家、物理学家,也是现代热核武器的共同发明人之一。他对经济学的评价很低,也许是因为他低估了经济学家毁灭世界的能力——以经济学家自己的方式。乌拉姆向我们的已故同行、20 世纪经济学的伟人之一保罗·萨缪尔森（Paul Samuelson）发起挑战，要他"在所有的社会科学中，提出一个既真实又重要的命题"。[5] 萨缪尔森提出了比较优势的概念，这是贸易理论的中心思想。"逻辑上这个观点是正确的，不需要在数学家面前进行论证；它也不是微不足道的，这一点得到了成千上万重要且聪明的人的证实，尽管他们自己从来没能领会过这条教义，而且当有人向他们做出说明之后也没法相信它。"[6]

比较优势是指，国家应该做自己相对而言最为擅长的事情。将它和绝对优势进行对比，有助于我们理解这个概念具有多么强大的力量。绝对优势的概念很简单。苏格兰不产葡萄，法国也没有适合酿造苏格兰威士忌的泥炭土壤。因此合理的做法就是，法国应该向苏格兰出口葡萄酒，苏格兰则向法国出口威士忌。但是，当一个国家，比如当今的中国，看上去似乎在不少生产领域都远比其他大部分国家强时，人们就会开始感到困惑。

大卫·李嘉图在 1817 年提出，即使中国（或者他那个时代的葡萄牙）在所有领域都拥有更强的生产力，也不可能销售一切产品。因为到时买方国家卖不出产品，也就不会有钱从卖方国家购买产品。[7] 这就暗示了如果有自由贸易，19 世纪的英格兰的工业不会全都出现萎缩。很明显，如果英国有什么工业会因为国际贸易而萎缩，那一定是英国生产能力最低下的行业。

在这个论点的基础上，李嘉图得出一个结论：即使葡萄牙在葡萄酒和布匹两种产品上的生产能力都强于英格兰，一旦两国之间开放贸易，它们最终还是会专注于生产具有比较优势的产品（和其他部门相比生产力相对更高的领域：葡萄牙的葡萄酒，英格兰的布匹）。两个国家都生产各自比较擅长的产品，然后购买别的产品

（而不是浪费资源生产不适合的产品），这必然会增加 GNP（国民生产总值），即每个国家人民可消费的商品价值总和。

李嘉图强调必须把所有市场放在一起通盘考虑，否则就无法思考贸易的可能性和优势。中国可以在任何单一市场获胜，但不可能在所有市场都获胜。

当然，GNP 的增长（英格兰和葡萄牙都获得了增长）并不意味着贸易当中没有失败者。事实上，保罗·萨缪尔森最著名的一篇论文准确地告诉了我们谁是失败者。李嘉图的整个论述假设生产只需要劳动力，所有工人都是一样的，所以当经济变得更繁荣时，每个人都会获益。一旦有了资本和劳动力，事情就没那么简单了。1941年，年仅 25 岁的萨缪尔森发表了一篇论文，文中的观点至今仍是我们学习如何看待国际贸易的基础。[8] 其中的逻辑，一旦理解后，你就会发现相当简单。优秀的见解通常都是如此。

有些商品需要相对较多的劳动力来生产，需要的资本相对较少，可以对比手工地毯和机器人制造的汽车。如果两个国家可以获得相同的技术同时生产这两种商品，那么显而易见，劳动力相对丰富的国家在劳动密集型产品的生产上具有比较优势。

因此，我们会产生如下的预期：一个劳动力富裕的国家专注生产劳动密集型产品，并脱离资本密集型产品的生产。和没有贸易（或贸易受到更多限制）时相比，对劳动力的需求会增长，工资也会随之提高。反过来，当一个资本相对充裕的国家和一个劳动力更充裕的伙伴进行贸易时，我们应该预期资本价格会上升（而工资会下降）。

由于劳动力充足的国家往往是贫穷国家，而且劳动者通常比雇主更加贫穷，这意味着贸易自由化应该会为更穷的国家里的穷人带来益处，不平等的程度也会下降。富裕国家的情况正好相反。按照这个推理，开放美国和中国之间的贸易，会损害美国工人的工资收益（并使中国工人受益）。

但正如萨缪尔森在之后的一篇论文中证明的那样，自由贸易提升了国民生产总值，也就意味着会有更多的价值供所有人分配。假设社会向自由贸易的赢家收税并将这笔钱分配给输家，那么即便是美国工人，也可以过上更好的生活。⁹ 可问题就在于，这只是一个很大的"假设"，它的推进是个国际的政治过程。

美即是真理，真理即是美 10

施托尔珀 – 萨缪尔森定理（Stolper-Samuelson themrem，以萨缪尔森和他的合著者施托尔珀的名字命名，如今在经济学中广为人知）[①] 是美丽的，至少与经济学中的任何理论结果一样美丽。但这条定理是真实的吗？该理论有两个明确而令人鼓舞的含义，一个不那么令人鼓舞的含义。开放贸易应该提升所有国家的 GNP，贫穷国家的不平等程度应该下降，而富裕国家的不平等程度可能上升（至少在政府进行任何再分配之前如此）。这里有一个小小的问题，就是现实世界的证据往往无法支撑这一理论。

中国和印度经常会被挑选出来作为贸易推动 GNP 增长的典型。中国于 1978 年实行了改革开放。之前，中国几乎脱离于世界市场之外。40 年后，中国成为世界上的出口大国，在可预见的未来，将取

---

① 该定理描述了产出商品的相对价格和相对生产要素报酬（特别是实际工资和实际资本回报）之间的关系。在一些经济学假设下，一个商品的相对价格上升将导致生产那种商品使用最密集的生产要素的回报上升。反之亦然。——编者注

代美国成为世界上最大的经济体。

印度的变化没有那么翻天覆地，但或许是一个更好的例子。在1991年以前大约40年的时间里，印度政府控制着他们所谓的"经济制高点"。进口需要的许可证最多也就是勉强发放，且进口商需要按照进口商品的价格支付4倍的进口税。

基本上不可能进口的商品包括汽车。到印度的外国游客都会在游记里提到"可爱的"大使，一款在1956年版的莫里斯·牛津牌汽车（英国生产的一款没什么特点的轿车）基础上几乎未做任何升级的仿制汽车。这样一款汽车，在当时仍然是印度公路上最受欢迎的车型。车上的安全带和防撞缓冲区完全不知去向。阿比吉特至今都还记得，一次乘坐1936年产的梅赛德斯-奔驰汽车的经历（肯定是在1975年左右），以及坐在一辆拥有真正强大引擎的汽车里带来的那种兴奋感。

1990年，萨达姆·侯赛因入侵科威特，最终引发第一次海湾战争，导致1991年伊拉克和海湾地区的石油出口被切断，进而造成国际原油价格飙升。这对印度的石油进口造成了巨大打击。与此同时，受战争影响，大批印度移民离开中东地区，也因此停止向家乡的亲人汇款。各种因素综合影响下，印度的外汇储备严重不足。

印度被迫向IMF（国际货币基金组织）寻求帮助。这是IMF一直在等待的机会。当时的印度是为数不多的拒绝同IMF合作的大国，在经济上继续秉持着流行于20世纪四五十年代的意识形态，反对市场经济。而曾经坚持同样意识形态的地方，中国、苏联、东欧、墨西哥和巴西等国家及地区，已经开始认真采取步骤，让市场来决定谁应该生产什么。

IMF提出的协议将改变这一切。印度可以获得急需的资金，但前提是必须开放贸易。印度政府别无选择。进出口许可证制度被废除，进口关税从平均将近90%飞快地降低至35%左右，这在某种程度上是因为，印度经济部门的许多重要人物早就渴望能有机会这样做，他们绝对不想坐失良机。[11]

不出意外，许多人预测这样做将导致灾难。印度的工业一直在高关税壁垒的保护下发展，效率太低，以至于无法与世界其他强国竞争。印度消费者极度渴望进口商品，各种限制取消之后会疯狂消费，导致经济破产。还有其他诸如此类的说法。

值得注意的是，这种情况并没有发生。在1991年经历急剧下降之后，印度的GDP增长在1992年恢复到了1985—1990年的水平，每年的增长幅度约5.9%。[12]经济没有崩溃，也没有高速起飞。总的来说，在1992—2004年期间，GDP增速缓慢上升到6%，然后在2005年中期跃升至7.5%，并自那以后一直保持着差不多同样的增长速度。

那么，印度应该被看作证明贸易理论智慧的光辉典范，还是更接近于反面的典型？一方面，这种增长平稳地度过了转型期，与贸易乐观主义者的预测相呼应。另一方面，印度的增长在1991年之后用了十多年时间才开始加快速度，又似乎让人失望。①

对于不可言说的东西，人们必须以沉默待之 [13]

这场特别的辩论没有真正的解决办法。世界上只有一个印度和它唯一的一段历史。假如1991年没有发生危机，贸易壁垒也没有被

---

① 当然，贸易方面的乐观主义者，包括贾格迪什·巴格瓦蒂（Jagdish Bhagwati）、斯里尼瓦桑（T. N. Srinivasan）及其追随者，认为1991年之前，经济增长即将陷入停滞之际，是政府救助和贸易自由化拯救了它。

去除，人们又如何能够断言印度在 1991 年以前的增长不会持续呢？让事情更加复杂的是，从 20 世纪 80 年代开始，贸易就已经开始逐渐自由化；1991 年只是加速了这一进程（当然加速的幅度很大）。大爆炸是必要的吗？除非我们能让历史倒流，让它沿着另一条道路发展，否则我们永远不会知道。

然而，毫不意外的是，经济学家们发现很难不去思考这类问题。这个问题与印度本身关系不大。无法回避的事实是，印度经济增长在 20 世纪 80 年代或 90 年代的某个时间点发生了巨大转变，与之相关的是印度当时从（某种意义上的）社会主义向资本主义转变。20 世纪 80 年代中期之前，印度的经济增长率约为 4%，现在则接近 8%。[14] 这种变化是罕见的，而尤其罕见的是，这种变化似乎一直在持续。

与此同时，不平等的程度急剧加深。①20 世纪 60 年代初的韩国，以及 20 世纪 90 年代的越南，都发生了类似的事情，甚至可能更加剧烈。很明显，这些经济体在开放经济之前所采取的那种国家控制在降低不平等方面非常有效，但其高昂的代价是牺牲了经济增长。

一个国家放弃全方位的政府管控，出现更多不同的意见，从而带来更多的学习机会，这才是经济运行的最佳方式。印度仍然坚持保留部分关税保护措施。这些措施是明显的贸易壁垒，但和以前的完全不同。取消这些措施有多重要？会进一步加速增长吗？不平等的问题会怎样？特朗普的关税会使美国的经济增长彻底脱轨吗？新关税真的能够帮助那些特朗普声称要保护的人吗？

为了回答这样的问题，经济学家通常会将不同的国家进行比较。

---

① 收入最高的 1% 人群占 GDP 的比重从 1982 年的 6.1% 上升到 2015 年的 21.3%。World Inequality Data-base, accessed March 15, 2019, https://wid.world/country/india.

基本的想法很简单：一些国家（如印度）在1991年实现了贸易自由化，但另一些多少与之相似的国家却没有。在紧接着1991年之后的数年时间里，哪些国家增长的速度更快，不论是绝对速度还是对比1991年以前的相对速度？是那些选择贸易自由化的国家，还是那些一开始就秉持开放的国家，抑或是那些一直坚持封闭的国家？

在研究自由贸易的领域里，存在着大量浩繁冗长的著作和文献。考虑到自由贸易对经济学家的重要性，以及在商业出版领域中的受欢迎程度，这一点也就不令人意外了。有关这个问题的答案也囊括了所有的方面，从正面评估贸易对GDP的影响，到怀疑的立场。尽管如此，必须要指出的是，几乎没有或根本没有支持强烈负面影响的证据。

针对贸易的怀疑来自三个不同的方面。第一是反向因果关系。印度实现了贸易自由化，而另一个相似的国家没有。这一事实可能反映出印度已经为转型做好准备，即使没有改变贸易政策，其经济增长也会比挑选作为对比的国家更快。换句话说，会不会是经济增长（或增长潜力）导致了贸易自由化，而不是贸易自由化反过来推动了经济增长？

第二是省略了因果因素。印度的经济开放是一系列范围更广、规模更大的变革中的一部分。这一系列变革当中，一个重要的事实就是政府放弃了计划经济，从根本上停止试图告诉企业所有者应该生产什么和在哪里生产。还有一个更模糊但或许同样重要的转变，那就是官僚机构和政治体系对商业部门的态度：承认商业利益是诚实经营者的合法追求，甚至可以称之为"酷"。从根本上来说，不可能把所有这些变化带来的影响和贸易自由化的影响区分开来。

第三，很难用精确的数据来衡量是什么构成了贸易自由化。当征收 350% 的关税时，根本就不会有进口，所以削减一些关税可能不会有什么改变。我们如何区分相关的政策变化和无关的故作姿态？此外，如此高的税率会导致纳税人采取反抗措施，他们会找到创造性的办法来避税。于是，政府就经常会制定一些晦涩难懂的规则来诱捕违反者。随着国家的经济开放，很多事情都发生了变化，但不同国家的变化速度和程度是不同的。鉴于不同的国家选择不同形式的改革，我们如何确定哪个国家的经济开放程度更高？

所有这些问题都使得跨国比较经济问题特别令人担忧。在研究贸易政策对经济增长的影响时，不同的研究人员会得出不同的答案，很大的原因就是他们对每一个问题所做出的选择都不同：如何衡量贸易政策的改变？众多造成因果关系混乱的可能的来源中，研究者愿意容忍哪一个？

鉴于这个原因，比较不同国家得出的结果也就很难让人信服。有无数种方法来进行跨国比较，选哪一种取决于你愿意接受哪种大胆的假设。

同样的限制也阻碍了检验施托尔珀－萨缪尔森理论的其他预测。当更加贫穷的国家开放贸易后，不平等程度会降低吗？关于这一问题的跨国研究相对较少，反映出了一种我们将一而再再而三看到的模式。贸易经济学家倾向于不去考虑蛋糕应该如何分配，尽管（或许就是因为？）萨缪尔森的早期警告称，至少在富裕国家，贸易可能以牺牲工人的利益为代价。

当然也有例外，但这些例外并不能带来信心。国际货币基金组织的两名工作人员最近提出的一份研究报告发现，同其他多数国家关系密切的国家，往往更加富有，也更加平等。他们忽视了一个令人不快的事实：欧洲的许多小国之间贸易往来频繁，这些国家也往往更加富有，更加平等。但贸易往来频繁很可能并不是最主要的原因。[15]

针对这一相当乐观的结论，另一个值得怀疑的原因是，这个结论和我们从一些发展中国家了解到的情况背道而驰。在过去30年里，许多中低收入国家已经开放了贸易。让人吃惊的是，在接下来的几年里，它们的收入分配几乎总是朝着与施托尔珀-萨缪尔森理论的基本逻辑相反的方向发展。对于这些国家中数量巨大（本来它们应当凭此而获益）的低技能工人而言，他们的工资水平落后于技能更高或教育程度更高的工人。

从1985年到2000年，墨西哥、哥伦比亚、巴西、印度、阿根廷和智利都通过单方面全面降低关税开放了贸易。同一时期，所有这些国家的不平等程度都有所加剧，而加剧的时机似乎和贸易自由化联系在一起。例如，在1985年至1987年期间，墨西哥大幅削减了进口配额制度的覆盖面和进口平均关税；而从1987年到1990年，墨西哥蓝领工人的工资下降了15%，白领工人的工资则提高了15%。其他衡量不平等程度的指标也紧随其后。[16]

在哥伦比亚、巴西、阿根廷和印度也发现了同样的模式。紧随着贸易自由化而来的是，相对于无特殊技能的工人，有技能的工人收入增长了，其他衡量不平等程度的指标同样如此。随着中国从20世纪80年代开始逐步开放，并最终于2001年加入世界贸易组织（WTO），其国内的收入差距开始扩大。根据世界不平等数据库小组的数据，1978年，中国社会收入水平靠下的全国50%人口和最高的全国10%人口，其总收入占全国收入的比例相同（27%）。而从2001年开始，这两个群体的收入各自所占的比例开始分化。到了2015年，收入最高的全国10%人口获得了全国收入的41%，而收入最低的全国50%人口只获得了15%。[17]

当然，相关性并非因果性。也许全球化本身并没有导致不平等的加剧。贸易自由化几乎从来不会在真空中发生：在所有这些国家中，贸易改革都是更大范围的经济改革方案当中的一部分。例如，1990年和1991年，哥伦比亚最极端的贸易政策自由化，是和旨在大幅增加灵活性的劳动力市场监管改革同步进行的。墨西哥1985年的贸易改革也是在推行私有化、改革劳动力市场和放松管制的背景下进行的。

正如我们之前提到的，印度1991年的贸易改革伴随着取消工业许可证制度、改革资本市场，以及权力和影响力全面向私营部门转移。邓小平所推行的中国的改革开放是大规模经济改革的顶点，私营企业沉寂了几乎30年后在国家经济结构中获得了合法地位。

同样，墨西哥和其他拉美国家开放的时间恰好与中国开放的时间一致，因此它们都面临着来自劳动力更丰富的经济体的竞争。也许这就是这些国家的工人受到伤害的原因。

仅仅通过比较国家来对贸易问题做出任何决定性的结论，是很困难的。因为增长和不平等都取决于很多不同的因素，贸易只是这些因素之一，或者更确切地说，是结果而不是原因。尽管如此，已经出现的一些非常引人注目的针对国家内部的研究，确实动摇了人们对施托尔珀-萨缪尔森定理的信念。

事实可能并非如此

考察国家内部的不同地区，可以明显减少潜在因素的数量。这些潜在因素如果同时发生作用，会掩盖贸易的影响。在一个国家内部，通常只有一个单一的政策制度、一段共同的历史和共同的政治纲领，这些让对比变得更有说服力。问题在于，贸易理论最主要的预测，就其本质而言，包含了一个经济体中的每一个市场和地区，而不仅仅是那些进口和出口商品的具体市场和地区。

在施托尔珀－萨缪尔森理论的世界里，每一个拥有同样技能的工人能拿到的工资都只有同一个标准。一个工人能拿到多少工资，不是取决于他所在的部门或地区，只取决于他能够做出多大的贡献。这是因为，在宾夕法尼亚的钢铁工人，如果因为外国竞争而失去工作，应该立即搬到任何能找到工作的地方，比如蒙大拿或密苏里，从事电镀或是去工厂制造鱼尾板。经过短暂的过渡后，所有具有相同技能的工人将获得相同的工资。

如果这是真的，那么了解贸易影响的唯一合理的比较对象就是整个经济体。把宾夕法尼亚州的工人与密苏里州或蒙大拿州的工人进行比较，我们不会有任何发现，因为他们的工资都是一样的。

因此，十分矛盾的是，如果人们相信理论的假设，几乎不可能对其进行检验，因为人们所观察到的唯一影响是国家层面的影响，而我们刚刚论证了跨国比较和国家案例研究的许多缺陷。

然而，正如我们在移民问题上所看到的，劳动力市场倾向于保持不变。即使劳动力市场的情况会带来压力，人们也不会搬家，因此工资在整个经济体系中不会自动平衡。实际上，在同一个国家内部有许多子经济体，只要影响这些子经济体的贸易政策变化不完全相同，就有可能通过比较它们发现很多东西。

一位名叫佩蒂娅·托帕洛娃（Petia Topalova）的年轻经济学家，在麻省理工学院读博士的时候，决定认真研究这个想法。她为自己的研究设定了一个前提条件，即人们可能会被困在一个地方或者贸易流程中的一个环节。在一篇重要的论文中，她研究了印度在1991

年大规模贸易自由化后的相关情况。[18]结果显示,虽然我们认为"印度开始了自由化",但是影响印度不同地区的贸易政策变化却十分不同。这是因为,尽管所有的关税最终都降至或多或少相同的水平,但由于有些行业一开始就比其他行业受到更多的保护,因此印度贸易改革后这些行业的关税降幅要大得多。此外,印度有600多个行政区域,各个区域占主导的企业类型差别巨大。有些主要是农业,其他主要是钢铁厂或纺织厂。由于不同行业的经营情况差异巨大,导致不同地区关税的降低幅度也差别很大。托帕洛娃为每个印度地区建立了一个指标,以衡量其受自由化影响的程度。例如,如果一个地区主要生产钢铁和其他工业制造产品,关税从近100%下降到40%,那么托帕洛娃认为,这个地区受自由化的影响非常巨大。如果另一个地区只是种植谷物、出产油籽,它们的关税基本上没有变化,于是该地区则几乎不受影响。

通过这种方法,托帕洛娃研究了印度在1991年前后的情况。在20世纪90年代和21世纪第一个十年,印度全国的贫困率迅速下降,从1991年的35%下降到2012年的15%。[19]但是,在这种美好的大背景映衬下,更多的领域直面贸易自由化冲击,明显减缓了脱贫的进程。和施托尔珀-萨缪尔森理论告诉我们的相反,一个特定地区的贸易开放程度越高,该地区的脱贫速度就越缓慢。在随后的一项研究中,托帕洛娃发现,与其他地区相比,在受贸易影响更大的地区,童工减少的概率要更低。[20]

对她的研究发现,经济学界的反应出乎意料地粗暴。托帕洛娃接二连三地遭到非常不友好的评论。这些评论暗示,即使她的研究方法正确,但她的答案是错误的。贸易怎么会实际助长贫困?过去的理论告诉我们,贸易对贫穷国家的贫困人口是有益的,因此她的数据肯定是错误的。由于学术精英的排斥，托帕洛娃最终在国际货币基金组织找到了一份工作，因为相对于学术界，国际货币基金组织从一开始就在推动大规模贸易自由化，因此对托帕洛娃研究的态度更加开明：这多少有点讽刺。

顶级的经济学术期刊也拒绝发表托帕洛娃的论文，尽管这篇论文最终促使她完成了一本专注于这场辩论的著作。现在很多研究论文将托帕洛娃的研究方法应用到其他背景下的研究。而且顺带提一下，这些论文在哥伦比亚、巴西发现了同样的结果。而我们将在本书后面的章节提到，最终在美国也发现了同样的结果。[21] 几年后，当初发表托帕洛娃论文的期刊向她授予了最佳论文奖，托帕洛娃才得到学院派经济学家一定程度的承认。

黏性经济

托帕洛娃一直坚称，她并非要断言有人因为贸易自由化而受到伤害。由于是将同一国家的不同地区进行对比，所以她的结论只是，某些地区（受贸易影响最大的地区）在脱贫方面不如其他地区成功。这与她在论文中谨慎强调的一种可能性是完全一致的，即自由化浪潮造成了极大波动，只是对某些地方来说波动更大。她的研究也并不意味着整个印度的不平等程度在加剧，只是受贸易影响更大的地区的不平等程度上升得更厉害。事实上，具有讽刺意味的是，那些受自由化影响最大的地方通常在起步阶段要比其他地方更加富裕，因此自由化后的发展相较之下并不算是特别优秀，如此一来反而减少了全国范围内的不平等。在其他论文中，托帕洛娃和她的同事论证，印度贸易自由化给整个经济带来了一些明显的积极结果。例如，印度公司由于面临开拓新市场的挑战，开始引进马上可以销往海外的新产品。再者，它们可以进口价格更便宜，质量更优质，过去在印度无法找到的原料，这意味着它们可以为国内和国际市场生产新产品。[22] 这提高了印度的生产力，加上政府在 20 世纪 90 年代初实施的其他改革 (以及赶上全世界经济增长趋势的一点运气)，促成了印度经济自 20 世纪 90 年代以来的快速增长。

然而，我们很容易理解为什么贸易经济学家会感受到来自托帕洛娃论文的威胁。在传统理论中，贸易的好处来自资源的重新配置。托帕洛娃发现，开放程度高的地区和开放程度低的地区之间存在差异。这一事实本身就告诉我们，资源（工人，也包括资本）不容易流动，正如我们前面提到的那样。如果他们这样做了，世界各地的工资水平应该或多或少都是一样的。托帕洛娃不是唯一一个发现这一现象的人，其他不少研究也发现很少有证据表明资源重新分配有助于消除不平等。[23] 但是，一旦我们放弃了人与资本会追逐机会的想法，我们如何才能坚信贸易是好的呢？

如果工人们在跨地区行动时动作迟缓，那么他们在从一种工作换到另一种工作时行动迟缓也是合理的。这与我们对劳动力市场的了解完全一致。在印度，一些邦奉行严格的劳动法，很难解雇工人，或缩减无利可图的企业，允许赢利企业取而代之。这让托帕洛娃发现贸易自由化对贫困的负面影响在这些邦更加严重。[24]

还有大量确凿的证据表明，至少在发展中国家，土地不会轻易易手。资本也倾向于保持黏性。[25] 银行家们不仅在削减对经营不善的企业的贷款时行动迟缓，向业绩良好的公司放贷时同样迟缓。原因则非常有趣：许多负责贷款决策的信贷官员，都害怕为不良贷款承担责任。避免这种情况最简单的方法就是不做任何新的贷款决定；单纯地做一个橡皮图章为之前的贷款放行，不管别人过去做了什么决定，不管将来别人怎么处理贷款。而既例外又不幸的是，当贷款项目即将成为坏账时，银行家们实际上会给陷入困境的企业提供新贷款以偿还旧贷款，希望能推迟违约，兴许还能因运气的翻转而获益。用银行业的话说，这就是"常青藤"贷款。那么多银行，资产负债表看似完美，却突然一夜之间面临迫在眉睫的灾难，这种"常青藤"贷款就是其引发的主要原因之一。借贷保持黏性，意味着本应了结痛苦的企业仍不得不苟延残喘。与此同时，这也意味着新兴企业很难筹集资本。而当新兴企业陷入贸易自由化带来的各种不确定性之中时，因为贷款官员不愿承担新的风险，这种窘境尤为显著。

鉴于各种形式的黏性，我们也就可以理解，当坏消息来临，来自外部的竞争更加激烈时，人们倾向于保持低调，希望问题会自行消失，而不是选择正面应对，调配资源实现最优化的利用。工人被解雇，工资开始下降。企业主的利润遭受重创，贷款被重新评估，这一切都是为了尽可能地保持原状。效率没有提高，和失去保护的行业有关联的人则收入下降。

这可能看起来很极端，但托帕洛娃从印度的数据中发现了类似的现象。首先，受自由化影响的地区很少有人口流出。[26] 即使在一个地区内，资源在不同行业之间的流动也很缓慢。

更为惊人的是，企业内部的情况也是如此。许多印度企业生产的产品不止一种，因此可以预期的是，这些企业将关闭与廉价进口产品竞争的产品线，重新调整生产方向，生产不那么有劣势的产品。即使在因为劳动法而很难解雇员工的情况下，也没有什么能阻止这种现象。但托帕洛娃的研究发现，"创造性破坏"的情况非常少。企业似乎从不停止已经过时的产品生产线,也许是因为他们发现,转型过程代价过于高昂:工人需要重新培训,需要购买和安装新机器。[27]

保护的对象是谁?

尽管存在这些内部壁垒,但资源最终还是流动了(至少在一些国家是这样),特别是东亚国家的非凡成就,有很大一部分来自出口。不管你从特朗普总统和其他人那里听到了什么,东亚国家在出口上取得的成功并不是因为富裕国家毫无防备地敞开大门。事实上,发达国家对进口商品实施严格监管,必须符合严格的安全、质量和环境标准。

有人会争论说,对进口的监管往往会阻止进口。加州的牛油果生产商在1914年成功游说联邦政府全面禁止进口墨西哥牛油果,直到1997年这一禁令才被废止。这是为了防止墨西哥害虫入境,尽管事实上墨西哥与美国接壤,而且害虫入境不需要签证。1997年,联邦政府解除了禁令,但加州的禁令一直持续到2007年。更近一段时间,研究人员发现,2008年美国发生危机期间,美国食品药品监督管理局FDA突然变得更容易以食品安全为由,拒绝来进口发展中国家的食物;对于发展中国家的出口商来说,在此期间,由于被拒绝入关而导致的运输成本翻了两番!显然,从墨西哥进口的牛油果的质量不可能因为美国的次贷危机而发生变化,但由于对牛油果的需求下降,把牛油果挡在门外以保护当地种植者就变得更有价值了。[28]经济不景气时,国内要求保护的压力骤然增大,而安全法规常常被作为保护国内生产商的借口。

即便如此,有些标准也反映了消费者在安全问题(例如一些中国玩具被发现含有铅)、环保问题(例如在农产品上使用农药),或者工人的状况问题(例如童工)上的真实偏好。确实,公平贸易品牌的成功表明,许多消费者愿意向中间商支付更多的钱,因为中间商可以向他们保证产品符合某些环境和道德标准。如今许多知名品牌在一定程度上受此启发,将质量标准定得比任何监管要求都高,使得新的出口国更难进入。

品牌有什么关系?

想要加入这些挑战,成为下一个中国的发展中国家,还有一些别的特质。

世界贸易组织在2006年为推动贸易倡议设立了一项援助。截至2017年年中,该项援助已经为各种项目支付了3 000多亿美元,以帮助发展中国家进行贸易。[29] 在所有这些倡议和资金的背后提供支持的是这样一种信念,即贸易是这些国家摆脱贫困的途径。ATA(援助工匠协会)是一个美国非政府组织,帮助发展中国家的手工制品生产商进入国际市场,允许研究人员借助他们的平台来验证假设。[30]

2009年10月,ATA获得资金在埃及实施一个新项目。这个项目遵循一套标准程序。首先,ATA要找到一种适合的产品,既能吸引高收入人群,又能在埃及以相对低廉的成本生产。研究小组帮助ATA确定了理想的产品:地毯。制造手工地毯在埃及是重要的就业来源,美国对埃及产的手工地毯也有需求。

其次,ATA必须找到地方让项目落地。他们选择了富瓦(Fowa),亚历山大港东南侧一个两个小时车程的小镇。那里有数百家专门生产某一品类地毯的小型企业。在富瓦,一个典型的工坊是一人经营（绝对不会是女人！），工坊所有者在自己家里或棚子里操作一台织布机。

再次，ATA 总是通过非常了解当地情况的中介公司开展工作。中介公司接收订单，并找到小规模的生产商来生产产品。ATA 希望能够在埃及工作几年后退出，留下足够强大的中介公司来确保项目可以继续和发展。从这个角度来看，这个项目对富瓦镇的一大吸引力就在于，ATA 这个项目挑选的是一个本土中介，哈米斯地毯。哈米斯已经将富瓦小镇生产的许多地毯投入了市场，尽管这些地毯大部分没有出口。

接着，哈米斯地毯公司和 ATA 开始着手决定生产哪种品类的地毯，寻找买家，并形成订单。这一切都需要很大的努力。ATA 把哈米斯的首席执行官带到美国参加培训课程，聘请了一位意大利顾问设计地毯样品，并在每个礼品展销会上向所有相熟的进口商展示哈米斯的产品。尽管他们做了这么多的工作，哈米斯地毯公司花了一年半的时间，才最后从一位德国买家那里获得了意义非凡的第一个出口订单。

从那时起，生意开始步入正轨。从 2012 年到 2014 年，订单如雪片一样飞来。项目启动 5 年后，订单总额超过 15 万美元。一个拥有良好关系和充足资金的美国非政府组织，一个由非常坚定而又富有才华的年轻研究人员组成的无畏团队，一个在国内有良好声誉的可靠公司，联合起来用了 5 年时间，才获得了相当数量的订单，足够维持 35 家小型企业。如果没有来自 ATA 的外部推动，本地中介可能无法让这一切成为现实。

为什么会这么难？很大一部分问题似乎是，从外国买家（通常是大型零售商或拥有自己品牌的网上商店）的角度来看，从埃及的小型地毯制造商那里购买产品就是一场赌博。对他们来说,质量是至关重要的。客户的期望则是,他们想要完美无瑕的地毯。时机也要完美。如果开始新的春季采购时地毯还没准备好,销售商就会遭受重创。最后,没有办法将全部风险转嫁给制造商。如果因为质量低劣或交货延迟,零售商可以退货或拒绝向制造商付款;但是,相对于由此带来的声誉受损(回想一下愤怒的买家在网上留言曝光美国最大家具电商 Wayfair 出售劣质产品的事件),或是错过春季采购期限所造成的成本损失,前面这些损失可谓微不足道。原则上,企业也可以同意惩罚性损失赔偿(比如,制造商同意为其造成的每一天延误赔付一定数额的金钱),但要从一个小镇上的埃及工坊收取赔偿,那就得祝你好运了。因为这家工坊可能会在一夜之间消失。零售商也不可能检查每一块地毯以避免任何声誉风险,这将花费员工太多的时间。

另一种可能性是,产品的价格如此之低,消费者愿意承担地毯有瑕疵的风险,因为他们知道总有办法把地毯退回去。为什么要把声誉押在提供尽可能完美的产品上呢?为什么不根据价格降低预期呢?

事实证明,这样并不能总是奏效。因为在很多情况下,即使价格再低,消费者也不会把时间浪费在他们不信任的产品上。我们曾经在巴黎买过一台 DVD(高密度数字视频光盘)播放器。当我们拿到手的时候,我们发现放 DVD 播放器的一个盖子被卡住了。我们花了大约一个小时尝试修好它,又花了一个小时在制造商的网站上寻找技术帮助。最后,我们只能上网,向一位亚马逊的工作人员说了事情经过,好心的他同意全额退款。为了拿到退款,我们必须把 DVD 播放器放到附近的一家杂货店里。

阿比吉特第一次去杂货店的时候，店主拒绝接收，因为他们有太多亚马逊的快递。第二次，店主让他等了 25 分钟才取走包裹，因为当时他正在收取另外一个需要登记的包裹。与此同时，我们又从另一家零售商那里买了一台 DVD 播放器（我们很着急，因为我们想把它作为女儿的生日礼物）。不幸的是，当我们拿到手时，才发现这台 DVD 播放器和我们公寓里的电视不匹配。我们试图通过产品的网站退货，但是因为订单还没有被记录为完成，所以几天之后才能退货。在我写作的时候，第二台 DVD 播放器被我们重新包装得漂漂亮亮的，安静地躺在门口的桌子上，仍然没能退掉。与此同时，我们放弃了购买 DVD 播放器的打算。埃斯特的父亲借了一台给我们。

为什么要讲这么长一段关于我们和 DVD 播放器不幸遭遇的经历呢？因为这段经历说明了关键性的问题，对于最终消费者来说，时间就是金钱，可靠性也是如此，是我们永远无法收回的。阿比吉特去了两次杂货店，花了两个小时修理机器，但亚马逊不会为此向他支付时薪。

或者想想你在某个网站上买到了一件便宜漂亮的 T 恤，结果洗衣服时所有的衣服都被染上了它的亮蓝色。价值 100 美元的衬衫现在胸前染上了蓝点。为了找到相同的衬衫，你不得不翻找村子里每一家二手服装店。那么谁会为你被毁的衬衫，或者为你花费的大量时间来买单呢？

这就是为什么亚马逊为了保持其优质服务的声誉而大费周章。例如，在某些情况下，为了节约顾客的时间，他们没有要求顾客退回有缺陷的产品。出于同样的原因，亚马逊希望与一家完全可以信任的生产商进行交易，最好是一家他们之前打过交道的公司，或者至少是一家以优质产品和优质服务而闻名的公司。对顾客和零售商来说，时间就是金钱。

全球不平等的结构就是如此。愿意购买一块手工制作的地毯或手工印制 T 恤（贫穷国家在制造劳动密集型产品时有着比较优势）的西方客户，通常远比制造商更加富裕，因此，不论新进产品的价格有多便宜，节省出来的金钱都不足以补偿客户损失的时间或者被毁掉的最喜欢的衬衫。

举例来说，一家埃及制造商试图在 T 恤市场同中国竞争。按照全球资料库网站 Numbeo 2019 年 3 月的数据，中国的平均月工资为税后 915 美元，而埃及的月工资约为税后 183 美元。[31] 假设每周工作 40 小时，中国的时薪大约是每小时 5 美元，而埃及约为 1 美元。这样，手工印制一件需要一个小时才能做好的 T 恤（一件非常非常漂亮的 T 恤），埃及的劳动力成本要比中国最多节省 4 美元。事实上，成本可能要低得多，因为 T 恤制造商支付的工资往往比平均工资低得多。作为买家，我们中的许多人会很乐意支付这额外的 4 美元，因为它的质量能让我们安心。亚马逊知道在中国有一个知名且可靠的供应商的情况下，为何要花钱在埃及试验这个不知名的企业呢？

在埃及地毯这个案例中，一个中间商（实际上是两个：ATA 和哈米斯地毯）是必需的，因为所有的地毯编织者作为单独的个体不可能建立起自己的声誉。他们规模太小了。最起码，哈米斯有必要的体量来为已识别的优秀制造商建立追踪记录，有效地监督他们的工作，从而建立质量声誉。哈米斯还能教他们提升质量：出口企业的质量提升得非常迅速，技术上也很快超过了那些没有被抽中纳入项目的类似企业。但由于埃及以外的人都不知道哈米斯，所以一开始几乎没有人想和它打交道，或者给它一个建立声誉的机会，也就不足为奇了。

更糟的是，当哈米斯终于有机会出口时，它反过来也面临了同样的问题。外国买家也可能会行为不端：不为订单付款，或改变定购的产品种类。哈米斯必须是双方值得信赖的中间商。例如，一个买主要求将地毯浸入茶中并用酸处理，使地毯具有年代感，但不幸的是，当他收到地毯时，他讨厌这个效果，并责怪制造商。

在这种情况下，哈米斯被夹在中间进退两难。它可以试着反击购买者，但是在订单完成之前，永远不会有足够的往来记录（"是的，有一封电子邮件，但请记住我们在电话中说过的话"）。因此，哈米斯会陷入一种双方各执一词的窘境。而作为一名来自埃及的新玩家，在这种情况下事态发展顺利的可能性很小。另一方面，埃及的制造商认为他们已经按照要求完成了工作，如果没有得到报酬会非常生气。他们可承担不起辛苦工作却拿不到报酬的后果。最后，哈米斯常常不得不独自承担损失。

在20世纪90年代后期，新兴的印度软件行业为建立声誉而遭受的痛苦，是我们最先遇到的案例。印度的软件业最初是在南部城市班加罗尔附近开始发展的。当时，班加罗尔还是因气候宜人而闻名，但产业却没什么活力的小镇（现在则已经成为一座交通拥挤、仍在无序扩张的大都市）。印度企业擅长为特定客户提供定制产品。如果有公司需要一套全新的会计软件，可以采购为其定制的标准软件，也可以由印度公司从头开始构建。

印度在该领域具有几项明显的优势：大量以卓越的技术著称的工程学院毕业生，互联网普及得很好，英语是第一语言，以及与美国不同的时区。这些让软件工程师可以和美国的客户以不同的班次进行工作。基础设施的需求是最低的：一个办公室、一个小团队、几台计算机。而班加罗尔早在 1978 年就建立了电子城，一个专门为后来称为信息技术部门的机构所保留的工业园区，并为该园区提供了可靠的电力供应和通信线路。这让一切都变得更容易了。

对任何拥有合适文凭并愿意努力工作的人而言，班加罗尔拥有的这一切条件，让他们相对更加容易挂出招牌成立自己的软件公司。但是，要在这个行业生存下来却并不容易。

在 1997 年至 1998 年冬天，我们向 100 多家印度软件公司的首席执行官询问了他们最近两个项目的经验。对于年轻企业的首席执行官来说，生活是乏味且艰辛的。客户会具体说明他们想要的东西，企业则会尽力做好，但是客户经常会声称这没有准确地满足他们之前提出的需求。首席执行官几乎总是觉得是客户改变了主意，但客户通常认为是企业没有理解他们的需求。无论如何，在大多数情况下，意见不同都是徒劳的，因为年轻企业的交易几乎总是涉及合同。按照合同，无论完成的工作量多少，只有当买方满意时，他们才能获得约定的固定报酬。

我们怀疑选择这种类型的合同，反映出买方认为与遥远印度的一家不知名供应商签订合同是在冒险。与这种解释一致的是，随着印度企业变得成熟，知名度提高，我们看到双方签订的合同从固定价格合同变成了成本加成合同。根据这种合同，买方将为卖方生产软件时所承担的任何时间和材料成本支付费用。[32] 我们的故事还解释了，为什么年轻的企业很少能够获得成本加成合同，即使有，也往往是因为该企业已经为客户完成了一个项目并因此建立了声誉。

我们访谈过的一位年轻的首席执行官感到精疲力竭。他感觉自己不论白天黑夜都在为无趣的项目（以及无休止的调试）工作，仅仅是为了维持生计。他最近接手了一个千年虫项目,要搜寻数千行代码以消除以"1/1/99"形式而不是"1/1/1999"形式写的日期。因为他们得到可怕的警告,如果计算机开始认为这一年是2099年,将会发生巨大的灾难。为此,公司急于修复其数据库。

这项工作是可以预见的——灾难性的成本超支风险相对较小,但让人头昏脑涨。这位首席执行官正在考虑关掉自己的公司,加入一家更大的公司。艰难地完成那些不需要动脑筋的项目,与那些不知道自己想要什么的客户讨价还价,不断地思考自己是否付得起房租。当他开始自己的软件创业梦想时,他想象的生活可不是这样。

缺乏声誉的年轻企业起步需要雄厚的财力支持。尽管人们经常提起,印孚瑟斯公司(Infosys)作为当今印度第三大软件公司,是7名工程师拿着从第一任首席执行官的妻子那里借来的250美元于1981年创立的。但是,当今印度最大的两家软件公司,一家是威普罗(Wipro),一家是塔塔咨询服务公司(TCS)。威普罗的所有者家族,在跨界进入软件行业之前已经拥有了非常成功的食用油产业。塔塔咨询服务公司则隶属于塔塔工业集团,其母公司塔塔工业集团的产业范围从食盐延伸到钢铁。这大概不会只是偶然现象。当然,这些公司的成功不仅仅是因为钱,都还需要有远见和才华的人才。但显然,金钱是有用的。

品牌也有帮助。古驰(Gucci)最初是一家高端皮革制品生产商,现在售卖从汽车座椅到香水的所有产品。法拉利,开始是一家跑车制造商,现在出售眼镜和笔记本电脑。消费者购买古驰香水或法拉利笔记本电脑,可能不会指望这些品牌的产品会具有特别的创新性。相反,他们只是非常肯定,古驰和法拉利非常看重自己的优秀品牌,不会出售质量低劣的产品。也许,还有一个原因是,购买明显非常昂贵的东西能够带来自我吹嘘的资本。

品牌的世界

一个品牌的价值在于能够避开竞争。买方比生产者的富裕程度高得多，这使得卖方或中间商关注质量而不是价格。对于任何潜在的新进者而言，和已有的卖家打价格战会面临更大的挑战，因为向供应商支付的价格往往只是高品质产品对买家价值的一小部分。的确，品牌和分销成本往往比制造成本高得多。对许多商品而言，生产成本不超过零售成本的10%~15%。这意味着即使生产者将生产效率提升到更高水平，对产品的最终价格起到的影响也微乎其微。将生产成本削减50%，只能将买家拿到产品的总成本减少7.5%。

这仍然是一大笔钱，但正如大量文献所证明的，比例变化似乎是买家关心的。在一个经典的实验中，一组被问及他们是否会开车20分钟去买一个15美元的计算器以节省5美元；另一组被问及他们是否会为一个125美元的计算器做同样的事情。20分钟还是20分钟，5美元仍然是5美元，但答案却大不相同："68%的受访者愿意多跑一次，以便在15美元的计算器上省下5美元；当计算器的价格为125美元时，只有29%的人愿意做出同样的努力。"关键是，5美元占15美元的1/3，只占125美元的4%。这就是为什么他们在一种情况下转变态度，而在另一种情况下不会。消费者不太可能为了节省7.5%的成本而更换卖家。[33]

这意味着中国产品的价格可以在没有人注意到的情况下上涨很多。此外，这些产品价格没有理由短期内大幅上涨。中国是一个大国，还有很多非常贫穷的人愿意以目前的工资水平接受工作，所以成本将保持在低水平。像越南和孟加拉国这样渴望成为下一个中国，向世界提供各种各样廉价产品的国家，可能要等上很长时间。而有朝一日，当越南和孟加拉国也富裕到了一定程度而不再想要这些时，利比里亚、海地和刚果民主共和国也会想要继承同样的衣钵。想想这一过程要花多长时间，就让人有点害怕了。

声誉的巨大作用意味着国际贸易不仅仅与好的价格、好的创意、低关税和廉价的运输相关。对于一个新玩家来说，进入并占领一个市场是非常困难的，因为他们一开始就没有声誉。这一点，再加上劳动力的黏性，意味着作为施托尔珀-萨缪尔森理论的基础——自由贸易应当撬动人员和资金，让它们更加易于流动——在实际操作中并不那么有效。

你持有的公司

对一个刚要加入竞争的新兴国家来说，更糟糕的是，并不是只有你本身的品牌才重要。日本车以制造精良著称，意大利车以时尚著称，德国车操控感也很棒。一个来自日本的新进者，比如1982年首次进入美国市场的三菱（Mitsubishi），会从老的日本品牌取得的成功中获益匪浅。相反，买家不太可能愿意尝试孟加拉国或布隆迪生产的汽车，即使这辆车是按照最严格的标准制造，价格低廉且好评如潮。消费者会想，天知道，这辆车几年后会不会出什么问题。而且他们很可能是对的。为国内市场生产一辆好车可能需要多年的经验。丰田、日产和本田就是这样起步的。

然而，对新来者的怀疑也会变成一种自证预言。如果几乎没有人买这辆车，公司会倒闭，客户服务会中止。或者，如果所有人都认定埃及的地毯会褪色，那么埃及的企业家就会以非常低的价格出售。因此，他们拿不到收益，也就不会投资生产更高质量的地毯。这是一个恶性循环。[34]

低期望值的诅咒很难破除。即使一家公司提供最高质量的产品，足够悲观的买家也会认为质量下降只是时间问题。在这种情况下，拥有合适的人脉是非常有用的：一个了解你、愿意为你担保的人。

在西方国家生活和工作的印度人和中国人，回国后对本国的转型发挥了重要作用，这并非偶然。他们利用自己赢得的声誉和收集的名片向买家（通常是他们曾经工作过的公司）保证，一切都会好起来的。

一些成功故事的出现可以引发一个良性循环。买家往往会涌向那些已经取得过一次成功突破的公司，而其他人继续与他们做生意，也会让这些买家的信心再次得到保证。大多数接到订单的年轻卖家，意识到这是他们打破低期望值恶性循环的唯一机会，因此一旦有机会，他们就会尽最大努力满足客户的需求。

例如，在肯尼亚的玫瑰出口市场，[35] 当地生产者与中间商合作向欧洲出口玫瑰花。在这个行业中，买方和卖方都不能仅仅依靠正式的合同来确保对方正常交易。玫瑰花很容易腐烂，所以一旦收到货，买主总是可以声称玫瑰花的质量不合格并拒绝付款。但是，另一方面，卖家也可以声称买家为了躲避付款而故意损坏玫瑰花。这意味着建立可靠的声誉是很重要的。2007年争议巨大的总统选举之后，肯尼亚出现了一段政治动荡时期。当时工人稀缺，运输也很有风险。尚未建立声誉的新生产商竭尽全力继续向买家供货。某些生产商甚至雇用了武装警卫来保护他们的玫瑰。买家们很开心，肯尼亚玫瑰市场也挺过了动乱。

当然，即使是像这样不惜一切代价的方法也不一定能救你的命。一个行业的整体声誉非常重要，只要几个坏鸡蛋就能毁掉一个高质量行业的声誉。认识到这一点后，各国政府已经设法对那些在质量上作弊的个别生产商进行惩罚。2017年，中国政府决定加大这些惩罚力度。《中国日报》援引国家质量检验检疫总局质量管理司司长黄国梁的话说："现行法律一般对违反《产品质量法》的人进行行政处罚，这种做法太过宽容……建立一个违法者将遭受毁灭性后果的制度将起到威慑作用。"[36]

在这个脆弱而声誉又相互关联的世界里，最理想的情况通常是"产业集群"，即同一行业的企业集中在一个地方，所有这些企业都受益于与集群相关的声誉。

印度的蒂鲁普（Tirupur）从1925年就开始开设针织品工厂。在整个20世纪60年代和70年代，针织品行业一直在增长，主要生产印度男性在衬衫里面穿的白色棉质背心。1978年，一位名叫维罗纳的意大利服装进口商拼命寻找大批白色T恤货源。孟买服装出口商协会将他带到了蒂鲁普。因为对第一批货非常满意，维罗纳又返回蒂鲁普进了更多的货。1981年，第一家主要的欧洲服装连锁店西雅衣家（C&A）也跟随着维罗纳的脚步来到了蒂鲁普。1985年之前，蒂普鲁的出口一直只有150万美元，之后则开始呈指数级增长。到1990年，蒂鲁普的出口额已超过1.42亿美元。[37] 尽管该行业目前正面临来自中国、越南和其他新进者的巨大压力，但2016年出口总额达到了13亿美元的峰值。[38]

中国有几十个非常大的专业制造集群（"袜子城""毛衣城""鞋城"等）。以浙江湖州织里镇的制造集群为例，这里有1万多家生产童装的企业，聘用的工人达到30万人。2012年，它对该地区GDP

的贡献达到40%。美国也有集群，有些比其他更加有名。波士顿有一个生物技术集群，洛杉矶附近的卡尔斯巴德专门生产高尔夫设备，密歇根则以生产钟表闻名。[39]

蒂鲁普的服装行业组织揭示了品牌的价值。整个行业都是围绕着批发商和分包商进行组织，他们负责生产过程的一个或多个阶段，甚至负责货运的其中一段。批发商是见不着的，买家转而与为数较少的知名公司打交道。这些公司拿到订单，然后将订单分发给批发商。这种生产模式的优点是，即使没有人拥有必要的资金建起一个巨大的工厂，大规模的生产仍然是可行的。每个人都尽其所能地进行投资，将其交给中间商来整合。这是该行业需要集群化的另一个原因。

在发展中国家的许多大型出口集群中，也运行着类似的系统，其中一些集群的声誉保证了许多其他集群的就业。中间商，就像埃及的哈米斯地毯或蒂鲁普的卖家，负责协调与外国买家的关系。如果任何一个批发商的质量出现问题，他们会遭受巨大的损失，因此要负责质量控制。就像我们在哈米斯的例子中看到的那样，虽然长牙时会很痛苦，但最终的回报可能相当丰厚。

有趣的是，这个系统可能正在改变。世界上最成功的两家公司，亚马逊和阿里巴巴的重要商业模式是，由自己取代这些中间商，允许单个生产商在它们的网站上建立自己的声誉（当然需要收费），从而跳过了中间商的认证环节。这就是为什么当你收到从亚马逊网上商城订购的包裹后，亚马逊上的卖家会持续不断地要求你对他们的商品给出反馈。为了追求这些评级，他们以极其荒谬的低价卖给你袜子或玩具。他们希望，等到有一天，他们有了足够多足够高的评级，就可以自行定价了。当然，这些新市场需要一段时间来巩固它们作为质量担保人的声誉（它们可能会失败）。除非这些新市场取得成功，否则一个孤立的第三世界生产商，无论其产品多么好，价格多么低，都不可能在国际市场上开始竞争。

它值2.4万亿美元吗？

意大利特立独行的马克思主义者安东尼奥·葛兰西（Antonio Gramsci）曾写道："旧的正在消亡，新的无法诞生；在这个过渡期，各种各样的病态症状都出现了。"[40]他本该可以写写关于后自由化世界的文章。正如我们所看到的，有很多很好的理由可以解释为什么资源通常具有黏性，尤其是在发展中国家。而且打入出口市场是很困难的。这就造成了一个后果，任何地方的贸易自由化可能都不会像经济学家通常暗示的那样，像扣篮那样取得立竿见影的效果。即便在劳动力充足的发展中国家，工人理应从贸易中受益，但实际情况可能是工资会下降而不是上升，因为提升劳动效率所需要的资本、土地、经理人、企业家和其他工人，这些生产要素，在辞旧迎新过程中的转移是缓慢的。

如果机器、资金和工人继续用于旧的生产部门，那么流向潜在出口部门的资源就会少得多。在印度，1991年经济自由化带来的影响并不是进出口在数量上巨大且突然的变化。从1990年到1992年，开放比率（所有进出口之和占国内生产总值的百分比）只增长了一点点，从15.7%上升到了18.6%。但最终进口和出口都增加了，今天的印度实际上比中国或美国更开放。①

资源最终开始转向生产新产品。由于现有的生产商可以更容易地进口他们需要的原料，因此他们生产的产品质量更好，在国外也更有销路。例如，软件行业受益于可以顺利进口所需硬件，软件出口也爆炸性地增长。进口硬件一旦价格下降，印度企业就会迅速转向进口。此外，它们还最终引进了新的生产线（供国内和国际生产使用），以有效利用进口产品比较便宜的优势。但这一切都需要时间。[41]

有证据可以支持这样一种（许多政策制定者持有的）观点，就是加速这一进程的最佳途径是采取"出口鼓励政策"，帮助出口商增加出口。战后东亚地区所有的成功例子——日本、韩国、中国台湾，以及最近的中国大陆，都使用了一种策略或其他手段来帮助出口商加速扩张。

2010年，保罗·克鲁格曼认为：中国已经拥有 2.4 万亿美元的外汇储备，而且每个月还会增加 300 亿美元。[42] 考虑到中国在出口方面是多么优秀，以及中国消费者是多么节俭，中国天然会有一种出售多于购买的倾向，而这理应会推高汇率，抑制出口增长，但这种情况并没有发生。

鼓励出口是好的经济学吗？通过提高人民币收益确实能够帮助出口商（如果你以同等金额的美元售出鞋子，人民币汇率越低，你得到的人民币就越多）。这使他们更容易承受将出口商品的美元价格保持在一个低的水平，鼓励外国人购买中国产品，从而帮助建立

---

① 根据世界银行的数据，2015年印度的贸易开放度为42%，而美国和中国分别为28%和39%。数据来源：Theglobaleconomy.com 网站上的《贸易开放度：国别排名》，访问日期2019年3月8日，网址：https://www.theglobaleconomy.com/rankings/trade_openness/。

中国产品的声誉。这样还能帮助出口商积累更多的资本，雇用更多的工人。

另一方面，中国消费者付出的代价就是为那些被高估的进口商品买单（这是弱势货币的另一面）。中国政府还采取了一系列有利于出口商的政策。2010年之后，中国的人民币继续保持着竞争力。即使出口商的扩张速度放缓，国内市场的增长速度也可以吸纳过剩的产能。即使在今天，中国的出口也只贡献了20%的GDP，其余的要归功于国内生产。

即使鼓励出口确实对中国有效（也可能就是如此），至少在不久的将来，对于相当多的其他国家而言，同样的策略也不太可能奏效。中国的成功以及其巨大的体量使其他国家难以复制。这些使我们开始怀疑，对于普通的贫穷国家而言，试图打入国际贸易是否是向前发展的必经道路。

制造业的衰退与中国的冲击

J. D. 万斯在2016年出版的《乡下人的悲歌》一书，是代表美国被遗弃人民发出的悲痛之声。但是读完这本书，你会感受到作者内心深处的矛盾情绪：到底该在多大程度上谴责受害者？[43] 本书的背景设定在美国的阿巴拉契亚。由于国际贸易，该地区的部分经济已经变得空心化。根据施托尔珀-萨缪尔森定理，我们知道穷人会受到伤害，而在富裕国家，受到伤害的就是工人了。令人惊讶的是，这些苦难最终竟然在地理位置上如此集中。被遗弃的人民生活在被遗弃的地方。

佩蒂娅·托帕洛娃在研究贸易自由化对印度各地区产生的影响时采用了独特的研究方法。这一方法，被戴维·奥托尔、戴维·多恩和戈登·汉森在美国进行了复制。[44]中国的出口重点集中在制造业，而在整个制造业中，他们又主要集中在特定种类的产品上。例如，在服装领域，一些在美国销售的商品，如女式非运动鞋或防水外套，完全是中国产品的天下。但其他商品，如涂层面料，几乎没有来自中国的产品。

1991年至2013年，美国制造业受到了所谓的"中国冲击"。中国占世界制造业出口的份额从1991年的2.3%增长到2013年的18.8%。为了研究这对劳动力市场造成的影响，奥托尔、多恩和汉森设定了一个指数，用来反映美国每一个通勤区受到这种冲击的程度。（通勤区是指数个县集合在一起构成一个劳动力市场，从这个意义上说，人们可以为了工作在这些县之间通勤。）设定这个指数的基本理念是这样的：如果中国的某种特定商品出口到美国以外的国家的数量异乎寻常地高，说明中国在这个行业总体上是成功的。那么在美国，生产这种特定商品的通勤区要比生产其他商品的通勤区受到更大程度的影响。例如，加入世贸组织后，中国在女性非运动鞋类的出口增长尤其迅速。因此在1990年，一个生产大量鞋类产品的通勤区受到的冲击影响会更大，而一个主要生产涂层面料的通勤区所受影响则相对较小，因为中国在后一领域的存在感没有那么强。所以，"中国冲击指数"（China shock index）以中国对欧盟的出口为对照，考量美国各类产品的竞争力，进而衡量一个地区的工业结构在面对中国力量时的脆弱程度。

美国的各个通勤区发展程度也各不相同，而发展好坏取决于该地区碰巧生产哪种产品。那些受冲击影响更大的地区，制造业的就业人口会大幅减少。更让人吃惊的是，从制造业退出的劳动力没有被重新分配到新的工作岗位上。失业的总人数通常要高于直接受影响行业的失业人数，而与之相反的情况则非常少见。这大概就是我们所讨论的集群效应带来的后果。那些失去工作的人会勒紧裤腰带，进一步减少该地区的经济活动。非制造业没能挽救糟糕的就业现状。因为如果非制造业做到了，我们应该会看到受影响最严重地区的非制造业就业人口增加。事实上，在受影响的通勤区，低技能工人在非制造业部门就业人数的增长低于其他地区。与全国其他地区相比，这些地区的工资水平也下降了（当前一个时期整体工资增长都陷入了停滞），对那些原本就拿着微薄薪水的工人而言更是雪上加霜。

尽管附近有些通勤区基本上没有受到冲击的影响（还有一些区域实际上从中获益，比如从中国进口某些零部件），但工人们并没有向这些地方流动。在受到负面影响的通勤区，适龄劳动人口并没有减少。他们就是找不到工作。

这种经历不是美国所独有。西班牙、挪威，还有德国，都在中国冲击下陷入了相似的麻烦。[45] 每一个案例当中，黏性经济都变成了黏性陷阱。

去他的集群化

产业的集聚使这个问题更加严重。正如我们已经看到的，发展产业集群有许多很好的理由，但一个潜在的负面后果是，贸易带来的冲击可能会对产业集群造成特殊的伤害，可能会影响到所有集中在该地区的企业。在 2016 年 10 月至 2017 年 10 月这一年的时间里，印度蒂鲁普的 T 恤产业集群的出口下降了 41%。[46]

这可能会引发恶性循环。失业的工人将减少在当地商店和餐馆等商业门店的消费。他们的房子也会贬值，有时甚至是灾难性的崩盘。因为从很大程度上来讲，自有房子的价值取决于邻居的房子维护状况有多好。当一个社区的大部分人开始走下坡路时，所有人都会一起走下坡路。房产大幅贬值的家庭，其信贷额度和再融资能力都会收紧，这进一步降低了他们的消费。[47]消费降低会影响到那些商店、餐馆，其中一些最终不得不关门倒闭。便利设施逐渐消失。优质的社区慢慢变少。而地方税基灾难性的减少，导致难以保证整个地区的供水、教育、照明和交通。这些综合到一起，最终会使这个地区彻底失去吸引力，未来也不可能再度复兴。没有新公司会愿意接手已经沦为一潭死水的地方。

这种逻辑不仅适用于印度或中国的制造业集群，对美国的制造业集群也同样适用。例如，田纳西曾经集中了大量从事制造业的企业，生产的产品从家具到纺织品，这些都是中国出口产品的直接竞争对手。这些企业的倒闭产生了一系列的"鬼城"。田纳西的布鲁斯顿（Bruceton）镇，《大西洋月刊》(Atlantic) 曾经介绍过，这里是亨利·I. 西格尔公司（Henry I. Siegel Company, H.T.S.）的工厂所在地。在其鼎盛时期，H.I.S. 的三家巨型工厂雇用了 1 700 人生产牛仔裤和外套。到 20 世纪 90 年代，这家公司开始逐渐缩减规模。2000 年，最后的 55 名员工被遣散。随后，《大西洋月刊》刊登的文章这样写道：

这个小镇一直在挣扎求存。H.I.S 公司在镇上的三家巨型工厂早已人去楼空，破碎的窗户、剥落的油漆都在提醒人们这里早已破败不堪。有新的制造业务来过，但它们也离开了。布鲁斯顿和邻近的空心岩（Hollow Rock）镇的主要街道上的商店，一个接着一个都关门了，整个城镇在光天化日下就像一座现代鬼城。在布鲁斯顿镇的中心地区，银行倒闭了，超市和时装店也关门了，过去的超市现在变成了停车场。唯一保留下来的是一家药店，当地的老人来这里配药。

20世纪90年代，邻近的麦肯齐（Mckenzie）镇上的睡衣厂和一家制鞋公司都倒闭了。这个小镇仍在试图说服新企业来落户。每当听说有一家工厂要搬迁时，市政雇员就会打电话给决策者，试图向他们推销这个小镇。有的企业会有些许兴趣，但目前还没有人定下来。《大西洋月刊》在文中继续写道：

> 霍兰德（该镇的镇长）说，鱼儿没有咬钩的一个原因就是镇上主要街道的氛围太压抑了。有一家公司本来打算把办公地点设在麦肯齐镇，但当公司高管们来到镇上，看到大街上空荡荡的商业门店时，决定不带家人住到这样的地方……"他们说这里看起来就像是被扔了一颗原子弹，所以他们就继续向前，走开了……他们甚至都没有说再给我们一次机会。"[1]

我写下这段文字不是想要以此为理由反对产业集群，因为产业集群带来的收益可能非常巨大。但这是一个警告，希望当产业集群崩坏瓦解时，人们愿意站出来应对其后果。

---

[1] 这个故事源自《大西洋月刊》的一篇报道，该报道的作者是阿兰那·谢穆利斯（Alana Semuels），名称为《21世纪的鬼城》(*Ghost Towns of the 21st Century*)，发表日期为2015年10月20日。

忘记那些失败者

贸易理论家们明显高估了市场对那些直接受到贸易影响的人的照顾程度。即便如此，他们心里始终很清楚，总有一部分人会受到伤害。而他们一直以来给出的答案都是，既然许多人确实受益，我们应该愿意并能够补偿那些受到负面影响的人。

奥托尔、多恩和汉森进行了一项研究，研究美国政府在多大程度上介入并对那些受对华贸易影响的地区给予帮助。研究发现，虽然这些地区从公共项目中获得了比过去更多的拨款，但这些钱太少，不足以完全弥补收入上的损失。例如，将影响最严重的通勤区的居民与受影响最小地区的居民进行对比，前者的人均收入下降了549美元，而政府福利支出仅上升了约58美元。[48]

此外，这些转移支付可能将失业工人推向更为恶劣的境况。原则上，为了帮助因贸易而新近失业的工人，最主要的计划是TAA（贸易调整援助计划）。根据TAA，符合条件的工人只要接受了在其他经济部门的就业培训，就可以将失业保险延长至最高三年。他们可能还会得到经济上的资助来搬家、找工作，或是购买医疗保险。

TAA是一个长期项目，自1974年就已经开始实施。即便如此，在为数不多的已经划拨给受贸易影响的县的转移支付当中，TAA所占的比例微乎其微。受冲击更严重的地区额外得到的58美元里，只有23美分来自TAA。虽然转移支付确实有增长，但是其中很大的一部分是伤残保险；每十个因贸易而失业的工人中，就有一个人申请了伤残保险。

伤残保险的大幅增长令人感到不安。贸易不太可能对这些工人的身体健康造成直接影响，尤其是那些对体力要求最高的工作通常都已经消失了。一些工人无疑会抑郁；对另一些人来说，伤残保险成了他们要生存必须采取的策略。不幸的是，无论哪种方式，成为伤残人士通常就只能在失业的道路上一去不返。例如，有一个退伍军人项目，接触过橙剂（一种可对神经系统产生剧毒作用的落叶剂）的退伍军人，如果近期被诊断出患上了糖尿病，可以凭此申请加入伤残名单。针对这个项目的研究显示，因为政策调整而加入伤残军人计划的退伍军人当中，每100人中就有18人永远退出了劳动就业市场。[49]在美国，很少有人在加入伤残人员名单后还会选择退出，[50]一部分原因是被归类为伤残人士会损害他们的就业前景。因为贸易冲击，不得不申请伤残津贴来维持生计，这样可能会把一些原本可以找到新工作的人完全挤出劳动力市场。

对于那些需要依靠伤残津贴维持生计的工人来说，被归类为伤残人士无异于雪上加霜。那些干了一辈子体力劳动的工人，当身份转变成伤残人士时，他们失去的不仅是职业，还失去了应有的尊严。因此，不仅美国政府的所作所为压根儿就算不上对失业工人的补偿，而且失业工人从现有的社会保障机构那里几乎得不到任何帮助，这些机构被设计出来的目的看上去只是为了贬低他们。

党派政治在这场灾难中也起到了推波助澜的作用。当一个失业的人需要医保的时候，奥巴马医改应当可以提供帮助。不幸的是，许多共和党控制的州，如堪萨斯、密西西比、密苏里和内布拉斯加，决定拒绝给予本州的公民选择加入奥巴马医改的权利，借此作为抵制联邦政府的政治作秀。这迫使一部分人不得不申请伤残身份以获得医保。的确，在《平价医疗法案》（即奥巴马医改）通过后，在拒绝扩大医疗补助计划的州，伤残申请人数增加了1%，而在实施医改的州，这一数字下降了3%。[51]

还有更深层次的原因。美国政界人士对于向特定行业提供补贴持谨慎态度（因为其他行业可能会感到被忽视，并向政府游说为自己提供保护）。这也许可以在某种程度上解释为何 TAA 长期保持如此之小的规模。经济学家传统上也不愿意接受基于地域的政策（正如某些政治口号所说，"帮助人民，而不是地方"）。作为少数真正研究过此类政策的经济学家之一，恩里科·莫雷蒂（Enrico Moretti）强烈反对这类政策。在他看来，引导公共资金投资到破败地区就是在浪费公帑。衰落的城镇注定要萎缩，会有其他的新兴城镇取而代之。这是历史的发展规律。公共政策需要做的是帮助人们搬到有着美好未来的新地方。[52]

这种分析似乎对现实世界的真实情况考虑不足。正如我们所知，推动产业集群发展的因素同样也会导致集群迅速瓦解。从理论上讲，面对这种范围的衰退，人们最明显的反应理当是选择离开，但正如我们已经看到的，他们没有这样做，至少离开的速度还不够快。相反，在制造业衰退时，结婚的人或生孩子的人都变少了，已经出生的孩子里不少都是非婚生子。年轻男性，尤其是年轻白人男性从大学毕业的可能性也变小了。[53] 因为绝望，吸毒过量、酒精中毒和选择自杀的死亡人数飙升。[54] 所有这些深度绝望的症状，过去和美国内陆城市的黑人社区联系在一起，如今在遍布东部海岸和中西部东部地区、以白人为主的郊区和工业城镇，也上演了同样剧情。至少在短期内，许多这种损害是不可逆转的。辍学的学生、吸毒的瘾君子、酗酒的酒鬼，以及在单亲家庭长大的孩子，他们已经永久地失去了一部分未来。

贸易值得吗?

唐纳德·特朗普认为,解决贸易负面影响的办法是关税。2018年前几个月,特朗普开始对铝和钢铁征收新关税,随后又声称要对中国商品征收 500 亿美元的关税,不久后又提议再征收 1 000 亿美元。

消息一出,美国股市应声下跌。但许多美国人,既有民主党也有共和党,都本能地认为,美国应该封闭本国经济,尤其是要保护其不受中国的影响。

与此同时,经济学家们则唤起了萦绕在美国民众心头对于"史上最恶关税"——《斯穆特–霍利关税法案》(Smoot-Hawley Tariff Act)的恐惧。1930 年,美国颁布《斯穆特–霍利关税法案》,对 20 000 多种进口商品征收关税,迅速引发了 1930 年全球范围内的贸易战。该项法案的实施正好赶上大萧条的开端,尽管这项法案可能是也可能不是造成大萧条的原因,但它无疑助长了全面征收关税的恶名。

总的来说,更多的贸易是有益的,这一观点在任何一个经济学研究生的头脑中都根深蒂固。1930 年 5 月,1 000 多名经济学家联名致信当时的胡佛总统,支持否决《斯穆特–霍利关税法案》。不过,有一些事情是经济学家们确实知道却通常不愿向外界透露的:对于美国这样的大型经济体来说,贸易的总收益实际上在数量上非常小。真实的情况是,如果美国回到完全自给自足、不与任何国家进行贸易的状态,情况会更糟,但没预想的那么糟。

这一观点是阿诺·科斯蒂诺(Arnaud Costinot)和安德烈斯·罗德里格斯·克莱尔(Andres Rodriguez Clare)提出的,并成功使自己在贸易经济学家的圈子里声名狼藉。2018 年 3 月,他们应景地发表了一篇新文章《美国从贸易中获益》(The US Gains from Trade)。文章的第一段颇具先见之明：

> 美国每消费一美元，大约有 8 美分是花在进口上的。
>
> 如果，由于在边境上建墙或是其他极端的政策干预，导致他国的商品被挡在美国边境之外，会发生什么情况呢？美国的消费者们愿意花费多大的代价来阻止这一假设性的政策成为现实呢？这个问题的答案代表了封闭经济造成的福利成本，或者与之相对应的，代表了贸易带来的福利收益。[55]

科斯蒂诺和克莱尔研究贸易已有数十年的时间，彼此合作，也和其他学者合作，共同开展一系列研究。这篇文章承袭了他们多年的研究成果，其关键思想是，贸易收益主要取决于两件事：我们进口多少商品，以及这些进口商品受到关税、运输成本和其他国际贸易成本的影响程度。第一，如果我们什么都不进口，那么显然，在边境竖起一堵墙并且停止进口是没有影响的。第二，即使我们进口量庞大，但如果我们因为运输成本升高导致进口价格稍微有些上涨，就停止大量进口，这也必然意味着我们在国内有很多可用的替代品，所以进口的价值也没有那么高。

计算贸易收益：有点技术含量的题外话

基于这个想法，我们可以计算贸易的收益。如果美国只进口香蕉、生产苹果，那么计算起来就相当简单了。我们可以看看香蕉在消费中所占的份额，以及当价格变化时，消费者愿意在苹果和香蕉之间转换的程度。（这就是经济学家所说的交叉价格弹性。）事实上，美国进口的产品类别大约有8 500种，因此要计算准确，我们需要知道每个产品之间的比较价格弹性，以及所有来自世界各国的其他产品的价格——苹果和香蕉，日本汽车和美国大豆，哥斯达黎加咖啡和中国汗衫……也就是说，这种方法是不可行的。

不过，实际上我们不需要一个产品一个产品地来看。我们可以假设，所有的进口都是一种单一的无差别商品，要么直接消费（进口占美国消费的8%），要么被投入到生产（另占消费的3.4%）。通过这种手段，我们可以得到一个合理的接近真实的数据。[56]

为了计算出贸易的最终收益，我们需要知道进口对贸易成本到底有多敏感。如果非常敏感，就意味着我们很容易用本地生产代替进口，和其他国家进行贸易的价值也不高。另一方面，如果即使成本变化的情况下价值仍然保持不变，这意味着我们真的很喜欢来自国外的产品，并且贸易促进了福利大幅增长。这里面涉及一些猜测，因为我们实际上说的不是真实的产品，而是成千上万且种类繁多的产品的集合。因此，作者展示了一定范围条件下的结果，从可以很容易找到国内产品替代的贸易产品（此类产品会让贸易收益占GDP的1%），到很难找到替代的（占GDP的比重估计为4%）。

规模很重要

科斯蒂诺和克莱尔比较认可的估计是：贸易收益约占GDP的2.5%，这确实不多。美国经济在2017年增长了2.3%，[57]按照这个算法，一个好的增长年份完全可以让美国经济实现自给自足。他们的计算有误吗？许多细节可以提出异议，但其数量级肯定是正确的。简单来说，尽管美国对贸易的开放程度很高，但其进口份额（8%）是世界上最低的之一。[58] 因此，国际贸易为美国带来的收益不可能那么大。比利时作为一个小型的开放经济体，其进口占比超过 30%，所以贸易对比利时的重要程度要高得多。

这一点没有那么令人惊奇。美国经济规模很大，也很多样化，因此有能力生产国内需要的大部分消费产品。此外，许多消费是服务行业（从银行到房屋清洁等各种服务），通常（到目前为止）没有开展国际业务。即使是实体制造业产品的消费，也涉及相当一部分当地提供的服务。当购买在中国组装的苹果手机时，美国消费者还在为美国的设计、美国当地的广告和市场营销买单。购买这款手机要去闪亮的苹果专卖店，而苹果专卖店则是由当地公司修建，聘用的工作人员也都是当地的技术爱好者。

然而，我们不应该因为美国的例子而得意忘形。像美国和中国这样的大型经济体，有技术和资本在国内某个地方以非常高的效率生产大部分产品。此外，它们也有足够巨大的国内市场，可以吸收众多部门的大量工厂以适当规模生产出来的产品。如果不进行国际贸易，它们的损失相对较小。

那些体量更小、更加贫穷的国家，如非洲、东南亚和东欧南欧地区的一些国家，国际贸易对于它们的重要程度要高得多。技术和资本在这些国家都很匮乏，而且由于收入低、人口少，国内对钢铁或汽车的需求不太可能大到足以维持大规模生产。不幸的是，这也正是这些国家要成为国际市场参与者所面临的最大障碍。

但对于像印度、中国、尼日利亚或印度尼西亚这样体量较大的发展中国家来说，更大的问题往往是内部整合。许多发展中国家因内部缺少便利的交通而痛苦不已。全世界有近 10 亿人居住在距离正规公路一英里[①]以外的地方（其中 1/3 在印度），离铁路更是距离遥远。[59] 在印度，过去每一个邦都有权设定本邦的税率，并经常利用这些税率来偏袒本地生产商。直到最近，印度政府开始对商品和服务实行统一收税，这种现象才成为历史。

小就美吗？[②]

也许真实的比较优势的概念被高估了，即使是小国，也能依靠自给自足过活。或者更进一步发展这个逻辑，也许每个社区都可以学会生产它所需要的东西。

这种想法由来已久。中国曾经认为工业化可以在主观能动性的驱动下在每个村庄实现，钢铁可以在后院的炼钢炉中生产，但这场运动最终还是失败了。

自给自足的村庄社区也是甘地信奉的经济哲学的核心。他所设想的以土布为衣、以土地为食的社会，对印度独立后的经济政策产生了持久的影响。长期以来，印度对 799 种产品实施保护，从泡菜到自来水钢笔、染料以及各种品类的布料，只允许设立在农村的微型企业从事生产。直到 2002 年印度加入世贸组织以后，才被迫废除这一政策。

当然，问题在于，小并不一定意味着美好。企业需要达到最

---

① 1 英里约为 1.61 千米。——编者注
② 《小即是美》(Small Is Beautiful) 是德国生态学家舒马赫（E. F. Schumacher）于 1974 年所写的一本书，旨在为甘地提出的在农村建设小农场的理念进行辩护。该书全名为《小即是美：一本把人当回事的经济学研究》(Small Is Beautiful: A Study of Economics as if People Mattered)，最早由伦敦 Blond & Briggs 出版社于 1973 年出版。

低限度的规模才能雇用专门的工人或者使用高生产率的机器。在 20 世纪 80 年代早期，阿比吉特的母亲尼玛拉·班纳吉（Nirmala Banerjee），一位完全持左派观点的经济学家，对加尔各答及其周边的小企业进行了调查。结果，这些小企业生产效率的低下程度让她大吃一惊。[60] 随后的研究证据证实了她的观察。在印度，小公司的生产率比大公司要低得多。[61]

但是企业只有在市场够大的情况下才能做大。正如亚当·斯密（Adam Smith）在 1776 年写到的，"劳动分工受市场范围限制"。[62] 这就是贸易具有价值的原因。孤立的社区不可能出现高产的企业。

的确，通过修建铁路实现国家连通，在许多经济体产生了变革性的影响。1853 年至 1930 年间，英国殖民政府在印度监督修建了约 4.2 万英里的铁路。在铁路出现之前，商品是装在牛车上走着土路进行运输的，每天最多能走 20 英里。同样的商品通过铁路运输，每天可以走差不多 400 英里，而且成本大大降低，商品损坏的风险也大大减少了。几乎与本国其他地区隔绝的内陆地区也被铁路连接了起来。[63] 铁路网大大降低了贸易成本。走公路的话，每英里的运输成本几乎是铁路的 2.5 倍。由铁路连接起来的地方开始进行更多的贸易，变得更加富裕；铁路沿线地区农业产值的增长比非沿线地区要快 16%。

差不多是在同一时期，美国也是通过建设庞大的铁路网络将整个国家整合起来成为一个大国的。尽管铁路在美国经济发展中的作用一直存在争议，但最近的研究表明，如果没有铁路建设，农业用地的价值会降低 64%。[64] 有了铁路，与其他县的交通更加便利，农民期望获得的收益也就更高，这些就直接表现为农业用地的价格上涨。而收益在很大程度上来源于各个地区将自己擅长的领域进行专业化的能力。从 1890 年到 1997 年，农业变得越来越本地专业化。农民针对每一块不同的土地（由于气候、土壤等原因造成的不同），挑选理论上最适合的作物进行耕种，这种专业化的现象越来越普遍，使得农业整体生产力和收入都有了大幅提升。[65]

糟糕的内部整合也会使经济变得有黏性，消除了普通男女能够从国际贸易中获得的收益，甚至会变收益为损失。恶劣的路况阻碍了人们前往城市寻找新工作。在印度，有明显的证据表明，农村居民获得村外非农业工作的一大障碍，就是连接村庄和主干道的土路。[66] 由于道路崎岖不平，偏远村庄的消费者最终拿到商品时，价格已经远远高于进口价格，因此这些村民几乎没有享受到国际贸易带来的任何好处。在尼日利亚和埃塞俄比亚，即便进口商品能够成功运送到这些偏远村庄，这时候的价格也已经不是当地村民可以负担得起的了。[67] 贫弱的运输能力，既无法保证生产原料顺利运进来，也无法保证最终产品顺利运出去，消磨掉了廉价劳动力带来的成本优势。要从国际一体化中获益，就必须改善内部的交通。

贸易战不能解决问题

本章中的例子和分析，全都来自当前声誉卓著的经济学院所进行的前沿研究，但是研究的主要结论似乎让我们站到了几十年来的传统观点的对立面。每一位经济学本科学生都会从课本上学到，贸易带来巨大的总收益，只要我们能够做好重新分配，所有人都可以过上更好的生活。但是，本章总结的三个主要经验绝非这么简单。

首先，对于像美国这样的大型经济体来说，国际贸易的收益相当小。其次，虽然对较小和较贫穷的国家来说，贸易带来的潜在收益可能要大得多，但没有灵丹妙药能够让这些国家一蹴而就。正如我们在移民一章中看到的那样，广泛开放边界并不足以让所有人迁移，消除贸易壁垒也不足以确保新的国家能够加入。宣布贸易自由并不是解决发展问题（甚至贸易问题）的灵丹妙药。最后，贸易收益的再分配已被证明是极其棘手的，受到贸易消极影响的人们已经或正在遭受苦难。

总的来说，商品、人员、思想和文化的交流使世界更加富裕。那些足够幸运的人，在正确的时间出现在正确的地点，凭借适当的技能或优秀的创意，抓住全球化的机遇发挥自己的特殊天赋，最终发家致富，有的甚至拥有了惊人的财富。至于其他人，则是喜忧参半。有些人失去了工作而且找不到新的。节节攀升的收入为更多新的服务工种支付薪水——如厨师、司机、园丁和保姆，但贸易同样也创造了一个更不稳定的世界，工作突然消失却在千里之外出现。收益和痛苦最终以一种非常不公平的方式分配，很明显这种状况已经开始反噬我们。

那么，重拾保护主义关税有用吗？没有。现在重新引入关税对大多数美国人没有帮助。原因很简单：到目前为止，我们的主要论点之一是，我们需要担心的是转型问题。许多因行业衰退而被辞退的人从未真正振作，因为黏性经济意味着他们无法进入新行业，或是搬迁到新的地区重新站稳脚跟，因此资源也无法流向他们。

但是，现在切断与中国的贸易显然会造成一波新的失业潮。新涌现的失败者之中，会有很多人来自我们没听说过的地区。我们之所以到目前为止没有听说过这些地区，只是因为他们现在过得还不错。实际上，中国于 2018 年 3 月 22 日和 4 月 2 日宣布对 128 种产品征收关税。这 128 种产品中,大部分是苹果、梨子和猪肉这样的农产品,而不是手机应用程序。过去几十年,美国在农业领域的出口稳步增长(从 1995 年的 560 亿美元增长至 2017 年的 1 400 亿美元),到如今,美国 1/5 的农产品用于出口。而最大的出口目的地是东亚地区,其中中国独力购买了美国 16% 的出口农产品。[68]

因此,与中国开打贸易战,首当其冲的可能是农业及相关产业的就业岗位减少。美国农业部估计,2016 年,农业出口为美国创造了 100 多万个就业岗位,其中近 3/4 的岗位是在非农行业部门。[69] 在美国,农业就业人口最多的 5 个州是加利福尼亚、艾奥瓦、路易斯安那、亚拉巴马和佛罗里达。[70] 宾夕法尼亚的制造业从业者失业后在家乡附近找不到其他工作。正是由于同样的原因,这 5 个州的制造业岗位无法取代农业工作岗位。读过这一章以及前一章的所有内容后,我们都知道制造业工人在失业后多数不会搬迁。同样,农业工人可能也不会搬迁。美国最穷的 10 个州里,亚拉巴马和路易斯安那占了两个。[71] 一旦贸易战开打,这两个州就是最大的牺牲品。

对美国来说,贸易战不是我们所熟知的那种世界末日。虽然美国可能会保住钢铁行业的一些工作岗位,但也有可能对其他行业造成新的重大伤害。美国经济将会很好,但成千上万的普通人不会生活得更好。

如果不加关税,那要怎么做?

贸易的主要问题在于,因之而产生的失败者远高于施托尔珀 – 萨缪尔森理论给出的数量。因此,似乎任何解决方案都应该提供两种方式,要么帮助失败者搬家或换工作以限制失败者的数量,要么找到一种更好的补偿方式。

贸易的负面影响如此集中，从好的方面看的确有一个好处，我们可以确切地知道上哪儿能找到受害者。那么为什么不向那些出局的行业的工人提供帮助呢？事实上，这就是贸易调整援助计划背后的想法。TAA为工人支付培训费用（每年高达1万美元），而受过培训的工人可以领取最多3年的失业救济金。这些恰恰给了他们一定的时间谋求自立。唯一的问题是，正如我们所看到的，这项计划的范围仍然太小。

遗憾的是，TAA的规模一直无法扩大，并不是因为TAA作为一个概念非常低效，而是因为资金严重不足。为了获取资格申请TAA，工人必须向劳工部提交相关文件。申请文件会被分派给一位社工，由他进行审核并判定申请者是否符合条件。判定的依据则是工人之前所在的企业工作岗位消失的原因是否符合如下几种：进口产品的竞争、业务外包，或者是其他与之有业务往来的公司受贸易冲击陷入困境进而引发连锁反应。

做出这个决定涉及一个复杂的判断，而某些社工会比其他人更倾向于做出有利于工人的裁决，然后向他们提供援助。一项研究提出，将一份申请分派给特定的社工，而由此产生的最终判断或多或少有随机性。[72] 为了证明这一点，研究人员从一个包含30万个申请人的数据库中挑选案例进行比对。一类申请人的申请被分派给心肠更软的社工，另一类则被分派给心肠更硬的社工。通过对比发现，被分派给心肠更软的社工的申请人更有可能获得TAA，由此更有可能接受培训、更换部门、挣到更多的钱。总体来看，获得TAA的工人一开始必须放弃1万美元的收入（因为他们在接受培训期间无法工作），由政府为他们支付培训的费用。但在接下来的10年里，接受再培训的工人比未接受培训的工人要多挣 5 万美元。经过再培训的工人和未经培训的工人的工资水平想要回到同一水平线则需要 10 年的时间。因此，尽管很难以培训为理由从银行那里获得贷款，没有政府援助的情况下也难以承受，对工人来说，TAA 仍然是一项物有所值的投资。

那么，为什么像 TAA 这样效果显著的项目得不到足够的资金支持，使用率也不足呢？部分原因是，直到最近的这项研究结果发布之前，不论政策制定者还是公众都不知道这个项目是有效的。这可能也反映了贸易经济学家对这类政策缺乏兴趣。经济学家也不喜欢过于依赖主观判断的项目，担心项目被滥用的潜在可能性。而在政治层面上，把大笔资金花在贸易调整上，会让公众更清晰地认识到，贸易调整的成本实际上非常巨大，而这可能会造成民意的反弹。

一个摆在眼前的做法是扩大像 TAA 这样的项目，对个人更大方，让申请也更容易获批。例如，可以效仿《退伍军人权利法》（GI Bill）对 TAA 进行修订，向那些因贸易冲击而"退出现役"的工人支付足够的费用，让他们可以重新开始接受教育。《退伍军人权利法》规定，退伍军人可以获得最高达 36 个月的教育补助，可以支付公立学校的全额学费；全日制学生可以获得最高 1 994 美元的学费补助（在职课程则按一定比例发放）；最后还有住房补贴。[73] 新的 TAA 可以照方抓药，再加上延长在校期间的失业保险。我们知道，贸易中断会对当地市场产生强烈的影响。因此，在众所周知的受贸易冲击影响特别大的地区，TAA 可以更慷慨一些，以避免受影响的劳动力市场陷入恶性循环。

从更普遍的情况来看，贸易造成的困难在很大程度上与人员和资源的不流动有关。商品的跨境自由流动与国内流动不相匹配。我们在第二章末尾讨论的所有鼓励国内迁移的解决方案，以及迁移者之间的无缝整合（补贴、住房、保险、托儿方面的帮助等），都将有助于适应贸易冲击。

但同样明显的是，无论 TAA 劝导与否，流动性并不是所有工人的理想解决方案。某些人可能不想或者没有能力接受再培训；另一些人可能不想换工作，特别是新工作需要搬家的情况下，更是如此。对那些年纪大的工人来说，情况可能尤为如此。在他们看来，再培训会很困难，就算完成了再培训，也不会比年轻人更容易找到新工作。事实上，一项研究发现，在大规模裁员之后，年纪大的员工很难找到新工作。55 岁时遭遇大规模裁员的男性和女性，在两到四年后仍然处于失业状态的概率，和那些躲过大裁员的同龄人失业的概率相比，要高出至少 20 个百分点。[74] 这种失业对较年轻的工人也会产生永久性的影响，但影响远没有这么大。[75]

被解雇的老员工往往也是那些长期职业生涯里一直从事某项特定工作的人。对他们来说，他们从事的工作提供了一种自豪感和认同感，并决定了他们在社区中的地位。让他们接受培训去做一些完全不同的工作，很难补偿他们在这些方面的损失。

那么，为什么不向那些受到贸易负面影响的企业（尤其是那些位于受影响最严重地区的企业）提供补贴，只要它们继续雇用老员工？拉里·萨默斯（2009 年至 2012 年担任美国国家经济委员会主席）和爱德华·格莱泽（Edward Glaeser）最近主张在某些特定领域削减工资税。[76] 然而，如果一家企业已经失去了竞争力，减税可能还不足以说服企业保留员工。进一步明确部门和领域，并将减税限定在 55 岁至 62 岁之间（可以申请社保和退休的年龄）的已就业工人身上，这样就能够在每个人身上花更多的钱。必要的时候，对公司的补偿甚至可能超过雇用一个全职工人的成本。当然，不是每一家企业都能获救，但在最紧要的领域会有大量工作岗位被保留下来。这样，社区不会分崩离析，这些企业也能熬过必要的漫长转型期，找到新的发展道路。实现这一切最合理的方式是利用一般税收收入。鉴于我们所有人从贸易中受益的程度，我们理应共同承受相应的代价。让农业工人失业的做法，正好让钢铁工人可以保住自己的工作，但这样做其实没有任何意义。但这恰好是征收关税会达到的效果。

当然，这项建议并非没有实际困难。受影响的企业需要鉴别，那么就一定会有企业开展游说，试图规避规则。这项提议还可能被视作一种贸易保护形式，违反世贸组织的规则。但这些问题是可以解决的。关于如何鉴别遭受贸易冲击的企业，TAA 计划已经认可了一套原则，并在此基础上开发出一套机制来裁决企业的主张。为了避免被怀疑是贸易保护，这一条款的适用范围可以延伸到因技术中断而失去的工作岗位。

当我们需要做出改变，搬离家乡，失去我们理解的美好生活和工作，这对我们来说很痛苦。而首要问题是我们需要正视并积极应对这种痛苦。经济学家和政策制定者被公众强烈反对自由贸易搞得措手不及。尽管他们早就知道，作为一个群体，工人在富裕的国家里可能因为贸易而蒙受苦难，在贫穷的国家则会从中受益。之所以会这样，是因为这些经济学家和政策制定者觉得工人可以换工作或居住地，或两者兼而有之是理所应当的。如果工人们做不到这一点，那就是他们自己的问题。这种看法影响了社会政策，并在"失败者"和其他人之间制造冲突。如今我们正在经历的现实情况正是如此。

第四章
喜欢、想要和需要

越来越多地在公开场合毫不掩饰地表达对不同种族、不同宗教、不同民族甚至不同性别的敌意，已经成世界各国的民粹主义领导人的主要活动。从美国到匈牙利，从意大利到印度，有的政治领导人要么干脆打起种族主义的旗帜，要么煽动偏见，要么两者兼而有之，并以此作为政治纲领。这样的领导人正在成为本国政治版图里举足轻重的角色，自下而上深刻影响到选举结果和政策制定。2016年的美国，要预测一个共和党人是否支持唐纳德·特朗普，最有效的因素之一是内心深处对白人身份的认同程度，其重要性远远超过其他因素，比如说经济焦虑。[1]

我们的领导人每天挂在嘴边的恶意语言，让某些观点的公开表达变得正当化了。可能某些人很早已经抱有这些观点，但很少会大声说出来或付诸行动。有一个事例反映了日常生活里的种族主义。美国一位白人妇女在超市打电话报警，怀疑一位黑人妇女正试图出售食品券，而这一切只是她无意中听到对方的一段电话而做出的推测。在报警的过程中，这位白人妇女几乎直白地高喊道："我们要建起那堵墙。"从字面上看，这句话毫无意义：被指控者是一名美国公民，和她的白人批评者都处在这堵假想"墙"的同一边。

当然我们都明白她的意思。她借用特朗普总统比喻的"墙"将种族隔离开来以打造她偏爱的社会，这样社会上就没有一个和她不同的人了。这就是为什么"墙"会成为美国政治的一个热点，一种一方梦想而另一方恐惧的形象。

在某种程度上，偏好就代表它们本身。经济学家对偏好和信念做出了鲜明的区分。偏好反映的是，在已经掌握可能需要的一切信息——而不是在不知道各自优点，并可能因此被信息动摇的时候，我们更喜欢的是蛋糕还是饼干，是海滩还是高山，是棕色人种还是白色人种。人们可能有错误的信念，但他们不会有错误的偏好——那位超市里的女士可以坚持认为她没有讲道理的义务。然而，在我们陷入更深的种族主义泥潭之前，试图理解人们为什么有这样的观点是值得的。特别是，如果不解决这些偏好代表了什么、从何而来的问题，就不可能思考我们在本书中将面临的政策选择。当我们讨论经济增长的极限、不平等的痛苦，或者环境保护的成本和收益时，我们无可避免地要面对如何区分个人需要和愿望，以及整个社会应该如何重视这些欲望的问题。

不幸的是，传统经济学在这方面缺乏研究，因此帮不上什么忙。主流经济学的态度在很大程度上是容忍人们的观点和意见：我们的观点和意见可以不同，但我们谁能做出评判呢？我们可以大声说出事实，让人们获得正确的信息，但只有他们才能决定自己喜欢什么。此外，人们往往希望市场能够解决偏见的问题。那些碰巧有狭隘偏好的人理应在市场上消失，因为宽容是一种良好的商业行为。举例来说，一位不愿为同性婚礼烤蛋糕的面包师，将失去所有同性婚礼的销售收入，而这些收入将被其他面包师们收入囊中。其他面包师会赚到钱，但他不会。

只是现实并非如此。不愿为同性婚礼烘焙的面包师并不会破产，部分原因是他们赢得了其他志同道合者的支持。至少对某些人来说，偏见可能是一门好生意，在政治上似乎也是如此。因此，近年来的经济学不得不重视人的偏好，而我们有一些有益的见解，可以帮助我们摆脱这种混乱局面。

不动如山？

1977年，诺贝尔奖得主、芝加哥经济学派的创始人，加里·贝克尔（Gary Becker）和乔治·斯蒂格勒（George Stigler），发表了一篇文章，题为 De Gustibus Non Est Disputandum（译为"不动如山"）。文中提出了一个影响深远的案例，告诫经济学家为什么应该避免纠缠于试图理解偏好得以产生的道理。[2]

贝克尔和斯蒂格勒认为，偏好是我们人性的一部分。如果在仔细检查了所有的信息之后，对于香草和巧克力哪种更好吃，或者北极熊是否值得拯救，我们两个人仍然意见不一致，那么就应该推定，偏好是我们各自人性当中固有的东西。这不是一时的心血来潮，也不是一个错误，更不是对社会压力的一种反应，而是一种经过深思熟虑、反映了我们所重视的东西的判断。虽然他们意识到，偏好肯定不能一直保持正确，但他们强调，偏好是我们理解人的行为时最好的出发点。

人们的选择是经过深思熟虑的，而不是一系列随机的奇思怪想的集合。从这个意义上来说，人们的选择是具有一致性的。对此，我们是部分赞同的。在我们看来，仅仅因为我们可能会行为不同，就认为人们一定是哪里弄错了，这既是一种居高临下的姿态，也是一种错误的想法。然而，社会通常会无视人们的选择，如果做选择的人是穷人则尤其如此。忽视穷人的选择，据说是为了他们自身的利益考虑。比如说，我们会给穷人发放食物或食品券，而不会直接给他们现金。我们认为这样做是合理的，理由是我们比他们更清楚穷人真正需要的是什么。为了一定程度上反对这种态度——仅仅是一定程度上,因为我们不否认我们可能判断错误,在《贫穷的本质》一书中,我们花了一些力气来论证,穷人的选择往往比我们认定的更加合理。[3] 例如,我们讲了一个摩洛哥男人的例子。他先是令人信服地证明,他和他的家人的的确确没有足够的食物。之后,他向我们展示了那台有卫星连接的大电视。我们曾怀疑购买这台电视只是一时冲动,他随即就会后悔这一选择。但这个男人在和我们交流的时候完全没有这个意思。"电视比食物更重要。"他告诉我们。他的坚持让我们提出疑问,电视怎么可能会比食物更重要。然而,当我们沿着当地的道路走了一圈后,就不难理解这种偏好背后的原因了。村子里没有什么事可做,而且考虑到他不打算移居国外,不知道是更好的营养还是吃得更饱对他更有益处;他已经足够强壮,可以从事能够找到的少量工作。在这些偏远的村庄,你甚至都找不到一个茶摊以缓解日常生活的单调,而电视刚好可以为他那难以摆脱的无聊生活增添一点色彩。

摩洛哥人非常坚持他的选择是合理的。他好几次告诉我们,既然已经有了电视,如果还有更多的钱,他就会去买更多的食物。这与他的观点完全一致,相比食物,他更加需要电视。但这与大多数人的直觉和许多经济学标准公式背道而驰。考虑到他在家里没有足够食物的情况下买了一台电视,可以推测,他手里只要有多余的钱会更快地浪费掉,因为他显然是那种顺从非理性冲动的人。反对把钱给穷人的理由就是以此为基础的。我们在《贫穷的本质》一书中以此事为例,说明穷人知道自己在做什么。然而在此之后,最近世界各地发表的大量研究发现,随机挑选的非常贫穷的人,从政府项目获得一些额外的现金后,的确花了很大一部分在购买食物上。[4] 也许在那之后，他们会买那台电视，就像那个摩洛哥男人承诺的那样。

因此，只要我们愿意放下怀疑，相信人们知道他们想要什么，就可以从中了解到一些东西。然而，贝克尔和斯蒂格勒希望我们更进一步，他们假设偏好是稳定的，不会受我们周围发生的任何事的影响。以这种观点看来，无论是学校、家长或牧师的规劝，还是我们在广告牌或许多屏幕上看到的各种宣传广告，都不会改变我们真正的偏好。这就排除了遵从社会规范和受同辈影响的可能性，比如因为别人都有文身而去文身，因为别人都希望而戴上头巾，因为邻居有辆豪车自己也去买一辆，等等。

作为杰出的社会科学家，贝克尔和施蒂格勒不会没有意识到情况并非总是如此。但他们认为，这可以帮助我们去理解，为什么一个看似非理性的特定选择可能实际上是合理的，而不是封闭我们的头脑，忽视其潜在的逻辑，并将其归因于某种形式的失控的情绪的集合。这一观点有着非常深远的影响；许多（或许是大多数）经济学家在研究经济问题时都会坚持所谓的标准偏好，即偏好是连贯、稳定的。例如，许多年前，阿比吉特在普林斯顿大学教书，家住在曼哈顿，因此经常需要搭乘火车。他注意到，人们经常在站台上特定的地方排队等车。但通常情况下，队伍的排头处离火车的车门很远。这是一种风潮。

一个很自然的结论可能是，人们只是跟随人流，因为他们偏好和其他人保持一致。这不符合偏好是稳定的这一观点，因为他们对站台上不同位置的偏好取决于那个位置上站了多少人。为了解释为什么人们加入风潮，而不是简单地假设他们碰巧喜欢表现得和其他人一样，阿比吉特构建了以下的论点。假设人们怀疑其他人掌握了一些信息（也许车门会在一个特定的地方打开），那么他们就会加入人群中去（也许代价就是忽视他们自己掌握的信息，即火车可能会停在其他地方）。但是那样会使人群更加庞大，所以下一个经过的人看到更大的人群后，更有可能认为这传达了有用的信息。出于同样的原因，他们可能也会加入人群。换句话说，许多原本不愿迎合大众的个人，因为相信其他人掌握的信息可能比自己准确，因而做出理性决策，结果看起来就像是和他人保持一致。阿比吉特称之为"羊群行为的简单模型"。[5]

所有人都做出理性的决定，并不能得到想要的结果。羊群行为会产生信息级联：最初一批人做出决定时所依据的信息会对其他人的想法产生巨大影响。最近的一个实验很好地证明了随机的第一步产生级联的效力。[6]研究人员与一个网站合作，该网站主要汇集关于餐馆和其他服务的建议。用户在网站上发表评论，其他用户则进行"点赞"或"反对"。在他们的实验中，网站随机选择了一小部分评论，并在这些评论发布后立即人为地"点赞"。他们还随机挑选了另外一小部分评论点"反对"。正面的"点赞"明显提升了下一个用户也"点赞"的概率，幅度为32%。5个月后，那些最初被人为"点赞"的评论，比那些得到"反对"的评论，更有可能获得高度好评。尽管这些帖子已经被浏览了100万次，但最初轻轻一推的影响力依然存在并仍在增长。

因此，流行并不一定和标准偏好的范例相矛盾。即使我们的偏好并不直接取决于他人的行为，他人的行为也会传递一种信号，改变我们的看法和行为。除非有充足的理由不去相信，否则我可能会从其他人的行为中推断出，文身看起来确实不错，喝香蕉汁会让我变瘦，而这个看起来无害的墨西哥男人实际上是个强奸犯。

但我们如何解释，人们有时还是会做一些明知不符合当前自身利益的事情（例如，文一个他们认为丑陋的文身，或冒着被捕的风险对一名穆斯林男子处以私刑），仅仅是他们的朋友也这么做吗？

集体行动

事实证明，标准偏好不仅可以合理解释风潮，也可以合理解释遵守社会规范。其基本观点是，那些违反规范的人将受到社区其他成员的惩罚。同样地，没有惩罚违反者的人会受到惩罚，没有惩罚那些没有惩罚违反者的人也会受到惩罚，然后以此类推。博弈论领域最伟大的成就之一就是无名氏定理，正式证明了这一论点在逻辑上的一致性，因此可以作为理论之一解释为什么规范如此强大。[7]

埃莉诺·奥斯特罗姆（Elinor Ostrom）是第一位（也是迄今为止唯一一位）获得诺贝尔经济学奖的女性[①]。她花费了整个职业生涯，以证明这一逻辑。她的许多例子都来自小型社区——瑞士的奶酪制造商、尼泊尔的森林伐木工、缅因海岸或斯里兰卡的渔民[8]，他们都遵守着适用于所有人的社区成员行为规范。

例如，在阿尔卑斯山区，瑞士奶酪生产商几个世纪以来一直依靠公共牧场放牧牛群。如果没有公共的认知，这样可能会导致灾难。因为这片土地不属于任何人，每个人都有理由想要自己的牛吃更多草，代价是很可能损害他人的利益，而土地最终可能因为过度放牧而变得荒芜。然而，对于养牛人在公共牧场上可以做什么，不可以做什么，有一套明确的规定。因为一旦违反规定，将被剥夺未来的放牧权，所以所有的养牛人都自觉地遵守这些规定。在此基础

[①] 在作者写作这本书的时候，埃莉诺是唯一一位，2019年10月14日，本书作者之一埃斯特·迪弗洛成为第二位获得诺贝尔经济学奖的女性。——编者注

上，奥斯特罗姆认为，对每一个个体来说，集体所有制实际上比私有制要更加有利。将土地分割成小块由独立的个人所有，这样会增加风险，因为在任何特定的小块区域，总是存在某种灾害侵袭草地的可能性。

这种逻辑也解释了为什么在许多发展中国家，一部分土地（例如，村庄附近的森林）总是作为公共财产为集体所有。只要公共用地得到节约利用，那些自身经济计划遭遇挫折的村民就还保有最后的依靠；从森林里获取食物或从公共土地上割草然后出售，这些能够保证他们生存下来。那些不理解其背景逻辑的经济学家（以及热爱私有制的经济学家）所鼓吹的私有财产对公有财产的侵蚀，通常会带来一场灾难。[1]

这也暗示了一点，村民们似乎总是互相帮助，是出于一个自私的原因：在一定程度上，他们希望自己在需要帮助时能够得到类似的帮助。[9] 维持规范则依赖惩罚，即那些拒绝提供帮助的人未来也无法获得社区的帮助。

如果有社群成员在社群之外能够获得机会，那么互助系统很容易会崩溃。因为，被排除在互助系统外的风险不再具有威慑力，这使得

---

[1] 参考 E. R. Prabhakar Somanathan and Bhupendra Singh Mehta, "Decentralization for Cost-Effective Conservation," *Proceedings of the National Academy of Sciences 106*, no. 11 (2009): 4143–47; J. M. Baland, P. Bardhan, S. Das, and D. Mookherjee, "Forests to the People: Decentralization and Forest Degradation in the Indian Himalayas," *World Development 38*, no. 11 (2010): 1642–56. 这并不意味着社区所有权公有化总能奏效。事实上，就算从理论角度看，也清楚地表明它或许不会奏效。比如，假设你预计社区中的其他人不会总是遵守规则，那么你做出欺骗行为的诱惑就会更强，因为有些人过度放牧，公共草地的规模就会缩小。因此，就算做出欺骗之举，结果也不是那么令人生畏。事实上，关于林区公有化是否会减少森林砍伐的证据并不充分。

人们更容易选择不履行义务。带着这种预期，社群成员更有可能减少提供帮助的意愿，这进一步增加了违反规范的风险。整个互助系统可能会完全瓦解，使所有人的情况变得更糟。因此，社群对那些似乎威胁到社群规范的行为非常警惕，并会采取措施保护社群规范。

集体反应

一般而言，经济学家会强调社群的积极作用。[10] 但是，自我强制的规范并不一定意味着这些规范具有积极意义。他们强加的纪律可能是直接为了某些反动的、暴力的或破坏性的目标。有一篇很经典的论文表明，种族歧视和印度臭名昭著的种姓制度都可以用同样的逻辑来维持，即使没有人真正关心种族或种姓问题。[11]

假设没有人真正在乎种姓，但不论任何人，只要在性或婚姻中跨越种姓界线，就会被指控杂婚，被当作异类排斥。这意味着没有人会嫁入被排斥者的家庭，也没有人会与他们交朋友或交往。最后，假设有人违背这一规范，和被排斥的人结婚，那么不论此人是谁，都会被视作异类受到排斥。那么，只要人们有足够的远见，而且确实想要结婚，就足以阻止每个人打破规则，不管大家觉得这条规则有多么专制。当然，如果有足够多的人开始打破规范，这种情况可能会有所改变。但没人可以保证会有机会发生这种情况。

这正是印度电影导演帕塔比·拉玛·雷迪拍摄于 1970 年的精彩电影《家庭祭》(*Samskara*) 所讲述的故事。在影片中，一个婆罗门（也就是所谓的最高等种姓的一员）与一个低等种姓妓女发生了性关系，从而被"污染"。当他突然死亡时，没有其他婆罗门愿意将他火化，因为害怕与他接触会被污染。他的尸体被扔在公共场所任其腐烂。规范之所以成为歪曲版本的群体规则，正是因为群体坚持执行自己的标准。

医生和圣人

紧密团结的社群和横行霸道的社群之间关系紧张，这种现象必然是古老而普遍的。如今，这种现象已演化为国家与国家之间的紧张关系。其中一方保护个人，另一方则破坏社群。从巴基斯坦到美国，这些形形色色的国家正在进行的斗争的核心正在于此。这场斗争一部分是反对国家干预所带来的官僚化和非人格化，另一部分是为了维护社群追求自身目标的权利，即使这些目标包括（他们通常也是这样做的），歧视不同种族或性别偏好的人，以及凌驾于国家政策之上强制执行宗教法令（例如，讲授创世记学说）。

在印度民族运动中，甘地提出了一个非常著名的观点。新生的印度，作为一个国家应该建立在分散的、自力更生的村庄基础上，是爱好和平与尊重同胞感情的天堂。"印度的未来在于它的村庄。"他写道。甘地在这场运动中有一位最引人注目的对手，也就是后来起草印度宪法的阿姆倍伽尔博士（Dr. B. R. Ambedkar）。他出身于最低贱的种姓，当地的学校不允许他进入教室。但他非常聪明，最终获得了两个博士学位和一个法律学位。他对印度的农村有一段著名的描述。在他的描述里，印度的农村"是地方主义的污水坑，是无知、狭隘和地方自治主义的巢穴"。[12] 在他看来，法律、作为其执行者的国家以及作为其力量来源的《宪法》，是保障贫困人口权利最有力的武器，使他们免受地方当权者对社区的暴政之害。

从种姓融合的角度来看，印度独立之后这一进程是相当成功的。

例如，传统弱势种姓（SC/STs）与其他种姓之间的工资差距从1983年的35%下降到2004年的29%。[13] 这个变化看起来并不那么引人注目，但相比同一时期美国黑人和白人之间的工资差距，印度改善的程度要大得多。这在一定程度上是阿姆倍伽尔推行弱势族群优惠政策的结果。在该政策的支持下，历史上受歧视的群体被赋予权利进入教育机构求学、进入政府部门及各种立法机关工作。经济转型也起到了作用。城市化使人们更多地成为一个无名之人，减少了对以往村子里人脉网络的依赖，进而使得更大范围内的种姓融合成为可能。新的工作降低了种姓网络在寻找就业机会方面的重要性，提升了来自较低等种姓的年轻人接受教育的动力。在某种程度上，广袤的农村可能还没有阿姆倍伽尔担心的那么糟糕。事实证明，农村有能力采取集体行动打破种姓界限。举例来说，印度的农村已经普及了初等教育，并且不论种姓，为所有的儿童提供免费校餐。

这并不是说种姓问题已经解决。在地方层面，种姓偏见依然存在。一项对印度11个邦的565个村子的研究发现，尽管法律禁止，但在近80%的村子里仍然以某种形式对贱民"存在合法的禁令"。在几乎一半的村子里，达利特（一种较低等的种姓）不能卖牛奶。在差不多1/3的村子里，达利特不能在当地市场上出售任何商品，在餐馆必须使用单独的餐具，而且他们的灌溉用水也受到限制。[14] 此外，虽然传统形式的歧视正在减弱，但是因为感受到低等种姓经济上的进步所造成的威胁，高等种姓也会做出暴力反应。2018年3月，古吉拉特邦（Gujarat）一名年轻的达利特男子因拥有一匹马并骑着它四处走动而被谋杀。高等种姓认为这显然是只有自己才被允许做的事情。

让事态更加复杂的是，一种新的冲突模式正在出现：种姓族群现在更加视彼此为平等之人，但同时也是权力和资源的潜在竞争对手。[15] 在政治上，种姓在投票方面的分化日益严重；高等种姓的选票越来越多地流向了印度人民党（BJP），一个不支持平权行动的政党。[16] 另外还出现了许多专门迎合不同种姓族群的政党。这种两极分化带来了后果。印度人口最多的北方邦（Uttar Pradesh），从 1980年到 1996 年间，政治格局发生了巨大变化。由低等种姓占主导地位的地区越来越多地把票投给被认为属于低等种姓的两个政党。而由高等种姓占主导地位的地区则继续把票投给传统上与他们相关的政党。在同一时期，腐败现象激增。越来越多的政客被提起诉讼，有些人甚至在监狱里参加（并赢得）连任竞选。阿比吉特和罗希妮·潘德（Rohini Pande）发现了其中的关联：在低等种姓或高等种姓占多数的地区，腐败现象增加得最为严重。[17] 在这些地区，由于投票只看种姓，占统治地位的种姓的候选人几乎肯定会获胜，即便他极度腐败，而他的对手清廉。在人口结构平衡的地区，就没有发生这样的现象。

与此同时，对种姓忠诚的重视也使社群能够控制其成员，这往往明显违反了当地的法律。例如，种姓村务委员会（本质上是地方种姓协会）以传统的名义，抵制国家关于性别和婚姻的法令。在恰蒂斯加尔邦（Chhattisgarh）则发生过一起离奇事件。当地种姓村务委员会要求一名被 65 岁男子强奸的 14 岁女孩不要向警方报案。当这名女孩坚持报警的时候，她遭到了社区一部分老人的殴打，老人有男有女。一个强大的社区可以压迫最弱小的成员（过去是达利特，现在则是年轻女性），而国家基本上无力阻止。部分原因是，绝大多数社区成员发现，维护社区控制符合他们的利益。只要他们服从，种姓族群就会在需要的时候为成员提供关系网络，成员可以享受到支持和便利。然而当社区残酷的阴暗面可能会时不时地困扰他们时,就需要一个勇敢的男人或女人来挑战整个社区。

"黑人要求变革(零钱)"①18

这是讽刺报纸《洋葱报》(*Onion*)2008 年一篇文章的标题,抓住了巴拉克·奥巴马(Barack Obama)作为总统候选人对美国的非凡意义。长期以来,美国人对黑人的刻板印象是寄生虫(为零钱乞讨),而奥巴马则是一位鼓舞人心的领袖(要求文化变革)。这篇文章的标题利用文字游戏突出了这两者之间的对比。人们很容易忘记,从反对种族歧视的游行到第一位非洲裔美国总统当选,之间只有不到 45 年的时间。自民权运动以来,种族关系发生了很大的变化,得到了很大的改善。这使得奥巴马当选总统在这个国家成为可能,就像印度 2019 年当选的总统和总理都是来自过去的低等种姓,这在 45 年前同样是不可想象的。

另一方面,尽管如今非洲裔美国人的受教育程度要好于 1965 年,但有相似教育背景的白人和黑人之间的收入差距却在逐年拉大,现在已高达 30%,超过印度低等种姓和其他种姓之间的收入差距。[19] 美国黑人阶层上升的比例大大低于白人,而阶层滑落的比例则大大高于白人。[20] 很明显,已经广泛讨论过的,黑人男性入狱比例远远高于

---

① 此处是一个双关语,change 在英语里既有"变革"的意思,又有"零钱"的意思。——编者注

其他所有人,① 以及社区和学校里持续存在的种族隔离,都与此有关。

尽管白人男性似乎没有理由在经济上感受到非裔美国人的威胁,但有证据表明,近年来反对黑人的情绪正在上升(或至少更加公开)。根据美国联邦调查局的数据,2017 年仇恨犯罪的数量同比上升了 17%。这一数据曾经历了很长一段时间的持平甚至下降,但从 2015 年开始上升,到 2017 年已经是连续第三年呈增长态势。3/5 的仇恨犯罪针对的是受害者的种族。②9 名自称白人至上主义者或与白人至上主义者关系密切的候选人参加了 2018 年的国会选举。[21]

这次情况不同了

然而,自 2016 年大选以来,在美国占据主导地位的故事不是对非洲裔美国人的不信任,而是对移民的公开愤怒,这种愤怒远远超出了纯粹的经济怨恨。

移民不仅"拿走""我们的"工作,还是威胁白人生存的"罪犯和强奸犯"。有趣的是,在美国,一个州的移民越少,这个州的人就越不喜欢他们。在几乎没有移民的州,如怀俄明、亚拉巴马、西弗吉尼亚、肯塔基和阿肯色,近一半的居民认为移民是对美国文化

---

① 根据斯坦福大学贫困与不平等研究中心(Stanford Center on Poverty and Inequality)的一项研究:截至 2015 年底,9.1% 的年轻黑人男性(20 岁至 34 岁)被监禁,是年轻白人男性(1.6%)的 5.7 倍。2015 年,有整整 10% 的黑人儿童的父母曾被监禁,而这类拉美裔儿童和白人儿童的比例分别为 3.6% 和 1.7%。Becky Pettit and Bryan Sykes, "State of the Union 2017: Incarceration," Stanford Center on Poverty and Inequality.
② 从这个意义上说,非洲裔美国人更像是印度的穆斯林,而不是特定的种姓。与此同时,穆斯林在经济上落后于印度教徒,成为占人口多数的印度教徒暴力升级的目标。

和价值观的威胁。[22]

这表明，这种担忧更多地与身份认同有关，而非经济焦虑。这里的逻辑似乎更多的是，在没有太多接触的情况下，很容易把看不见的群体想象成从根本上是不同的。

这种现象早在 2016 年就出现了，但特朗普的当选让人们更容易公开谈论这件事。一项非常聪明的实验凸显了这一点。研究人员从下列 8 个深红州①招募了在线受访者：亚拉巴马、阿肯色、爱达荷、内布拉斯加、俄克拉何马、密西西比、西弗吉尼亚和怀俄明。[23] 在 2016 年大选前夕，研究人员从经济上鼓励这些受访者向一个反移民慈善机构捐款。具体来说，如果受访者同意授权由研究人员代表自己向该组织捐款 1 美元，那么研究人员将额外向他们支付 50 美分。对一些人来说，这种选择纯粹是个人的。对其他一些随机挑选的人来说，研究人员会向他们暗示，研究团队的成员可能亲自打电话来核实他们的决定。这意味着至少有一个人会审视他们的决定并与研究人员进行讨论。在选举前，后一组人捐款的意愿要比纯粹出于个人意志决定是否捐赠的人要低（34% 对 54%）。但当选举结束后，研究人员再进行同样的实验，结果发现这种差异完全消失了。一个公开表达反移民观点的人赢得大选，让受访者放开顾虑，公开向一个反移民组织捐款。

了解美国的移民历史也许能让人略感欣慰。过去那一波来到美国的移民在最终被接受前也经历过类似的排斥。本杰明·富兰克林（Benjamin Franklin）痛恨德国人："那些来到这里的人通常是本国最无知、最愚蠢的……由于不习惯自由，他们不知道如何适当地运

---

① 深红州即共和党占绝对优势的州。——编者注

用自由。"杰弗逊认为德国人无法融入美国,他写道:"对于其他外国人来说,最好是不要让他们大规模定居在一起。就像德国人在我们国家的聚居地一样,他们在那里,长期保留自己的语言、习惯和治理原则。"[24] 早在 19 世纪,美国就试图限制中国移民,但最终限制移民还是被禁止了。1924 年,为了限制东欧和南欧人(意大利人和希腊人)移民,美国政府开始实施移民配额制度。[25]

然而,每一波移民最终都被接受和同化。他们为孩子们选择的名字,他们最终从事的职业,他们投票的方式,他们购买的商品和吃的食物都与当地居民变得一样。反过来,当地人也开始采用曾经的外国名字,吃起了外国的食物:洛奇是美国的英雄,比萨(发源于意大利)是五大基本食物之一。

同样的现象也发生在法国。法国人排斥意大利人,然后是波兰人,然后是西班牙人和葡萄牙人。每一波移民潮最终都融入了法国社会。但每一次移民潮在最开始的时候,法国人都会认为"这次可不同"。到 2016 年,这次被排斥的轮到穆斯林了。

这些偏好和态度从何而来?为什么我们与过去的敌人和解之后,似乎又要找一个新的敌人?

统计歧视

对其他群体的偏见行为,可能有一些简单的经济学解释,非常符合贝克尔和斯蒂格勒标准模型的精神。恐吓有时带着经济目的。在 1950 年到 2000 年之间,印度的印度教 – 穆斯林骚乱更有可能在一个特定的年份发生在一个特定的城市。如果这个城市的穆斯林社区碰巧比较富裕的话,发生骚乱的可能性会更高。[26] 这和一些大型骚乱详细描述的特征是一致的。在这些骚乱中，尽管暴力事件看上去是随机发生的，但实际上目标都是特别针对穆斯林的企业。暴力常常可以方便地掩盖实际的偷窃行为。

有时，个人会觉得有必要表达褊狭和偏见（包括他们实际上并不认同的情绪），借以表明对族群的忠诚。这样的情况也是真实存在的。例如，在印度尼西亚经济危机期间，古兰经读书会的成员增加了。表现出强烈的宗教信仰是为了展示忠诚，以在互助圈中赢得一席之地。[27] 在其他情况下，有时人们对种族主义（或性别歧视）保持沉默，甚至模仿他们听到的话语，因为他们不想失去工作或宝贵的社会关系。

最后，还有经济学家所说的统计歧视①。我们在巴黎遇到了一位优步司机，他对工作非常热情。他说，在过去（优步出现之前），如果看到像他这样的北非男人开着一辆好车，所有人都会认为他要么是毒贩，要么是偷车贼。大部分人相信且确定无疑，绝大多数普通的北非人比较穷，因此不太可能买得起新车。根据这个统计关联性，他们就会假设，拥有一辆好车的北非司机是罪犯。而现在，他们的假设则成了优步司机，这是一个明显的进步。

统计歧视可以解释为什么美国警察会更频繁地拦截黑人司机。印度北方邦的印度教多数派政府最近解释了，为什么有那么多被邦警察"意外"杀死的人（所谓的"遭遇性死亡"）是穆斯林。那是因为罪犯中黑人和穆斯林的比例更高。换句话说，看似赤裸裸的种族主义不一定非要如此：它可能只是在定位某些犯罪特征（毒品交易、犯罪行为）时碰巧与种族或宗教产生了关联。因此，造成这种

---

① 统计歧视是指个人的情况都被按其所属群体的平均情况而非个人特征来加以处理。——编者注

现象的原因可能是统计上的歧视，而不是过去传统意义上的偏见，即经济学家所说的基于偏见的歧视。不过，如果你是黑人或穆斯林，最终结果还是一样的。

最近一项研究是关于"公平就业"政策（Ban the Box，又称"禁止询问犯罪记录"）对年轻黑人男性失业率的影响。研究结果有力地证明了统计上的歧视。"公平就业"政策限制雇主在聘请员工时使用申请表。这种申请表上有一个空（box），要求有犯罪前科的申请人必须标注。由于美国的年轻黑人男性有犯罪前科的比例要高过其他人群，且失业率是全国平均水平的两倍，有 23 个州已经采取了这一政策，希望借此提高年轻黑人男性的就业率。[28]

为了测试这一政策的效果，两名研究人员特意在纽约和新泽西实施"公平就业"政策前后，通过网络向两地的雇主发送了 15 000 份虚构的求职申请。[29] 他们在简历上使用典型的白人或非裔美国人的名字，以此来引导雇主对求职申请人的种族判断。每当招聘职位需要表明申请人是否有过重罪前科时，他们也会随机为虚构的男性或女性申请人选择其是否有过重罪前科。

他们的发现和前人一样，清楚地证明了普遍存在针对黑人的歧视。实验结果显示，使用同样的简历，"白人申请者"收到的面试通知比"黑人申请者"要多出 23%。不出所料的是，在禁令颁布之前，询问是否有犯罪记录的雇主之中，对重罪前科的反应最为强烈：没有重罪前科的"申请人"，相比简历完全相同，只是多了重罪前科的"申请人"，获得面试通知的可能性要高出 62%。效果类似于肤色之分。

然而，最令人惊讶的发现是，"公平就业"政策大大增加了收到面试通知时的种族差异。在"公平就业"政策实施之前，如果向受到该政策影响的雇主提出申请,"白人申请人"收到的面试通知比"黑人申请人"要多7%。在"公平就业"政策实施之后,这一差距扩大到43%。原因在于,在缺少犯罪前科真实信息的情况下,雇主们会更加倾向于假定所有的黑人申请者有犯罪前科。换句话说,"公平就业"政策导致雇主们依靠种族来预测犯罪行为,这就是统计歧视的表现。

当然,人们使用统计逻辑并不意味着他们总是从中得出正确的推论。在一项研究中,研究人员要求以色列的德系犹太人(欧洲或美国犹太人及其后代)与东方犹太人(亚洲和非洲移民及其后代)玩一个信任游戏。信任游戏是实验经济学的支柱之一。游戏由两个人进行,其中一个作为发送者,被给予一定数量的钱,并要求与另一个人,即接收者分享其中的一部分。分享的金额可以是零,而且完全由发送者自行决定。不过,他们都被告知,如果发送者和接收者分享了一部分钱,不论多少,那么分享的金额将增加一倍,并交给接收者完全控制。接收者可以选择与发送者分享部分收益,也可以选择不这样做。这个游戏的目的是推断发送者对接收者的看法;发送者越是认为接收者不自私,他就应该和接收者分享得越多。

信任游戏已经在实验室环境中玩了数千次了。通常,发送者将原始金额的一半或更多与接收者分享,然后收回的金额比发送的金额要多。发送者信任对方,接收者也值得信任。研究人员发现,这种情况是在两名玩家都是德系犹太人时出现的。但当接收者是一个东方犹太人时,事情就不一样了。在这种情况下,发送者和接收者分享的金额大约只有和德系犹太人分享的一半。结果,发送者和接收者得到的收益都更少。

这可能是因为东方的接收者不被信任会归还礼物。也可能是因为东方的接受者不受欢迎，为了伤害他们，德系犹太人发送者宁愿伤害自己。但是，当要求玩家自愿把一部分钱交给伙伴且没有任何回报时，他们给东方伙伴的钱和给德系犹太人的一样多；信任游戏中不同行为的根源似乎是怀疑而不是敌意。

有趣的是，在这场信任游戏中，怀疑也延伸到了东方发送者身上。他们对同族人的信任程度并不比对其他人更高。似乎每个人都对东方犹太人抱有一种成见。但令人费解的是，这种刻板印象完全是不公平的。完全没有证据表明东方玩家在这场游戏中行为不可信，他们还钱的方式和德系犹太人完全一样。参加实验的人认为他们的行为是理性的，但实际上他们是被虚妄的怀疑引入了歧途。

自我强化的歧视

美国心理学家克劳德·斯蒂尔（Claude Steele）曾做过一个著名的实验，有力地揭示了普遍存在的自我歧视，或是对自身群体的歧视。这个实验证明了他所说的"刻板印象威胁"的力量。在最初的实验中，他告知参加的学生，这项测试是"实验室解决问题的任务"。[30]这时，黑人学生的表现与白人学生相当。然而，当告知学生测试的目的是检验智力后，黑人学生的分数比白人学生低得多。

少数族裔并不是唯一容易受到刻板印象威胁的群体。当女大学生参加一项难度很大的数学考试时，考试开始给出一段文字："你可能听说过女性通常在数学考试时表现不如男性，但是对于这个特别的考试而言，情况绝非如此。"[31]结果，女大学生在这次考试当中的成绩要比过往优秀。反过来，在参加SAT考试时数学部分得到过高分（这群人对自己的数学能力很有信心）的数学和工程专业的白人男性大学生，在参加数学考试时，当被告知实验的目的是调查"亚洲人在数学能力测试中的表现优于其他学生的原因"后，[32] 成绩会比平时要糟糕。这类实验已在不同的环境中重复多次，以测试不同类型的自我歧视偏见。

自我歧视往往会自我强化。当被提醒群体身份后，人们的表现会有差异，这使他们更加自我怀疑。针对其他群体的歧视也是如此。在 20 世纪 60 年代，曾经有一个现在看来非常恶劣（当时非常有名）的心理学实验。研究人员欺骗老师，使他们相信自己的一组学生（一个班上的 1/5 的孩子）天赋异禀，因此在智商方面会比其他孩子发育得快很多。实际上，这一组孩子是随机挑选的，与其余孩子没什么差别。[33] 获得老师更高期望的学生在这一年里课程智商提高了 12 分，而其他学生只提高了 8 分。最初的实验因为各种各样的原因受到批评，包括这种干预造成的道德风险。但是，大量其他的实验已经展示了自证预言的力量。

在法国，针对一家法国连锁杂货店的年轻收银员开展了一项研究。这些收银员中有相当一部分是北非和撒哈拉以南的非洲裔少数民族。结果发现，有偏见的管理者对自己管理的这些员工投入精力较少。[34] 收银员在不同的日子和不同的主管一起工作，而且自己基本上无权对排班表进行更改。研究表明，分配到对少数族裔多少有些偏见的主管手下，对少数族裔和非少数族裔员工的工作表现产生的影响会有不同。在和有偏见的主管一起工作的日子里，少数族裔收银员更有可能旷工；即便来上班，花在工作上的时间会更少，给商品扫码的速度会变慢，顾客等待服务的间隔时间也变长了。这种影响在非少数族裔工人中完全不存在。少数族裔员工在被分配到有偏见的主管手下时表现较差，其原因看起来与其说是明显的敌意（少数族裔员工不太喜欢和有偏见的主管一起工作,或者有偏见的管理者不喜欢他们),不如说是低效的管理。例如,少数族裔工人报告称,有偏见的主管不太喜欢到他们的收银台鼓励他们拿出更好的表现。

对女性领导者的歧视往往带有自证预言的意味。在马拉维的村子里,男性或女性农民被随机挑选出来,学习一项新技术,并将其传授给其他农民。[35]女性通过培训记住了更多的知识,而那些接受她们培训,听取她们意见的人,实际上也掌握了更多的知识。但大部分农民不听她们的。他们认为女性能力较差,因此很少注意她们。顺着同样的线索,在孟加拉国,当女性接受培训成为部门主管时,客观评估她们的领导能力和技术素质,会发现她们和男性一样优秀。然而,她们的部门员工却认为她们不如男性。想必就是因为这个原因,他们部门的表现也受到了影响,员工固执地认定,这证明了他们认为女性主管不如男性的偏见。[36]一开始对女性不公正的偏见,导致女性在自身并没失误的情况,实际的表现不如男性,然后这一切又加强了女性低人一等的地位。

非裔美国人会打高尔夫球吗?

这些自证预言的奇怪之处,就在于它们可以预知的程度。一直以来,都是传统上处于劣势地位的人最终成为带有偏见的却是自证预言的受害者;除了体育,你从来不会听说白人男性在任何领域被系统地低估。这种偏见看起来源自一种根植于社会背景的刻板印象。

一项针对普林斯顿大学非裔美国人和白人本科生的研究表明,这种刻板印象有多么深入人心。[37]参加实验的学生之前没有打高尔夫球的经验。实验要求他们做一系列的高尔夫球练习,练习的难度会逐步提升。在第一组实验中,一半的参与者在开始前被要求在一份问卷中写明自己的种族(标准的"事先提点",让参加实验的学生把群体认同放在第一位),另一半人则没有。随后,所有学生都进行高尔夫球练习,以测试"一般运动表现"。当没有事先提点种族时,白人和黑人学生的表现非常接近。但是,一旦突出种族,高尔夫球是一项"白人"运动的刻板印象(这是在泰格·伍兹出现之前)使得非裔美国人的表现变差,而白人学生则表现得更好。两者之间产生了巨大的差距。

在第二组实验中,研究人员没有事先强调种族,而是将学生随机分配到两个测试小组。[38] 两个小组都会被告知,练习的挑战性将越来越高。然后,其中一个小组会被告知,测试的目的是衡量与运动天赋相关的个人因素。"运动天赋"被定义为"完成需要手眼协调的复杂任务的天赋,比如射击、投掷、击球或击打其他移动物体"。另一个小组,同样的测试是用来衡量"运动智商",即"在运动表现中与战略思考能力相关的个人因素"。在"运动天赋"的设定下,非洲裔美国人的表现远远优于白人。在"运动智商"的设定下,白人的表现远远优于非洲裔美国人。所有人,包括黑人自己,心中都牢固树立着一种刻板印象,就是非洲裔美国人是天生的运动员,白人则是天生的战略玩家。这还是普林斯顿大学的学生……

通过实验得到的这组证据,和贝克尔-斯蒂格勒(Becker-Stigler)构建的关于偏好是一致且稳定的理论,两者很难达成一致。"运动智商"和"运动天赋",以及这两者所谓的和种族之间的关联,很大程度上是短暂的社会建构概念。很明显,这些群体看待自身(和他人)的方式,正是这些社会建构概念的一个产物。

表现得像白人

贝克尔和斯蒂格勒希望我们远离偏好背后的社会背景,但社会背景却不断地重回视线。我们不仅在吃住上有偏好,在和谁交往上也有偏好。

我们会避开自己怀疑的人,搬到有更多同类人的社区。反过来,这种隔离影响了生活机会,滋生了不平等。当一个社区的大部分居民是穷人和黑人的时候,它获得的资源会更少,所有这些对在那里长大的孩子的生活产生了持久的影响。1915 年至 1970 年间,也就是所谓的"大迁移"期间,当黑人搬到北方的白人城镇时,白人就搬走了,留下的往往是更糟糕的学校、每况愈下的基础设施和更少的就业机会。[39]

这些社区变得更加穷困,更加破旧,出现更多的犯罪倾向,越来越不利于取得经济成功。生活在大迁移期间白人抛弃的社区里的黑人孩子,从收入最低的 1/5 上升到收入最高的 1/5 的概率比其他社区要低得多。[40] 很明显,有许多因素在起作用,但其中之一是人们自觉或不自觉地按邻里规则行事。暴力就不出意外地成了社区的常态。就像在麻省理工学院,要求修四门课却修五门课的本科生的常态一样。

有一个聪明的实验,旨在证明这些规范的力量。一群洛杉矶的高中生,大部分是拉美裔,有机会参加一个免费的 SAT 考前辅导班。[41] 实验人员随机挑选一部分学生,告诉他们,他们的选择会被保密,另一组学生,实验人员则让他们相信他们的选择可能会被公开。在非荣誉班级①里，后一组学生参加辅导班的人数较少（61%对72%），大概是因为他们不想让朋友发现他们有学术抱负。

的确，无名氏定理可以解释这种现象。如果学生被发现是书呆子，他们的朋友可能会抛弃他们，任何和他们交谈的人也会被逐出圈子。这种情况大概是真实的。但这一规范在拉美裔学生中生根并非偶然，他们有憎恨白人文化规范的历史，有时有很充分的理由；这些拉美裔的男孩和女孩似乎担心"表现得像白人"。这种担忧在他们的历史中有着很深的根源。我们从来没有听说，在美国的亚裔孩子会养成习惯，躲避那些过于用功的朋友。在贝克尔－斯蒂格勒的世界里，规范之所以成为规范，只是因为人们不得不接受。既然如此，拉美裔学生没有理由会有时变得勤奋，而亚裔学生会变得懒惰。历史和社会环境似乎在引导我们走向一种规范，而不是走向另一种。

让我们试着分析一下偏好[42]

为了研究社会环境对我们产生影响的方式，苏黎世大学的研究人员招募了一组银行家作为实验对象。他们被要求抛10次硬币，并在网上报告他们的结果。[43]研究人员告诉他们，如果抛硬币出现正面（或反面）的次数超过一个阈值，每报告一次超出的正面（或反面），就可以得到20瑞士法郎（约合20美元）。没有人检查他们的报告是否准确，这就产生了很强的作弊动机。

关键的对比在于，在实验开始前，部分参与者会被问及最喜欢的休闲活动，以突出他们作为"普通人"的角色；另一部分参与者

---

① 荣誉课程班是专为优秀学生设计的一种个性化教育方式，类似于我们的"尖子班""重点班"。——编者注

则会被问及银行家角色相关的问题,有效地突出了他们作为银行家的身份。那些自认为是银行家的人报告了更多的"正面",次数多到不可能是纯粹的概率问题。根据估算,那些自认为是普通人的人,作弊概率为3%,而自认为是银行家的人,概率则上升到了16%。

并不是因为银行家们更善于找到诀窍在游戏中表现得更好;游戏中的每个人都是银行家,选择突出他们身上哪一重身份(银行家或普通人)也是随机的。但是,一想到自己的职业,似乎就会产生一个不同的道德自我,一个更愿意作弊的自我。

换句话说,人们表现得好像有多重人格,每种人格有着不同的偏好。在特殊情况下,环境选择了在一个特定情况下做出决定的人格。在苏黎世的实验中,环境就是实验参与者是否将自己视作一个银行家。但在现实生活中,通常是我们的家人朋友,我们上的学校,我们的工作或娱乐,我们所属的俱乐部,我们想要加入的俱乐部,所有这些造就了我们,决定了我们的偏好。我们这些经济学家,出于对标准偏好的忠诚,已经非常努力地把上述所有这些因素都排除在外。但越来越明显的是,这是一个无望的追求。

积极的信念

一旦我们开始承认,我们的信念,甚至是我们自认为的深层偏好,都是由环境决定的,那么很多事情也就顺其自然了。诺贝尔奖得主让·梯若尔(Jean Tirole)与罗兰·贝纳布(Roland Bénabou)关于积极信念的研究,为我们提供了一个重要的深刻见解。[44] 他们认为,迈出理解信念的一大步,是不要把信念太当真。我们关于自身的信念,一部分是由我们的情感需求塑造出来的;当我们令自己失望时，会感觉很糟糕。我们在关于自身的信念上投放的情感价值，会扭曲我们关于他人的信念。例如，为了保护自己不会因为自己的偏见而受到指责，我们就会用看似描述客观事实的语言表达出来（"我对北非裔的收银员没有任何成见，但是反正他们也不会对我的鼓励做出回应，所以我就不麻烦他们了"）。

我们不喜欢改变想法，因为我们不喜欢承认自己从一开始就错了。这就是阿比吉特坚持认为总是软件出错的原因。我们会避开某些信息，不会迫使我们自己面对各种道德模糊之举；我们跳过移民儿童被关在拘留所遭到虐待的新闻，以避免想起一个事实：是我们支持的政府在用这种方式对待儿童。

我们很容易被这些策略拖入困境。我们不喜欢自认为种族主义者；因此，如果我们对他人抱有负面看法，我们会倾向于通过指责他们来正当化自己的行为。我们越能说服自己相信，这些移民父母把孩子带在身边应该受到谴责，我们就越能心安理得地看待这些被关在小笼子里的孩子。我们反而会寻找一切能够证明我们正确的证据；只要能够支持我们的初始立场，我们会过分夸大每一条新闻，不论其内容有多么单薄，并且忽略其他不支持我们立场的新闻。

随着时间的推移，我们最开始的本能防御反应被一套精心构建的、看似强有力的论点所取代。基于这一点，我们开始觉得，任何与我们的观点相左的意见，根据其"坚定"程度判断，要么是暗示我们道德缺失，要么是质疑我们的智商。到了这个时候，原本的观点之争就会演变成暴力。

认识到这些模式有许多重要的含义。首先，像希拉里·克林顿（Hillary Clinton）众所周知的做法，指责人们是种族主义者，或称他们是"应当被严厉谴责的人"，很明显是一个糟糕的主意。这样做伤害了人们的道德感，进而激怒了他们，让他们变得更加倔强。他们会立即停止听你说话。相反，我们可以看到，像特朗普总统那样把极端的种族主义者称为"好人"，并强调"双方都有坏人"，显然是一种获得人气的有效策略（无论在道德上多么应该受到谴责），能让那些发表这些言论的人自我感觉更好。

这也解释了为什么事实或事实核查似乎并没有对人们的观点产生多大影响，至少短期内确实如此，正如我们在第二章移民背景下观察到的那样。从长远来看，依然保留着这样的可能性。当最初的"你怎么敢挑战我的信念？"这样的反应减弱，人们会调整自己的观点。我们不应该停止说出真相，但是用一种不按个人道德标准进行评定的方式来表达，会更加有效。

我们大多数人都喜欢认为自己是正派的人，运用涉及他人的评判之前，先肯定对方的价值观，这样可能会减少偏见。如今的社会心理学家建议，父母要鼓励自己的孩子发自内心地友善待人，而不是告诉他们应该友善待人。孩子们所要做的就是表现出他们天生的善良。这适用于我们所有人。

这种策略在自尊尚未受到连续打击时更有可能奏效。在反移民和反黑人情绪最强烈的地区，低收入白人面临的一部分问题是，以某些肉眼可见的方式，他们的生活正越来越接近那些被鄙视和讽刺的"其他人"。1997年，威廉·朱利叶斯·威尔逊（William Julius Wilson）在一篇以黑人社区现状为背景的文章中写道："社区失业率居高不下所造成的后果，比居高不下的社区贫困率更具破坏性……当今市中心贫民区的许多问题——犯罪、家庭解体、福利、社会组织水平低等，根本上都是工作岗位缺失的结果。"[45]

20年后，J. D. 万斯在《乡下人的悲歌》一书中写道："威尔逊的书引发了我的共鸣。我想写信告诉他,他把我的家乡描写得很完美。然而,引起这种极为私人的共鸣,感觉很奇怪,因为他描写的不是来自阿巴拉契亚的乡巴佬移民,而是居住在城市中心的黑人。"[46]

威尔逊对黑人社区社会问题的描述,非常契合如今雪上加霜的铁锈地带(美国东北部-五大湖附近,传统工业衰退的地区)的白人社区。由于自我价值和凌驾黑人及移民之上的优越感相捆绑,社会环境的趋同加剧了贫穷的美国白人的危机感。

恢复自我意识有两种方法。一种是否认(例如:"我们可以坚决反对堕胎,因为我们社区里没有一个女孩曾经怀过孕")。另一种是通过夸张嘲弄对方,拉开我们和他们之间的距离。当一个白人只有通过申请伤残才能获得福利救济时,对他来说,仅仅指责黑人或拉丁裔单身母亲一定是福利女王[①]已经远远不够了——这是里根时代的侮辱。既然白人也得靠福利生活,那么侮辱就得升级——她一定是帮派分子。

这强调了为什么我们需要社会政策,将援助之手伸向经济活动幸存者之外的地方。对那些因为技术进步、贸易和其他破坏性因素而工作面临威胁的人,要努力恢复他们的尊严。这些政策必须有效地抗衡自信心的丧失,老派的政府援助单靠自己是无法奏效的。现在需要的是全面地重新思考社会政策工具,这也是本书第九章的主题。

任意的连贯性[47]

我们知道,人们会不遗余力地回避相关证据,以免被迫修正关

[①] 福利女王(welfare queen)是里根发明的词,把黑人妇女定型为专靠揩政府的油过好日子的人。——编者注

于核心价值体系（包括对其他种族或移民的看法）的观点，因为这与他们对自身的看法密切相关。不幸的是，这并不意味着人们是经过了特别的深思熟虑才形成了这些最初的观点。

在行为经济学领域，最为著名的实验之一，是由丹尼尔·卡尼曼（Daniel Kahneman）和理查德·塞勒（Richard Thaler）共同完成的。实验挑选的大学生每人会随机获得一个杯子或者一支钢笔。随后，卡尼曼和塞勒立即提出要从刚得到物品的学生那里把它们买回来。与此同时，他们还为学生提供机会，可以从他人手上购买自己没有得到的杯子或者钢笔。令人惊奇的是，刚拿到物品的卖家可接受的出让手中杯子或钢笔的价格，远远高于没有拿到同样物品的买家愿意支付的价格，两者之间的差距达到了两至三倍。[48] 既然谁最后拿到杯子还是钢笔，完全是一个随机的结果，那么被选中拿到其中一样东西这种随意行为，绝对没有理由会在估值上产生如此大的差异。竞价出现巨大差异的原因肯定是，那些最后拿到杯子的人开始更喜欢杯子，而那些拿到钢笔的人对钢笔也是如此。这表明人们评估杯子和钢笔这类物品价值时并不涉及什么内在或深层的因素。

另一项实验则揭示了一种更为戏剧化的任意性。实验要求学生对轨迹球、酒瓶和书籍三样物品出价。在出价之前，实验要求学生写下自己的社会保险号码的最后两位数字，并在数字前面加上一个美元符号，想象这是他们要出价的产品的可能价格。他们显然知道自己的社会保险号码和一个酒瓶的价格毫无关联，但他们还是被自己写下的"价格"所影响。社会保险号码以 80 或 80 以上的数字结尾的学生，和社会保险号码以小于 20 的数字结尾的学生相比，对同一件商品的出价要高出 200% 到 350%。在其他大多数方面，他们仍然按照标准模式行事，例如，随着价格上涨，他们的购买意愿会下降，并且最愿意购买更便宜的商品。但是他们似乎并不清楚，这些产品在绝对意义上对他们价值几何。[49]

当然，杯子和钢笔不是移民和穆斯林。我们真的是很认真地在暗示，这种任意性也适用于在更严肃的问题上的偏好吗？确实如此。

罗伯斯山洞

类似的情况也出现在社会偏好中，即经济学家所说的与他人有关的偏好。1954 年，穆扎费尔·谢里夫（Muzafer Sherif）和卡罗琳·伍德·谢里夫（Carolyn Wood Sherif）进行了一项实验：邀请 20 名 11 岁至 12 岁的男孩去俄克拉何马的罗伯斯山洞（Robbers Cave）州立公园参加夏令营。[50] 男孩们被随机分成两组，每组各自在罗伯斯山洞州立公园不同地点生活了一段时间，所以两组人最初并不知道彼此的存在。然后，在某一个时间点，两组男孩被介绍互相认识，并被引导进行竞争，例如举行拔河比赛。这在两组人之间制造了敌意，导致他们互相辱骂，以及试图破坏另一组人的财物。在最后的几天里，研究人员人为地制造水源短缺，想以此来推动两个小组进行合作。在最初的犹豫之后，两组男孩开始了合作，几乎忘记了他们的敌意。

这个实验的某些版本被重复了很多次，基本的见解已经被证明是非常可靠的。有趣的是，有一个事实是千真万确的。一开始被分隔开来，缺少了彼此交往的经历，即便如此，任意的标签也会对我们的忠诚产生重大的影响。只是给随机选择的一组参与者起一个不同的名字，就会让组内成员喜欢本组的名字多过其他组。成年人和

11岁的孩子都是如此。

罗伯斯山洞实验的两个部分都很重要：一是制造分裂很容易，二是再度团结是可能的。正是因为制造分裂很容易，所以当今世界这么多国家的领导人皆是操纵仇外情绪的愤世嫉俗之人，这种现象足以让人感到极度恐惧。他们造成的伤害不是永久性的，但如果不小心地加以消除，就会给一个国家留下可怕伤痕。在卢旺达，比利时殖民者为了在统治期间拉拢盟友编造了一个神话。在基本上同宗同源的人口里，将图西人列为高等种族，胡图人列为低等种族。殖民时期结束不久，图西人全盘接受了他们传言中的优越性，在很大程度上引起了胡图人的怨恨。这成为一个关键性推动因素，导致了1994年那场可怕的种族灭绝大屠杀。[51]

同时，偏好和真实内心不一定是一致的。因此，给别人贴上带有个人偏好的标签，如"种族主义者"，其他"某某主义者"，或者"应当受到严厉谴责的人"，这种行为是值得怀疑的。因为很多人既是种族主义者也不是种族主义者。他们说出充满偏见的话语，通常是为了表达自己的痛苦或沮丧。那些先投票给奥巴马，后来又投票给特朗普的人，可能连两位候选人各自的政治立场都分不清楚。但在他们投票给特朗普后，将他们视为种族主义者而摒弃他们，这既不公平，也没有帮助。

同质性

由于我们的偏好受到我们交往对象的强烈影响，因此社会分化的代价尤其高昂，因为这些分化之间几乎没有融合；人们倾向于选择和自己相像的人进行交往。在美国学校，黑人青少年大多与黑人交往，白人与白人交往。[52] 这就是社会学家所说的同质性。由于显而易见的原因，这对于那些来自学校最大的社会群体的学生来说尤其如此。属于少数群体的人别无选择，只能结交相对更多的他们群体之外的朋友。[53]

这并不一定是强烈偏见的证明。最大群体里的学生不接触群体之外的人很容易解释。他们很容易遇到和自己相像的人。因此，只要对自己的群体有轻微的偏好，他们就没有理由接触群体之外的人。

轻微偏好的源头不一定是对其他任何一个人的负面看法；可能就是因为，如果有人和自己说一样的语言，打一样的手势，有一样的幽默感，看一样的电视节目，喜欢一样的音乐，或者对某件事合适与否有着无须言语的默契，那么我们当然更容易和这样的人待在一起。阿比吉特是印度人，尽管过去 70 年来印度和巴基斯坦之间一直存有敌意，但他却很容易就和巴基斯坦人攀谈起来，对此他一直感到非常惊讶。他说，什么是有趣的，或者什么是私密的（提示：南亚人很爱管闲事），什么创造了亲密感，又是什么疏远了这份亲密感，这些都是我们所有南亚人的本能反应，是分裂无法摧毁的东西。

当我们遇到来自其他群体的人时，这种非常自然的行为模式的缺陷就显而易见了。我们犹豫；我们小心翼翼，因为担心被误解而吝啬我们的人性温暖。抑或是我们慌慌张张地向前走，无意之中冒犯了别人。不管怎样，一些重要的东西丢失了，结果是我们不太可能与来自其他群体的人顺利沟通。

这在一定程度上解释了大多数人会选择和自己相似的人结婚的原因。1967 年，具有里程碑意义的"洛文诉弗吉尼亚州案"（Loving v. Virginia）推翻了美国对跨种族婚姻的禁令。然而过了 50 多年的时间，只有大约 1/6 的美国新婚夫妇是跨种族婚姻。[54] 在印度，74%的家庭表示，他们认为应该在种姓内部进行婚配。我们的研究表明，这在一定程度上是因为每个种姓的男性都在寻找与自己姐妹相当的女性（换句话说，就是熟悉的人），对女性来说也是如此。而要找到符合要求的人选，最佳地方自然是在他们所属的群体之中。[55]

回音室和全息图

这样的行为导致了偶然的，可能很大程度上是无意识的隔离。我们可能没有意识到，如果我们所有人选择泡在一起的朋友都是和自己相像的人，我们最终会形成一个又一个完全分隔开来的孤岛，岛上全是彼此相似的人。这助长了明显怪异的偏好和/或极端政治观点的激进化。固执己见的一个明显缺点就是，我们不会接触到其他的观点。造成的后果就是，即使在一些无可争议的客观事实上，诸如疫苗是否会导致自闭症，或巴拉克·奥巴马（Barack Obama）的出生地等，甚至在口味问题上，不同的观点也会持续存在。我们之前观察到，人们可能会理性地选择压抑自己的观点而加入一个群体。但是，理所当然的，不接触群体之外的任何观点，只会让事情变得更加糟糕。我们最终会形成多个意见对立的封闭群体，缺乏在彼此尊重的基础上进行沟通的能力。哈佛大学法学教授、奥巴马政府成员凯斯·桑斯坦（Cass Sunstein）称之为"回音室"。在那里，有同样想法的人只听彼此的话，逼迫自己陷入疯狂。[56]

这样造成的一个后果是，在基本上应该属于客观事实的问题上出现了极端的两极分化；例如，41% 的美国人认为人类活动导致了全球变暖，但同样数量的人要么认为全球变暖是由于自然周期

（21%），要么认为地球根本没有变暖（20%）。根据皮尤研究中心的研究结果，[57]在全球变暖问题上，公众民意随着不同的政治路线而被深刻地分割开来："民主党人远比共和党人更容易强调有确凿的证据证明气温上升（81%对58%），人类活动是根本原因（54%对24%）。"这并不意味着民主党人一定会更加支持科学。举例来说，科学界的共识是转基因食品对健康无害，但绝大多数民主党人认为转基因食品有害，并支持给转基因食品贴标签。[58]

一直和同一群人交谈的另一个结果是，一个群体的成员往往在大部分问题上持同样的观点。折中政治立场在一个坚定的群体面前越来越站不住脚，即使这个群体是绝对错误的。事实上，民主党人和共和党人甚至不再说同一种语言。[59]两位经济学家，马修·根茨科（Matthew Gentkzow）和杰西·夏皮罗（Jesse Shapiro），是研究媒体的顶尖学者。他们在文章中如此评论美国的众议员："民主党人谈论'遗产税'、'无证工人'和'富人的税收减免'，而共和党人则提到'死亡税'、'非法移民'和'税收改革'。2010年的《平价医疗法案》对民主党人来说是'全面的医疗改革'，对共和党人来说则是'华盛顿接管了医疗保健'。"现在，只要听一听议员们的用词，就可能预测出他们隶属于哪个党派。毫不意外，党派偏见（定义为一个观察者从一句话就能推断出一个国会议员所属党派的难易程度）在最近几十年呈爆炸式增长。从1873年到20世纪90年代初，其比例基本没有变化，从54%上升到55%。但1990年之后，其比例急剧增长；到了第110届国会（2007—2009），这一比例达到了83%。

正是由于观点和词汇的趋同，剑桥分析公司（Cambridge Analytica）以及英美两国的政治竞选才会因为获得脸书（Facebook）的数据而得到了巨大的帮助。例如，大部分马萨诸塞州的民主党人在广泛范围内的问题上都或多或少持有相同的观点,并且使用相同的词汇。因此,只需要一些零星的想法,就可以预测我们的政治观点,应该怎样对我们精准投放宣传,什么类型的故事可能是我们喜欢或不喜欢的。当然,一旦真实的人物欣然接受了这种做法,可以准确预测出民众的喜好并以此来打造自己的形象,那么创造角色、虚构个人简介,然后将其注入在线对话,就变得容易多了。[60]

这种孤立也为有经验的政治企业家创造了机会,让他们可以以完全不同的形象向完全不同的人群推销自己。2014年印度总理大选,纳伦德拉·莫迪(Narendra Modi)以压倒性优势获胜。在大选期间,他利用许多选民认为是真人的全尺寸三维全息图,成功地同时出现在许多集会上。在意识形态方面,他也成功地获得了不同群体的认同。对于与全球都有联系的雄心勃勃的年轻印度城市人来说,莫迪是政治现代化的化身(强调创新、风险资本、灵活的亲商态度等);新晋的、不断扩大的中产阶级认为,莫迪最有可能坚持他们植根于印度教传统的民族主义观点;对于经济上受到威胁的高等种姓来说,他是抵御(很大程度上是想象出来的)穆斯林和低等种姓日益增长的影响力的堡垒。如果这些群体的成员聚在一起,每个人都被要求描述"他们的"莫迪,他们的答案可能会在很大程度上让其他人无法承认。但是,这三个群体运作的网络是完全独立的,不需要在内部达成一致。

全新的公共空间?

选民的尖锐分化已经远远超出了政策分歧的层面。不同政治色彩的美国人开始积极地互相憎恨。1960年,大约5%的共和党人和民主党人表示，如果他们的儿子或女儿和党外人士结婚，他们会"感到不高兴"。到 2010 年，近 50% 的共和党人和超过 30% 的民主党人"对两党联姻的设想感到一定程度或者非常不满意"。在 1960 年，33% 的民主党人和共和党人认为自己党内的普通成员是聪明人。相比之下，只有 27% 的人认为对方政党的普通成员是聪明人。到了 2008 年，这两个数字分别是 62% 和 14% ！[61]

如何解释这种两极分化？20 世纪 90 年代初，党派偏见开始急剧恶化。自那以来，最重要的变化之一就是互联网的扩张和社交媒体的爆炸式增长。截至 2019 年 1 月，脸书在全球拥有 22.7 亿月度活跃用户，而推特拥有 3.26 亿月度活跃用户。[62] 2014 年 9 月，超过 58% 的美国成年人和 71% 的美国网民使用脸书。[63]（我们不在其中，所以我们在这里要说的关于互联网的信息都是二手信息。）

最初，虚拟社交网络被宣传为新的公共场所，新的联系方式，因此应该减少同质性。原则上，他们提供了一个机会，让我们和远方的人因为共同兴趣联系起来，比如宝莱坞电影、巴赫康塔塔（Bach cantatas）或者养育孩子。这些人可能在其他方面与我们不同。相比只能靠身体亲近，网络上的他们给我们带来了机会，对朋友的选择更加不拘一格。他们可能彼此之间几乎没有任何关系，因此，如果我们能够就各种事情交换彼此的意见，而非利用明确的议题把大家聚集在一起，那么我们都会接触到各种各样的想法。事实上，在脸书上，20 亿用户中有 99.91% 属于"大分支"，意味着几乎每个人都是其他人的朋友的朋友的朋友。[64] 在这个"大分支"中，任意两个人之间只有 4.7 "分离度"（你必须跨越的"节点"数量）。也就是说，在原则上，我们可以很容易地接触到几乎每一个出入于社交网络的人的观点。

然而，虚拟社交网络大多未能在有争议的问题上整合其用户。

一项针对 220 万涉及政治的推特用户（标准是在 2012 年选举期间关注至少一个与美国众议院候选人有关联的账号）的研究发现，在这些用户当中，大约有 9 000 万网络链接。保守派用户的关注者当中有 84% 是其他的保守派，自由派用户的关注者中有 69% 是自由派。[65]

脸书和推特的功能就像回音室。民主党人会传递民主党候选人制造的信息，共和党人也做着同样的事情。民主党候选人推文的首次转发有 86% 来自自由派选民。共和党的相应数字是惊人的 98%。考虑到转发，自由主义者用户有 92% 的信息出自自由派来源，保守主义者用户则有 93% 的信息出自保守派来源。引人注目的是，这不仅适用于政治推文；对于这些参与政治的用户来说，推送给他们的非政治推文也同样被歪曲了。显然，即使是在推特上讨论飞蝇钓（一种用模仿飞蝇等有翅昆虫的诱饵钓鱼的方法），人们也更喜欢将其和某人是自由主义者还是保守主义者联系起来。社交网络所创造的虚拟社区充其量只是一个支离破碎的公共空间。

但是社交媒体有什么特别之处，导致了这种两极分化？早在脸书出现之前，分裂人群、散布假新闻的政治策略就已经被发明出来了。报纸一直以来都有着极高的党派偏向性，而印刷媒体早在美国殖民地时期就依赖政治抹黑得以生存，并一直持续到早期的美国共和国（音乐剧《汉密尔顿》里，恶毒的新闻报道迫使汉密尔顿承认他的桃色事件）。20 世纪 90 年代，"共和党的噪声机器"通过有线电视和谈话广播做到了极致完美，正如戴维·布罗克（David Brock）在他以此为标题的书中详尽记录的那样。[66]

一个更加有力的能够证明旧媒体的破坏性的证据，来自卢旺达大屠杀。在种族灭绝之前和期间，RTLM（千丘自由广播电视电台）鼓吹对图西族人实施灭绝。他们将图西族人蔑称为"蟑螂"，为了将种族灭绝辩称为自卫，他们宣传卢旺达爱国阵线（RPF，图西族民兵）可能犯下了暴行。有些村子因为山脉阻挡了无线电波没有收到 RTLM 广播。相比之下，收到 RTLM 宣传的村子里的杀戮远远多过这些没有收到宣传的村子。总的来说，RTLM 的宣传估计要为 10% 的暴力事件，或者是 5 万图西族人的死亡负责。[67]

根茨科和夏皮罗为 2009 年（在某种程度上感觉就像上辈子那么久远了，但互联网当时已经相当活跃）的线上和线下新闻各自计算了一个"隔离指数"。"隔离指数"是指，保守主义者和自由主义者分别接触到的带有保守主义倾向的新闻数量差异。他们的发现似乎表明，线上和线下的两极分化程度都差不多。保守主义者在网上接触到保守主义观点的平均比例为 60.6%，相当于一个人从今日美国网站上获取的所有新闻。自由主义者接触到保守主义观点的平均比例为 53.1%，与美国有线电视新闻网持平。因此，互联网的隔离指数（两者之间的差异）仅为 7.5 个百分点，略高于广播新闻和有线电视新闻的隔离指数，但低于全国性报纸的隔离指数。而且，这一指数比面对面接触的隔离指数要低得多。在 2009 年，保守主义者的朋友大多是保守主义者，而自由主义者的朋友则恰恰相反。互联网的隔离指数很低，是因为在根茨科和夏皮罗的数据中，保守主义者和自由主义者用户访问的大多是"中间派"网站，而那些最有可能访问极端主义网站（如 Breitbart）的人也访问了许多其他网站，包括那些观点相左的网站。[68]

尽管互联网用户当中的两极分化确实有所加剧，但生活中其他领域的两极分化也在加剧。事实上，自 1996 年以来，两极分化的现象在所有人口统计所划分的群体中都加剧了。65 岁或以上、上网可能性最低的人群中，两极分化的程度最为严重，而在年轻人群（18

岁至 39 岁）中，两极分化程度最低。[69] 传统新闻媒体的两极分化也在加剧。对有线电视新闻内容的文本分析显示，自 2004 年以来，福克斯新闻使用的语言越来越向右派倾斜，而微软全国公司广播节目则向左派倾斜。[70] 电视新闻的观众群体也在分化。直到 2008 年，福克斯新闻的观众群体中，共和党人的占比一直稳定在 60% 左右。从 2008 年到 2012 年，这一比例上升到 70%。多年以来，福克斯新闻变得越来越保守，吸引了更多的保守派选民，他们反过来又倒逼福克斯新闻变得更加保守。这种现象已经开始影响投票模式。我们知道这一点，是因为在美国的一些县，纯粹出于偶然的原因，福克斯新闻通常都是在很难接收到他们的信号的地方出现，因此人们不太可能选择去订购这个频道。[71] 在这些县，人们不太倾向于投票给保守党派。

那么是什么改变了呢？根茨科和夏皮罗认为，国会的转折点似乎是在 1994 年。那一年，纽特·金里奇（Newt Gingrich）接管了共和党，并组织起草了"与美国的合同书"[72]。① 这也是政治顾问开始在设计和测试信息方面扮演关键角色第一年。社会科学家对设计和测试创新，包括信息发送感兴趣，这让我们感到很不安。

互联网不起作用了

即使政治两极分化早于互联网的兴起，但是对虚拟社交网络和互联网对我们政策偏好的影响，以及施加影响的方式，我们完全没有理由保持乐观态度。首先，我们并不真正了解未发生的其他可能

---

① 当年，金里奇带领共和党在中期选举中取得了历史性的胜利，从民主党手中夺回了 54 个众议院席位，时隔 40 年第一次掌握了众议院的控制权。——编者注

性；如果没有这些创新，世界会是什么样子？由于很多明显或不明显的原因，对比那些上网和不上网的人，就像对比年轻人和老年人一样，并不能回答这个问题。尤其值得一提的是，谣言往往是在互联网上制造和传播的。之后，这些谣言才会被福克斯新闻传播到老年人的耳朵里。也许年轻人不会因为这些谣言而动摇，可以摆正自己的心态，因为他们清楚互联网上充满了错误和夸大。而老年人，习惯于相信电视主持人——主持人低沉洪亮的声音念出的新闻稿才代表着权威。这也使老年人更容易上当受骗。

还有其他的问题需要关注。第一，新闻在社交媒体上传播，正在扼杀可靠的新闻和分析。制造假新闻当然成本低廉，并且在经济上获益颇丰。因为假新闻不受现实约束，很容易制造符合读者口味的阅读内容。但是如果你不想编造，你还可以从其他地方复制粘贴。一项研究发现，在法国，新闻网站和媒体传播内容中有 55% 几乎完全是剪切和粘贴的，但是其中只有不到 5% 的新闻注明了来源。[73] 如果一组记者制作的一篇新闻被立即剪切并粘贴到许多其他网站上，最初的消息来源如何从自己的付出中获得回报？这也就难怪过去几年里，美国的新闻工作者人数直线下降，从 2007 年的近 5.7 万下降到 2015 年的近 3.3 万。[74] 不仅新闻工作者的总人数正在减少，平均每家报纸旗下的新闻工作者人数也在减少。维持新闻业作为"公共空间"（以及正确信息）所在的经济模式正在崩溃。无法接触到真正的事实，人们更容易陷于谎言和废话之中。

第二个值得担忧的问题是，互联网允许无休止的重复。回音室的问题不仅是我们只能接触到自己喜欢的想法，还在于我们会在一天之内一而再，再而三，无休无止地接触到它们。虚假用户在脸书打造"爆款"故事，真实用户为其付费点赞，这两者相结合，强化了一些信息天然的不断重复的倾向，进而获得了自己的生命力。无休止的重复让人们陷入疯狂（就像政治示威使用重复的圣歌一样），让人们更难停下来审视故事的真伪。

即使真相最终被揭露出来，谎言的多次重复也会使一个分裂的问题变得更加突出，并强化极端主义的观点。我们只记得无休止地谈论墨西哥人（任何情况下都绝不会被信任的人）而忘记这样一个事实：第一代移民，不论合法还是非法移民，成为罪犯的可能性实际上是低于土生土长的美国人的。[75] 当然，这提供了一个非常有力的理由，用"另类事实"来填充市场。2016 年总统大选前流传的 115 条支持特朗普的假新闻被浏览了 3 000 万次（支持希拉里的假新闻也存在，但它们的浏览次数只有 800 万次）。[76]

第三个原因是，互联网交流中鼓励直截了当和缩写晦涩的语言（推特将其发挥到了极致），导致了公民语言规范被侵蚀。结果，推特变成了一个试验最新恶意宣传的实验室。政治企业家们乐于在推特上传播最疯狂的言论，然后静观其在网络上发酵，观察自己是否玩得太过火。如果至少在目标群体中（例如，通过是否转发或点赞来判断）看上去有效果，他们就会把这条言论纳入未来可能的政治竞选方案。

第四，现在还出现了自动定制。2001 年，桑斯坦在撰写关于回音室的文章时，担心用户有机会选择自己收看什么新闻。渐渐地，没有必要去选择了。复杂的算法使用机器学习预测技术，试图根据我们的身份、以前的搜索记录等，来找出我们可能的喜好。其目的非常明确，就是按照人们的喜好提供相应的产品，这样他们就会花更多的时间在这上面。

脸书曾经因为使用算法向用户推送新闻而面临巨大压力。2018

年，脸书承诺调整文章推送的优先级，将朋友和家人的帖子置于媒体内容之前。但你不需要登录脸书也能看到这类情况的发生。2018年7月2日，在埃斯特的谷歌主页上你能看到，《大西洋月刊》的一篇文章：《贸易逆差是中国的问题》；保罗·克鲁格曼在《纽约时报》上的最新专栏文章；《纽约时报》上一篇关于千禧一代社会主义者的文章；一篇关于世界杯的文章；《波士顿环球报》的一篇关于哈佛新任校长劳伦斯·贝科的文章；一篇关于西蒙娜·威尔的葬礼的文章；《赫芬顿邮报》（*Huffington Post*）一篇关于参议员苏珊·柯林斯（Susan Collins）对最高法院最新法官人选看法的文章；以及不可避免的关于 Pixel 手表的文章。只有两条新闻她显然不感兴趣：一条关于法国的一个囚犯坐直升机越狱的新闻（读了之后会发现其实非常有趣）；一条是福布斯新闻的报道，是关于比西·菲利普斯因为要给她和自己的孩子各自不同的航班改期，和达美航空公司打官司的。最后一篇文章是她当天所接触到的全部右翼媒体。这种定制无处不在。甚至国家公共广播电台（专业称呼是 NPR One）也称自己为"公共广播的潘多拉"，其应用程序会根据你过去听音乐的记录向你提供你喜欢的音乐。在 NPR 的自由思想回音室里，算法会为用户精准推荐他可能想要听到的内容。

  这一点很重要，因为当用户主动选择想要阅读的内容时，他们至少还能意识到自己在做什么。他们可能更喜欢阅读熟悉来源提供的文章，但也会足够富有经验地承认这些来源反映了自己的偏见。韩国一项巧妙的实验证明，这种精明老练是非常真实的。从 2016 年 2 月到 11 月，两名韩国青年开发了一款应用程序，让用户可以访问新闻媒体发布的有关时事的策划文章，并定期询问他们对这些文章和这些问题本身的看法。起初，所有用户都随机收到一篇可能是关于任何问题的文章。几轮过后，一部分随机挑选的用户有机会选择新闻来源以接收这些来源的文章，而另一部分用户则继续接收随机选择的文章。实验产生了三个重要的结果。第一，用户确实对他们读到的内容做出了反应；他们按照推送来的文章所指引的方向更新了观点。第二，正如预期的那样，那些有选择权的人选择的文章通常与他们的党派偏好一致。第三，尽管如此，在实验结束时，那些选择文章的人比那些没有选择的人改变了更多的偏好，而且他们通常向中立性的偏好转变。这与回音室效应截然相反。总的来说，能够选择有倾向性的内容可以让用户少一些党派之争。原因是他们准确地理解了他们选择的信息来源的偏见程度，并在接收信息的同时部分地消除了这种偏见；然而，随机分配文章的用户并没有意识到这种偏见，因此仍然对内容持怀疑态度，他们的观点也没有改变多少。[77]

如果能够在美国复制这个实验，那将会非常有趣。其效果也取决于读者的政治参与度。目前还不完全清楚，美国的许多互联网读者是否有意识地努力纠正他们所读内容中的偏见。但这项研究提出了无缝定制的一个关键问题：它的无缝。纠正倾向性要求理解来源的倾向性是什么。当我们总是阅读出自同一来源的新闻时，我们对这个来源很熟悉。但是，算法为我们提供的文章来自整个互联网，其中有些出自熟知的来源，有些出自不熟悉的边边角角，有些可能根本就是假的来源。这种情况下，我们会不知道如何解读这些信号。而且，因为我们自己没有做出选择，我们甚至可能不记得去纠正。

一起赛跑

随着我们失去相互倾听的能力，民主失去了原本的意义，更接近于对各个不同群体的人口统计。因为每个群体投票更多的是基于对群体的忠诚，而不是明智地权衡轻重缓急。即便推选的候选人是一个声名狼藉的儿童猥亵犯甚至更糟，只要几个群体组成联盟，有了最多的人头数，就能够赢得选举。而且只要支持者担心另一方可能夺走领导权的程度足够高，候选人在赢得选举后就不需要为自己的支持者提振经济或增加福利。知道了这一点，他或她就会尽其所能地激起这些恐惧。在最坏的情况下，赢得选举的政治人物，通过这种方式获得权力，然后控制媒体，关闭任何非主流声音发声的渠道，这样就不用担心有人能够和他争夺权位。欧尔班总理（Orban）已经在匈牙利成功地实现了这一点，其他许多人也不甘落后。

再者，各国的暴力循环的范围正在扩大，在美国是针对黑人、妇女和犹太人；在印度是针对穆斯林和低等种姓；在欧洲是针对移民。当下这些国家内部弥漫着族群撕裂对立的社会氛围。受其影响，上至国家领导人，下至普通平民，都毫不掩饰地污辱责骂对立族群。不可否认，这可能也是导致暴力循环范围扩大的原因之一。印度和巴西的杀人暴徒，以及最近美国或新西兰的枪手和土制炸弹制造者，似乎都是因为同样的谎言不断重复，最终被偏执思想的旋涡所吞噬。族群撕裂和对立还没有发展成内战或种族灭绝，但过往历史告诉我们，这是可能的。

正如我们已经看到的，我们对他人的反应与我们的自信密切相关。只有建立在尊重个人尊严基础上的社会政策，才能有助于普通公民更能接受对人宽容的思想。

在群体层面进行干预是可能的。对许多人来说，种族主义、反移民的观点以及政党路线之间缺乏沟通，都源于最初缺乏接触。1954年，哈佛大学的心理学教授戈登·奥尔波特提出了一个理论，他称之为接触假说。[78] 这个假说认为，在适当的条件下，人际接触是减少偏见最有效的方法之一。通过花时间和别人在一起，我们学会了理解和欣赏他们，作为这种全新的欣赏和理解的结果，偏见减少了。

众多研究者围绕接触假说进行了深入的研究。最近的一项评审认定了 27 个检验奥尔波特假说的随机对照试验（RCTs）。总的来说，这些研究发现，接触减少了偏见，尽管评审提醒要注意接触性质的重要性。[79]

如果实验的结果是正确的，那么中小学和大学显然是关键所在。在这个时代，每一个人都有着相比过去更高的可塑性，而学校和大学就把不同背景的年轻人聚集到了同一个地方。在美国一所大型大学，宿舍是随机分配的。而一项研究则发现，白人学生如果凑巧和非裔美国人分到同一个宿舍成为室友，明显更倾向于支持平权法案；和其他任意的少数族裔分配到同一宿舍的白人学生，经过大学第一年之后，在可以完全自由选择的情况下，继续和其他族裔的成员进行社交互动的意愿会更高。[80]

这个社会化的过程可以更早开始。德里的一项政策变化展示了把不同背景的小孩子聚集在一起能够产生巨大的力量。从 2007 年开始，德里的精英私立学校被要求为贫困学生提供入学名额。为了研究这一政策变化带来的影响，研究人员进行了一项巧妙的实验。他们随机挑选出孩子，让这些孩子负责选择接力比赛的队友。[81] 在这些孩子之中，有些人上的学校已经接收了穷人家庭的孩子入学，有些人上的学校还没有。然后，在学校内部，一些孩子和穷人家庭的孩子一起参加学习小组（根据名字里第一个字母来分组），而另一些则没有。为了帮助他们决定在比赛中与谁搭档，他们都有机会观察其他人进行测试赛。然而，这里有一个陷阱。无论挑选谁来当队友，都必须同意和被挑选的孩子相约一起玩耍。研究发现，来自富裕家庭、在学校里没有接触过贫困学生的孩子，会避免挑选来自贫困家庭的孩子，以免与他们相处，即使他们跑得更快。但是，由于这项新政策，那些在学校里和不太富裕家庭的孩子有过一定接触的富裕家庭的孩子，更有可能选择跑得最快的孩子，即使这个孩子来自贫困家庭，因为相约一起玩耍看上去不再那么可怕。那些和贫困家庭的孩子同在一个研究小组的孩子，甚至更有可能邀请贫困孩子和他们一起跑步和玩耍。熟悉发挥了它的魔力。

争取公平录取的学生与哈佛大学

这一证据的一个含义是，教育机构学生群体的多样性，其本身是有价值的，因为它会持续地影响偏好。美国的平权行动最初的设想，一部分是作为对历史不公的补偿，一部分是将白人和其他种族之间的竞争环境拉回到平等的水平，因为白人拥有几代人的高等教育优势。但实际上平权行动的影响已远远超出了这些范围。关于接触对宽容影响的 27 项随机对照试验表明，这种融合是我们让社会变得更宽容、更包容最有力的工具之一。问题是，平权行动本身现在就是一个两极分化的想法。

2018 年春天，纽约市在重新设计精英公立学校的招生系统时遇到了困难。这些精英学校当下的招生系统是基于一项考试，而录取的拉美裔和非洲裔美国人非常少。与此同时，亚裔美国人以歧视为由起诉哈佛大学以实现多元化为由，人为地限制亚裔美国学生的录取人数。此外，特朗普政府一直敦促学校停止在做出录取决定时将种族因素列入考量范围。到目前为止，美国最高法院顶住了各方的压力禁止任何种族歧视，但不清楚这种情况能持续多久。

在印度，争论则主要围绕历史上受歧视的种姓在教育机构和政府工作中的实际配额展开。高等种姓对这种配额制度强烈不满，尤其是初看时感到它保留的名额因为分配比例失当，使得低等种姓获得了更多的特权。而在高等种姓看来，低等种姓不那么需要这些名额。（低等种姓被诗意地称为"奶油层"。）为此，高等种姓频繁地发起抗议活动和法律诉讼，挑战配额制相关法律的有效性。印度法院系统一直对这种抱怨抱以同情，并将获得配额的资格同收入条件挂钩：你必须足够贫穷才能获得资格。与此同时，其他社会团体一直在游说，希望政府将它们纳入配额。这将最终产生稀释配额的效应。结果，围绕是否保留这一制度的争斗在这个国家的某个地方一直不断地上演，暴力事件时有发生。

"价值"在这场争论中扮演着关键角色。争论的核心是，考试分数提供了一种客观标准衡量价值，也是一种衡量候选人是否适合这份工作或大学入学资格的标准。因此，平权行动是对"有价值的"候选人的歧视，正如他们在印度的称呼一样。考虑到我们在本章已经看到的全部内容，这似乎是一个非常不可能的命题。自我歧视会破坏自信和测试表现。就因为你刚好来自一个特殊的群体，从小到大被学校老师和工作主管轻视、俯视、无视、鄙视的经历让你更加难以达到目标。再者，我们都知道，家里堆满了书籍，餐桌上的话题经常围绕着数学或哲学的要点问题，不管你是否一直喜欢，当你写大学论文时，生长在这样一个家庭就成为一个明显的优势。一个低等种姓候选人，高中毕业考试的表现和阿比吉特一样优秀，必须经历更多的磨难才能获得那个政府的工作职位或大学入学资格。也正因为如此，这个候选人可能拥有更高的天赋。

两位一流实证经济学家，戴维·卡德和彼得·阿西迪亚科诺（Peter Arcidiacono），在学生争取公平录取对哈佛大学一案中，被诉讼双方聘请作为各自一方的证人。他们之间争论的本质，是价值观念的模糊不清。站在原告一方，阿西迪亚科诺认为，亚裔肯定受到了歧视，因为被录取的亚裔在学习成绩和考试分数上的表现比其他任何群体都更加优秀。换句话说，同样的考试分数，亚裔学生被哈佛大学录取的可能性低于白人学生（或非裔美国人）。

站在哈佛大学一方，卡德对阿西迪亚科诺的分析提出了很多异议，强调保持学生父母背景和专业选择多元化的目标是合理合法的。但最显著的不同之处，在于卡德和阿西迪亚科诺对"人格评分"的解释。人格评分旨在表现申请人的领导品质和正直品格。亚裔学生人格评分较低，但在学业和课外活动方面的评分较高。一旦将评分加总，我们会发现，亚裔学生被录取的可能性并不比白人学生低。

对于卡德来说，这证明哈佛大学没有歧视。阿西迪亚科诺则主张，这种人格评分正是哈佛大学歧视亚裔的方式。在这场辩论中，一个颇具讽刺意味的与历史相似之处没有被忽视。20世纪20年代，时任哈佛大学校长阿博特·劳伦斯·洛厄尔（Abbott Lawrence Lowell）试图引入配额制度，以限制犹太人入学。这一招失败了，但他建立了"整体"录取制度，重视个人品质而不是分数，以此来限制犹太学生的数量。争取公平入学的学生想要证明，这种情况正在再次发生。

这场辩论说明了对价值观念本质上的背叛，以及构成品质的主张是什么样的。一方面，"个人品质"可能反映的是（也许是无意中）属于哪个有着秘密握手仪式的俱乐部，而普通的公立学校则未曾教授这些。人格评分可能确实是一种不那么值得称道的方式，可以将某一类学生拒之门外，并确保精英地位在两代人之间顺利延续。另一方面，在申请人当中，非洲裔美国人的人格评分系统性地高过白人或亚裔，这一点很可能反映了我们前面所提到的：因为哈佛大学招生要求优秀的学业成绩，那么只能这样认为，一个来自弱势背景的孩子可能拥有非比寻常的个人能力，尤其是因为这个孩子可能不得不在更糟糕的学校或者更有挑战性的家庭环境下挣扎求存。

这个问题没有明确的解决办法。作为培养下一代领导人的旗舰院校，哈佛大学显然需要找到地方安置来自各个社会群体的学生。而任何一个特定的社会群体，相较于该群体在总体人口中所占的比例，如果拥有过多的代表，那么既不可能是民主制度的期望，也可能会引发政治问题。但我们需要就平权行动的设计展开更透明的社会对话。当下，平权政策的落实是规避种族概念，而不是直接面对，这可能远远谈不上完美。哈佛大学的挑战既是不可避免的，也可能是值得的，它让社会直面自身的矛盾。

增加社会群体之间的接触进而影响偏好，从这一狭隘目标的角度来看，对平权政策日益增长的怨恨构成了一个问题。奥尔波特最初的假设是，接触会减少偏见，但前提是满足某些条件。他特别强调，当接触发生的环境中，群体之间的地位平等，有共同的目标，彼此开展合作，还有政府、法律或习俗的支持时，偏见才会减少。极具争议的融合不太可能产生这些条件。举例来说，如果高中生感觉他们正在为大学的入学名额彼此竞争，而更糟糕的是，如果他们倾向于认为自己是竞争所针对的对象，那么他们可能会变得更加憎恨其他群体。

板球课

　　这是一项非常现实的忧虑，并且被最近的一项巧妙的研究所证实。[82] 在印度的北方邦，一名研究人员组织了一个为期 8 个月、有 800 名球员参加的板球联赛。这些参赛的球员是从 1 261 名球员中随机挑选出来的，全部都是年轻男性。在联赛中，大约 1/3 的球员被分配到全由同类种姓球员组成的球队；其余的球员则分配到不同种姓球员混编的球队。和其他研究一样，这项研究发现了合作接触的许多积极影响。和单一种姓队伍中的球员相比，在种姓混编队伍中打球的年轻人在实验结束后，和其他种姓的人成为朋友的可能性更高，而且交朋友的对象不会局限于自己球队的队友。当他们有机会自己选择球队时，为了应对未来的比赛，他们会选择更好的球队，因为他们的选择是基于才能，而不是种姓。

　　但是他们的比赛对手也很重要。一些球队会被随机分配与其他种姓球队打比赛。与只与自己的种姓对抗的人相比，这些球员与其他种姓的人交朋友的可能性较小，甚至比那些从未与任何人比赛的球员还要小。竞争削弱了接触的效果。

　　这些不太乐观的结果直指一个重要的观点，接触可能不足以产生宽容；可能必须要有共同的目标。无论是 1998 年还是 2018 年，法国队在世界杯上的胜利对整个国家产生的影响正是如此。尤其值得一提的是，尽管巴黎郊区以破旧的住房项目和焚烧汽车的骚乱而臭名昭著，但法国队的一些冠军球员正是在那里成长并学会了足球技巧。这一事实确实创造了友谊和共同目标。在法国队夺冠的那一刻，所有人都看到了，93 区（这是巴黎北部一个众所周知的贫困地区）并不都是逃学、犯下轻微罪行的懒惰流浪汉。在法国队赢得胜利的"黑白混种部队"(意为黑人、白人、北非阿拉伯裔)的背后,是成千上万的孩子凭着自律在努力奋斗。

为和平分区

由于通过大学进行融合有明显的限制,混合社区提供了一个有益的选择。问题是,正如诺贝尔经济学奖得主托马斯·谢林(Tomas Schelling)所证明的那样,混合型社区有不稳定的倾向。[83]假设房主们乐于住在混合社区,但不愿住在主要由其他群体主导的社区。那么,他们必然会生活在恐惧之中,害怕会有那么一天,他们中的一些人可能会碰巧搬走,然后被其他群体的人代替。周围的环境对他们这样的人来说变得不那么有吸引力了。而且现在他们都开始担心,如果有更多的人搬走,比如说因为这些搬走的人也有同样的想法,或者不那么宽容,最后他们也会被迫离开。一直纠结其他人搬走是否会发生以及何时发生,这种紧张感最后会变得无法忍受,因此任何有能力逃走的人最终都离开了。这就是谢林所说的临界点。

20世纪70年代、80年代和90年代,美国种族隔离不断加剧。戴维·卡德对这一现象进行了研究,看起来确实存在一个临界点。[84]如果社区里黑人的比例低于一定数值,那么这个社区仍然会保持稳定;如果这个比例高于这个数值,在随后的几年里就会有大量的白人人口外流。例如,芝加哥的临界点特别低。如果一个社区的黑人人口比例在1970年不超过5%,之后就会保持这个水平。但如果超过这个比例,白人的比例很快就会直线下降。卡德和他的同事发现,美国城市的平均临界点在12%到15%之间。

临界点的逻辑暗指隔离政策,阻止的方法,是为低收入居民建造公共住房，并将这些住房分散到整个城市。这样就没有"纯洁"的社区存在了。我们曾在巴黎的一个高档社区住过一年，隔壁的一栋楼是一个住宅区。孩子们都在同一个社区学校上学，在同一个公园玩耍。在那个年龄，他们显然生活在同一个宇宙。也许不可能像新加坡那样大胆，因为新加坡利用严格的配额制度确保了每个住宅区都有一定程度的种族混合。但似乎在每个街区保留一定比例的公共住房是可能的。

实施这一政策的挑战主要在政治层面。如果有政治意愿，想象一下如何做好似乎很容易：把公共住房分散到各处，给每个人一个抽签号码。每次推出新的可用住房时都进行一次公共抽签，简化手续，让核查中签者是否得到住房变得容易。困难之处在于，高档社区的公共住房很容易被当地政客用作利益交换获取支持，但只要有足够的政治意愿，就有可能克服这种诱惑。①

然而，在不久的将来，当大多数穷人仍然生活在低收入社区时，共享学校是另一种融合的方式。要做到这一点，儿童需要被转移。过去在波士顿，为了促进学校的多元化，用校车接送大量的孩子。然而，这种做法不受欢迎，部分原因是小孩子不喜欢被校车接送。最好的办法可能是允许指定的低收入社区的儿童在社区外上学。美国的教育机会委员会（METCO）项目，曾组织校车接送少数族裔孩子到多数族裔学校上学。结果显示，该项目对少数族裔孩子有益的同时，也

---

① 法国的公共住房体系不需要申请者碰运气，但原则上应该努力把申请者安置好：省级的委员会定期开会（法国的省类似于美国的县），将空置房分配给全省的申请家庭，基于家庭规模和其他优先标准，但分配过程不会考虑种族因素。但是在好的社区里，补贴住房是如此有利可图，以至于欺骗的动机是非常强大的。在20世纪90年代中期，巴黎的住房分配被曝光为一种裙带关系的关键机制，由时任巴黎市长雅克·希拉克（后担任过法国总统）实施和维护。

没有损害多数族裔孩子的考试成绩。而后者，过去大部分时间都生活在白人聚居区，现在终于接触到了一个更加多元化的群体。正如我们所见，这对于他们的世界观和偏好有着长期性的影响。[85]

重新摆放躺椅？

在面对仿佛一场海啸的偏见大潮时，我们提出的所有建议加起来，看起来也显得微不足道。但这样可能会漏掉本章的重点，即这种偏好不仅是模糊的不安意识这种社会疾病的起因，同样也是这种疾病表现出来的一部分，甚至更多症状。我们感觉世界上很多事情都出了错，我们在经济上正经历煎熬，以及我们不再被尊重和重视，所有这些引发了我们的防御性反应，表现出来后就是世人熟知的偏见。

这有四个重要的含义。第一，也是最明显的，有些人会表达种族主义情绪，会和种族主义者亲近，或者为他们（"应当受到严厉谴责的人"）投票。他们会有这种情绪，是因为怀疑这个世界不再尊重他们。对这样的人表示蔑视，只会加重这些情绪。第二，偏见不是一种绝对的偏好；甚至所谓的种族主义选民也会关心其他事情。在20世纪90年代和21世纪初，印度北部曾经历过一个主要以种姓为基础的两极分化时期。然而到了2005年，这种分化已经走到了尽头。曾经支持明确以种姓为基础的政党（相对于不那么明显的以种姓为基础的印度人民党——莫迪总理的政党）的低等种姓民众，已经开始质疑，是否从支持的政党那里获得了足够的利益。其中一个政党的领导人玛雅瓦蒂（Mayawati）决定重塑形象，将自己打造成所有的穷人，包括贫穷的高等种姓的领袖。在此基础上，她赢得了2007年北方邦的选举。她追求的是广泛的包容，而不是狭隘的宗派主义。

不久以前在美国，一度令人痛恨的《平价医疗法案》那不同寻常的历史走向，极大地触动了我们。巴拉克·奥巴马，一个备受鄙视的肯尼亚黑人，他提出的这项标志性政策新方案，被许多共和党的州长抵制。作为《平价医疗法案》下扩大医疗保险覆盖面的一个关键机制，许多共和党州长甚至拒绝为扩大医疗补助计划（Medicaid）提供联邦补贴。然而，到2018年中期选举时，在深红色的犹他、内布拉斯加和爱达荷这三个州，已经开始就扩大医疗补助计划的提案进行投票表决。最终，这三个州都通过了这项提案。堪萨斯和威斯康星也选出了新的民主党州长，他们发誓要扩大医疗补助计划，这是他们的共和党前任没有做到的。这并不是因为这些地方的人突然之间成了民主党人。他们仍然投票给共和党的国会议员和参议员，他们的观点通常还是非常保守。但在医改这个问题上，许多人似乎已经决定无视共和党建制派的警告，按照自己理解，选择对他们有利的行动。经济学以"特朗普"的方式战胜了特朗普（Economics trumped Trump.）。[①]

这和我们提出的第三点息息相关。选民重视种族、民族或宗教，甚至是种族主义观点的表达，但这并不一定意味着他们对这些观点抱有非常强烈的感情。选民们确实意识到，政治领导人在适宜的时候会选择打民族或种族牌。他们仍然投票给这些政客，部分原因是他们对政治体制深恶痛绝，他们相信所有的政客或多或少都是一样的。考虑到这一点，他们不妨投票给看上去或听上去和他们相似的

---

① 此处是一个文字游戏。Trump既有"战胜"的意思，又指美国总统特朗普。——编者注

人。换句话说,种族或偏执的投票往往只是漠不关心的表现。但这意味着,要改变他们的想法非常容易,强调选举的利害关系就可以。印度北方邦,其政治活动是以种姓为基础,并以此闻名。2007年,阿比吉特和他的同事想了一些办法,就是综合运用歌曲、木偶戏和一些街道戏剧等手段,向北方邦的选民传播简单的信息,"为发展问题投票,不要为种姓投票"。在他们的努力下,10%的选民在选举投票时没有选择自己的种姓政党。[86]

这就引出了我们最后的,可能也是最重要的一个观点。与偏见做斗争,最有效方法可能不是直接干预人们的观点,尽管这样做可能看起来是很自然的选择。相反,最有效的方法可能是要让公民相信,值得花上一点时间参与其他的政策问题。那些政治领袖们承诺了很多,甚至做足了姿态,但实际上能给出的,可能不会比这些姿态更多。因为,任何事情,要多做一点都是不容易的。换句话说,我们需要重建政策公开对话的信誉,证明它不只是一种用华丽辞藻辩白的无所作为的方式。当然,我们需要尽我们所能,缓解很多民众的愤怒感和被剥夺感,同时承认这样做既不容易,也不可能在短期内取得效果。

这一点,正如我们在第一章中解释过的,就是我们在本书中开始的旅程。我们从最了解和最理解的问题开始:移民和贸易。即便如此,对于这些问题,经济学家也倾向于给出绝对的答案("移民很好","自由贸易更好"),而没有详细的解释和必要的警告,极大地削弱了答案的可信度。现在,我们开始讨论的问题,即使是在经济学家当中,也具有很大的争议性。这些问题包括,增长的未来、不平等的原因、气候变化的挑战。

我们将尝试利用同样操作,去除这些主题的神秘面纱。同时我们也要认识到，相比我们迄今为止已提出的观点，我们在这些问题上不得不说的内容有时会基于更加抽象的讨论，而且一定程度上可以支撑论点的证据也不那么充分。尽管如此，这些问题对我们关于未来（和现在）的看法是如此重要，以至于如果我们不直面这些问题，就无法谈论如何制定更好的经济政策。

在所有这一切中，偏好的作用至关重要。显然，谈论增长、不平等和环境时，不可能不考虑需求和欲望，也不可能不考虑偏好。我们已经看到，"想要"不一定是"需要"——人们似乎根据自己的社保号码而不是饮酒的愉悦感来衡量酒的价值，而"需要"不一定是"想要"——电视是需求还是欲望？这些当然是接下来几章的核心关注点。围绕这些问题，我们提出的论点，以及我们表达的对世界的看法，有时是含蓄的，有时是明晰的。

第五章

增长的终结？

罗伯特·戈登（Robert Gordon）在一本颇有见地的书中表达过这样一个观点：大概在1973年10月16日前后，经济增长终结了，再也不会恢复。[1]

OPEC（石油输出国组织，欧佩克）成员国在那一天宣布了石油禁运，到1974年3月禁运解除时，石油价格已经翻了两番。当时世界经济对石油的依存度越来越高，因而普遍面临原材料短缺的问题，进而引发了一波涨价潮。之后十年间，西方发达国家经历了低迷的滞胀阶段（即经济停滞与通货膨胀并存）。逡巡不前的经济增长态势本该走到了尽头，却从那时起一直伴随着我们。

这种局面发生在这样一个世界里：富裕国家的大多数人民在成长过程中都期待着无穷无尽的、不断扩大的繁荣，而政治领导人已经习惯于用一个单一的标准来衡量自己的成功，即GDP增长率。我们今天生活的世界在很大程度上依然如此。从某种意义上来讲，我们今天讨论的问题与20世纪70年代那个千钧一发的时刻面临的问题存在高度相似性。到底是哪里出了错？是政策失误吗？我们能让增长回归并维持下去吗？我们需要按下什么魔法按钮？在世界经济放缓大潮下，中国能成为特例吗？

一直以来，经济学家们一直忙着回答这些问题，相关书籍与文章不胜枚举，诺贝尔奖也多次颁发给这个领域的研究。但众说纷纭之后，谁能自信地说出一个让富裕经济体加速增长的方案呢？这么多人著述颇丰，却莫衷一是，这是否表明我们其实毫无头绪呢？我们应该为此感到担心吗？

辉煌的 30 年

从二战结束到 OPEC 石油禁运引发危机的近 30 年间，西欧、美国和加拿大的经济增速之快，超过任何历史时期。

从 1870 年至 1929 年，美国人均 GDP 年均增速高达 1.76%，在当时可谓前所未闻，而在 1929 年之后的 4 年间却灾难性地下降了 20%，称其为"大萧条"的确名副其实。然而，好在恢复速度够快，从 1929 年到 1950 年，GDP 年均增速反倒略高于历史时期。但在 1950 年到 1973 年之间，GDP 年均增速升至 2.5%。[2] 1.76% 和 2.5% 这两个数字看似差异不大，其实并非如此，人均 GDP 增长率为 1.76% 时，经济总量要用 40 年时间才能翻一番，当增长率为 2.5% 时，只用 28 年时间就能翻一番。

欧洲在 1945 年之前的历史比较曲折，部分原因在于战争频仍，但 1945 年后形势大为改观。埃斯特在 1972 年末出生时，法国的人均 GDP 是她母亲维奥莱纳（Violaine）1942 年出生时的 4 倍。[3] 这是西欧国家的典型现象。从 1950 年到 1973 年，欧洲的人均 GDP 以每年 3.8% 的速度增长。[4] 法国人有理由把战后的 30 年称为"辉煌的 30 年"。

经济增长是由劳动生产率（即每小时产出）的快速增长推动的。在美国，工人生产率以每年 2.82% 的速度增长，这意味着每 25 年就能翻一番。[5] 随着劳动生产率的提高，同一时期人均工作时间减少带来的影响就会得到完全抵消。20 世纪下半叶，美国和欧洲的每周工作时间减少了 20 个小时。此外，二战结束后的婴儿潮降低了适龄劳动人口的比例，因为婴儿潮时期出生的那些人，当时……还是婴儿。

是什么提高了工人的效率？从某种程度上来讲，是因为他们接受了更多的教育。出生在 19 世纪 80 年代的人平均只读到七年级，而出生在 20 世纪 80 年代的人平均接受过两年的大学教育[6]，而且可以使用更多、更好的机器。这也是一个电力和内燃机开始发挥核心作用的时代。

如果我们做一些大胆的假设，就可能估计出这两个因素的贡献。罗伯特·戈登认为，在这段时期内，就各种要素对提升劳动生产率的贡献而言，教育水平的贡献率约为 14%，而资本投资的贡献率约为 19%（资本投资为工人提供了更多、更好的机器）。

至于促使生产率产生显著提升的其他因素，则不能用经济学家能够衡量的要素变化来解释。为了让我们感觉更好，经济学家给它起了个名字：全要素生产率（total factor productivity，TFP）。著名的增长经济学家罗伯特·索洛（Robert Solow）将全要素生产率定义为"一个衡量我们无知程度的指标"。全要素生产率的增长是在我们考虑了所有可衡量因素之后剩下的那部分因素。它抓住了这样一个事实，即受教育程度相同的工人，使用同样的机器和投入（经济学家称之为"资本"），如今他们每工作一小时，产出比去年更多。这是讲得通的，因为我们一直在寻找更有效利用现有资源的方法。这在一定程度上反映了科技的进步，比如电脑芯片变得更便宜、更快，因此一个秘书现在可以在几个小时内完成以前一个小团队的工作；新的合金材料不断被发明出来；生长快、需水量少的新型小麦品种也被研发了出来。不仅如此，当我们发现减少浪费的新方法时，或者缩短原材料或工人被迫闲置的时间的新方法时，全要素生产率也会提高。在生产方法上的创新（比如链式生产或精益生产），以及创造一个良好的拖拉机租赁市场，都有助于提高全要素生产率。

1970年之前的几十年之所以不同于大部分历史时期，是因为全要素生产率增长尤其迅速。在美国，从1920年到1970年，全要素生产率的增速是1890年到1920年的4倍。[7]欧洲的全要素生产率增速甚至比美国还要快，尤其是在战后，部分原因是欧洲采用了美国研发出来的多项创新成果。[8]

快速增长不仅体现在国民收入统计中。从任何可衡量的结果来看，1970年的生活质量与1920年相比都有了根本的不同。总的来讲，西方人普遍吃得更好，冬天更暖和，夏天更凉快，消费品种类更多，寿命更长，身体更健康。[9]随着每周工作时间的缩短和退休年龄的提前，人们的生活已不再像过去那样被艰辛的日常劳作所主宰。在19世纪，世界其他地方随处可见童工，但在西方国家，童工现象却差不多消失了。至少在那里，孩子们可以享受自己的童年。

不那么辉煌的40年

但在1973年（或者说大约在这一年前后），这一切就停止了。平均而言，在接下来的25年内，全要素生产率的增长速度只有1920年到1970期间时的1/3。[10]这场经济危机具有明确的起始日期，甚至能找出哪些国家要承担责任，但一开始它并没有明显表现出持久性的迹象。很多学者和政策制定者都是在经济增长的黄金时期出生和长大的，他们起初认为这次放缓只是暂时的，很快就会自我修复，不料最后却演变成了世界经济的一种新常态。当人们逐渐认识到这次经济放缓并非短暂偏离正轨时，便把最新的希望寄予一场即将来临的、由计算能力推动的新工业革命。计算机的计算能力正在以越来越快的速度增长，到处都在引进计算机，就像电力和内燃机曾经经历的情况一样。这肯定会催生一个生产力大幅增长的新时代，从而拉动经济增长。事实上，这种愿景最终的确实现了。从 1995 年开始，我们看到全要素生产率连续几年保持了高增长率（但依然明显低于之前繁荣时期的增长率）。然而，这种态势很快就消失了。自 2004 年以来，美国和欧洲的全要素生产率和 GDP 增长态势回到了 1973 年至 1994 年的糟糕时期。[11] 美国的 GDP 增长率在 2018 年年中确实有所回升，但全要素生产率的增速仍然缓慢，在 2018 年的平均增长率只有 0.94%，[12] 与 1920 年到 1970 年之间 1.89% 的年均增长率形成了鲜明对比。

新一轮放缓在经济学家中引发了一场激烈的辩论，我们似乎很难把它与听到的一切协调起来。硅谷一直告诉我们，我们生活在一个到处是创新和颠覆的世界里，个人电脑、智能手机、机器学习就是代表性的创新。创新似乎无处不在。但在没有任何经济增长迹象的情况下，怎么会有这么多创新呢？

这场辩论围绕着两个问题展开。首先，生产率最终会恢复持续快速的增长态势吗？其次，对 GDP 的衡量充其量只是一种猜测，是否在某种程度上遗漏了新经济带给我们的所有快乐和幸福？

增长终结了吗？

芝加哥西北大学的两位经济史专家是这场辩论的核心人物。

一方是罗伯特·戈登。他认为高增长时代不太可能重现。我们只见过戈登一次。他看起来很保守，但他的书却一点也不保守。另一方是乔尔·莫基尔（Joel Mokyr），我们对他的了解要深得多，他是一个非常活跃的人，眼睛闪闪发光，对每个人都很和善，精力充沛，富有感染力，著述颇丰，这与他对未来大体乐观的态度相吻合。

戈登预测未来 25 年美国经济的年均增长率仅为 0.8%，但站在他这一边的人很少。[13] 他在与莫基尔的一次辩论中表示："我看到的每一个地方都是静止的。我看到办公室里运行的台式电脑和软件，就像 10 年或 15 年前一样；我看到零售商店用条形码扫描器结算，就像我们以前做的一样；货架上理货的仍然是人类，而不是机器人；在柜台后面切肉和奶酪的也仍然是人类，不是机器人。"在他看来，今天的发明根本不像电力和内燃机那样具有颠覆性。戈登的书提出了一些特别大胆的预测。他兴致勃勃地接受了未来学家预测的一系列创新，并逐一解释了为什么在他看来，这些创新中没有一项会像电梯或空调那样具有革命性，没有一项会把我们带回一个快速增长的时代。机器人不会叠衣服，3D 打印不会影响大规模生产，人工智能和机器学习"并不新鲜"，[14] 这些技术至少从 2004 年起就已经存在了。诸如此类，不胜枚举。

当然，戈登所说的一切显然不能排除这样一种可能性，即某种完全出乎意料的东西——或许是某种迄今为止从未想象过的、由人们熟悉的元素构成的组合，将被事实证明具有变革性。戈登觉得不会出现这种变革性的东西，不过那是他自己的直觉。

另一方面，莫基尔却看到了经济增长的光明前景，认为这一前景的驱动力是各国竞相成为科技领先者，由此带来的创新将在世界范围内迅速传播。他看到了激光技术、医学、基因工程和 3D 打印技术的发展潜力。对于戈登声称我们在过去数十年间形成的生产方式并没有发生根本性的变化，莫基尔反驳说："相比之下，我们今天拥有的工具，使得我们在 1950 年拥有的任何东西看起来都像是笨拙的玩意儿。"[15] 但莫基尔认为，最重要的一点是，世界经济的变革和全球化为创新的发展和改变世界创造了合适的环境，这些方式甚至超出了我们的想象。他预测有一个因素会推动经济增长的加速，未来它将使我们有能力延缓大脑衰老。这当然会给我们更多的时间来想出更好的主意。莫基尔虽然已经是72岁高龄，但一如既往地投入和富有创造力，他自己的状况就是对其观点的完美诠释。

这两位杰出学者围绕经济增长问题得出了截然不同的结论，凸现了经济增长是一个多么令人苦恼的话题。在经济学家试图预测的所有事情中（大多数预测以失败告终），经济增长是一个我们一直特别悲观的领域。举一个例子。1938年，摆脱大萧条的美国经济刚刚回到高速增长轨道，阿尔文·汉森就发明了"长期停滞"（secular stagnation）这样一个术语，用于描述当时的美国经济状况。（此人并非无名小卒，而是哈佛大学教授，是一般均衡模型的创始人之一，大多数经济学专业的学生上第一节宏观经济学课时就记住了这个模型。）他的观点是美国经济永远不会再增长了，因为所有有利于促进增长的因素的作用都已经发挥出来了。他认为，技术进步红利以及更为重要的人口红利已经结束了。[16]

今天，大多数西方人的成长过程都伴随着经济快速增长，或者他们的父母已经习惯了经济的快速增长。罗伯特·戈登的观点则让我们回想起了更为悠久的历史。回顾漫长的经济史，不难发现，真正不同寻常的时期其实是从1820年到1970年之间的这150年，而非随后的低增长时期，因为在19世纪20年代之前，西方国家根本不知道经济竟然能够持续增长。从1500年到1820年，西方国家人均GDP从780美元上升到了1 240美元（按不变价值美元计算），年均增幅只有区区0.14%。从1820年到1900年，年均增幅也只有1.24%，是之前 300 年平均水平的 9 倍，但仍远低于 1900 年之后 2% 的年均增幅。[17] 如果戈登的预测是正确的（即我们未来的年均增幅最终只有 0.8%），那么我们也无非是回到了长期以来的平均增幅（从 1700 年到 2012 年）。[18] 这不算新常态，而是漫长历史时期内的常态。

我们在 20 世纪大部分时间看到的那种长期持续的增长固然是前所未有的，但这并不意味着它不会再次发生。当今世界比以往任何时候都更为富裕，人们的受教育程度也更高，创新的动力空前高涨，能够引领新一轮创新热潮的国家越来越多。正如一些技术专家所笃信的那样，在第四次工业革命的推动下，世界经济很可能在未来数年再次出现爆发式增长。第四次工业革命的动力或许是比人类更善于写诉讼案情摘要和讲笑话的智能机器，但也可能像戈登所相信的那样，电力和内燃机曾经给我们的生产和消费带来了一个转变。我们花了很长时间才迎来了电力和内燃机催生的新的经济高度，并在此过程中实现了快速增长，但我们没有特别的理由期待这一奇迹重现。有人可能会补充说我们也没有确凿的证据证明它不会重现。究竟孰是孰非，无人能知，除了等着时间去判断之外，别无他法。

花朵的战争

阿比吉特的父母并不相信玩具能给孩子带来什么好处，所以他小时候不得不花费很多个下午利用不同的花朵玩一种战争游戏。龙船花的花蕾有长长的茎和尖尖的顶，会向他的"步兵"——叶子长且多肉的马齿苋扔石头。夜来香被他用作"医务工作者"，他用牙签给战争中受伤的"步兵"做手术，并用柔软的茉莉花瓣给"伤者"包扎。

阿比吉特记得玩这些游戏是他一天中最愉快的时光。这当然应该算作幸福。但是他的快乐并没有被 GDP 的传统定义囊括进去。经济学家一直都知道这一点，但这一点值得凸显出来。当一名来自阿比吉特家乡加尔各答的人力车夫下午停业，与他的女友共度时光时，GDP 下降了，但幸福感怎么可能没有提高呢？当一棵树在内罗毕被砍倒时，GDP 计算的是使用的劳动力和生产的木材，但没有扣除失去的树荫和美景。GDP 只对那些能被定价和销售的东西进行评估。

这的确很重要，因为经济增长总是以 GDP 来衡量。2004 年，全要素生产率在 1995 年开始大幅增长后再次放缓，这时脸书开始在我们生活中扮演重要角色，推特和照片墙先后于 2006 年和 2010 年开始发挥重要角色。所有这些平台的共同之处在于名义上是免费的，运营成本也很低，而且备受欢迎。当我们以用户支付的费用（通常为零），甚至以建立和运营脸书的成本去评判观看视频或更新个人在线资料的价值（正如目前在计算 GDP 时所做的那样），那么我们可能严重低估了它们对增进人类幸福感所做的贡献。当然，如果你发自肺腑地觉得焦急等待某人给自己的最新帖子点赞一点都不好玩，而且由于所有的朋友都在脸书上，导致自己无法彻底戒掉脸书，那么 GDP 也可能高估你的幸福感。

不管怎样，运营脸书的成本（计入 GDP）与它带来的福祉（或不幸）几乎没有关系。根据近些年的衡量，生产率增速放缓，但与此同时，社交媒体却爆炸式增长。这样一来，问题就出现了：完全可以想象得到，此时，计入 GDP 的数据与幸福感之间的差距不断扩大。是否有可能出现下面这样一种情况：幸福感的增加促使世界经济真实的生产率提高了，而我们在统计 GDP 时却完全忽略了幸福感？

罗伯特·戈登对这种可能性不屑一顾。事实上，他甚至认为脸书可能是导致工作效率下降的一个原因,太多的人在工作时浪费了大量时间更新自己的状态。但这在很大程度上似乎无关紧要。如果人们现在事实上比以前快乐得多,我们凭什么判断他们在这方面花费的时间是否划得来?凭什么判断在计算幸福感时是否应该计入这些时间呢?①

无限的乐趣

如果把社交媒体的价值计入 GDP,能否弥补富裕国家经济增长明显放缓带来的影响?当然,一个难处在于我们不知道这些免费产品究竟有多少价值。但我们可以试着估计人们愿意付多少钱。比如,有人试图通过观察人们浏览互联网的时间来衡量互联网对他们的价值。这个想法的背后是机会成本,即人们本可以用这部分时间去工作和赚钱。如果我们遵循这种方法,美国互联网的年均价值将从 2004 年的人均 3 000 美元增加到 2015 年的人均 3 900 美元。[19] 如果我们在统计 2015 年的 GDP 时考虑到这个之前遭到忽略的价值,那么当年高达 3 万亿美元的"经济产出损失"的 1/3 就找到了诠释(这个经济产出损失的数字是假设 2004 年后没有发生经济放缓时计算出来的)。[20]

用这种方式研究互联网价值存在一个问题,那就是它假定人们可以选择延长工作时间来获得更多的钱,而不是把时间花在互联网上。但这并不适用于大多数朝九晚五的人;相反,他们需要每天在工作之外的另一个 8 个小时内找到让自己保持愉悦(或者至少摆

---

① 如果哪位读者感兴趣,想进一步研究这方面的文献资料,知道经济学家们将"快乐"称为"福利"(他们不是以此指福利计划)会有所帮助。因此,他们会将"计算快乐"称为"计算福利"。

脱烦恼）的方法。如果他们把时间花在互联网上，意味着他们更喜欢互联网，而不是读书或与亲友出去玩。如果他们不是特别喜欢社交，也不喜欢书，很难说互联网给他们带来了多么强烈的幸福感，互联网带来的真实价值可能远低于 3 900 美元。

然而，也存在相反的问题。有些人无法想象离开互联网如何活下去，他们每天早上都需要花一个小时来刷推特。第一个小时带来了无限的乐趣。但在第一个小时结束之际，每一个不喜欢的人都被屏蔽掉了，每一个巧妙的措辞都被处理和发送出去了，第二个小时就只剩下无聊了，以至于根本不会花第三小时去刷推特。相比之下，有些人会花两个小时漫不经心地回复脸书上那些几乎被他们遗忘的朋友和他们想要遗忘的"朋友"的帖子。在统计数据时，这两种情况下消耗的两个小时是被等量齐观的，都是根据两个小时去衡量互联网的价值。但在这两种情况下，两个小时带来的价值是不同的，以同样的方式去对待它们可能会导致我们大大低估互联网的价值。

对于互联网的价值，我们要么大大高估，要么大大低估，面对这种可能性，学者们试图寻找其他方法来衡量互联网对消费者的价值。尤其值得关注的是几项随机对照实验。在这些实验中，研究人员在得到参与者许可的情况下，在一段相对较短的时间内阻止一组随机选出的参与者访问脸书（或其他更为普遍的社交媒体）。这些实验中，规模最大的一个拥有 2 000 多名参与者，实验者给参与者支付一笔补偿金，让他们停用脸书一个月。结果发现那些不再使用脸书的人报告的幸福和快乐指数反而更高，而且有趣的是，他们不再感到无聊（也可能无聊程度有所降低）。他们似乎找到了其他令自己开心的方式，包括花更多时间陪伴朋友和家人。[21]

在实验结束后，那些停用脸书一个月的参与者，慢慢恢复了之前的习惯，几周之后发现，他们在这个应用程序上花费的时间减少了23%。与此一致的是，在他们继续使用脸书一个月之后，如果让他们估计需要拿到多少补偿金才愿意再次弃用一个月脸书，他们提出的补偿金水平大大降低。

所有这一切似乎都与那种认为脸书令人上瘾的观点非常一致，从某种意义上说，很难想象没有脸书的生活，但当你真的弃用时，情况并不会变得明显更糟。然而，有趣的是，在弃用一个月后，参与者仍然希望获得一定的补偿金来放弃脸书，表明他们并不会因为摆脱了脸书而对实验者心存感激。研究人员认为，这是因为他们其实还是怀念脸书，只不过这种怀念程度低于他们之前的预期，因此，研究人员得出结论，脸书给每个用户带来了价值2 000多美元的幸福感。

然而，平均来看，弃用脸书会让人感到更快乐。这种现象和上述实验结果如何自洽呢？在某种程度上，就像所有的平均值一样，这个平均来看的现象也掩盖了一个事实：有些人确实非常喜欢脸书。此外，如果你是朋友圈中唯一弃用脸书的人，那么代价很可能就会变得比较高昂，而且由此带来的不便会随着弃用时间延长而愈加严重（短暂远离社交圈是没问题的，但如果完全退出则会代价高昂）。如果脸书不存在，那么相关问题也就不复存在了。

我们该怎么办呢？虽然我们可以满怀信心地说，脸书并不像其忠实粉丝所说的那样已经征服了全人类，但完全弃用则不是很有决心，毕竟几乎所有朋友都在使用脸书、照片墙或推特。人们尽管没有为这些软件付多少费用，却非常珍视它们。如果我们衡量一下这些新技术蕴含的"实际价值"，那么世界经济的增速是否会更快呢？根据手头的证据来看，或许不会。

我们可以有信心地说，按照GDP来衡量，没有任何现有证据能够证明我们将恢复欧洲"辉煌的30年"和美国"黄金年代"那种快速增长的态势。

索洛的预感

这种局面不应该完全出乎意料。值得注意的是，在二战后经济增长的巅峰时期，罗伯特·索洛于1956年写了一篇论文，暗示经济增长最终将放缓。[22] 他的基本观点是，随着人均GDP的增长，人们会储蓄更多的钱，从而有更多的钱可以投资，每个工人有更多的资本。这会降低资本的生产率。如果一个之前只有一台机器的工厂如今有了两台机器，那么同样的工人就必须同时操作这两台机器。当然，一个工厂如果有更多的机器，就可以雇用更多的工人，而一旦整个经济体内未充分利用的劳动力储备濒临枯竭，那么整个经济体就不可能继续维持增长（假设每年进入的移民数量保持不变）。因此，用额外的储蓄购买的额外机器将不得不由更少的工人来操作。每一次新的并购以及每一额外单位的资本投入对GDP的贡献会越来越小，最终导致经济增长态势放缓。此外，资本生产率的降低削减了投资回报率，反过来又抑制了储蓄。因此，最终人们将停止储蓄，经济增长将放缓。

这种逻辑是双向的。资本稀缺的经济体增长更快，因为资本的边际生产率比较高。富裕的经济体往往资本充裕，增长比较慢，因为新投资创造的经济产出并没有那么高。这意味着劳动力和资本之间的巨大失衡往往会得到扭转。劳动力过剩的经济体增长更快，由于收入增长更快，储蓄也会增长更快。因此，这些经济体积累资本的速度更快，资本更加充裕。与此相反，资本相对于劳动力过多的经济体积累资本的速度更慢。

其结果就是资本增长率和劳动力增长率之间的巨大差异无法长期维持下去，因为如果资本增速比劳动力增速快，那么经济中相对于劳动力的富余资本就会过多，这将减缓经济增长。资本和劳动力的供给状况在短期内可能失衡（比如，我们看到，在当前的美国，支付给劳动力的薪酬在 GDP 中所占比重正在下降[23]），但从长远来看，一个经济体保持近乎平衡的增长路径是一种天然趋势。这里所谓的"近乎平衡"，是指劳动和资本增速大致相同。作为某种形式的资本，人力资本的重要性体现在工人的技能上，在近乎平衡的增长态势下，人力资本增速与其他资本增速也大致相同。索洛认为，GDP 作为劳动、技能和资本的产物，也将保持同样的增长速度。

当前有效劳动力的增速受制于两个因素，一是之前的生育率，二是人们的工作意愿。在索洛看来，这两个因素似乎在更大程度上受到人口学因素的驱动，而非经济学因素的驱动，而且这两个因素与一个国家的历史和文化的关联性比较大，而与当前经济或经济政策的关联性比较小。然而，如果得益于技术的改进，一个工人的效率大为提高，甚至可以胜任两个人的工作，那么有效劳动力将翻倍，全要素生产率或许会提高。索洛认为，这种转变也与一个国家当代的经济和政策无关。实际上，他这种观点把有效劳动力的增长率排除在经济范畴之外了。这就是为什么他将劳动力的增长率称为"自然增长率"，从他的理论中，我们知道，从长远来看，GDP 的增长率必然和有效劳动力的增长率相同，也就是说，二者都是以自然速率增长。

索洛的理论可以催生出许多推论。首先，一个经济体在经历了重大变革引发的快速增长阶段之后，就会回归平衡增长的轨道，增长可能会放缓。这与 1973 年后欧洲的情况明显一致。在经历了战争的摧残之后，欧洲有很多地方资本稀缺，之后经历了快速增长；到1973年，快速增长的时代结束了。在美国，索洛提出的那种投资驱动型增长在二战后明显放缓，但好在全要素生产率在1973年之前的增长速度比较快。自1973年以后，正如我们已经讨论过的那样，就连美国经济也出现了放缓的趋势。整个西方国家的经济增速都在下降，这似乎反映了资本的充裕，与索洛提出的增长模型完全契合。

经济趋同？

根据索洛理论做出的第二个推论或许也是最引人注目的，就是经济学家所说的"趋同"。与大多数穷国一样，资本匮乏、劳动力相对丰富的国家将增长得更快，因为它们尚未达到平衡的增长路径。它们仍然可以通过改善劳动力和资本之间的平衡来实现增长。因此，我们预计，随着时间的推移，各国人均GDP的差距将会缩小。在其他条件不变的情况下，穷国将赶上富国。

索洛自己也很谨慎，没有肯定地做出预言。如果一个国家有大量的劳动力和很少的资本（许多穷国起初都是如此），那么只有一小部分劳动力能够实现就业，工资低到仅够维持生计的水平（其他劳动力没有工作可做），因此，丰富劳动力的益处就无法显现出来。这种情况下，即便发生经济趋同现象，其过程也可能非常缓慢。

索洛曾警告说，虽然一个穷国能够从赤贫状态出发，快速追赶相对富裕的国家，然后凤凰涅槃般地步入平衡增长轨道，但这种美好愿景是与经济全球化导致各国生活标准趋同的大环境结合在一起的。这样一种令人感到欣慰的说法为资本主义制度下的经济增长描绘了美好前景。正因为如此，一些经济学家才在长达30年之后开始注意到索洛这个模型不符合现实。

首先，穷国经济增速通常比富国经济增速快的说法是有失偏颇的。1960 年的人均 GDP 与随后的经济增长情况之间的相关性几乎为零。[24] 既然如此，西欧在二战后快速赶上美国这一事实怎么解释呢？索洛提出了一个可能的答案。他的模型实际上说的是，在其他方面相同的国家将实现趋同。这或许就是为什么在很多方面都非常相似的西欧和美国会向对方靠拢。另一方面，从长远来看，在索洛的经济增长模型中，那些天生比其他国家更节俭，并将更多产出用于投资的国家将变得更富有。此外，在开始以自然速度增长之前的一段时期内，投资更多的贫穷国家在迈向更高水平的人均 GDP 时，增长速度也会更快。

缺乏投资可能是导致发展中国家同美国及西欧之间差异的一个原因吗？我们将看到，答案似乎是否定的。

经济增长的确会发生

索洛模型的第三个预测（也是最激进的预测）是，一旦经济达到平衡增长阶段，相对富裕国家的人均 GDP 增长率可能不会有太大区别。在索洛的模型里，这些差异本质上必然来自全要素生产率的差异。索洛认为，至少对于这些富裕国家来说，全要素生产率的增长情况应该或多或少是相同的。

如上所述，在索洛看来，全要素生产率的增长情况是自然而然的，政策制定者无法对其施加很多控制。这也是许多经济学家并不完全赞同的地方。考虑到增长率是国际竞争力排名所用的指标，而索洛拒绝明确地担保那些追求良好经济政策的国家的全要素增长率会更高，这有些令人不快。他是故意装傻吗？越来越多的最新技术在富裕国家得到应用，难道他没看到吗？

索洛认为，一个经济体在平衡状态下的增长率不容易受到政策的影响，不难预见，他这种观点必然遭到一些人的反对。但这些反对者忽略了索洛思想在许多方面的微妙之处。首先，索洛在问，是什么因素在推动那些已经处于领先地位的国家实现技术升级。据推测，新思想的流动是这些国家赖以增长的一个重要动因，但不清楚为什么这些思想会在边界面前止步不前，以至于无法流入某些落后国家。德国发明的一种新产品可以同时在其他多个国家开发生产（可能由母公司在当地的子公司进行）。在所有这些国家，生产力的提高或多或少是对等的，即使发明只来自其中一个国家，也会很快惠及其他国家。

其次，索洛谈论的是各国步入平衡轨道后的增长情况，虽然这可能已经发生在一些比较富裕的国家，但对于那些资本仍然稀缺的国家而言，可能还有很长的路要走。等到肯尼亚或印度走上索洛的平衡增长之路，并开始使用许多或全部最新技术的时候，必然会富裕得多。它们当前的技术落后可能只是缺乏资金导致的一个症状。

最后一点或许是最难理解的，即那些正在迈向平衡增长轨道的国家，其实可以比那些已经超越该阶段的国家，更快地实现本国技术升级。当然，一些最引人注目的技术突破，比如自动驾驶汽车和3D打印机，将永远率先出现在更发达的国家，但那些相对落后的国家的大多数技术升级，用不到如此前沿的技术突破，因为它们的技术水平只相当于发达国家很多年前的水平，因此，只需要直接动用发达国家之前的技术去替换本国落后技术，就足以实现技术升级了。这种直接借鉴发达国家科技成果的做法，通常比推进科技前沿容易得多，因为发达国家已经完成了研发，并且使用过了，落后国家明确知道如何去做，只需要从发达国家把技术拿过来就可以，不需要想出什么新东西。

考虑到上述所有理由，索洛慎重地提出了对于不同国家平衡增长率差异背后驱动因素的看法。他简单地假设全要素生产率的提高率是一种神秘力量的产物，这种力量与国家、文化、政策的性质等都没有任何关系。这意味着，一旦资本积累过程结束，资本回报率变得足够低，那么，索洛认为，对于长期性的经济增长，我们几乎做不了什么。索洛模型被其他很多经济学家称为"外生性增长模型"，其中"外生性"一词意味着受外部影响或力量的驱动，这种模型认为我们对长期的经济增长率无能为力。简而言之，索洛认为，我们无法控制经济增长。

给我一个杠杆[25]

许多穷国的经济没有实现增长，而且索洛模型无法就如何影响长期经济增长给出有用的解释，这两点结合在一起，最终让经济学家把目光转向了别处。他们迫切希望能够就如何帮助国家发展提供一些建议。罗伯特·卢卡斯（Robert Lucas）是我们这个时代最有影响力的经济学家之一，也是（反对凯恩斯宏观经济学理论的）芝加哥学派的老前辈。他于1985年在剑桥大学"马歇尔讲座"发表演讲时的那篇文章被广泛引用。在演讲中，他提出："印度政府是否能采取某些行动使印度的经济像印度尼西亚和埃及那样增长？如果能，那么应该采取哪些政策呢？如果不能，到底是哪些'印度特性'使其无法这么做呢？这些问题对于人类福祉的影响非常之大；

一旦我们开始思考这些问题，就发现很难再去思考其他问题了。"[26]

但卢卡斯为我们提供的不仅仅是一个愿望。他还认为我们错过了一些重要的东西，印度贫穷的原因不可能都归结于缺乏技能和资本。他认识到，印度的资本和技能比美国少，这或许可以归咎于它的殖民历史或种姓制度。但如果仅仅从资源匮乏的角度去解释美国和印度巨大的人均GDP差异，那么这些资源必须是极其稀少的，才能造成这种后果。如果某种资源如此稀少，那它应该是非常宝贵的。比如，数以千计的人去耕种数百块土地，却只有一台拖拉机可用，那么这台拖拉机的租金将会非常高。基于这个逻辑，卢卡斯计算出，如果根据资源的稀缺性去解释美国和印度的GDP差异，而忽略其他任何因素，那么同一种资源在印度的价格必须达到在美国价格的58倍（这个价格是支付给这种资源所有者的）。[27] 但在这种情况下，他不禁问：为什么美国的这种资源不会转移到印度呢？由于显然没有发生这种资源转移，他便得出结论，认为这种资源在印度的价格实际上不可能那么高。换句话说，印度内部的资本生产率肯定比美国低，这就可以解释为什么尽管印度资本明显匮乏，而印度资本却无法获得卢卡斯计算出来的那种天文数字般的回报。或者借用索洛的话说，就是印度的全要素生产率肯定要低得多。

卢卡斯对于市场的作用过于乐观，这或许并不令人意外。我们现在知道，我们生活在黏性经济中，没有任何东西变化得很快，当然资源也不可能从美国快速移动到印度。尽管如此，他的一些基本见解已经被许多其他不断遇到全要素增长率难题的人重新发现。比如，如果你仅仅试图从资源存量角度去解释不同国家之间的GDP差异，你很快就会意识到，即使贫穷国家确实在技术和资本方面比较匮乏，但这种匮乏程度还远不至于导致他们的人均GDP水平如此之低。²⁸ 换句话说，贫穷国家之所以贫穷，在很大程度上是因为它们没有很好地利用它们所拥有的资源，甚至一些贫穷国家在拥有同样资源的情况下也不会比其他国家发展得好。这样一来，卢卡斯就提出了一个问题：什么原因导致了这种局面呢？

卢卡斯的博士生保罗·罗默（Paul Romer）是深受卢卡斯启发的人之一，他对卢卡斯充满激情的问题做出了回应：我们必须探索出更好的方式来解释经济增长的动因。这种探索之所以具有挑战性，是因为它试图颠覆索洛给出的答案，而索洛的答案又是以经济学中两个最基本的理念为基础的。第一，资本家投资是为了追求高回报，当回报下降时，资本积累也会下降。第二，当资本家作为一个阶级积累了越来越多的资本，资本的生产力就会降低，因为没有足够的工人与之合作。在经济学中，这被称为"资本收益递减"。这个理念有着悠久的历史。早在 1767 年，法国经济学家阿内·罗伯特·雅克·杜尔哥（Anne Robert Jacques Turgot）就曾在其著作中提到过这个理念。杜尔哥曾短暂担任过法国财政部长，并且试图阻止法国经济堕入混乱的深渊，但其努力最终以失败而告终，反而加速了法国大革命的到来。²⁹ 卡尔·马克思（Karl Marx）也把它作为自己经济思想的一个前提，在马克思看来，这就是资本主义注定灭亡的原因：资产阶级拥有贪得无厌的欲望，追求越来越多的资本，将推动资本回报率下降（马克思主义的说法是这叫作"利润率下降"），并最终引发埋葬资本主义的危机。①

---

① 引自卡尔·马克思所著的《资本论》（汉堡：冯·奥托·梅斯纳出版社，1867 年）。正如索洛所指出的那样，当资本回报率下降时，资本积累速度也会下降。因此，当储蓄资金的做法带来的回报逐渐下降时，除非资本家愿意开始更多地储蓄资金，否则资本积累的速度最终会放缓，利润率也会停止下降。

收益递减的假设符合人们的直觉。如果没有工人操作新机器（或没有新工程师为其编写程序，或没有销售人员销售产品），购买新机器又有什么意义呢？当然，也存在一些收益递增的情况。比如，亚马逊在很大程度上显然是通过提高销量来削减成本的。如果市场上没有对该公司所售产品的持续需求，那么它建立的一套著名的仓储和配送体系就毫无意义了，而为了建立这套体系，它还需要大量融资。亚马逊如果缩减为当前规模的 1%，就不可能赚钱。事实上，亚马逊在发展壮大之前几乎没有盈利，后来利润飙升。2018 年 7 月，亚马逊的利润达到 25 亿美元。①

索洛那一代的很多经济学家都意识到了收益递增的可能性，这就是经济学家所谓的"规模越大越好"的观点（亚马逊目前正是靠规模占据了主导地位）。但增加回报的一个明显含义是，最大的公司应该是最赚钱的，能够以最低的价格把其他公司挤出市场，从而使自己占据最佳地位。这样的市场最终注定要发生垄断现象。在线零售行业目前正在发生这样的事情。虽然我们确实看到在一些行业中存在少数大公司占据主导地位的情况（社交网站和五金行业都存在这种情况），但一些最重要的市场（比如汽车、服装和巧克力市场），则往往同时存在许多公司，正因为如此，经济学家们往往回避那些过于依赖"资本收益递增"的理论。

罗默坚持认为企业仍然受制于"资本收益递减"法则，但他提出了一个深刻见解，即我们如果要推翻索洛的理论，就必须证实这样

---

① 2018 年 7 月 26 日，《卫报》发表朱莉娅·卡丽所写的《广告及云业务助推亚马逊实现 25 亿美元利润，打破历史纪录》一文。部分利润来自亚马逊销售的云存储。但云存储本身就是过剩的云计算能力的副产品。亚马逊知道自己必须构建云计算，以保持市场主导地位，因此，亚马逊的云业务是其庞大规模的一部分。

一个假设：从整体来看，一个拥有更多资本的经济体，其资本存量的生产率也会更高。即使每个企业面临资本收益递减的情况，而且每个企业都没有占据垄断地位的趋势，这种情况依然可能变成现实。为了解释这种情况是如何发生的，罗默请我们思考诸如硅谷这样的地方是如何产生新思想的（其实，他写论文的时候，硅谷还没有取得其标志性地位）。[30] 硅谷的公司和索洛研究的公司非常相似，但一个重要的方面除外：硅谷的公司较少使用我们通常认为的资本（比如机器和建筑），而更多地使用经济学家所说的人力资本，即不同种类的专门技能。许多硅谷公司投资于聪明的人，希望他们能想出一些聪明的、符合市场需求的好点子，有时候这种投资确实会奏效。

这些公司通常也存在收益递减的现象。它们拥有太多喜怒无常的天才，又没有足够多的人愿意劳心费力地去做资金管理之类的苦工，无法确保工作时间打游戏的现象受到控制，结果公司就会面临一场灾难。罗默认为，硅谷公司与其他公司的不同之处在于整体环境。在咖啡馆和酒吧，在派对和公共交通工具上，到处都可以听到各种新奇的想法。某个与你仅有一面之缘的人漫不经心地表达的一个新奇想法，可能会催生另一个新奇想法，所有这些想法汇集在一起，能够重塑我们这个世界。真正重要的事情不在于你和多少聪明人一起工作，而是你在和多少聪明的人竞争，或者你恰好位于硅谷这个大环境下。在罗默的理论世界中，硅谷之所以能够呈现出今天的繁荣景象，是因为它将世界上最优秀的人才汇集在了同一个环境中，使他们能够相互交流。这里的回报递增是在行业、城市甚至地区层面。即使每家公司都面临收益递减的问题，硅谷的高技能人才数量增加一倍，依然能大幅提高它们的生产率。

罗默认为所有成功的工业化城市都是如此，比如18世纪中叶的曼彻斯特、不同金融创新时期的纽约和伦敦、如今的深圳和旧金山湾区。他声称，在所有这些地方，土地和劳动力的稀缺性导致公司面临资本收益递减的问题（劳动力变得稀缺的部分原因在于土地是稀缺的，因此在这些地方生活的成本变得非常昂贵），但幸好这些地方汇集了大量具有创新思维的人，这些人精力充沛，能够互相学习，并不断提出新想法。因此，随着越来越多的高技能人才走到一起，即使没有索洛所谓的那种神秘的、外生性的全要素生产率增长，高增长态势也能长期维持下去。

罗默认为在整个国家经济层面，收益递减现象是可以消除的，这也有助于我们解释为什么美国资本不流向印度。在罗默的模型里，尽管印度的资本要少得多，但印度和美国的资本收益率大致相同，因为尽管印度存在收益递减问题（索洛的模型持有这种看法），但美国等富裕经济体的新思想流入印度后，会提升印度经济的生产率，缓和印度资本收益率递减现象。但问题是，罗默强调的这种聪明智慧的力量究竟是我们为了寻求安慰而编的故事，还是在世界各地都能赫然发挥作用呢？

增长的故事

在谈论这些因素之前，有必要指出一些细心的读者可能已经注意到的事情：我们一开始讨论经济增长理论，对话就抽象起来了。索洛和罗默都论述了整个经济体在长期内的变化，但在现实世界中，影响经济增长的因素错综复杂，多得令人难以置信，而为了便于论述，他们二人都是尽可能地将影响经济运行的因素压缩为少量几个，所以显得比较抽象。比如，索洛认为"资本收益递减"在整个经济运行过程中发挥了核心作用。罗默则认为不同企业之间的新思想流动在整个经济运行过程中发挥了核心作用，但思想本身是看不见摸不着的，我们只是看到它们在整个经济层面上带来的好处。考虑到一个经济体内部的职业、企业和技能具有极端的多样性，因此，很难对这些非常宽泛的概念有任何感觉（更别说亲自拿这些概念做实验了）。索洛想让我们思考一下当一个经济体的总资本增加时会发生什么，但只有个人会积累资本，整个经济体通常不会这么做。个人积累了资本之后，再决定如何使用这些资金，比如是否借给别人，是否开一家新的面包店，是否买一栋新房子，等等。每一个这样的决定都会改变许多事情，比如房价可能会上涨，面包价格可能会下降，好的糕点师可能会更难寻觅。索洛想把所有这些复杂因素简化为一个变化：劳动力数量与资本存量的对比。同样地，当一个城市有大量科技人才涌入时，很多事情都会发生变化，比如你将能够买到更好的浓缩咖啡，很多低收入居民会被排挤出去，等等，而罗默只强调了一个关键问题：思想交流。罗默和索洛对于什么才是真正重要的因素的猜测可能是正确的，但是很难将他们的抽象理论应用到现实世界中。

更糟的是，迄今为止我们依赖的数据帮不了我们多少，因为这些理论都是研究整个经济体层面的，需要比较不同的经济体，比如国家或城市，而非公司或个人。但正如我们在有关贸易的章节中所讨论的那样，这始终是一个挑战，因为经济体往往在许多方面互不相同，很难进行比较。

此外，即使我们愿意从整个经济体之间的比较中得出结论，也不清楚我们将从中学到什么。以整个经济体层面的"资本收益递减"为例，我们想要测试的是在一个资本存量增加的国家，资本的生产率是否较低。但问题再次出现了，即国家不积累资本，只有个体才积累资本。然后，这些个体可以将这些资本投资于公司。这些公司购买机器和建筑物等，然后试图雇用工人来使用它们新安装的机器设备。这样增加了劳动力市场的竞争，导致企业无法按照自己的期待找到足够多的工人，这是资本生产率降低的原因。现在假设我们确实观察到资本的流入降低了资本的生产率，我们怎么能确定导致这种局面的因素就是索洛考虑到的那个因素呢？毕竟，有可能是资本投资在了错误的地方，导致了它的低效，或者资本根本没有用于投资。如果投资得当，资本回报率或许会上升（而不是像索洛所说的那样下降）。

最后，增长经济学的很多主张都是关于长期会发生什么。长期来看，索洛眼中的经济增长将放缓，而罗默则不这么认为，但究竟多长才算长期呢？长到足够观察到经济放缓吗？这种放缓或许只是一个暂时的现象或者坏运气，会很快被扭转吗？

所以最终，尽管我们将尝试为这些理论拼凑出最好的证据，结果也将是暂时的。我们已经看到，衡量经济增长存在很大难度，而要搞清楚经济增长的动因，并制定政策落实这些动因，难度更大。考虑到这一点，我们或许会说，经济学领域是该摒弃对研究增长的痴迷了。在富裕国家，我们能够有效回答的最重要的问题不是如何让他们变得更富有，而是如何提高普通公民的生活质量。在发展中国家，经济增长有时会因严重滥用经济逻辑而受到抑制，但正如我们将要看到的那样，对于发展中国家的经济增长问题，我们提出的很多建议虽然作用有限，却依然有所裨益。

百万美元的工厂

在罗默对于经济增长的乐观描述里面，一个关键要素是溢出效应，即思想和技能可以在人与人之间相互传播，相互加强，把拥有思想和技能的人聚集在一起会带来很大的不同。显然，硅谷的人笃信这一点。加州有很多地方的风景比硅谷还漂亮，而且大部分地方的租金都比较便宜，为什么那么多公司想要扎堆硅谷呢？美国有很多州和城市提供大量补贴来吸引企业。2017年9月，威斯康星州给富士康至少30亿美元的财政补贴，让它投资100亿美元建设一个LCD（液晶显示屏）制造厂。[31] 即威斯康星州承诺创造的每一个工作岗位能够获得20万美元的财政补贴。类似地，松下获得了超过1亿美元的财政补贴，将其北美总部迁至新泽西州的纽瓦克（每创造一个工作岗位获得12.5万美元的补贴），而伊莱克斯获得了1.8亿美元的税收减免，用于在田纳西州的孟菲斯开设新厂（每创造一个工作岗位获得15万美元的补贴）。[32] 这种竞争的最新例子是不同城市为了吸引亚马逊第二总部而激烈角逐。亚马逊在选择纽约市和弗吉尼亚州阿灵顿市之前，收到了来自不同地方的238份邀请。[33]

显然，亚马逊在选址问题上跟硅谷的公司一样。在为第二总部选址时，亚马逊优先选择人口超过100万的大都市地区，或有潜力吸引和留住强大技术人才的城市或郊区。[34]

亚马逊的理论似乎是，让自己置身于一个"稠密市场"之中，也就是在一个有很多"卖家"的市场中（这里的"卖家"指出卖熟练技能的工人），是非常有价值的，大概是因为更容易找到、留住和替换工人。

你可能还记得，罗默的理论更加关注迸发出新思想的非正式对话。当许多人在一起讨论相关话题时，他们之间的对话就属于这种。有一些证据可以证明这种思想的溢出效应。比如，我们知道，发明家更有可能引用同一城市的其他发明家的专利，表明他们与其他地方的人相比，更有可能知道这些专利。[35]

罗默假说的另一种变体是受教育程度较高者的存在会使其他人的工作效率更高，这一观点并不仅仅局限于硅谷及其效仿者。然而，尽管有一些证据表明我们周围的人受教育程度越高，我们的工作效率也就越高，但这类证据的说服力不是很强。我们确实注意到，在受教育程度比较高的城市，每个人的收入都比较高，但这可能有多种原因。受教育者较多的城市也会吸引更多的高薪公司（比如高科技公司、更赚钱的公司、更注重工作质量的公司等等），吸引这些公司的是它们能在这些城市找到合适的员工。要佐证罗默的假说，必须找到这样的案例，即在其他因素（政策、投资等）并没有同时发生变化的情况下，一个地方所居人口的整体受教育水平显著提高，的确能提高当地企业的生产效率。

然而，有明显的证据表明，城市作为一个整体可以从一项巨大的投资中获益。恩里科·莫雷蒂（Enrico Moretti）是《新就业地理学》（*The New Geography of Jobs*）一书的作者，在对经济数据进行研究后发现，溢出效应是城市不断发展而农村不断萎缩的原因。[36]如同恩里科·莫雷蒂一样，迈克尔·格林斯通（Michael Greenstone）和里克·霍恩贝克（Rick Hornbeck）也提出了一个问题：在吸引一个类似于亚马逊第二总部那样高端的企业之后，城市作为一个整体是否能从中受益呢？[37]为了回答这个问题，他们研究了不同城市招商引资的情况，对比了领先城市和落后城市的企业发展情况。结果，他们发现在那些备受企业青睐、在招商引资中名列前茅的城市的全要素生产率会大幅提升，这是溢出效应的表现，即这些工厂在当地建成五年之后，其所在地区的全要素生产率平均比那些当年错过这些企业的城市高出 12%，这意味着该地区每年的收入增加了 4.3 亿美元，当地的工资水平和就业率也都上升了。在许多情况下，我们不知道平均每个州或城市花了多少钱来吸引工厂，但我们有一些例子可以作为参考。比如，宝马的工厂最终迁往南卡罗来纳州的格林维尔—斯帕坦堡地区，而没有选择内布拉斯加州的奥马哈市，该工厂获得的补贴金额为 1.15 亿美元。如果南卡罗来纳州这笔投资的回报率能达到年均 12% 的水平，那么显然会带来丰厚回报。这也是在纽约通过财政补贴支持亚马逊在当地建厂的依据：作为一项投资，这笔补贴非常划算。[38]

吸引企业落户特定地区的另一种方式是修建基础设施。这就是田纳西河谷管理局在 1930—1960 年为田纳西州及其邻近各州所做之事。该局利用公共资金修建道路、水坝、水力发电厂等，初衷是良好的基础设施会吸引公司到当地落户，而老公司进而会吸引其他公司，这个过程会持续下去。20 世纪最具影响力的美国城市规划学家简·雅各布斯（Jane Jacobs）对此持怀疑态度。她在 1984 年写了一篇关于它的文章，标题很简单：《田纳西河谷管理局为何失败》。[39]

但它没有失败。莫雷蒂及他的一位同事将该局的辖区与其他六个地区进行了比较，这六个地区原本也应该得到同样类型的投资，但由于各种政治原因，最后什么投资都没有发生。他们发现，从 1930 年到 1960 年，与其他地区相比，该局辖区在农业、制造业的就业都占据上风。事实上，1960 年之后，外部资金停止涌入该局辖区，导致农业优势逐渐消失，但制造业优势却一直持续了下去，而且一直在加强，到 2000 年依然保持领先。这与人们普遍持有的"制造业的溢出效应比农业的溢出效应更显著"的观点是一致的。该局的投资带来了重大影响，莫雷蒂估计，从长远来看，该局给其辖区带来的收益将比投资成本多出 65 亿美元。[40]

这是否意味着各国可以通过促进某个或多个区域发展的方式，为更持久、更快速的经济增长创造条件呢？其实，这行不通。原因有二。首先，企业仅仅从初始投资中获利是不够的。它们后续必须获得充裕资金，以打破那些往往会导致经济增长放缓的桎梏，包括土地、劳动力和技能的短缺。莫雷蒂估计，今天 10% 的就业率的提高，未来只能带来 2% 的就业率的增加，这不足以维持长期的、持续的经济增长，初始投资的推动力很快就会消失。①

其次，就经济增长而言，地区层面不同于全国层面，因为在某种程度上，一个地区的经济增长可能产生虹吸效应，从其他地区吸走资本、技能和劳动力，从而蚕食其他地区的经济增长。亚马逊最终落地的城市将会获得发展，但这也会使其他美国城市付出一定的代价。莫雷蒂估计，这两种效应实际上可能相互抵消，其结果是基本不会影响国家层面的经济增长。[41]

莫雷蒂在阅读大量文献资料后得出结论，认为促进区域发展不太可能成为帮助我们避免增长结束的杠杆。[42] 他的评估可能过于悲观，但其警告不无道理。虽然某个城市试图从其他城市抢走工作机会可能讲得通，但就整个国家层面而言，这种做法不大可能带来重大胜利。

---

① 过去十年的 10% 的增长率将会使未来十年的增长率提高 10% 的 20%，即 2%。以此类推，这将在之后十年里创造 2% 的 20% 的额外增长率，即 0.4%，等等。显然，额外的几轮增长率一开始就很小，而且很快就会变得更小。

特区城市

然而，值得强调的是，这些证据主要来自美国或欧洲。发展中国家的情况可能大不相同。在发展中国家中，高质量的城市基础设施更多地集中在少数几个城市，因此有理由建设更多的高质量城市，并使现有的少数几个大城市变得更宜居，以促进经济增长。这是世界银行的一个重要政策目标。比如，2016年的一份印度城市化报告强调了"混乱"且"隐蔽"的城市化，导致贫民窟和无序扩张主导了印度的城市化进程。[43] 从本质上说，印度城市的扩张是横向的，超越了它们的正式边界，而不是通过更高、更优质的建筑垂直扩张。在整个南亚地区，共有1.3亿人（超过墨西哥人口）居住在非正式的城市定居点，这些定居点位置偏僻、交通不便、污染严重，加大了城市吸引人才的难度，也限制了城市作为生产和交流场所应有的效率。更好的城市或许会为这些国家带来全新的发展机遇，而不会影响其他地方的发展。

多年来，罗默重点关注的是第三世界的城市。其实，他在担任世界银行首席经济学家之前就是如此（他这个任期颇为短暂，且举步维艰）。目前，这仍然是他的首要任务。他希望这些国家能够建设城市，让有创造力的人们聚集在一起，并在相互交流中产生新思想。这些城市应该对发展商业采取一种友好的态度，而且应该真正宜居，没有污染和交通堵塞，就像深圳一样。作为一名成功的学者，他的一个非同寻常之处在于，他非常笃信自己的理念，对发展中国家充满了关怀，并成立了一个非营利智库，帮助发展中国家创建他所说的"特区城市"。这些城市将是受到特殊保护的大规模"飞地"。在那些不符合罗默发展理念的国家里，特意划出这些飞地，用罗默的理念指导这些飞地发展（他希望全世界有几百个这样的飞地，每一个最终都能容纳至少 100 万人）。罗默会与这些发展中国家的政府签署一项协议，让这些政府同意划出一个地方，由来自发达国家的第三方去落实罗默为了促进当地经济发展而制定的规则。到目前为止，只有一个国家的政府愿意这么做，即洪都拉斯政府。该国政府计划建立多达 20 个"就业和经济开发区"。不幸的是，虽然洪都拉斯宣称这一愿景的灵感来自罗默的想法，但事实上似乎更接近于联合水果公司及其竞争对手于 20 世纪上半叶在该国经营的"香蕉飞地"，在这些飞地里面，公司的命令就是法律。从一开始决定不使用第三方政府的监督时，它们就偏离了这个项目。最终的结果是，洪都拉斯政府更感兴趣的是罗默的名声，而非罗默的发展理念和规则。当洪都拉斯政府与一位对完全不受管制的资本主义有强烈兴趣的美国企业家签署了开发"就业和经济开发区"的协议后，罗默离开了。这个故事表明，"特区城市"不太可能成为促进发展中国家持续增长的关键，因为"特区城市"这一构想的初衷是从制度层面纠正发展中国家的错误发展理念，将罗默的发展理念作为指导城市发展的宪章，从而遏制这些国家内部的政治因素带来的压力，但他忽略了一点，即这些内部政治因素往往会反扑。

创造性毁灭

综上所述，区域性的溢出效应似乎是真实存在的，但基于我们掌握的有限证据，这种效应可能不足以维持国家层面的增长。也许正是预见到了这一点，罗默提出了一个新理念，即增长是由创造新思想的公司驱动的，这些新思想将转化为更高效的技术。[44]

罗默所描述的是一种确保技术不断改进的力量，在奉行创新政策的国家更是如此。罗默的这种理念与索洛的理念存在一个区别，即罗默认为技术进步不再是我们无法控制的神秘力量。

为了建立一个不断创新和无限增长的模型，罗默需要一种力量来抵消每个科学家和工程师都知道的一个观念，即过去发明的东西越多，就越难产生创新思维。为了实现这一目标，罗默假设，一旦产生了新思想，其他人就可以自由地加以利用，即所谓的知识溢出效应。建立在以前创意上的优点是，新的发明者站在巨人的肩膀上。发明者只需要对先前的发明稍做修改，而不是发明一个全新的东西。按照这种方式，增长过程可以持续下去而不衰减。

罗默是一个真正的乐观主义者。对于这一点，证据之一就是他相信自己能够完全保护自己的"特区城市"试验免受洪都拉斯臭名昭著的政治力量的影响。他对创新过程的设想同样也受到了乐观主义的激励。在他设想的世界里，新的创意宛如夏日微风中飘来的玫瑰花香一般浪漫。

但在现实世界中，新创意的产生似乎更为令人担忧。许多颇有市场的想法都出自企业，而企业往往对自己的发现拥有很强的占有欲。比如，制药公司和软件公司为了获取和保护对新创意的控制权，会采取很多法律举措，有时候甚至会做不太合法的事情。同样为了获取新创意，工业间谍甚至已经发展成为当今世界上的一个重大产业。旨在保护新创意的专利产业也是如此。在罗默发表论文多年之后，菲利普·阿吉翁（Philippe Aghion）和彼得·豪伊特（Peter Howitt）发表了一篇经典论文，认为即使在竞争大大加剧的环境中，创新驱动的增长也是有可能实现的。[45] 在他们看来，公司创新更多的是为了确保抢在竞争对手之前到达目的地，而不是出于对知识的渴望。尽管如此，只要专利保护制度不完全排除利用过去想法的可能性，新创意就会不断产生。

转向罗默这种思维角度并非没有结果。在罗默的世界里，创新是创新者给予世界的恩惠。创新者确实赚了一些钱，但经济得到的回报具有无可比拟的价值，而且未来的几代创新者可以免费在此基础上提出更多新的创意，取得更多创新成果。因此，罗默特别希望我们尽力打造一个对创新者友好的世界，降低利润和资本利得税，建立更多的孵化器，培养更多的创新细胞，尽可能长久地保护创新者的专利权，等等。

阿吉翁和豪伊特对创新者的看法远没有那么浪漫。有趣的是，阿吉翁是少有的有机会近距离服务于创新过程的经济学家。他的母亲来自一个讲法语的犹太家庭，20世纪50年代初被迫离开埃及的家，搬到法国后创立了著名的设计师品牌——克洛伊（Chloé）。克洛伊从一个默默无闻的裁缝品牌变成一个国际品牌的那几年，正是阿吉翁长大成人的时期。然而，受约瑟夫·熊彼特（20世纪中期的哈佛大学经济学家，喜欢吹牛①）的启发，阿吉翁也认为创新是一个创造性破坏的过程，在这个过程中，每一项创新都包括创造新事物和破坏旧事物。[46] 在他看来，有时创造性支配一切，但有时破坏性支配一切；创新事物之所以被创造出来，不是因为它们有用，而是因为它们打败了别人现有的专利。因此，让创新变得更有回报可能

---

① 英文版维基百科中的"Schumpeter"条目下有这样一句话："熊彼特曾说过，自己有三个远大的目标：成为世界上最伟大的经济学家、奥地利最好的马术师以及维也纳最好的情人。他说他已经实现了两个目标，但从来没有说过是哪两个，只不过有报道说他觉得奥地利有太多的优秀马术师，以至于他无法实现他所有的愿望。"请参考：https://en.wikipedia.org/wiki/Joseph_Schumpeter。

会适得其反。创新者可能会担心，从自己取代上一任专利权持有者的那一刻开始，到自己的专利拱手让给别人的那一刻，之间的间隔可能短暂得令人沮丧。专利保护对于鼓励人们创新很重要，但是人们很容易得到太多的专利保护，这就使得专利持有者安于现状。因此，我们需要在保护创新者专利权和允许后来者利用原有专利之间取得平衡。

减　税

你可能还记得像卢卡斯这样的经济学家之所以对索洛的增长模型不满意，原因之一就是索洛的增长模型没有为急切的政策制定者指明任何方向，而罗默的增长模型却可以做到这一点。顺便说一句，罗默的建议也并非完全是革命性的。尤其值得一提的是，在罗默看来，政府需要清除那些扼杀人们工作积极性的因素，并发明一些新技术和新手段，让每个人都更有效率。换句话说，就是减税。

罗默是美国民主党人，至少经济学领域一些喜欢造谣的人是这样告诉我们的。他的父亲是民主党人，是科罗拉多州州长。但低税率可以通过鼓励创新来影响长期增长的观点，得到了美国共和党人的喜爱。从里根到特朗普，共和党政客们一直承诺减税，他们的一贯理由就是减税有利于促进经济增长。对顶层来说，低税率是必要的，这样一来，像比尔·盖茨这样的人就有动力努力工作，更富有创造力，创造让我们所有人都更有效率的下一个微软。

但真实情况并非总是如此。在1936年至1964年期间，美国的最高税率超过了77%，甚至在一半时间内超过了90%，这主要发生于20世纪50年代偏右派的共和党执政时期。1965年，一个偏左派的民主党政府将最高税率降至70%，自那以后，最高税率逐渐降至30%左右。每一届共和党政府都试图进一步削减赤字，每一届民主党政府都试图小幅提高赤字（但往往是战战兢兢）。有趣的是，在2018年，最高边际税率超过70%的想法在民主党人中获得了一些支持，这是50多年来第一次出现这种情况。

然而，从20世纪60年代以来的经济增长率来看，里根开创的低税率时代显然并没有带来更快的增长。里根政府执政初期出现了经济衰退，随后又进入追赶阶段，增长率恢复正常。在克林顿执政期间，增长率略高，之后有所下降。总的来说，如果我们从长远来看（根据移动平均法，10年是一个商业波动周期），自1974年以来，经济增长相对稳定，在整个时期保持在3%到4%之间。没有证据表明里根的减税、克林顿的最高边际税率的提高，或者布什的减税，对长期经济增长率有任何影响。[47]

当然，正如共和党人、前众议院议长保罗·瑞安（Paul Ryan）所指出的那样，没有证据表明它们没有产生影响。其他许多方面的事情也在同时发生。瑞安煞费苦心地向一位记者解释为什么所有这些事情汇总在一起，导致增税看起来是好事，而让减税看起来是坏事：

> 我不会说相关性等同于因果关系。我会说克林顿经历了科技生产力的繁荣，这种力量非常大。在克林顿时代，贸易壁垒正在减少。他享受着和平红利……相比之下，布什时代的经济不得不应对科技泡沫的破裂、"9·11"事件、几场战争和金融海啸……有些事情只是取决于时机，而不是取决于个人……凯恩斯主义者说如果没有（奥巴马签署的）刺激计划，经济状况

会更糟,但从我们的角度来看,实情并非如此。[48]

保罗·瑞安有一个观点是对的。仅仅从时间推移的角度去看,很难断定税率对经济增长是否有任何因果影响。或许确实存在某种关系,但它被同时发生的其他许多方面的事情掩盖了。然而,当我们考察多个国家的税收变化时,增长率与税率之间同样缺乏相关性的情况依然存在。在很多国家,从20世纪60年代到21世纪第一个十年之间的减税力度,与同一时期内的经济增长率变动之间,绝对没有关系。[49]

在美国国内,个别州的经历也很能说明问题。2012年,堪萨斯州的共和党领导人通过了大幅减税政策,并承诺说这将刺激经济增长,但这种愿景并没有实现。相反,这个州的财政还一度濒于破产,不得不削减教育预算,每周上课时间减少到四天,教师们不断罢工。[50]

芝加哥大学布斯商学院最近的一项研究使用了一个聪明的花招来回答针对富人减税和针对穷人减税对于经济增长的不同影响。不同的州有迥然不同的收入分配制度,因此针对富人的减税在不同的州应该有非常不同的结果。比如,康涅狄格州的富人比缅因州多得多。根据对二战后的31项税收改革的研究,结果表明对收入最高的10%人群的减税并没有显著增加就业和收入,而对剩余那90%收入较低者的减税却能起到积极效果。[51]

人们还可以直接观察增税之后高收入者是否会发生懈怠现象。较之于观察减税对整体经济增长的影响,这个问题的答案或许精确得多,因为税收改革对不同的人有不同的影响,所以我们完全有可能比较一下受影响程度不同的人的行为变化。伊曼纽尔·赛斯(Emmanuel Saez)和乔尔·斯雷姆罗德(Joel Slemrod)这两位颇受尊敬的专家总结了大量文献，得出了一个关键结论，认为"迄今为止，关于收入分配顶端那个群体的税率对经济产生的影响，还不存在令人信服的证据"。[52]

到目前为止，绝大多数经济学家似乎一致认为对高收入者减税并不一定能够促进经济增长。由顶级经济学家组成的"布斯商学院全球市场倡议专家组"对特朗普 2017 年减税的回应就反映了这一点。特朗普的法案为企业提供了深入、持久的减税，包括将企业税率从 35% 降低到 21%，还包括对最富有的美国人征收的最高税率从 39.6% 降低到了 37%，提高了最高收入者的纳税基准，并取消了房地产遗产税。它对其他人群的减税幅度要小得多，而且大多数都是临时性的。对于下面这个问题，"如果美国众议院和参议院目前正在审议的减税法案被实施了，并且假设其他税收和支出政策没有变动，那么与现有的税收政策相比，新税法会导致十年后的美国 GDP 大幅增加吗？"，"布斯商学院全球市场倡议专家组"里面只有一个人表示赞同，52% 的人既不赞同，也不反对（其余的不确定或不回答）。[53]

尽管有这样的共识，美国财政部关于该法案对财政的影响而拟定的一份备忘录则假设减税会促使美国财政的年增长率增加 0.7%，[54] 但这份备忘录没有提出任何明确的理由来解释为何做出如此假设。对于他们发表的这种观点，恐怕任何严肃思考的人都不会相信，财政部怎么能无凭无据地提出这种假设呢？当然，一个答案可能是政府为了使其决定获得支持而讲一些不符合事实的话。财政部并非唯一的例子。但我们怀疑，公众之所以如此轻易地接受"为富人减税会促进经济增长"的观点，部分原因在于在长达很多年的时间内，公众从上一个时代的许多著名经济学家那里听到了这一观点。在那个年代，客观的证据较为稀少，人们很容易在没有确切数据的情况下根据直觉对一些所谓的"基本原理"做出论证。这种情况在当时是常见的。几代严肃的经济学家反复提到这句箴言，使其就像催眠曲一样，具备了一种令人舒服的熟悉感。如今，我们每天依旧从一群专家那里听到这句话。即便到了今天，这些专家仍然不受数据的约束。"对富人减税能促进经济增长"现在已经成为一种常识。当我们在调查中向受访者提出与"布斯商学院全球市场倡议专家组"类似的问题时，42%的受访者同意或强烈同意减税将在五年内促进经济增长的观点（专家组里面只有一位经济学家这么表态），20%的受访者表示不同意或强烈不同意。

更糟糕的是，9个保守的学院派经济学家——其中大多数属于名气很大的老一辈经济学家，写了一封支持政府减税法案的信，提出经济增长率会提高，"GDP长期累计增幅将超过3%，或者说未来十年内每年增加0.3%"。[55] 有人立即指出，这封信是以一些缺乏客观事实佐证的原则和对经验主义文献的选择性阅读为基础的。[56] 然而，这封信与公众和媒体对经济学家的期望是如此一致，以至于听起来完全合理。

这种局面再一次凸显了我们迫切需要把意识形态放在一边，去倡导大多数经济学家基于最新研究得出的共识。面对一个几乎已经置理性于不顾的政策环境，如果我们不采取一些干预措施，这一共识就面临着变得无足轻重的风险，所以，我们要明确一点：为富人减税不会带来经济增长。

隐秘的扭曲

税收变化至少发生在公众的眼皮子底下，但美国经济还有另一个非常重大的变化，可能对经济增长有直接影响：经济活动的集中度不断提高。在索洛模型和罗默模型中，长期增长的驱动力是技术创新。正是因为人们不断地投资于新产品或更好的做事方式，全要素生产率才得以增长，经济也随之增长。但是，正如阿吉翁和豪伊特提醒我们的那样，创新不是凭空而来的，一个人要发明新东西，需要有经济激励。

搞创新的公司需要进入市场销售自己的产品。一些证据表明，对于一个行业的新进入者而言，创新正变得越来越困难。在国家层面，大多数行业（包括但不局限于科技行业）正日益由少数公司主导。比如，美国经济顾问委员会在2016年发布的一份报告指出，从1997年到2012年，美国前50大企业在各自行业的全国总收入中所占比例都有所上升。[57] 这种集中度的提高主要是由于明星企业所占的份额越来越大导致的，这在一定程度上可以归因于美国对并购持相当自由的态度。[58] 在制造业，排名最靠前的四家企业在1980年和2012年分别占该行业年度总收入的38%和43%。在零售业，这一比例增加了一倍多，从14%上升到了30%。[59]

目前还不完全清楚这种经济活动集中度的提高是否对消费者不利。一些经济学家发现企业的加价，[60] 即成本价与销售价之间的差价大幅增加，而另一些则没有发现这一点，这与他们的数据来源和计算方法有关。但有一件事保护了消费者，那就是零售业实现了全国性的集中度提高，而不是地方性的。当沃尔玛或其他超市进驻一个城市后，会挤垮一些小型的零售商店，但零售市场的各个巨头依然高度依赖最终客户，提供类型更为丰富的商品，价格通常也比较低。[61] 互联网巨头亚马逊实际上在其平台上的卖家之间培育了激烈的竞争。[62]

但是，全国层面的经济活动集中度提高在一定程度上反映出这些大企业所面临的竞争减少，可能导致创新减少，因为它为新进入的企业颠覆这个行业制造了更高的壁垒。在阿吉翁和豪伊特的逻辑中，通过一项专利暂时获得垄断权的前景刺激了企业创新，而这种创新反过来导致了每个人最终都能使用新技术。这就是经济增长的原因。但如果这种垄断权得到了永久保障，那么创新和增长可能会放缓，垄断者可以安于现状，碌碌无为，永远不再发明任何新东西。一些证据表明类似的事情正在发生。特别值得一提的是，有一项研究发现，当一个行业因为一些不可预知的原因（法官不够宽容或交易没谈拢）而未能实现一项大规模并购时，那么该行业在随后几年里仍将保持更强的竞争力。这些险些发生大规模并购的行业将迎来更多新公司、更多投资和更多创新。这一结果确实表明，美国经济的全要素生产率之所以比较低，的确可以在一定程度上归因于经济活动集中度的提高。[63]

企业走向全球化

即便美国经济增长放缓可以在一定程度上归咎于经济活动集中度的提高，但如果认为打破垄断就能恢复快速增长，则是不合理的。毕竟，欧洲的经济增长也一直很缓慢，欧洲监管机构对垄断企业的打击力度也大得多。这再次说明了过去几十年的唯一明确教训，即对于究竟什么能够带来永久的、更快的经济增长，我们其实是搞不清楚的。对于经济是否增长，我们似乎无法掌控。

但如果富裕国家不出现爆炸式的经济增长，那么它们（以及中国、智利等中等收入国家）将如何利用国内越来越充裕的资本呢？商业界有时很聪明，不会相信我们其他人传递的意识形态信息，多年来，他们一直在探索新出路，以利用好手中的充裕资本。大约20年前，我们就注意到了这一点，当时，商人们或许感觉到了不能指望西方经济实现稳定增长，希望到外国投资，便开始找我们咨询，问我们最了解哪些国家。事实上，我们一直在关注发展中国家。当大多数商人了解到我们所做的事情时，他们脸上开始浮现出一丝不舒服的表情，似乎是在绞尽脑汁地想出一个不冒犯我们的理由以尽快离开。我们当时已经习惯了这一点。但这些年来，贫穷国家突然变得令人感兴趣了。

它们之所以令人感兴趣，是因为其中一些正在快速增长，而任何快速增长的地方都需要投资，这些投资可能是深感困扰的富国金融家用来消除收益递减这个幽灵的一剂良药。防止经济增长放缓的一个方法是向生产率高的国家输出资本。这对国内工人没有帮助，因为生产不会在他们自己的国家进行，但至少国民收入将继续增长，因为资本所有者在海外所做的投资将带来回报。

一些好消息

当然，对于大多数经济学家和许多商人来说，穷国的增长也很重要，因为这会影响到人类整体的福祉。对世界上的穷人而言，过去几十年算是相当不错的。从1980年到2016年，世界上收入较低的那50%人口的收入增长速度远远超过收入较高的49%人口，后者几乎包括了欧洲和美国的所有人。最富有的1%的人口（已经实现富裕的国家的富人，以及越来越多的发展中国家的超级富豪）获得了世界GDP增量的27%，着实令人惊讶。相比之下，较贫困的50%人口仅获得了世界GDP增量的13%。[64]

然而，也许是因为仅仅看到了富人越来越富这一事实，而被蒙蔽了双眼，20个美国人中有19个认为世界贫困问题在这个时间段内有所加剧或保持不变。[65]事实上，绝对贫困率（按购买力平价计算，每天生存成本低于1.9美元的人口比重）自1990年以来已经下降了一半。[66]

毫无疑问，这种改善可以在部分程度上归功于世界经济的增长。当人们极度贫困时，即便世界经济不怎么增长，收入水平也能得到大幅提高。因此，即使他们经常只得到一星半点的利益，也足以使他们每人每天的收入超过1.9美元。

这可能是因为我们界定"极端贫困"的标准太低了。但过去30年间，不仅贫困人口的数量趋于减少，我们还看到贫困人口的生活质量得到了重大改善。自1990年以来，婴儿死亡率和产妇死亡率都下降了一半。[67]避免了1亿多名儿童死亡。[68]今天，除非发生重大的社会动乱，几乎每个人，不论男女，都能接受初等教育。[69]86%的成年人都能识字。[70]即使是艾滋病死亡人数，也在21世纪初达到峰值之后开始下降。[71]由此可见，贫困人口收入的增加不仅仅是纸面上的。

联合国提出的新的"可持续发展目标"提出到2030年消除极端贫困人口（即每天生存成本在1.25美元以下的人）。如果世界经济继续保持类似于以往的增长方式，我们就很有可能实现，或者至少接近实现这一目标。

寻找经济增长的魔法

这表明经济增长对非常贫穷的国家依然很重要。对于那些相信索洛模型或罗默模型的人来说，世界上依然存在的这种极端贫困堪称一种悲剧性的资源浪费，因为我们本可以找到一条简单的出路。索洛模型告诉我们，贫穷国家可以通过储蓄和投资来加速经济增长，罗默模型则告诉我们，如果穷国的经济增速没有比富国快，那么这必然可以归咎于其糟糕的政策。

正如罗默在 2008 年所写的那样："为最贫穷国家的公民大幅提高生活水平所需的知识，在发达国家已经存在了。"

对于穷国经济增长之道，他还分享了下面的看法：

> 如果一个贫穷的国家投资于教育，不破坏公民从世界其他国家获取想法的激励，这些国家就可以迅速利用世界范围内的公共知识库的一部分。此外，如果它还通过保护外国专利、版权和许可证等措施，鼓励私人的创意在其境内付诸实践，允许外国公司直接投资，保护知识产权，避免严格的监管，避免高边际税率，那么它的公民很快就能从事最先进的生产活动。[72]

在上述观点中，除了教育和保护私人财产方面之外，其他听起来像右翼的一贯口号，比如降低税率、削弱监管以及减少政府对经济活动的参与。到 2008 年罗默写这篇文章的时候，这些论调已经为人熟知，而我们了解的很多情况足以使我们对此提出怀疑。

在 20 世纪 80 年代和 90 年代，增长经济学家最喜欢的实证分析模型之一就是跨国增长回归分析（cross-country growth regression）。这个分析方法中用于预测经济增长前景的数据涵盖方方面面，比如教育、投资、腐败、收入差距、文化和宗教，甚至涵盖了一个国家同海洋之间的距离以及同赤道之间的距离，等等。这个模型的初衷是找出一个国家的哪些政策有助于预测（最好是能影响）其经济增长，但这种研究模型最终遭遇了问题。

问题有两个。第一，这个模型的创始人比尔·伊斯特利（Bill Easterly）原本就直言不讳地质疑专家们是否有能力开出促增长的处方，并曾有力地论证一个国家的经济增长率每隔10年都会发生急剧变化，而该国其他方面却几乎不会发生什么明显变化。[73] 在20世纪60年代和70年代，巴西经济增长率堪称领跑世界，但从1980年开始，它的经济增长态势实际上停滞了20年，直到2000年才恢复增长，2010年之后又停止增长。印度是卢卡斯眼中经济停滞的典型代表，他于1985年在剑桥大学"马歇尔讲座"发表演讲时，还在为印度经济增长率如此之低而感到困惑（我们在前面引用过他这篇讲话的内容），但随后印度经济增长态势却开始呈现出加快迹象。近30年来，印度一直是世界经济增长的明星之一。卢卡斯原本希望印度效仿印度尼西亚和埃及，但后面这两个国家的经济却陷入了困境。众所周知，20世纪70年代，亨利·基辛格曾经因为孟加拉国经济状况极为糟糕而将其描述为一个"无望之国"（basket case），但从20世纪90年代到21世纪初，该国每年经济增速不低于5%，在2016年和2017年甚至超过了7%，一跃成为世界上增速最快的经济体之一。

第二个问题或许更为根本，即诸如此类旨在探索什么因素有助于预测经济增长的努力毫无意义。就国家层面而言，几乎没有任何事情是孤立存在的，很多事情是其他事情造成的结果。以教育为例，这是跨国增长回归模型的早期文献强调的一个因素。显然，教育在一定程度上是政府是否能够有效地管理学校和资助教育造成的结果，而一个善于发展教育的政府可能也善于做其他事情，比如，如果一个国家拥有一大批愿意参加工作的教师，那么这个国家的道路系统也可能发展得比较好。如果我们发现在教育水平较高的地方，经济增长更快，那不一定是教育政策的功劳，很可能是其他政策带来的结果。当然，当经济表现良好的时候，人们更有可能加大对孩子教育的投入，所以增长可能会促进教育发展。

更普遍地说，国家与国家之间的政策存在着多方面的差异，因此，为了解释经济增长的动因，我们要纳入研究的因素甚至比研究的国家的数量还多，且其中很多因素是我们未曾想到或无法衡量的。[74] 因此，这些分析模型的价值在很大程度上取决于我们对自己遴选出来，并纳入考虑范围的因素抱有多大的信心。鉴于我们遴选出来的这些因素几乎算不上完全合理，我们认为唯一合理的做法就是放弃预测。

这并不意味着这些预测模型一无是处，我们还是能从中学到一些东西的。比如，一些人试图将经济增长的原因与结果区分开来，这种探索就带来了令人惊讶的结果。德隆·阿西莫格鲁（Daron Acemoglu）、西蒙·约翰逊（Simon Johnson）和吉姆·鲁滨逊（Jim Robinson）——这三人被亲切地称为 AJR——撰写的关于如何预测经济增长的经典论文就包含了很多令人惊讶的内容。[75] 他们的研究表明，在殖民时代初期，那些令殖民者死亡率很高的国家，到今天发展状况依然很糟。为什么会这样呢？他们认为，其中一个原因是高死亡率导致早期的欧洲殖民者不愿在那里定居，便建立了剥削性质的殖民地，其制度设计的初衷无非是允许一小部分欧洲人统治大量的原住民，这些原住民辛辛苦苦地种植甘蔗、棉花或开采钻石，然后由欧洲人出售。相比之下，那些一开始就相对空旷的地方（比如新西兰和澳大利亚），以及欧洲殖民者死于疟疾等疾病的概率较低的地方，欧洲人就愿意长期定居。结果，这些地方直接继承了当时正在演变的欧洲制度，最终为现代资本主义奠定了基础。他们的研究表明，几百年前欧洲殖民者的死亡率是一个很好的预测指标，比如，它可以预测一个国家当代的制度对商业的友好程度。欧洲殖民者死亡率很低的那些国家，如今对商业很友好，也往往较为富裕。

虽然这并不能证明一个国家对商业友好就能促进经济增长（这种友好可能是欧洲人带来的文化，可能是固有的政治传统，也完全可能是其他因素导致的结果），但它确实意味着一些非常长期的因素与经济成功存在很大关系。这一见解得到了其他一些研究的佐证，而且确实有些历史学家一直坚持这样的观点。

但这能给目前各国何去何从提供什么启发呢？我们知道，如果一个国家从1600年到1900年非常空旷，原住民很少，或者当时不存在疟疾等疾病，那么大量欧洲殖民者就会愿意定居，建立起来的现代国家治理制度有利于这个国家在当代实现较高的经济增长率（这对当时的原住民而言或许略微算作一种慰藉吧）。但这是否意味着，在当今这个已经发生翻天覆地变化的世界里，各国也应该努力吸引欧洲定居者呢？对于这个问题，我们几乎可以肯定地给出否定的答案。要知道，当时人类还没有进入现代社会，殖民者对殖民地原住民习俗和生命的无情漠视才使得他们能够在殖民地建立起自己的那套制度，但在今天，这种情况不太可能发生（幸亏如此，感谢上帝）。

这也没有告诉我们在今天建立一套特定的制度是否有助于经济增长，因为不同国家在制度上存在严重差异，且有足够的证据表明这些制度差异可能根植于几百年来的历史。这是否意味着一套制度需要演变几百年之后才能奏效？（毕竟，今天的美国宪法与最初的版本相比,已经算是一个非常不同的文件了,长达 200 年的法学界辩论、公众辩论和公众参与使其内容变得更加丰富。)如果是这样,肯尼亚或委内瑞拉的公民必须耐心等待几百年才能建立一套好制度吗?

此外,事实表明,那些对商业友好程度大致相同的国家,无法根据某些传统的、"好"的经济政策指标去预测其人均 GDP(罗默希望各国符合这些指标,比如对贸易的开放度高、通胀率低等)。[76] 相反,那些拥有"坏"政策的国家虽然经济增长缓慢,却更有可能根据一些"较差"的经济政策指标去预测其经济增长前景(比如,对商业友好程度较低)。这些国家的经济之所以差,究竟是"坏"政策导致的结果,还是国内其他因素带来的副作用,尚无法准确界定。经济政策也是整个社会制度的一部分,社会制度的质量如何,影响着经济政策的效果,几乎没有任何证据表明经济政策可以超越整体社会制度,单独对经济增长施加影响。

不同国家的经济发展状况给我们留下了什么教训呢?我们发现,有一些事情似乎是要竭力规避的,比如恶性通胀,极度高估的固定汇率,以及印度政府在 20 世纪 70 年代对私营企业的全面控制(从船舶到鞋类,一切都由国家掌控)。这些做法都无助于我们解决当今大多数国家面临的问题,除了极少数人,似乎没有人对这些极端政策感兴趣。比如,连越南和缅甸都不感兴趣,而是在考虑是否应该效仿中国的经济模式,毕竟中国经济的成功令人震惊。

问题是尽管中国与越南、缅甸一样,属于市场经济,但与经典的盎格鲁-撒克逊模式(Anglo-Saxon model),甚至与欧洲模式都相去甚远。2014 年《财富》全球 500 强中,95 家中国企业中有 75 家是国有企业,不过它们的组织方式是市场化的。[77]

中国大多数银行都是国有的。政府——包括地方政府和中央政府,在决定如何分配土地和信贷方面发挥了核心作用,还可以通过人口政策影响各个行业的劳动力供给状况。在大约 25 年的时间里,人民币汇率一直被低估,这样做的代价就是以几乎为零的利率贷给了美国数十亿美元。在农业方面,地方政府决定谁有权使用土地,因为所有的土地都属于国家。这些都带有鲜明的中国特色。

尽管这些年中国奇迹的确令人兴奋,但在 1980 年,甚至到了 1990 年,都很少有经济学家预测到这一点。通常,当我们与别人谈起中国经济时,总会有人问,既然中国如此成功,为什么那些经济不佳的国家不去效仿呢?事实上,我们永远不清楚应该效仿中国的哪一部分经验。我们应该从中国的改革开放开始吗?那时的中国是一个极度贫困的经济体,但教育和医疗体系相对完善,收入分配差距较小。还是效仿 20 世纪 30 年代日本入侵中国的时期,甚至追溯其五千年历史呢?

日本和韩国也出现了类似的困惑。这两个国家的政府最初采取了积极的产业政策(从某种程度上来讲,它们至今依然如此),决定最终哪些产品用于出口,以及资金投向哪里。在新加坡,每个人都必须把大部分收入上缴中央公积金,这样国家就可以用他们的储蓄来建设住房方面的基础设施了。

在这些情况下,经济学家们一直在争论经济增长究竟是归功于特殊的、非常规的政策选择,还是归功于其他常规因素。可以预见的是,每一次讨论都是众说纷纭,莫衷一是。东亚国家只是交了好运,还是能从它们的成功中学到什么?这些国家在开始快速增长之前也曾遭受过战争创伤,所以快速增长可能只是自然反弹的一部分。以东亚国家发展经验来证明某种模式的优点是行不通的。

一个基本事实是，和富裕国家一样，我们也没一个公认的方法让穷国实现经济增长，专家们似乎也接受了这一现实。2006年，世界银行邀请诺贝尔奖得主迈克尔·斯宾塞（Michael Spence）担任其增长与发展委员会（Commission on Growth and Development）的负责人。斯宾塞起初拒绝了，但罗伯特·索洛等一群非常杰出的学者，也是即将与他搭档的专家小组成员，表现出了很大的热情，最终说服他接受了这个职位。他们最终发布的一份报告承认在经济增长方面不存在普适原则，也没有任何两个增长阶段是一模一样的。比尔·伊斯特利非常准确（却毫不客气）地描述了他们的结论：关于如何实现高速经济增长，一个由21位世界级领导者和专家构成的委员会、一个由11位名人构成的工作组、300位学界专家、12场学术研讨会、13场磋商会、400万美元的预算，忙活了两年，给出的回答大体上就是：我们不知道，但相信专家们能想清楚。[78]

以工程援助促进穷国发展？

硅谷那些热衷社交的年轻企业家们沉浸在充满激情的光环之下，或许还没有读过斯宾塞的报告。根据这些企业家的说法，我们知道究竟什么才能让发展中国家实现经济增长：那些国家只需要采用最新的技术，主要是互联网技术。脸书首席执行官马克·扎克伯格强烈认定互联网将产生重大的积极影响，数百份报告和建议书都呼应了他这一看法。一份来自达尔伯格咨询公司（Dalberg）的报告告诉我们："在促进非洲经济增长和社会变革方面，互联网是一个重大的、无可争议的力量。"[79]

一个非常明显的事实是，达尔伯格咨询公司的这份报告并没有劳心费力地引用确凿证据，这是明智之举，因为根本不存在这样的证据供其引用。毕竟，在发达国家，没有证据表明互联网的出现开启了经济增长的新时代。世界银行的标志性出版物《世界发展报告》(*World Development Report*) 在其 2016 年版本的报告中关于数字技术红利，经过了一番含糊其词的讨论之后得出结论，关于互联网的影响，目前还没有定论。[80]

在技术爱好者的眼中，互联网既是一种商业上的成功，又可以成为穷国经济增长的引擎。互联网能催生很多被称作"金字塔底部"的创新，这些创新应该会改变穷人的生活，并且能够自下而上地推动经济增长。这类创新不胜枚举，比如清洁炉灶、远程医疗、手柄驱动型电脑、水质砷浓度测定仪等。

这些技术的一个共同特征是，它们都是由节俭的工程师们开发的，比如麻省理工学院三角洲实验室（D-Lab）的学生，或者由知名社会风险投资基金"聪明人基金"（Acumen Fund）资助的企业家。在这一基金和其他类似基金的背后，有一种可信的观点认为，发展中国家贫穷的一个原因是北半球发达国家开发的技术不适合它们。这些发达国家消耗了太多的能源，拥有太多受过教育的工人和太多昂贵的机器，等等。此外，它们往往是由北半球发达国家的垄断企业开发的，而南半球的发展中国家必须支付很高的价格才能用得上。南半球发展中国家需要拥有自己的技术，为此它需要资本，而其国内市场上没有资本可用。这可能就是为什么许多国家无法独立实现经济增长的一个原因，而聪明人基金就试图填补这一缺口。

虽然聪明人基金认为自己并非传统的国际援助组织，而是一个完全新型的组织，以及一个旨在帮助贫穷国家的风险投资基金，但其非常注重以技术促增长，这一观念并不新，可以追溯到 20 世纪

60年代，因为当时工程师们主导着国际援助，试图弥补穷国在基础设施方面的不足。富国给穷国提供大规模贷款，帮它们修建水坝和铁路，希望帮助它们赶上发达国家。尽管没有足够的证据表明这种技术援助帮助这些国家实现了经济增长，但人们目前依然痴迷于电力等基础设施建设是经济增长和发展之源的观念。聪明人基金给这些国家提供的贷款规模较小，而且放贷对象是私营企业，而非政府，但这个基金的梦想依旧是让工程师们去解决世界问题。该基金援助的关键产业之一是电力。目前，理想的能源来源已经从大型水坝转变为谷物壳或太阳能，一个看似很酷的最新理念是开发出更廉价的、不使用公用输电网的解决方案，以惠及贫困社区，但人们对电力的痴迷可以追溯到50年前。

然而，事实证明，要在一个贫穷国家研发出既合适又有利可图的技术并非易事。聪明人基金资助的很大一部分研发项目都失败了。社会投资领域的一个经验法则是，只有10%的企业能成功，最终能发展到显著规模的比例仅有1%，其余都会以失败告终。一个更严重的问题还在于很难准确判断究竟哪些新产品和新服务有助于改善人们的生活，而且这些人对这方面的努力探索兴趣不大，着实令人沮丧。

电力产业就是一个很好的例子。在肯尼亚最近的一项随机对照试验中，研究人员与肯尼亚农村电气化局合作，在不同的社区以不同的价格提供电力服务。随着价格上涨，需求急剧下降，就算让村民以成本价接入公用电网，村民都不愿意掏腰包（更不用说让他们掏钱去建造电网了）。[81]

从售价100美元的笔记本电脑（真实成本为200美元，旨在帮助世界各地的穷人接受更好的教育，但已被事实证明无济于事）[82]

到清洁炉灶（没有人想买）[83]，从各种滤水技术[84]到创新的厕所[85]，一向崇尚节俭的工程界充斥着许多类似的灾难。一个很严重的问题是这些创新似乎发生在一个真空中，和它们想要改变的生活没多少联系。这些技术创新背后的理念通常听起来很高明，而且或许未来终将有一天它们会派上用场，但很难对这种前景抱有很大信心。

带着手机去打鱼

我们讨论过的所有经济增长理论都存在一个核心原则，即希望把资源顺利地用于最具生产力的用途。只要市场运作完美，这个假设自然会实现。最好的公司应该吸引最好的员工；最肥沃的土地应该得到最集约化的耕种，生产力最低的土地将用于发展工业；有钱可贷的人应该贷给最优秀的企业家。得益于这种假设，宏观经济学家们可以高谈阔论一个经济体内的"资本"或"人力资本"，虽然现实经济显然并非一个庞大的机器：每一个资源流向其效率最佳的用途，每个企业就像这个机器上的一个齿轮让整个经济体顺利运转。

但真实情况往往并非如此。在一个特定的经济体中，生产性企业和非生产性企业并存，资源并非总能发挥最大的效用。

无法采用先进技术不仅是贫困家庭面临的问题，也是发展中国家在工业领域存在的一个问题。在许多情况下，一个行业中最好的公司使用全球最新技术，但对其他公司而言，即使从经济角度看似合理，也不会直接采用最新技术。[86]这通常是因为他们自身的生产规模太小了。比如，直到最近几年，印度典型的服装制造商往往还是一个裁缝，在自己的单人作坊里为客户量身定做，而不是开一家大规模的服装生产公司。在这种情况下，全要素生产率低并不是因为裁缝使用了错误的技术，而是因为裁缝店太小，无法从最佳技术中获益。从某种意义上说，这些小作坊为何存在是一个谜。

因此，与其说发展中国家面临的技术问题是无法获取有利可图的最新技术，倒不如说是它们无法充分利用好现有资源。不仅技术没得到充分利用，土地、资本和人才等资源也是如此。有些公司的雇员人数超过了实际所需，而有些公司却招不到人；一些拥有奇思妙想的企业家虽然想实践自己的想法，却无法找到足够的资金，而那些对自己所做事情并不擅长的人则不差钱地继续经营；这就是宏观经济学家所说的"错配"。

这方面的一个生动案例是印度喀拉拉邦手机的普及对渔业产生的影响。喀拉拉邦的渔民一大早就出去捕鱼，上午10点左右回到岸边出售渔获。在没有手机时，他们会前往距离最近的海滩见顾客。市场会一直运转，直到没有顾客或者鱼被卖光。由于每天的捕获量变化很大，一些海滩上会有很多浪费的鱼，与此同时，另一些海滩上经常有因为买不到鱼而失望的顾客。这是一个错配的典型案例。用上手机之后，渔民们开始提前打电话决定在哪里停泊，他们会去顾客多而船少的地方。结果，资源浪费现象基本上消失了，价格稳定了，顾客和渔民的处境都改善了。[87]

一个故事发生后，往往衍生出第二个故事。渔夫的主要贸易工具是船，好船比坏船耐用得多。制造渔船的技术总是相同的，但有些造船匠比其他人更擅长。在手机出现之前，渔民们常常从最近的造船匠那里购买船只。但当他们开始到不同的海滩卖鱼时，经常发现其他地方有更好的造船匠，于是他们开始请更好的造船匠建造新船。结果，更好的造船匠得到了更多的工作，而最差的则退出市场了，渔船的质量普遍提高了。此外，因为更好的造船工人得到了更多的工作，他们可以更有效地利用现有的造船设施和技术，从而降低船只的价格。这就减少了错配情况：造船工人、设备、木材、钉子和绳索都得到了更有效的利用。[88]

这两个故事的共同之处在于沟通障碍导致了资源错配。当通信状况改善后，相同的资源得到了更好的利用，从而催生更高的全要素生产率，因为投入相同的资源可以完成更多的工作。

资源错配在发展中经济体中普遍存在。以我们在第三章提过的印度南部泰米尔纳德邦的蒂鲁普市为例，那里是印度棉纺织品的出口重镇，号称该国的"T恤之都"。[89]在蒂鲁普市有两种企业家：一种是从外地过去做T恤生意的，另一种是在这个地区出生和长大的，后者在印地语中被称为"古恩德"。①后者几乎都是当地农民，家里经济条件较好，他们的子女希望在自己的生命中做一些有别于父辈的事情。去那里做生意的外地人通常比当地人更擅长做T恤生意，许多外地人都是整个家族投身于这个行业。也许正是这个原因，由外地人经营的公司能够用更少的机器生产出同样数量的T恤，因此发展得比较快。

然而，阿比吉特在与凯万·孟希（Kaivan Munshi）的一次合作研究中发现，尽管外地人经营的公司生产力更高，但与本地人经营的公司比起来，规模较小，设备较少。对于资金富裕的当地人而言，效率最佳的方式应该是放贷给到当地做服装生意的外地人，然后把利息给孩子们花，但这些当地人并没有这么做，而是把富余资金直接花在了孩子们经营的公司上。就这样，效率高和效率低的公司在同一个城镇上并存了下来。[90]

---

① 古恩德，Gounder，是印度的一个种姓分支，主要居住在泰米尔纳德邦，信奉印度教。——译者注

当阿比吉特问他们为什么宁愿资助自己的儿子,也不愿意借钱给更有才华的外地人,并靠这些利息生活时,当地人解释说他们无法确定是否能拿回本金。在缺乏一个运转良好的财务市场的情况下,他们宁愿把钱给不称职的儿子,得到较低但相对安全的回报。也可能是因为他们觉得自己不仅有义务给儿子们一些现金,也有义务让他们过上体面的生活。

家族企业在世界各地都很常见,从小农场到大型家族集团都有,但它们并不总是能够完全适应经济现状,无法在刺激经济方面取得良好表现。就算女儿能更好地打理公司,创始人还是会把公司传给儿子。[91] 虽然一个家族的肥料均匀地撒给所有家族成员的地块比较合理,但很多家族往往把所有肥料都给了一个男性成员。[92] 布基纳法索的小农场如此,印度和泰国的家族也如此,美国也是如此。一位研究人员调查了335家家族企业的首席执行官继承案例,其中122家的下一任首席执行官是现任首席执行官的子女或配偶(现任首席执行官通常是创始人本人或创始人的子女)。在继任当天,任命外人做首席执行官的公司的股价很可能大涨一波,而任命亲属做首席执行官的公司却不会这样。如果企业任命外人作为管理者,市场会给其提供回报。显然,市场的反应是有道理的。与提拔外人做首席执行官的公司相比,任命家族成员做首席执行官的公司在三年后更有可能业绩大幅下滑,资产回报率甚至会大幅下降14%。[93]

这些案例告诉我们,不能想当然地认为资源会流向最佳用途。如果在一个家庭或一个城镇中都无法做到这一点,我们显然不应该期望整个国家层面能做得到。资源错配会降低一个国家的整体生产力。穷国之所以穷,部分原因是它们不擅长分配资源。另一方面,只要将现有资源分配到更合适的用途,就有可能实现增长。在过去的几年里，宏观经济学家耗费了大量的精力，试图围绕着资源合理配置对经济增长的贡献开展量化分析。这项工作很难做到完美无瑕，但他们分析出来的结果却令人鼓舞。一个非常引人瞩目的评估表明，仅仅在狭义的行业内重新分配生产要素，就可以使印度的全要素生产率提高40%到60%，使中国的全要素生产率提高30%到50%。如果我们允许在更广的范围内重新分配资源，估计这个增幅会更大。[94]

更多的错配现象是我们看不到的，很多伟大的理念从未得到过落实。鉴于风险资本在美国比在印度更加积极地发掘新创意，印度似乎也错失了很多默默无闻的天才。

银行业的倾斜

资源错配是如何发生的？印度企业的增长速度比美国企业慢得多，但倒闭的可能性也小得多。[95] 换句话说，美国是一个"朝上或朝外"发展的经济体，人们踊跃地尝试新事物，有的能成功，几年后事业做得很大，有的则过几年就失败了。相比之下，印度的经济黏性非常大：经营良好的公司没什么增长势头，经营不佳的公司也不会消亡。

这两个事实可能是密切相关的：经营良好的公司增长不够快这一事实也有助于解释为什么那些经营不佳的公司能够继续生存。如果最好的公司想要快速发展，就会压低产品价格，这样一来，除了那些即便在低价时期也能赚钱的高效率公司以外，其他公司都会被排挤出市场。此外，这些经营良好的公司的做法还会推高当地的工资水平和原材料成本，进一步打击那些经营不佳的公司。相反，如果这些经营良好的公司满足于保持小规模，只服务于当地需求，一个低效率的公司可以很容易地在市场夹缝中生存。

资本市场自然是罪魁祸首之一。在蒂鲁普市的案例中，缺乏良性运作的银行显然是重要原因。在印度生产力最高的T恤产业集聚区，生产力最高的企业家竟然无法借到足够的资金，公司规模赶不上那些生产率较低的当地人。据估计，在印度和中国，只要简单地在公司之间重新分配资本，就可以消除大部分由于资源错配造成的全要素生产率缺口。[96]

人们普遍认为中印两国的银行业都存在严重问题，而上述案例恰恰佐证了这种看法。印度银行业一个臭名昭著的地方在于只为所谓的"蓝筹股"借款人放贷，而其他人很难获得贷款（他们通常没有意识到一个事实，即昨天的蓝筹股公司往往沦为今天的灾难）。中国自20世纪90年代以来对银行业实施了重大改革，一个目标就是允许不同类型的市场主体进入银行业，并改善国有银行的管理水平。然而，目前中国的四大国有银行仍然有倾向性地放贷，即便有些项目值得质疑。[97]

印度银行业面临着同样的问题，而且众所周知，印度银行业冗员现象很严重，意味着如果银行想实现收支平衡，就要在贷款利率与存款利率之间设置一个很大的差价。结果是，印度的银行贷款利率比世界其他地区高得多，[98]而存款人获得的利息却很低，[99]这种局面妨碍了那些需要借钱投资的人贷款，却有利于那些在银行业有关系的人。这种经营拙劣的银行同时损害了储蓄者和借贷者的效率。由于储蓄率低于应有水平，印度人民的储蓄资金得不到妥善利用。

此外，企业需要风险资本，与银行融资不同的是，当企业遭遇厄运时，风险资本可以保护企业。股市的功能就在于此，不过中国股市目前仍未得到广泛信任，印度股市虽然历史更悠久、运行更好，但仍由蓝筹股主导。

对于任何一个国家而言，土地市场不发达会成为该国公司无法实现增长的另一个原因。一个有生产力的公司为了谋求发展，需要更多的土地和建筑物来容纳新的机器和员工。此外，土地和建筑物还可用于获得抵押贷款。当土地市场运转不畅时，这就成了一个大问题。举一个很常见的例子，在许多国家，土地和财产所有权经常有争议，一个人可能会对其他人的土地提出所有权主张，这样一来，争端就会被诉诸法院，而法院通常需要好几年才做出判决。最近的一项研究表明，在印度，土地和建筑物是遭到错配的重要资源。[100] 事实上，在印度大约一半的地区，生产率高的公司往往比生产率低的公司拥有更少的土地和建筑物。在许多土地产权界定不甚明确的国家，这可能是一个大问题。

生命只有一次

但世界上那些最好的公司之所以没有收购印度、尼日利亚或墨西哥的公司，还有心理层面的原因。或许因为这些国家的企业主喜欢给儿子留下一家可以自己做主的企业。为此，他们竭力避免获取外部融资，因为这样会引发外人控制自家企业的风险。比如，如果一家企业要在股票市场上筹集资金，就需要建立一个独立的董事会，而这个董事会可能会妨碍企业主把企业留给孩子的计划。

最终，这些企业的所有者对业绩是否增长并不是非常关心，不会把业绩增长摆在个人计划前面。如果其他企业都没有快速成长，他们就不会面临被挤垮的风险。对他们而言,自己的小企业给自己一家人提供了理想的生活和工作,为什么要担负那么大的压力去促进业绩增长呢?最近一项非常有趣的研究关注了印度公司的管理差距。[101] 按照美国所谓的良性管理准则,很多发展中国家的公司管理状况很糟糕。人们可能认为这是对其他管理方式的偏见。印度人尤其对他们的小本经营方式感到自豪,他们称之为"jugaad"①。[102] 这就要求你在利用有限资源时富有创造性,也许这就是印度的企业管理者们正在做的事情。但管理人员在很多方面的失败真的令人匪夷所思。比如,他们把垃圾堆积在车间地板上,这造成火灾隐患,或者把未使用的材料打包,却没有人给它们贴上标签或列出清单,就直接扔进了库存室,导致这些材料未来基本上再也派不上用场。几位研究人员(其中一位曾经是管理顾问)免费派了一个顾问团队去印度,同一些随机选出的印度公司的管理者们一起工作了5个月,在此期间,每家公司的利润增加了30万美元,即使对那些规模较大的公司而言,这笔钱依然算是一个大数目。究竟是哪些变化促成了这种改善呢?其实,大多数变化都比较简单,比如给库存物品贴上标签以及清扫垃圾。这就令人费解了,如果管理者想要提高利润,他们自己就可以这么做了,为什么非得需要这种相当昂贵的外部帮助呢?(如果让他们支付顾问费,将高达25万美元。)如果有人指出问题让他们感觉羞愧,他们会改正,但如果让他们自己主动去改,他们就做不到。归根结底,这些企业的所有者们肯定没有把事情做到最好的强烈意愿。

---

① Jugaad 是印地语,意思是接受现状,随机应变,想方设法达到目标。——译者注

永远在等待

企业需要劳动力。人们可能觉得这对一个劳动力充足的穷国而言不算问题，实则非然。以奥里萨邦为例。这是印度最穷的邦之一，那里的非熟练工人会坚持争取自认为公平的工资，即使最终找不到工作也在所不惜，而那些接受较低工资的人会遭到别人的惩罚。[103]

根据一份颇具代表性的印度全国抽样调查，从2009年到2010年，在所有年龄在20岁到30岁之间，且至少接受过10年教育的印度男性里面，高达26%的人没有工作。这并非因为印度没有足够的工作岗位。30岁以下、受教育年限少于8年的印度男性里面，没有工作的人所占比例是1.3%；受过10年教育的30岁以上的人中，没有工作的人所占比例是2%。[104]我们在1987年、1999年和2009年都看到了同样的情况，所以这并不是因为今天的年轻人就业能力较差。[105]

工作岗位很多，只是这些年轻人不想要。他们最终会接受他们年轻时拒绝的工作，可能是因为随着年龄的增长，经济压力越来越大（父母此刻能为他们提供食物和住处，但终将退休或去世；他们想结婚），工作选择也会减少（尤其是政府工作，年龄限制通常接近30岁）。

埃斯特在加纳也发现了类似现象。十多年前，大约有两千名青少年通过了高中入学考试（大致相当于美国的十年级至十二年级，这种考试并不简单），但由于缺乏学费，第一个学期没有入学。[106]于是，埃斯特从这些人里面随机挑选了1/3，为其提供整个高中时期的全额奖学金。在获得奖学金之前，埃斯特和她的搭档们询问了一些学生的父母如何看待读高中的经济效益。家长们普遍持乐观态度。总体而言，他们认为，像他们的儿子或女儿这样的人，如果读完高中，收入几乎是不读高中者的四倍。此外，他们认为，这些收入将主要来自政府部门的工作机会，如教师和护士。毫不奇怪，考虑到这些信念，获得奖学金的孩子中，有 3/4 抓住机会完成了高中学业，而没有获得奖学金的孩子中只有大约一半人完成了高中学业。埃斯特和她的搭档们从那时起就一直跟踪这些青少年的发展情况，每年对他们进行一次采访。他们发现了许多积极的方面：这些学生在学校里学到了有用的东西，这从很多方面改变了他们的生活；在测试他们将知识应用于实践的能力时，他们往往表现得更好；女孩结婚更晚，生的孩子也更少。

不太好的消息是，除了少数获得政府工作岗位的人以外，这种教育对他们平均收入的影响并不是很大。家长们在一件事上是准确的：高中教育确实是获得大学学位的必要条件，大学学位能让毕业生得到梦寐以求的工作。中学毕业生确实更有可能成为教师，到政府部门工作，或者到私营企业从事有福利和稳定工资的工作。但他们的错误之处在于，完成高中教育是跻身大学的必要条件，而非充分条件。那些奖学金获得者更有可能进入大学（尤其是女生），但这种可能性仍然很低（奖学金获得者中有 16% 的人跻身大学，而在没获得奖学金的对照组中，跻身大学的人只占到 12%）。他们中只有少数人能到政府工作。奖学金使这个比例翻了一番，进入政府工作的人所占比例从 3% 提高到了 6%。换句话讲，高中奖学金把这个比例从非常非常小提高到了非常小。

与此同时，尽管已经到了 25 岁或 26 岁的年龄，大多数上过高中的人仍然在等待更好的机会。很大一部分人根本没有工作，在样本中只有 70% 的孩子在前一个月挣到了一点钱。

这些年轻人除了工作之外还能做些什么呢？这引起了我们的兴

趣。于是，我们去拜访了其中的几位。史蒂夫（Steve）是个态度和蔼、谈吐文雅的年轻人，他在家里接待了我们。他中学毕业已经两年多了，但从那以后就没有工作过。他希望上大学，学习政治，有一天能成为一名电台主持人，但他的入学考试成绩一直很低。他一直在备考，在此期间靠祖母的养老金生活。他还没有找到放弃梦想的理由，最终可能会放弃，但他觉得自己目前还年轻。

一方面是大量年轻人不参加工作，而另一方面的现实却是，即便在失业率居高不下的国家，比如南非（15~24 岁的人中有高达 54% 说自己是失业者[107]），很多企业却抱怨说无法找到他们想要的工人：接受过一些教育，拥有良好的工作态度，愿意接受企业提出的工资水平。在印度，政府投入了大量的公共资源，为工人提供技能培训，使其准备好接受经济发展过程中创造出来的工作岗位。几年前，阿比吉特与一家印度公司开展过合作，该企业为服务业提供职业培训和就业安置。该公司担心自己在安置学生方面做得不是特别好。数据证实了这一点。在报名参加课程的 538 名年轻男女中，有 450 人完成了课程。其中，179 人得到了工作邀请，而只有 99 人接受了邀请，但 6 个月后，只剩下 58 人还留在公司最初为其提供的工作岗位上，也就是说，真正实现就业安置的学员所占比例仅略高于 10%。另有 12 人到别处工作了。[108] 我们询问了一些收到过工作邀请，却要么从未接受过，要么很快辞职的人，问他们不参加工作之后都在做什么。结果发现，他们要么在参加他们所谓的"竞争性考试"（目的是获得一份政府工作或在准政府组织中工作，比如属于公共部门的银行），要么在攻读学士学位，以便申请一份政府工作。有些人索性待在家里啃老，而事实上，他们的家庭也难以负担得起。

为什么他们不想要已经到手的工作呢？我们听到了许多回答，但归根结底，是因为他们不喜欢这些岗位，原因是工作太多，时间太长，站着的时间太多，出差太多，薪水太少。

部分问题在于预期错配。我们在印度采访的年轻人赖以成长的家庭中，小学以上的教育往往都少见，他们的父亲平均受教育 8 年，母亲不到 4 年。他们被告知如果努力学习，就会找到一份好工作，主要是教职或在办公室做文书工作。这在他们的父辈身上比现在更接近现实（对于历史上的弱势群体而言更是如此，比如那些低等种姓的人就曾经从平权行动中受益）。政府工作岗位的增加速度逐渐放缓，最终在预算压力下停止增加，[109]而受过教育的人口数量却不断增加，甚至那些历史上的弱势群体的受教育水平也不断提高。[110]换句话说，这些人追求了错误的目标。

南非、埃及以及中东和北非的其他国家也发生了类似的情况。这些国家一开始就比印度发达，所以仅仅完成中学学业是不够的。前些年，学士学位起到了同样的筛选作用，如果你能出示学士学位证，就能进入政府工作。到了今天，这种情况已经不复存在。然而，这些国家仍在培养数以百万计的阿拉伯语和政治学等学科的学士，而这些学科已不再有市场。今天的毕业生没有雇主需要的技能，这是在世界各国经常听到的抱怨，当然也包括美国，只不过上述这些国家的情况相当极端。

由于求职者对劳动力市场的真实情况缺乏了解，导致现实与预期之间的错配日渐强化。阿比吉特曾经评估过南非的一个项目，该项目为一些城镇（其实是种族隔离时期的黑人聚居区）的年轻工人提供免费交通，让他们远离家乡寻找工作。那些随机选出、获得交通补贴的人确实出行更多，但对就业没有影响。真正改变的是他们对劳动力市场的看法。几乎所有人一开始都过于乐观，预期的薪酬是条件相似的工人所得薪酬的 1.7 倍。在了解劳动力市场的真实情况之后，他们的期望就降低了，工资预期变得更接近实际情况。[111]

劳动力市场因这种根本性的错配而陷入近似冻结的状态，这是对人力资源的一种浪费。大多数年轻人在等待他们或许永远都得不到的工作。在印度，报纸经常报道人们对政府职位的疯狂追逐。比如，2 800 万人向政府拥有的铁路公司申请 9 万个低级别职位。[112]

从发展中国家的角度看，有些问题纯粹是它们自己造成的。部分问题在于，有一小部分工作比其他工作更有吸引力，而这种吸引力与生产率无关。最好的例子是政府工作。在最贫穷的国家，公共部门和私营部门雇员的工资差距很大，前者是后者的两倍多，这还不包括慷慨的医疗和养老福利。[113]

这种差别会使整个劳动力市场陷入混乱。如果政府部门的工作比私营部门的工作更有价值，但很稀缺，那么每个人都会觉得排队等待这些工作是很有价值的。如果排队和筛选的过程需要参加一些考试，那么求职者可能会拿出大部分本应用于参加工作的时间去备考（如果家人允许，他们会花费尽可能多的时间去备考）。如果政府的工作不再受欢迎，那么在很多年内，将会有大量求职者选择参加工作，从事生产性劳动，而之前这些劳动力都被浪费掉了，因为那些年轻人一直在等待几乎永远无法得到的工作。当然，在其他国家，政府工作也很有吸引力，尤其是因为政府工作通常有保障，但因为与私营部门的工资差距没有那么大，求职者的队伍也没有那么长。

如果削减政府工作岗位的工资可能会引发一场争战，但有些事情做起来则不那么难，比如限制人们的申请次数或者实行更加严格的年龄限制。这样可以避免浪费大家等待的时间。这可能会给工作岗位的分配增添一些运气成分，但由此造成的分配结果是否会比当前制度下的情况更糟还不明显，目前的制度有利于那些有能力等待的人。在加纳，当史蒂夫闲得无聊的时候，其他很多年轻的毕业生不得不找点事做，因为没有人资助他们。这些人并不缺乏想象力：我们遇到了一个种坚果的农民、一个专门服务于葬礼的调音师、一个正在接受培训的牧师，以及一个小球队的两名球员。

然而，很多发展中国家劳动力市场的问题并不仅仅局限于政府工作岗位吸引力过大。一些私营部门的工作岗位吸引力也会过大，比如，加纳一些私营部门提供的福利好、工资高、就业保护措施完善的工作岗位，对中学毕业生的吸引力非常大，导致他们为追求这类工作而放弃了生产性活动。在许多发展中国家，劳动力市场存在二元性特征：一方面，存在一个没有任何保障的、庞大的非正式部门，在那里，太多的人由于缺乏更好的选择而从事自由职业；另一方面，存在一个正式部门，在那里，雇员不仅可以得到优厚待遇，而且受到强有力的保护。一定程度的就业保护当然是必要的，毕竟员工不能被雇主随意摆布，但如果劳动力市场的监管过于严格，就会制约资源的有效再分配。

每个人都对，每个人都错

前面所讲的这些内容对我们理解经济增长动因有何启示呢？罗伯特·索洛的说法没错。随着一国的人均收入达到某个特定水平，经济增长似乎会放缓。在技术先进国，也就是说在富裕国家，虽然全要素生产率在很大程度上依然是一个待解之谜，但我们现在知道确实有一些因素推动了它的增长。

罗伯特·卢卡斯和保罗·罗默的说法也没错。对于较为贫穷的国家而言，经济不会自动与富国趋同。对此，或许不能将主要责任推给"溢出效应"的缺失，更重要的一个原因是穷国的市场失灵导致其全要素生产率低得多。对商业友好的制度与修复市场失灵存在一定的关联，从这点看，阿西莫格鲁、约翰逊和鲁滨逊的说法也没错。

然而，所有这些经济学家犯了一个共同的错误，即他们往往从"总量"的视角去思考经济增长和国家资源，比如"劳动力"总量、"资本"总量以及"GDP"总量。这样一来，他们可能错过关键一点。我们了解到的一切错配现象都提示我们必须超越各种模型的"总量"思维，而去思考如何提高资源利用效率。如果一个国家一开始使用资源的方式非常糟糕，一旦实施改革，资源得到最佳利用，就会催生第一批改革红利。中国等一些国家之所以能够长期快速发展，一个重要原因是它们一开始就拥有大量未得到充分利用的人才和物资，而这些人才和物资后来被利用了起来。索洛和罗默的理论世界都没有提出这种理念，因为他们都认为一个国家需要新的资源或思想才能实现发展。此外，他们的理论还表明，这些闲置资源得到充分利用之后，经济增速可能会迅速放缓，经济增长将依赖于额外资源的输入。目前，很多人正研究中国经济放缓的问题。中国的经济增速的确正在放缓，这或许是可以预料的。改革伊始的中国拥有大量未曾得到充分利用的资源，经济具备很大的上升空间，在改革过程中，最明显的资源错配问题得到解决，经济迅速发展，但这也意味着到目前这个阶段，中国经济进一步上升的空间缩小了。中国经济曾经依赖出口产品以获取技术和投资，而且曾几何时，全球各地对中国商品似乎存在无穷无尽的需求。但目前中国已经成为世界第一大出口国，因此，中国出口的增速不可能继续冠绝世界。中国（以及世界其他地区）将不得不接受这样一个现实：中国令人惊叹的增长时代或许行将告一段落，增速将进入平缓时期。

就未来而言，美国似乎可以放松一下了。1979年，哈佛大学教授傅高义（Ezra Vogel）出版了一本书，名为《日本第一》(*Japan as Number One*)，预言日本将很快超越其他所有国家，成为世界头号经济大国。他认为，西方国家需要学习日本模式：良好的劳资关系、低犯罪率、优秀的学校和眼光长远的精英官员。傅高义认为这些是一个经济体永远保持快速增长的新秘诀。[114]

确实，如果日本经济能一直保持1963—1973年那十年内的平均增速，到1985年其人均GDP将超过美国，到1998年其GDP总额将超过美国。然而，这并没有成为现实。相反，实际发生的事情足以让一个人变得迷信起来。1980年，也就是傅高义的书出版之后的那一年，日本经济增速骤然下滑，之后一蹶不振。

对此，索洛模型给出了一个简单的解释。由于低生育率和几乎没有移民涌入，日本社会迅速老龄化。劳动年龄人口在20世纪90年代末达到顶峰，此后一直下降。这意味着全要素生产率必须以更快的速度增长，才能保持经济快速增长。对于这种观点，换一种方式解读，就是说由于我们没有可靠的方法去提高全要素生产率，那么日本必须创造出一个奇迹，才能使其现有劳动力提高生产率。

在20世纪70年代的狂热中，一些人认为创造奇迹是有可能的，这或许可以解释为什么尽管日本经济在80年代放缓，人们依旧愿意储蓄和投资。在80年代的所谓泡沫经济中，太多的优质资金追逐了太少的优质项目，结果导致银行出现了大量不良贷款，并在90年代引爆了一场重大危机。

中国也面临着同样的问题。中国人口老龄化速度很快，部分是因为独生子女政策。按人均 GDP 计算，中国最终可能仍会赶上美国，但增长放缓意味着这将需要相当长的一段时间。如果中国经济的年均增速放缓到 5%（这并非没有可能），并维持在这个水平（或许有些乐观），而美国经济的年均增速维持在 1.5% 左右，那么中国至少需要 35 年的时间才能在人均 GDP 方面赶上美国。

如果说经济增长的一个基本动因是资源错配，那么它就为各种非正统的增长策略打开了大门。这些策略的目标是针对一个国家扭曲的资源利用方式提出应对举措。在解决资源错配问题上，中国和韩国政府做得很好的一点是找出那些规模太小无法满足经济需求的经济部门（往往是为其他产业提供基本原材料的产业，比如钢铁和化工），然后通过国家投资和其他干预措施，引导资本流向这些经济部门。这可能加快了向高效利用资源的过渡。[115]

这一策略在中韩两国的成功并不一定意味着每个国家都应效仿。经济学家往往在产业政策方面谨小慎微，这是有充分理由的。国家主导投资的历史并不能激发信心；即便不是为了某个人或某个群体的利益而刻意去扭曲政策，政府的经济判断依然经常出错。这是政府失灵的表现，就像市场失灵一样。此类案例不胜枚举，因此，盲目依靠政府来挑选市场上的赢家是非常危险的。但市场失灵的案例也数不胜数，因此，单纯依赖市场实现资源的正确配置也是行不通的。我们所需要的工业政策在设计过程中就要考虑到政治方面的制约因素。

经济增长会因资源错配而放缓的另一层含义是，像印度这样正在快速增长的国家应该规避自满情绪。从极度混乱的经济状况起步，得益于更好的资源利用方式带来的效益，经济快速增长相对容易实现。在印度的制造业中，工厂层面的技术升级急剧加速，2002 年之后，最佳技术和资源都重新配置给了各个行业中的执牛耳者。这似乎与任何经济政策无关，被描述为"印度制造业的神秘奇迹"。[116]但这算不上奇迹。从根本上讲，这是在极为惨淡的起点上实现了适度的改善。人们可以想象出发生这种改善的各种原因：可能得益于"代际转变"，因为很多企业的控制权从父母手上传给了子女，而这些子女往往在国外接受过教育，更有抱负，更了解技术和全球市场；也可能是由于利润越积越多，最终可以支付向更大、更好的工厂过渡的费用。

但随着经济体逐渐摆脱了那些最糟糕的工厂和公司，进一步改善的空间自然会缩小。与中国一样，印度的增长也将放缓，当印度达到与中国相同的人均收入水平时，其经济增长才会放缓。当中国的人均GDP水平还处于印度今天的水平时，它的经济以每年12%的速度增长，而印度则认为8%已经算是值得向往的目标了。如果我们据此推断，印度的人均GDP水平将稳定在远低于中国的水平。经济增长的浪潮确实能让所有人受益，但受益程度不同。许多经济学家担心可能会出现"中等收入陷阱"，即当一个国家的人均GDP达到中等水平后，其经济增长会趋于停滞或近乎停滞。根据世界银行的数据，在1960年的101个中等收入经济体中，到2008年只有13个经济体变成了高收入经济体。[117]马来西亚、泰国、埃及、墨西哥和秘鲁似乎在跨越这个陷阱时遇到了麻烦。

当然，任何这样的推断都存在诸多陷阱，印度应该将其视为一个警告。虽然有诸多问题，但印度经济的增长很可能与一些特殊的印度天才没有什么关系。相反，这与资源错配的关系很大。换言之，一个经济体内有大量潜在的企业家可供利用，还有大量未被利用的资源，这都给经济发展创造了机遇。

追逐增长奇迹

如果上面描述的故事是正确的，那么印度应该开始担心当这些机会耗尽时会发生什么。不幸的是，正如我们不知道如何实现增长一样，我们也不知道为什么一些国家陷入困境，而另一些国家却没有，比如为什么韩国能保持增长，而墨西哥却不能。我们也不知道一个陷入困境的国家应该如何摆脱困境。印度（和其他面临经济增速骤然放缓的国家）面临着一个非常现实的危险，即在试图保持快速增长的过程中，会以维持未来增长态势的名义，采取一些伤害穷人的政策。根据美国和英国在里根－撒切尔时代的所作所为来看，所谓的"为了维持增长态势而采取对商业友好政策"其实是为各种有利于富人、不利于穷人的政策打开了一扇方便之门（比如动用纳税人的钱去救助负债累累的公司和富人），这种政策只会让那些收入最高者的腰包越来越鼓，其他所有人都为此付出代价，对经济增长毫无助益。

如果以英美两国的经验为鉴，要求穷人勒紧腰带，并寄希望于富人的施舍会产生传递效应，那么最终对经济增长毫无帮助，对穷人更是没有任何裨益。如果说其他国家会遭遇什么不同于英美的结局，那就是在一个不再增长的经济体中，收入不平等现象会呈现出急剧恶化，这对增长来说是非常坏的消息，因为这会引发政治上的反弹，进而导致民粹主义领导人的当选。这些人兜售的神奇方案很少奏效，反而往往会导致委内瑞拉那样的灾难。

有趣的是，即使是长期秉持"增长第一"这一正统观点的国际货币基金组织，现在也认识到牺牲穷人来促进增长是一项糟糕的政策。如今，它要求派驻各国的工作组在提供政策指导和描述受助国情况时，要把收入不平等因素考虑在内。[118]

归根结底来讲，不要忽视这样一个事实：GDP 只是一种手段，而非目的。意识到这一点非常关键。毫无疑问，GDP 是一种有用的手段，尤其是在创造就业、提高工资或削减政府预算以加大收入再分配的时候。但最终目标是提高普通人，尤其是最贫困者的生活质量。生活质量不仅仅意味着消费。我们在前一章看到，大多数人关心的是价值感和被尊重。如果他们认为自己和家人是失败者，就会感到痛苦。虽然更好的生活在一定程度上的确取决于有能力进行更多消费，但即使是非常贫穷的人，也关心父母的健康，关心孩子的教育，关心自己的声音能否被外界听到，关心能否追求自己的梦想。更高的 GDP 或许是向穷人提供这种帮助的一种方式，但这只是其中一种方式，而且没人觉得这种方式总是最好的。事实上，中等收入国家之间的生活质量差别很大。比如，斯里兰卡的人均 GDP 与危地马拉差不多，但其孕产妇、婴儿和儿童死亡率要低得多（与美国相当）。①

---

① 事实上，2017 年斯里兰卡五岁以下儿童的死亡率仅为 8.8‰，远低于危地马拉的 27.6‰，但与美国的 6.6‰ 相当，"Mortality Rate, under-5 (per 1,000 Live Births),"World Bank Data, accessed April 15, 2019, https://data.worldbank.org/indicator/SH.DYN.MORT?end=2017&locations=GT-LK-US&start=2009. "Maternal Mortality Rate (National Estimate per 100,000 Live Births)." World Bank Data, accessed April 15, 2019, https://data.worldbank.org/indicator/SH.STA.MMRT.NE?end=2017&locations=GT-LK-US&start=2009. "Mortality Rate, Infant (per 1,000 Live Births)," World Bank Data, accessed April 15, 2019, https://data.worldbank.org/indicator/SP.DYN.IMRT.IN?end=2017&locations=GT-LK-US&start=2009.

传递幸福

更一般地讲，回顾过去几十年的许多重要成就，显然是政策重点关注这些具体方面之后产生的直接成果，即使某些过去和现在仍然非常贫穷的国家也是如此。比如，在世界范围内，5岁以下儿童的死亡率大幅下降，即使一些经济增速不是特别快、非常贫穷的国家也能实现这一目标。这主要归功于政策对新生儿护理、疫苗接种和疟疾预防的重视。[119] 这与许多其他同贫困做斗争的"杠杆"没有什么不同，无论是教育、技能、创业还是健康，我们的政策需要聚焦这类关键问题，并弄明白如何有效地解决这些问题。

这是需要耐心的工作，单纯砸钱不一定能带来真正的教育或良好的健康。但好消息是，尽管我们还无法完全搞明白如何促进经济增长，却知道如何在这些方面取得进展。聚焦一些定义明确的干预措施的一大好处是，政策具有了可衡量的目标，因此可以直接评估。我们可以拿这些政策来做实验，放弃那些没用的政策，并强化那些潜力大的。

疟疾的近代史就是一个很好的例子。疟疾是幼儿的最大杀手之一，通过避免蚊虫叮咬可以预防这种疾病。自20世纪80年代以来，疟疾死亡人数每年都在上升。在2004年的高峰期，有180万人死于疟疾。但2005年是一个戏剧性的转折点。从2005年到2016年，死于疟疾的人数下降了75%。[120]

许多因素可能有助于减少疟疾死亡人数，但几乎可以肯定的是，经过杀虫剂处理的蚊帐的广泛发放发挥了关键作用。总的来说，蚊帐的益处已经得到充分确认。2004年，针对22项认真开展的随机对照试验进行的证据评估发现，平均而言，每年多发放1 000顶蚊帐，死亡人数可减少 5.5 人。[121] 然而，正如我们在《贫穷的本质》中所描述的那样，当时对于蚊帐是应该以补贴价格卖给受益人，还是免费赠予受益人，存在着很大的争议。[122] 然而，由帕斯卡利娜·迪帕（Pascaline Dupas）和杰茜卡·科恩（Jessica Cohen）进行的一项随机对照试验证实（此后又有其他几项研究重复了这一试验），[123] 免费蚊帐的实际使用量与收费蚊帐的使用量一样多，而且免费发放能比费用分摊带来更高的有效覆盖率。自从《贫穷的本质》在 2011 年出版以来，这些证据最终说服了一些关键参与者，让他们相信大规模分发是抗击疟疾的最有效方式。从 2014 年到 2016 年，全球共分发出去 5.82 亿顶经杀虫剂处理的蚊帐。其中，5.05 亿顶送到撒哈拉以南的非洲，75% 的蚊帐是通过大规模的免费分发运动分发出去的。[124]《自然》杂志得出结论，从 2000 年到 2015 年，经杀虫剂处理的蚊帐让 4.5 亿人摆脱了死于疟疾的命运。[125]

甚至一些原本质疑此做法的人也信服了。比尔·伊斯特利曾在 2011 年直言不讳地批评免费发放蚊帐之举，但后来他在推特上坦然承认他的对手杰夫·萨克斯（Jeff Sachs）在这个问题上比他更正确。[126] 做出了正确的政策选择之后，在应对可怕灾难方面就会取得重大进展。

最重要的是，尽管好几代经济学家付出了最大努力，但经济持续增长的内在机制仍然难以捉摸。谁都不知道富裕国家的经济增长是否会再次提速，也没人知道如何才能提高实现这种事情的可能性。好消息是，与此同时，一些事情确实是我们可以做到的，穷国和富国都可以采取诸多举措来根除经济中最严重的资源浪费。尽管这些举措可能不会推动国家经济实现永久的、更快的增长，但它们可能会显著改善本国公民的福利。此外，虽然不知道经济增长这列火车什么时候会启动，但一旦真的开始启动，穷人更有可能搭上这班车，前提是他们身体健康，具有读写能力，能跳出当前的环境进行思考。在全球化进程中，许多成功的经济体对本国人力资本进行了大量投资（比如中国、越南、韩国等）。因此，对于印度这样的国家而言，最佳选择就是利用固有资源去改善国民生活质量，比如改善教育、卫生、法院和银行的运作状况，并建立更好的基础设施（比如更好的道路和更宜居的城市）。

对于政策制定者而言，这一视角表明，与富裕国家找到将经济增长率从 2% 提高到 2.3% 的秘诀相比，明确聚焦最贫困人口的福祉或许能够更深刻地改善数以百万计国民的生活。我们将在后续章节中做进一步讨论，并提出如果我们没有找到富裕国家经济增长的这个秘诀，或许对世界更好。

第六章
水温渐热

到了2019年,想要考虑经济增长又不直面其带来的直接影响,是不可能的。

我们已经知道,在接下来的100年里,地球将变暖,问题是会升温多少。地球温度升高1.5摄氏度或2摄氏度,甚至更多,导致的气候变化的代价会大不相同。根据IPCC(联合国政府间气候变化专门委员会)2018年10月的报告,如果地球温度升高1.5摄氏度,将有70%的珊瑚礁消失。如果升高2摄氏度,这个比例将变为99%。[1] 在这两种不同的情况下,受海平面上升和耕地沙漠化直接影响的人数也将大不相同。

一个不可否认的科学共识是,人类活动是造成气候变化的主要原因,而避免灾难的唯一途径就是减少碳排放。① 根据2015年《巴黎协定》,各国设定了将升温控制在2摄氏度以内的目标,而更雄心勃勃的目标是1.5摄氏度以内。基于科学证据,IPCC的报告得出结论,为了将升温控制在2摄氏度,到2030年,二氧化碳当量(CO_{2e})② 排放量需要减少25%(与2010年的水平相比),到2070年达到0。要

---

① 联合国政府间气候变化专门委员会在2018年10月的报告指出,"据估计,人类活动导致的全球气温比前工业化时代的水平高出约 $1.0°C$,范围可能在 $0.8°C$ 到 $1.2°C$ 之间。如果全球变暖继续以目前的速度加剧,那么在2030年到2052年之间,全球气温增幅可能会达到 $1.5°C$"。

② 二氧化碳当量是用于度量不同气体(二氧化碳、甲烷等)排放量对地球温室效应影响的统一度量单位,便于将其他气体转化为等量的二氧化碳。比如,100万吨甲烷的温室效应相当于2 500万吨二氧化碳。

将升温控制在 1.5 摄氏度以内，到 2030 年二氧化碳当量排放量需要降低 45%，到 2050 年则要降至 0。

气候变化是极为不公平的。二氧化碳当量排放的最大份额是在富裕国家中产生的，或者是为富裕国家的人生产消费品时产生的。但是，解决这个问题所付出的最大代价，则是并即将由贫穷国家承担。必须解决该问题的人却没有强大的动力去行动，这种情况是否会造成一个棘手的问题，还是说希望尚存？

50/10 规则

IPCC 的报告详细介绍了减少排放并将升温控制在 1.5 摄氏度以内所需要做的一切努力。或许现在人们已经采取了一些行动：改开电动汽车，建造零排放建筑物，制造更多火车，都会有所助益。但最重要的是，即使技术进步，即使我们能够完全摆脱对煤炭的依赖，但如果没有任何向更可持续的消耗迈进的举动，任何未来的经济增长都会对气候变化产生巨大的直接影响。这是因为，随着消耗的增加，我们需要相应的能量来生产所有我们所消耗的东西。我们在生产汽车和车库时都消耗了能源，所以我们不仅在开车时会产生二氧化碳排放，把汽车停放在车库中时也会产生二氧化碳排放。即便是电动汽车，情况依然如此。有许多研究试图考察收入与碳排放之间的关系。尽管答案因气候、家庭人数等因素而异，但两者始终密切相关。平均估算值表明，当一个人的收入增加 10% 时，他的二氧化碳排放量将随之增加 9%。[2]

这意味着，尽管迄今为止，欧洲和美国在全球碳排放量中所占的比例很高，但是新兴经济体（尤其是中国）在当前排放量中所占的份额在不断增长。实际上，中国是目前最大的碳排放国。这在很大程度上归因于中国是世界消费品生产大国。如果我们将排放归因于消费发生地，那么北美人均每年消费 22.5 吨二氧化碳当量，西欧人为 13.1 吨，中国人为 6 吨，南亚人仅为 2.2 吨。

在发展中国家，富人比穷人消费了更多的二氧化碳当量。印度和中国的最富有人群，属于世界上造成污染最多的前 10% 人群（分别占该人群排放量的 1% 和 10%，或世界排放量的 0.45% 和 4.5%）。相比之下，印度最贫穷的 7% 人口，每人每年仅排放 0.15 吨二氧化碳。总体而言，我们得出了一个 50/10 规则，即世界上 10% 的人口（造成污染最多的人）贡献了约 50% 的二氧化碳排放量，而造成污染最少的 50% 的人只贡献了刚刚超过 10% 的二氧化碳排放量。

富裕国家的公民，更普遍地说，全世界的富裕人口，对未来的任何气候变化都负有不可推卸的责任。

沐浴在波罗的海

20 世纪 90 年代初某个 6 月的一天，阿比吉特受自己的朋友、经济学家约根·韦布尔（Jörgen Weibull）鼓励，到波罗的海游泳。他跳进水里，然后立即爬了出来——他说自己的牙齿在接下来的三天里还在不停打冷战。2018 年，也是在 6 月，我们去了斯德哥尔摩的波罗的海海岸，比之前那次往北几百英里的地方。这次简直是孩子们的游戏之旅，我们的孩子在水中嬉戏。

无论我们去瑞典的哪个地方，异常温暖的天气都会成为谈资。它可能预示着人们会生出某种感触，但在眼下，人们很难不为温暖气候带来的走到户外的更多机会感到高兴。

在贫穷国家没有这种矛盾。如果地球变暖 1~2 摄氏度，美国北达科他州的居民将大为满意，达拉斯的居民也许高兴得少一些，但印度德里和孟加拉国达卡的居民将经历更多酷热的日子。举个例子，1957—2000 年，印度每年平均经历 5 天日平均气温高于 35 摄氏度的日子。[3] 如果没有全球气候政策，到 21 世纪末，这样的日子预计将达到 75 天。普通的美国居民则只需经历 26 天。问题是，赤道附近的国家往往较贫穷，那里才是真正痛苦的地方。

更糟的是，贫穷国家的居民缺乏保护自己免受高温可能带来的负面影响的能力。他们没有空调（因为他们很穷），同时他们往往在农田、建筑工地以及砖窑附近工作，这些地方根本不可能安装空调。

气候变化将对这些国家的生活产生什么样的影响？我们不能仅仅比较温暖和寒冷的地方就回答这个问题，因为这些地方在其他很多方面都有所不同。关于温度变化的潜在影响，我们可以说的是，在指定的时间段，某个具体地方的气温逐年波动。有些年份的夏季特别炎热，有些年份的冬季特别寒冷，而有些年份的冬季和夏季却都比较温和。环境经济学家迈克尔·格林斯通（Michael Greenstone）率先提出了利用逐年的天气波动来了解未来气候变化影响的想法。例如，如果某一年印度某个地区的温度特别高，那么那一年的农业产量是否比其他年份同一地区或其他温度不那么高的地区低？

有多种原因让我们不能盲目相信这种特定的研究方法。长期的气候差异必将刺激创新，以降低气温所带来的影响。我们不会在逐年变化的影响中了解这些因素，因为创新需要时间。另一方面，气温的长期变化可能会带来气温暂时变化所不会产生的其他成本，例如地下水位变化。换句话说，这些测算可能太小或太大。但是只要这种测算的偏差类似富国和穷国的偏差，我们比较所得到的预测仍然是有益的。一般性的结论是，气候变化对贫穷国家的影响将更加严重。虽然美国农业将遭受损失，但印度、墨西哥和非洲国家的损失将更大。在欧洲的某些地区，例如摩泽尔河谷的葡萄园，葡萄藤将得到更多的光照，摩泽尔葡萄酒的质量和数量都有望提升。[4]

炎热天气对生产率的影响不限于农业。当天气炎热时，人们的生产力就会降低，尤其是当他们不得不在户外工作时。例如，来自美国的证据表明，在温度超过38摄氏度时，与24~26摄氏度的温度相比，在户外工作的劳动力每天将减少工作时间多达一小时。[5] 在未暴露于户外的行业（例如，非制造性室内活动）中，没有统计上可检测到的影响。在炎热的学年结束时，儿童的考试成绩较低，但装有空调的学校的成绩却不受影响，可见气温对贫困儿童的影响最大。[6]

在印度，很少有工厂装有空调。印度一家制衣厂的研究揭示了劳动生产率如何随温度变化。[7] 当气温低于27~28摄氏度时，温度对效率的影响很小。但是，在日平均气温高于此临界值的日子里（约占全年生产天数的1/4），温度每升高1摄氏度，效率就会下降2%。

在综合考虑所有因素的情况下，一项研究发现，在给定年份中，全球气温每升高1摄氏度，人均收入将减少1.4%，但这仅限于贫穷国家。[8]

当然，气候变暖的后果不仅限于收入。许多研究强调高温对健康的危害。在美国，相对于中等凉爽的天气（10~15摄氏度），极端高温（超过32摄氏度）将按年龄计算的年死亡率提高了约0.11%。[9] 在印度，该结果是美国的25倍。[10]

救命的空调

美国的经验还表明，富裕和先进技术可以帮助缓解高温风险。在美国，20 世纪二三十年代由高温造成的死亡率是当前估计值的 6 倍。造成这种差异的原因可能完全是由于人们获得空调的机会更大，这是富裕国家居民适应更高温度的关键机制。[11] 这就解释了为什么在炎热的年份，富裕国家的能源需求大量增加。在仍然很少使用空调的贫困国家（2011 年，美国有 87% 的家庭装有空调，但只有 5% 的印度家庭有空调[12]），我们发现生产率下降的幅度更大，而且在温度升高的同时死亡率也在增加。在这些贫穷的地区，空调本可以成为适应气候的关键工具。它不应该是奢侈品，但它的确就是。

随着贫穷国家变得富裕，其国民将有能力购买更多的空调。在 1995 年至 2009 年期间，中国城市的空调与家庭住宅比例从 8% 上升到 100% 以上（这意味着每个城市家庭平均都有一台以上空调）。[13]

但是空调本身加剧了全球变暖。标准空调设备中使用的氢氟碳化合物（HFC）对气候尤其有害。它们比二氧化碳危险得多。这使我们处于相当棘手的境地。这种可以保护人们免受气候变化影响的技术，同时也可以加快气候变化的速度。不使用 HFC 的新款空调污染较少，但价格昂贵。像印度这样的国家刚能买得起便宜的空调设备，就面临着极为严峻的取舍：是拯救今天的生命，还是缓解气候变化以拯救未来的生命？

经过多年的谈判，2016 年 10 月在卢旺达基加利达成的协议表明了世界如何权衡这种得失（如果真的是要实现权衡）。《基加利协议》提出了三个时间：包括美国、日本和欧洲在内的富裕国家和地区将从 2019 年开始逐步淘汰合成氢氟碳化合物，中国和其他 100 个发展中国家从 2024 年开始,包括印度、巴基斯坦和一些海湾国家在内的一小部分国家的开始时间推迟到 2028 年。尽管意识到其公民既是全球变暖的受害者又是全球变暖的原因,印度政府还是希望先拯救今天的生命,而不是立即解决问题。这可能基于这样一个事实,即在随后的几年中,经济增长将使印度有能力在 2028 年之前买到更昂贵的设备(与此同时这些设备也可能变得更便宜)。但是在这 10 年当中,可能会出现老式空调在印度快速普及的情况,因为那些 HFC 空调的制造商希望为其产品找到更多买主,这些空调将持续运转并在 2028 年之后的数年内继续造成污染。推迟解决问题的代价对地球来说可能会相当大。

现在行动?

空调难题是一个令人痛苦的例子,它证实了印度在当前和未来之间所面临的取舍。更笼统地说,直到 2015 年《巴黎协定》通过为止,印度一直拒绝考虑限制自己的排放量,理由是印度承受不起阻碍其自身经济增长的压力,富国应该率先垂范。当印度认可《巴黎协定》并提出具体承诺时,它的立场变了,以换取一些重要的财政援助来实现能源转型,由富裕国家支付的国际资金为其提供资金。尽管印度的排放量在全球排放量中所占比例不大,但印度将成为控制碳排放的主要推进者,因为其庞大且不断增长的中产阶级的消费量越来越大。而且与美国不同,印度的很大一部分人口也将受到气候变化的直接和严重影响,因此,印度应该是了解当今气候政策选择成本的好地方。印度不愿采取行动的态度引起了广泛的关注,不仅是因为这对气候变化有直接影响,还因为这表明了政治家受到了中短期思维的主导。

关键问题是这种取舍是否像印度人（或美国人）所认为的那样明显。今天我们真的必须放弃一些东西吗？如果我们开发并改用更好的技术，使我们能够遏制气候变暖，而又不放弃我们现有的生活方式，也许我们可以安心地享受科技成果。毕竟，就在几年之前，能源专家严肃地警告我们，可再生能源（太阳能和风能）太昂贵了，投资它们以替代化石燃料是愚蠢的。而今天，由于可再生能源领域的技术进步，可再生能源的价格变得便宜许多，能源效率也大大提高，并且可能会进一步提高。2006 年，英国政府委托世界银行前首席经济学家尼古拉斯·斯特恩勋爵（Lord Nicholas Stern）编写了一份有关气候变化的经济影响报告。《斯特恩报告》[14] 乐观地得出以下结论：

> 尽管存在这样的历史模式和人们过去对商业的看法，但世界无须在避免气候变化和促进增长与发展之间做出选择。能源技术和经济结构的变化降低了收入增长的碳排放反应，特别是在一些最富裕的国家。通过坚决而深思熟虑的政策选择，发达经济体和发展中经济体有可能实现气候稳定所需的"脱碳"，同时保持两者的经济增长。

不过，这并不是完全免费的。《斯特恩报告》的结论是，如果想要将排放量稳定在防止全球变暖所需的水平上，保持根据近期历史推断得出的"绿色产业"的技术进步速度，那么每年将花费全球 GDP 的 1%。为了避免危及我们这个世界的未来，这似乎是一个适中的代价。

激励措施可能会促进研发工作,这给我们带来了一些希望。[15] 研发支出受其寻求资助的新的创新市场规模的强烈影响。[16] 因此,通过产生需求,可以诱导人们研究清洁技术来替代污染技术,并产生滚雪球效应(以碳税的方式让污染技术变得更贵,和/或对清洁技术的研究给予直接补贴)。清洁技术将变得更便宜,因此更具吸引力,这将增加对清洁技术的需求,从而增加研究的回报。最终,清洁部门将具备足够的吸引力,从而取代制造污染的部门,而我们也就没有后顾之忧了。在风、水和阳光的推动下,我们小小的经济引擎可能会以与以往相同的速度回归平衡。一段时间后,我们甚至可以取消所有的鼓励清洁能源的税收政策和补贴。

很容易看出这种办法为什么有用,但也很容易看出这种办法没用。无论如何,造成污染的技术依然存在。如果使用煤炭和石油的人变少了,它们的价格将暴跌。这将很容易诱使人们重新使用它们。的确,由于煤炭和石油是不可再生能源,它们的价格会随着时间的推移趋于上涨(因为供给不足),但是地底下可能有足够的煤炭和石油将我们带往世界末日。想要完全乐观并不容易。

免费的午餐?

乐观主义者希望最终出现免费的午餐。公司和人们将通过采用更清洁的技术来节省资金,因为研究会使这些技术便宜得多。采用清洁技术将是人类的胜利,也是地球的胜利。免费午餐的前景总是诱人的。实际上,它如此诱人,以至在气候变化对话中占主导地位。详细的工程估算通常会以较小的能源账单的形式预测提高能效的投资。麦肯锡(McKinsey)在 2009 年发表的一篇题为《释放美国经济的能源效率》的报告引起了很大关注。[17] 该报告预计，对能源效率进行"整体性投资"，"产生的能源节约总值超过 1.2 万亿美元，远高于 2020 年之前对能效措施进行先期投资所需的 5 200 亿美元"。2013 年，国际能源署计算出仅采取能源效率措施就可以使我们减少所需的二氧化碳当量排放量的 49%，而无须进行任何其他改变。[18]

如果是这样，那么问题就相对容易解决了，我们需要做的就是弥合"能源效率差距"。我们需要确定阻碍消费者（和公司）进行这些投资的障碍。也许他们不知道问题所在，也许他们无法获得贷款来支付前期费用，也许他们短视，或者受到惯性驱使。

不幸的是，当人们着眼于那些被认为唾手可得的成果的实际表现，而不是工程模型的预测时，鲜有好消息。联邦天气援助计划（WAP）是美国家庭用户最大的节能计划，自 1976 年实施以来，该计划已覆盖了美国 700 万个家庭。迈克尔·格林斯通和一组经济学家向大约 750 个家庭发出了参与该计划的邀请，这些家庭是从密歇根州的 3 万个家庭中随机选择的。[19] 优胜者获得了超过 5 000 美元的气候性投资（隔热、更换窗户等），无须自掏腰包。然后，研究人员收集了关于赢家和输家的数据。这个随机对照试验有三个主要发现。第一，该计划的需求确实很低。尽管采取了积极且成本高昂的鼓励措施，但只有 6% 的家庭最终接受了邀请。第二，能源使用收益是真实的（对采用该计划的人来说，能源账单下降了 10%~20%），但这仅是工程项目估算所预测的 1/3，并且远低于前期成本。第三，账单减少没达到预期不是因为人们出于能源成本下降而给房屋加热更多（所谓的反弹效应），而是因为他们发现屋里的温度没有升高。项目测算显然不能完全适用于真实土地上的真实房屋。他们太乐观了。

乐观的项目测算与事实之间的差距不仅存在于家庭中。一位研究人员与古吉拉特邦（印度工业化程度最高、污染最严重的州之一）政府的气候变化部门合作，为中小型企业提供高质量的能效咨询。[20] 随机抽取的公司接受了免费的能源审计，该审计为每家公司提供了该州（在既有计划下）可以大量补贴的经批准的能效提升投资清单。然后，接受审计的公司中会被随机抽取，接受能源顾问的定期回访，以促进应用。审计本身对采用新技术的影响有限。咨询带来了更多的技术应用，但同时也改变了公司的运作方式：公司开始生产更多产品，从而增加了能源需求。总体而言，因为反弹效应，这次行动没能对能耗产生影响。计算节能技术可能带来的排放收益的工程师再一次对自己的预测过于乐观了。

我们认为，天下可能没有那么多免费的午餐。更好的技术可能无益于解决问题。人们的消费量需要下降。我们可能不仅需要更清洁的汽车，还需要更小的汽车，或者甚至习惯根本不需要汽车。

绿色和平的答案

这个答案不是我们的经济学家同事喜欢听到的。这是因为，首先，经济学家热衷于将物质消费视为幸福的标志。其次，他们对改变行为的尝试持怀疑态度，尤其是在可能涉及改变偏好时。许多经济学家从哲学上反对操纵偏好。

这种不情愿源于经济学家们长期以来的信念，即人们的偏好中包含一些"真实"的成分，人类的行为反映了其根深蒂固的欲望。任何试图说服人们去做不同事情（例如减少消费或进行不同的消费）的尝试，都会损害这些偏好。但是正如我们在第四章中看到的那样，实际上没有真正明确定义的偏好。如果人们不知道自己对一盒巧克力或一瓶葡萄酒应该有什么感觉，那么为什么我们希望他们对气候变化有明确的偏好？或者他们的孙辈应该生活在什么样的世界里？或者马尔代夫的人民是否可以任其岛屿被海水淹没？又或者他们在多大程度上愿意改变自己的生活方式来预防这些灾难？

经济学家通常认为，大多数人不会自愿牺牲任何东西来影响未出生的人或住在很远地方的人的生活。或许情况不完全如此，比如对于你，我的读者来说（否则你或许早就合上这本书了）。对于大多数经济学家来说或许也是如此。我们中的许多人可能确实关心不会直接影响我们的宏观事物，即使我们很难赋予其货币价值。

这件事之所以如此重要，是因为它改变了我们对政策干预的思考方式。如果每个人都有明确的偏好并采取行动（例如，他们根本不在乎对他人造成伤害），那么理想的环境政策就是为破坏环境设定价格，然后让市场发挥作用。这就是碳税背后的理念。包括我们在内的大多数经济学家现在都接受了这一理念。这是2018年获得诺贝尔奖的威廉·诺德豪斯（William Nordhaus）的工作重点。允许企业从实际上正在积极减少污染的其他企业那里购买污染权，即可交易碳信用额度，可能是一个好主意，因为这激励了非污染企业寻求主动"净化污染"的方法，例如植树。对污染者征税的收入将被用于为新的环保技术支付成本。

但是，强有力的事实证明存在对碳信用额度的无视。比如有人认为自己坚决支持应对气候变化，但他却从不购买节能LED（发光二极管）灯泡。其原因可能是他不了解LED灯泡，或者他去商店时忘了买LED灯泡，又或者他不能确定该为LED灯泡掏多少钱，因为他很难判断自己在多大程度上真的关心气候变化。相比由政府禁止使用非LED灯泡，这种人的存在是更好还是更坏？

如果下禁令这一做法显得过于极端，那么政府可以温和地"促使"人们做出对环境更有利的选择。例如，智能电表在高峰时段收取更高的电费，并通过在其他时间里降低电价来进行补偿，这么做对环境可能更有利。美国加利福尼亚州萨克拉曼多市的一项最新研究发现，只有20%的用户会在可选择的情况下积极采取此类用电计划。[21]然而，在这样的计划成为（随机选择的）用户的默认选项后，尽管他们可以选择传统的用电方式，但90%的人还是认可了默认计划，他们也确实使用了更少的能源。那么，他们真正喜欢的是什么？是他们主动选择的选项，还是他们没有选择但愿意坚持的选项？鉴于这一问题没有明确的答案，政府可能会决定，最好选择对环境更有利的方案。

一个悬而未决的更大问题是，能源消耗在多大程度上是一种习惯。一种特定的消费方式几乎就像上瘾一样，仅仅因为人们已经习惯了。在巴黎经济学院，新的"绿色"建筑几乎没有暖气。我们在那里工作时，冬天和春天总是觉得很冷，让人心生抱怨。几个月后我们才想到在办公室里准备一件厚毛衣这么一个简单的解决方法。但实际情况并不是那么让人难以忍受。我们只是习惯了美国的办公室常年过热。而且，一旦我们把毛衣带到办公室，就算建筑物里没有变得更暖和，我们也不会觉得冷。那种拯救地球的感觉足以让我们感觉良好。

许多影响能源消耗的行为都是重复和习惯性的，比如乘火车而不是乘汽车，离开房间时关灯，等等。对于此类行为，重复过去是最容易的。改变习惯的成本很高，但是一旦改变，就很容易继续下去。如果我们买了一个恒温器，就可以一劳永逸地将其设置为在早晨和晚上加热更多，在我们离开后加热更少。这意味着当今的能源选择也会影响未来的能源消耗。确实，有直接证据表明能源选择是持久的。在一组随机对照实验中，一些随机选择的家庭会定期收到能源报告，告诉他们，相比邻居他们使用了多少能源。即使停止提供报告，报告接收者消耗的能源此后也比从未获得报告的家庭要少。这在很大程度上是他们改变习惯的结果。[22]

如果说能源消耗有点像一种瘾，即今天消耗大量的能源会使我们在将来也消耗大量的能源，那么适当的应对措施就是征收高额税收，就像对香烟征税一样。从一开始，高税收就会阻止这种行为，然后一旦形成正确的行为引导，哪怕没有什么人受到伤害，也可以继续提高税收，这样每个人都会为了避免被征税而改变自己的习惯。

当然，我们消耗能源不仅是因为让自己感到温暖、凉爽，或者便于出行，我们购买的所有东西都为能源消耗做出了贡献。毕竟，口味不是一蹴而就的。经济学家已经开始认识到"习惯"在我们偏好中的作用：我们从小到大消费的东西形成了我们今天的口味。即使有些食物在其出生国很便宜，但在新国度很昂贵，移民还是会继续吃他们小时候所吃的东西。[23] 习惯意味着在短期内改变人的行为是痛苦的。但是它们依然是可以被改变的。看起来人们会愿意改变自己的某些行为，以便为将来的某些变化做好准备。① 因此，宣布

---

① 孟加拉国的一项研究发现，如果给人们提供饭前洗手的激励措施，那么几周后，即使取消了激励措施，洗手的次数依然会增加。此外，人们提醒研究者注意，未来他们还会期待这样的激励措施，从而自觉地开始饭前洗手，让自己为这种计划做好准备。详情请参考胡萨姆·雷希曼（Hussam Reshmaan）、阿托努·拉巴尼（Atonu Rabbani）、乔瓦尼·雷詹尼尼（Giovanni Regianni）、纳塔莉娅·里戈尔（Natalia Rigol）于2017年合写的《习惯形成与理性成瘾：关于洗手的现场实验》(*Habit Formation and Rational Addiction: A Field Experiment in Handwashing*)，该文为哈佛商学院"政府与国际经济"小组的工作论文，编号18-030。

未来将对大量消耗能源的商品加税，可能会让人们更容易适应这一想法。

造成死亡的污染

富裕国家的巨大优势在于，它们需要牺牲的大部分能源消耗都不是必需的（明明可以走路，却要开车去超市；坚持使用传统灯泡，而不是换成 LED 灯泡）。真正的挑战在于发展中国家。在过去的 20 年中，印度的煤炭消费量增长了 2 倍，中国的煤炭消费量增长了 4 倍，而美国和其他发达国家的煤炭消费量则略有下降。在未来的几十年中，经合组织外部国家的能源消费增长预计将是内部国家的 4 倍。

但是对于大多数印度人来说，增加消费尤其是增加能源消耗并不是奢侈之事。今天，由于存在一种令人不快和危险的生活方式，印度农村地区的能源消耗非常低。印度不可能减少使用能源，而应该有权使用更多能源。在这种情况下，穷国是否有理由完全置身于气候对话之外？或者，至少把牺牲限于最富有的那些人，那些拥有美国富人的生活方式和排放量的人群？

想要说"否"很难。让全世界的穷人为过去和现在放纵的富人买单，是相当不公平的。但不幸的是，这种看法隐藏着两个问题。第一个是我们已经讨论过的问题，暂时对发展中国家网开一面，可能会鼓励最严重的污染技术存续多年。虽然是暂时的网开一面，但持续时间可能不会那么短暂。大部分的受害者将出现在发展中国家，发达国家的人可能会很高兴看到这一点。

但真正的症结在于第二个问题：即使没有全球变暖的威胁，发展中国家是否有能力继续承受其当前的污染水平（或者增加的污染水平)? 二氧化碳当量排放与当今直接影响发展中国家公民的其他因素(空气污染)密切相关。中国和印度的环境退化速度如此之快,污染已成为严重而紧迫的公共卫生问题。在其他新兴经济体中,污染的情况也日益严重。

这种污染会造成死亡。在中国,因为北方的气温较低,冬季有以煤炭为燃料的室内供暖但南方没有。因此当人们跨过淮河从南往北旅行时,会看到空气质量急剧下降。相应地,人们的预期寿命也有相应的下降。[24] 据估计,将中国空气中的颗粒物浓度标准提高到全球标准,获益人寿命的增加总和将达 37 亿年。

但是,与许多印度大城市相比,中国的空气已经算是不错了。包括首都新德里在内的印度数个城市位列全球空气污染最严重城市前几名。[25] 2017 年 11 月,德里首席部长将新德里比作毒气室。根据美国大使馆的测量,当时新德里的空气污染水平是世界卫生组织设定的指导值的 48 倍。这种污染水平无疑是致命的。[26] 每年 11 月,由于污染激增,医院的入院人数也随之激增。柳叶刀全球污染与健康委员会估计,在全球范围内,2015 年的空气污染造成了 900 万人过早死亡。[27] 其中超过 250 万人死于印度,是单个国家中死亡人数最多的。[28]

德里的冬季污染有多种因素(包括糟糕的纯地理条件),其中一些因素涉及的行为是可以改变的。空气中的一种重要污染物来自焚烧德里附近各州收割后留下的麦茬。城郊焚烧所产生的烟雾与城区产生的各种污染物——建筑工地产生的灰尘、车辆排放的废气、垃圾燃烧产生的残留物以及冬季人们在做饭和取暖时不善使用的明火——混合在了一起。

德里的雾霾非常严重,因此人们有明显的动力即刻采取行动。

因为人都快死了，自然也就不存在当下和未来生活品质之间的取舍了。唯一的取舍是减少消耗，还是忍受呛人的空气。甚至这种取舍也可能是虚假的。多项研究表明，污染实际上会降低工人的生产率，因此更多的污染可能意味着更少的消耗。两项不同的研究（一项涉及印度一家纺织制造公司的工人[29]，另一项涉及中国的旅行社）表明，在环境污染严重的日子里，生产力也是低下的。[30]

德里是一个相对富裕的城市。城市居民很容易负担让农民不焚烧农作物的费用，并使用机器将麦茬埋进土里，以备来年耕种。政府可以禁止在城市点燃明火，并建造供暖房间，将穷人集中起来度过寒冷的夜晚。政府可以用更现代的垃圾收集和处理系统代替垃圾焚烧，也可以禁止老旧车辆（或者同时禁止柴油车）上路，并引入交通拥堵费或其他形式的交通拥堵管理措施。[①] 政府可以更严格地贯彻那些一直以来没有得到很好执行的工业污染标准，还可以改善公共交通系统。政府可以关闭或升级在城市中运营的大型热电厂。或许，上述这些举措都不足以单独解决问题，但集合起来肯定会改善现状。

这些目标并非遥不可及。例如，向印度最高法院提交的"法院之友"摘要表明，提供 200 亿卢比（约 3 亿美元）的补贴足以使旁遮普邦和哈里亚纳邦的农民购买整饬田地所需的设备。这相当于为大德里地区每名居民提供约 1 000 卢比（14 美元）。令人惊讶的（同

---

① 在单双号限行中，车牌尾号为奇数和偶数的汽车被迫隔日出行，印度曾经短暂实行过，并促使空气的颗粒物浓度下降，但一群愤怒的精英和拥有更好计划的环境专家迫使政府取消了该措施。详情请参考迈克尔·格林斯通（Michael Greenstone）、桑托什·哈里什（Santosh Harish）、罗尼·潘德（Rohini Pande）与阿南特·苏达山（Anant Sudarshan）于 2017 年合作发表的《印度的空气污染挑战可以解决》(*The Solvable Challenge of Air Pollution in India*) 一文，收录于 2017 年印度政策论坛会议论文集，该论文集由新德里 Sage 出版社于 2017 年出版。

时也是令人沮丧的）是，尽管空气污染问题急迫，但对其做出应对的政治需求并不是压倒性的。部分原因可能在于遏制污染需要许多人的配合。但缺乏对空气污染造成健康问题的认识也是原因之一。《柳叶刀》最近的一项研究发现，室外空气污染造成的大部分死亡可归因于生物质（叶子、木材等）的燃烧。[31]但是，这些生物质的很大一部分是在室内炉灶上燃烧的，这也产生了大量的室内空气污染。因此，个人理应产生出对更好烹饪设备的强烈需求，因为这将改善室内和室外的空气。但这种需求似乎并未出现。不同的研究均发现，对清洁炉灶的需求非常低。[32]甚至当一个非政府组织免费分发清洁炉灶时，人们也没有足够的兴趣用它来替换自己破旧的灶具。[33]对清洁空气的低需求可能是由于许多最贫困的家庭未能将清洁空气与健康、幸福和生产性生活联系在一起。

这种情况可能得到改变。贫民窟里的居民被要求将城市的生活条件与他们在村庄中所经历的情况进行比较，大多数的报告显示他们偏爱德里。[34]他们唯一真正抱怨的事情就是环境，尤其是空气污染。在2017—2018年的冬季，德里的怒火终于被点燃了。当学校因为危险的高污染而被迫关闭时，学生们上街游行了。在印度，环境问题可能很快就会成为引起某些变化的公共问题。当务之急是制定能够引导更清洁的消费模式的政策，即使这些政策会付出一定的代价。该代价可能不会很大。在许多情况下，印度将能够跨越到更清洁的技术上（例如，当穷人最终用上电时，他们也同时得到了LED灯泡）。在某些情况下，新技术可能比旧技术昂贵（例如，清洁能源汽车可能比制造污染的汽车更贵）。这意味着需要对穷人进行补偿。但是，这样做的总成本是很小的，只要有政治意愿，精英很容易承担下来。

绿色新政？

通过 2018—2019 年冬季所提出的"绿色新政"，美国的民主政客正试图将应对气候变化的斗争与经济正义和再分配议程联系起来。摆在他们面前的是一场艰苦的政治斗争。从巴黎到西弗吉尼亚州再到德里，应对气候变化通常被视为精英阶层的奢侈品，花的钱则来自没有特权的人的税收。

举一个我们亲身经历的例子。2018 年底，法国"黄背心"运动抗议了政府计划增加的汽油税，导致巴黎的街道每个星期六都被占据，这使法国政府承受了巨大的压力。最终，增税不得不推迟。"黄背心"抗议者所提出的论点是，增加汽油税是富裕的巴黎人（他们可以乘地铁去上班）施舍良心的一种方式，受损一方则是郊区和农村那些不得不选择开车的人。考虑到法国政府还取消了财富税，这种说法确实有一些道理。在美国，"煤炭战争"的幽灵成了反对自由派精英的呐喊，表明他们对穷人缺乏同情心。此外，发展中国家的政客们自然经常地（并且正确地）反对为富裕国家之前所做出的选择承担代价。

"绿色新政"旨在通过强调建立新的绿色基础设施（太阳能面板、高速铁路等），既能创造就业机会又能帮助应对气候变化这一事实，来弥合精英与大众之间的鸿沟。它巧妙地避免提及碳税，因为许多左翼人士认为碳税过于依赖市场机制，正如法国的情况，人们认为这只是让穷人付出代价的另一种方式。

我们明白，推广碳税并非易事（涉及大多数人的税从来都很难被接受），但我们的观点是，应该通过绝对明确地表明碳税不是增加政府收入的一种税收，使其在政治上被接受。政府应该以一种与收入无关的方式来组织碳税，以便将税收收入作为补偿返还：优先补偿低收入人群。这么做将维持节约能源、减少驾驶汽车或驾驶电动汽车的动机，同时清楚地表明穷人不会为此付出代价。考虑到能源消耗是一个习惯问题，还应提前宣布征税，让人们有时间做好准备。

更笼统地说，我们很清楚，防止气候变化以及适应已经在进行的举措将花费甚巨。我们必须对基础设施进行投资，并对那些生活受到影响的人进行有意义的再分配。在贫穷国家，可以花钱采取对未来威胁较小的方式帮助普通公民实现更高的生活质量。（例如，想一想有关空调的问题，为什么全世界不能简单地采取为印度买单的方式，让该国直接使用更好的技术？）有鉴于穷人的消耗并不多，因此帮助世界上的穷人增加一些消耗并不需要花很多钱，同时还可以获得更好的空气，减少排放。以世界上最富裕国家的富足程度来说，它们可以轻松地为此买单。

问题在于，要找到一种不将穷国的穷人与富国的穷人相提并论的讨论方式。将税收和法规相结合以遏制富裕国家的排放，并为穷国实现向环保过渡买单，很可能会降低富国的经济增长。当然，我们不是百分百地确定，因为我们并不知道增长的原因是什么。但是，如果大部分成本由富裕国家中的富裕人口承担，并且全球受益，那么我们找不到回避的理由。

在德里、华盛顿和其他一些地方，决策者以增长的名义拒绝制定或执行有关污染的法规。没有人能够从事后的GDP增长中受益。

经济学家活该因为煽动经济增长这种言论而挨骂。无论是我们的理论还是数据，均无法证明追求最高的人均GDP是好的。同时，因为我们从根本上相信，资源可以并且会被重新分配，所以我们陷入了总是试图将蛋糕做大的陷阱。但过去几十年来的情况直接挑战了我们，而且证据确凿——不平等的问题在过去几年里急剧上升，对社会造成的严重后果遍及全世界。

第七章
《自动钢琴》

《自动钢琴》是美国伟大的小说家库尔特·冯内古特（Kurt Vonnegut）发行的第一本小说。[1] 这是一个关于大多数工作已经消失的世界的反乌托邦小说，完成于 1952 年，那是战后就业激增的年代。或许这本小说并非那么有远见卓识，也不是那么荒谬绝伦，但无论怎么说，它却是我们所处时代的完美写照。

自动钢琴是可以自己弹奏乐曲的钢琴——在冯内古特的世界中，机器可以自行运行，不再需要人类。人类被安排在各种形式的劳作当中，但是这些人的工作并没有任何意义或者益处。正如冯内古特后来一部小说（1965 年）中的人物罗斯沃特先生（Mr. Rosewater）所说："问题在于，如何去爱那么没有用的人？"[2] 甚至是让他们不讨厌自己？

机器人的日趋成熟和人工智能的进步，使人们对只有少数几个人从事有趣的工作，而其他所有人都没有工作或者做可怕的工作，以及不平等现象日趋严重的后果，感到非常焦虑。尤其是，当这种情况很大程度上出自人们所无法控制的力量时。技术专家们迫切希望找到办法来解决由他们的技术所引发的一系列问题。不过，我们不必去设想未来，以了解当经济增长抛弃大多数国民时会发生什么。因为自 1980 年以来，这件事已经在美国发生了。

一个路德主义者

越来越多的经济学家（以及对经济学发表评论的人）担心，类似人工智能、机器人和自动化之类的新技术会更广泛地破坏工作岗位，而不是创造新的工作机会，这会使许多工人被淘汰，并导致用于支付工资的 GDP 份额减少。实际上，增长乐观主义者和劳动悲观主义者常常是同样一批人。他们都认为，未来的增长将主要通过由机器人取代工人来驱动。

我们在麻省理工学院的同事埃里克·布莱恩约弗森（Erik Brynjolfsson）和安德鲁·麦卡菲（Andrew McAfee）在他们的《第二次机器革命》（The Second Machine Age）一书中，就数字化对美国未来就业的影响提出了消极的看法。[3]他们怀疑，数字化将使具有"普通"技能的工人变得越来越多余。由于从喷漆到电子表格处理之类的任务都是由计算机或机器人完成的，那些受过良好教育、适应能力强、可以编程和安装机器人的工人将变得越来越有价值，但是其他可以被替代的工人则会发现自己失去了工作，除非他们愿意接受极低的薪水。按照这种观点，人工智能将为这些普通工人的棺材盖钉上最后一颗钉子。

在第一次 IT 革命中，正如戴维·奥托（David Autor）所揭示的那样，涉及例行的重复性任务的工作被取代，[4]需要快速判断和主动性的工作保留了下来。打字员和装配线工人的数量减少了，但是行政助理和汉堡制作员却保留了工作。不过这一次，很多人说与上次不同了。人工智能意味着机器可以随时随地学习，因此能够执行越来越多的非常规任务，例如围棋或叠衣物。2018 年 6 月，一家售卖机器人制作的汉堡的餐厅在旧金山开业。人类仍然负责处理订单和制作酱汁，但是机器人负责制作美味的汉堡，例如 Tumami 汉堡（"烟熏牡蛎蛋黄酱、香菇酱、黑胡椒粉和盐、酱菜、洋葱、黄油生菜——由大厨 Tu 设计，《甜品大师》第 15 季"[5]），只需 5 分钟，价格为 6 美元。安妮·迪弗洛（Annie Duflo）是一家大型非政府组织的首席执行官，她没有人类助手，完全依赖一个名为 Fin 的人工智能助手。Fin 为她预订酒店和机票，管理她的日程，处理她的旅行花费。遗憾的是，安妮对 Fin 的满意度要比对人类助手高得多，付给他（她？它？）的钱要少得多，并且得到的服务更可靠。可以肯定的是，Fin 背后还有一些人类，但他们将越来越少，这个商业模式显然正在抛弃他们。

因此，人工智能革命势必会打击各种各样的工作。会计师、抵押贷款放贷人、管理顾问、财务规划师、律师助理和体育新闻记者已经在与某种形式的人工智能竞争，如果还没有，也会很快开始。犬儒主义者可能会说，这些更高端的工作是我们最后才需要讨论的。他们可能是正确的，但是人工智能也将伤害堆货员、办公室清洁工、饭店工作人员和出租车司机。根据人们所执行的任务，麦肯锡的一份报告[6]得出结论认为，美国有 45% 的工作处于自动化的风险中，而经合组织估计，经合组织国家中有 46% 的工人处于被替换或需从根本上转型的高风险中。[7]

当然，这种计算方法会遗漏的是，随着一些任务的自动化和人力需求得到缓解，人们可以将工作转移到其他地方。

那么，网络上的情况有多糟糕？经济学家自然对此问题很感兴趣，但面对这个问题，他们完全无法达成共识。IGM 布斯咨询小组成员要求对以下表述发表看法："如果劳动力市场机构和职业培训维持不变，而机器人和人工智能的使用不断增加，很可能会大大增加发达国家长期失业的工人数量。"28%的专家表示同意或完全同意，20%的专家表示不同意或强烈反对，24%的专家表示不确定！[8]

困难在于世界末日（如果即将到来）尚未到来。正如我们所见，罗伯特·戈登认为当今的创新仍然乏善可陈，他喜欢在旅行时扮演"发现机器人"的角色。[9] 他总是说，仍然是人类职员在酒店接待他、打扫房间、提供咖啡等。

目前来说，人类还没有变得多余。当我们在 2019 年第一季度开始撰写本书时，美国的失业率处于历史低位，并仍在下降。[10] 从越来越多的妇女加入劳动力队伍起，一直到大约 2000 年劳动力的人口比例大幅上升，此后趋于平稳或下降。[11] 尽管节省人力的技术进步迅速，但所有想要工作的人都找到了工作。

当然，我们确实可能只是处于以人工智能为动力的自动化过程的开始。人工智能是一种新兴的技术，我们很难预测它能做到什么。未来学家谈论的是"奇点"，即由无限智能机器推动生产率增长的急剧加速。尽管大多数经济学家对此都持怀疑态度，但是，如果戈登在几年后发现了这种机器人，他可能会度过一段更加愉快的时光。

另一方面，虽然这一特殊的自动化浪潮才刚刚开始，但过去也出现过其他的浪潮。像今天的 AI 一样，纺纱机、蒸汽引擎、电力、计算机芯片和计算机辅助学习机器都实现了自动化，并削弱了对人的需求。[12]

当时发生的事情几乎是人们所期望的：在某些任务上用机器代替工人，让自动化发挥强大的替代作用。这使工人变得过剩。工业革命初期在熟练的纺织工人身上发生的事情正是如此。他们被机器取代了。而我们都知道，他们一点也不喜欢这些机器。19 世纪初，路德主义者摧毁了机器，以抗议纺织的机械化，因为这威胁到他们作为熟练工匠的生计。路德主义者这个词现在通常被贬义地用于描述盲目拒绝进步的人，他们的例子也经常被用来消除人们对技术会造成失业的担忧。因为毕竟路德主义者是错的——工作并没有消失，如今的工资和生活条件比当初要好得多。

然而，路德主义者并没有我们所想的那样错得厉害。在工业革命中，他们所从事的工作以及其他许多工匠的工作都消失了。人们总是说，从长远来看，一切都很好。但这里的长远真的非常遥远。英国蓝领的实际工资在1755年至1802年之间几乎减少了一半。尽管1802年是特别低的年份，但从1755年开始至该世纪末，却始终呈下降趋势，只是到了世纪之交，工资才开始再次上涨。直到65年之后的1820年，才恢复到1755年的水平。[13]

在英国，技术迅猛发展的时代，也是一个剥夺严重以及生活条件异常艰难的时代。经济史学家罗伯特·福格尔（Robert Fogel）指出，这段时期英国男孩营养不良的情况甚至比美国南部的奴隶更糟糕。[14] 而当时的各类文本，从弗朗西斯·特罗洛普（Frances Trollope）到查尔斯·狄更斯（Charles Dickens），都描绘了当时阴云密布的经济和社会状况。

我们知道，最终英国出现了转机。尽管一些工人失业了，但节省人力的创新提高了其他投入的获利能力，因此也产生了对工人的需求。织造技术的改进，例如约翰·凯（John Kay）的飞梭，增加了对纱线的需求，为人们生产纱线创造了就业机会。从这些创新中获利的人的财富迅速增长，也增加了对各个部门（更多的律师、会计师、工程师、定制裁缝、园丁等）新产品和服务的需求，从而创造了更多的就业机会。

但是，没有什么可以保证这类反弹一定会发生。自动化和人工智能浪潮导致的劳动力需求下降很可能就不会反弹。利润更高的行业可以投资节省人力的新技术，而不是雇用更多的工人。新财富可以用来购买在另一个国家制造的商品。

我们不知道这次会发生什么，因为我们观察的时间还不够久，但是当前自动化浪潮（始于1990年，给了我们25年的观察期）的影响到目前为止似乎是负面的。在一项关于自动化影响的研究中，研究人员计划了各个领域应用工业机器人的指数，以了解机器人在该领域工业中的扩散情况。[15] 他们将受影响最严重部门的就业和工资变化与受影响最小的部门的情况进行了比较。令研究者感到惊讶的是，该研究发现了巨大的负面影响，而他们在之前的一篇论文中还强调工业机器人的影响会让就业反弹。[16] 通勤区每增加一个机器人，就会减少6.2名工人的就业，并降低他们的工资。就业影响在制造业中最为明显，对于那些大学学历以下的工人，尤其是那些从事日常手工工作的工人来说，影响尤其明显。然而，其他岗位或教育资历群体也并没有因此获得抵消的收益。这些机器人在当地对就业和工资的影响，令人联想到更多参与国际贸易所带来的影响。由于同样的原因，其结果也令人惊讶。随着特定行业中许多任务实现自动化，我们原本希望失业的工人能够找到新的就业机会，这些新业务会利用该地区释放的劳动力，或者将他们转移到其他地方。同样令人担忧的是，简单任务的自动化并没有导致雇用更多的工程师来监督机器人。对这种情况进行解释的答案可能类似于为什么国际贸易会伤害低技能工人。在黏性经济中，并没有办法保证重新分配没有伤害。

即使工作总量没有下降，当前的自动化浪潮也倾向于取代那些需要一定技能的工作（簿记员和会计师），并增加对非常需要技能的工人（机器的软件程序员）或完全不需要技能的工人的需求（如遛狗人），因为后两种都很难被机器所代替。随着软件工程师变得越来越富有，他们就有更多的钱来雇用遛狗人，而随着时间的推移，遛狗人的工资会越来越低，因为对于这些没有大学学历的人来说，他们几乎没有其他选择。因此，即使人们继续就业，也会导致不平等现象的加剧，高收入者的工资更高，而所有其他人则被迫从事那些不需要特殊技能的工作，其工资和工作条件恐怕会非常糟糕。这种情况突出反映了20世纪80年代以来发生的一个趋势，即没有接受过大学教育的工人，越来越多地从中等技能的职位（例如文职和行政职位）中被挤出来，从事低技能的工作，例如保洁和安保工作。[17]

路德主义者之光？

那么，我们应该停止推动自动化吗？实际上，我们有充分的理由怀疑最近有一些自动化泛滥。即使机器人的生产力不如人类，企业似乎也决定自动化。过度的自动化会降低GDP，而不是为GDP做出贡献。

造成这种情况的原因之一是美国税法中的偏见，即以比资本更高的税率对劳动力征税。雇主必须为劳动者缴纳工资税（以便为社会保障和医疗保险提供资金），但并不对机器人征税。当他们投资机器人时，还会立即获得退税，因为可以声称资本支出存在"加速折旧"，而且如果是通过贷款筹措资金，还可以从收益中扣除利息。这种税收优惠使雇主更愿意采用自动化，哪怕使用雇员的成本更低。[18] 此外，即使没有税收补贴，劳动力市场上的许多摩擦也可能使管理者向往没有工人的工厂。在经济衰退期间，机器人不会要求休产假或抗议减薪。零售业的自动化（例如自动结账）首先在工会强大的欧洲出现，恐怕并不是偶然。

行业集中和垄断的增加也可能加剧这种趋势。垄断者不惧怕竞争。他没有理由不断地重新设计为消费者提供的产品。因此，垄断者将倾向于更多地关注能削减成本的创新，因为这会增加其利润率。相比之下，一家竞争性公司可能会想尽办法来占领市场。

确实，即便企业采用了生产力高的新技术来替代劳动力，生产力的提高也创造了新的资源，可以利用这些资源为释放的劳动力找到新的使用方式。对工人来说，最危险的技术是一些研究人员所说的"一般般"的自动化技术。考虑到税法的扭曲，这些技术的生产效率刚好，使用这些技术可以被采用，并且取代了工人，却尚不足以提高整体的生产力。[19]

不幸的是，尽管关于奇点的讨论洋洋洒洒，但如今大量的研发资源还是用于机器学习和其他旨在将现有任务自动化的大数据方法上，而不是那些会为工人创造新角色的新产品，当然也就没有新的工作岗位。考虑到用机器人代替工人带来的经济收益，对公司来说这在财务上是划算的。[20] 但是，这会分散研究人员和工程师的注意力，使他们无法从事真正具有突破性的创新。比如说，发明一种新的医护软件或硬件机器人，可以帮助患者术后在家中进行康复治疗，而不是只能在医院进行，这样就有可能为保险公司节省大量的资金，并且改善人们的健康状况，创造新的工作机会。但如今，保险公司在自动化方面的大部分工作都集中在研究可自动批准保险索赔的算法上。这样做虽然能省钱，但也破坏了就业。对现有工作的自动化的强调,增加了当前创新浪潮对工人造成巨大伤害的可能性。

不受约束的自动化可能对工人不利,这也是大多数无论左右两派的美国人的直觉。值得一提的是,共和党与民主党在民意调查中一致反对由公司自己来决定自动化的程度。85% 的美国人支持将自动化限制在"危险和肮脏的工作"上,在这一点上,民主党人与共和党人之间没有区别。即使以更明确的政治方式提问,"哪怕机器比人类更好、更便宜,是否应该限制企业可以用机器代替的工作数量",58% 的美国人,包括一半的共和党人,都回答"是"。[21]

这种自动化力量加剧了一个始终令人担忧的问题。当一个工人被解雇时,该公司已经与他无关,但是社会承担着让他继续受雇的责任。社会不希望他挨饿或家人无家可归,而是希望他能够找到另一份自己喜欢的工作。我们担心他的愤怒,特别是,如果这种愤怒变成了投票支持当今世界上许多潜在的极端主义者时。一旦公司不必为下岗工人的再培训和福利金掏腰包,社会就要为工人的愤怒付出代价。

这种观点一贯被用来说明解雇工人的艰难之处。一些国家的劳动法,比如印度,几乎不可能解雇大公司中的任何人。其他国家,例如法国,则让事情变得既困难又不确定。工人可以提起上诉,并可能需要赔偿工资。这种解雇成本带来的问题是,当一个经理人面对业绩不佳的工人,或者说为了企业生存而迫切需要缩减规模时,他们会感到非常棘手。其结果就变成解雇成本从一开始就妨害了雇用，从而加剧失业状况。①

在某些行业中，限制解雇或禁止使用机器人的替代方法是对机器人征税，税费应该足够高，以防止企业使用机器人，除非有足够的生产率提升。这是经过认真讨论的。比尔·盖茨推荐这种做法。[22] 2017 年，欧洲议会考虑了这个办法，但最终以扼杀创新为由否决了"机器人税"的提案。[23] 但大约在同一时间，韩国推出了全球首个机器人税。韩国计划降低对自动化投资企业的税收补贴，并将其与外包税结合在一起，从而保证对机器人的税收不会导致业务外包。[24]

问题在于，尽管禁止自动驾驶汽车很容易（不管这是否是个好主意），但大多数机器人看起来并不像是《星球大战》中的 R2–D2。它们通常被嵌入到仍然由人类操作的机器中，只是这样的操作员会越来越少。监管者要如何确定机器设备和机器人的分界线呢？征收机器人税可能会驱使公司寻找新的解决方法，从而进一步扭曲经济。

出于某些原因，我们怀疑当前使用机器人代替人类行为的趋势，对本已萎缩的低技能工人的理想工作造成的损失是无法阻挡的，这种情况首先会出现在富裕国家，但很快就会蔓延到世界各地。这将或多或少地加剧行业变动，以及我们在前面各章中描述的其他变化对大多数发达国家工人阶级的影响。这可能会导致失业率上升，或

---

① 比如，让·梯若尔和奥利维尔·布兰查德（Olivier Blanchard）曾经提出，解雇结果的不确定性实际上可能加剧失业。详见《失业保险与就业保障的优化设计：第一关》（The Optimal Design of Unemployment Insurance and Employment Protection: A First Pass）一文，该文为美国国家经济研究局 2004 年 10443 号工作文件。然而，那些放松就业保护的欧洲国家似乎并没有降低失业率。总体而言，二者似乎没有关系。详情请参考《劳动市场规则：动机、措施、效果》（Labor Market Regulations: Motives, Measures, Effects）一文，载于《国际劳工组织、劳动条件与就业》杂志 2009 年第 21 期。

者收入大幅下降，以及工作的不稳定。

这种观点深深地困扰着那些感到对此负有责任，并受其威胁的精英们。这就是为什么硅谷会流行全民基本收入的想法。然而，大多数人倾向于认为，由机器人引起的绝望将会是未来的一个问题，那时候技术已经有了更长足的进步。但是，在许多国家，不平等现象日趋严重和加剧的问题一直困扰着我们，而在美国，这一问题更是无处不在。美国最近这三十年的情况应该使我们相信，不平等的发展不是我们无法控制的技术变革的副产品，而是政策的结果。

自己造成的伤害

到了 20 世纪 80 年代，不仅美国和英国的经济增长低于它们的惯常水平，而且它们还感到欧洲大陆和日本正在迎头赶上。增长成为关系到民族自豪感的问题。重要的是不仅要增长，而且要赢得与其他富国的"竞争"。经过数十年的快速增长，民族自豪感的定义变成了 GDP 的规模及其持续增长。

对于英国的玛格丽特·撒切尔（Margaret Thatcher）和美国的罗纳德·里根（Ronald Reagan）来说，造成 20 世纪 70 年代后期经济低迷的原因一清二楚（尽管我们现在知道，当时他们确实摸不着头脑）。这些国家向左派偏移得太远了——工会太强大，最低工资太高，税收太繁重，监管太霸道。想要恢复增长，就要对企业主好一点，采取降低税率、放松管制和解散工会的办法，同时减少国民对政府的依赖。正如我们之前提到的那样，为了避免灾难而把税率定得比较低的想法是最近才出现的。在美国，1951 年到 1963 年的最高边际税率超过 90%，尽管此后有所下降，但依然很高。在里根总统和乔治·H.布什总统的领导下，最高税率从 70% 下降为不到 30%。比尔·克林顿（Bill Clinton）提高了一些，但也只有 40%。在那以后，随着民主党人与共和党人轮流担任美国总统，税率上下波动，不过始终没有超过 40%。最初在里根执政期间，然后在克林顿治下更为严重的一个情况是，较低的税率伴随着"福利改革"（换句话说，就是削减福利）。从原则（穷人必须承担更多责任，因此福利必须变成工资）和预算外强制性（由于税收减少）上来说，这么做都是有道理的。通过改变法律和直接利用国家权力进行打击，让工会陷入了窘境（一个很著名的例子是，里根号召军队反对航空管理员的一次罢工）。自此以后，工会的会员人数一直在下降。[25] 管理条例不再像从前那样具有限制性，并达成了一个新的共识，即必须要有一个非常有说服力的理由，才能允许"政府采取高压手段"干涉商业运行。

英国也出现了类似的情况。最高税率从 1978 年的 83%，下降到 1979 年的 60%，然后又下降到 40%，此后一直维持这种水平。战后（同样）非常强大的工会被坚决镇压——1984 年的矿工罢工是撒切尔夫人统治的决定性时刻——并从此一蹶不振。尽管青睐制定法规的欧洲一体化限制了这个趋势的发展势头，但是放松管制已经成为常态。英美之间的一个差别是，英国从来没有尝试进行重大的福利削减（撒切尔夫人显然想这样做，但是内阁的同事劝阻了她）。在撒切尔时代，公共支出确实从 GDP 的 45% 下降到了 34%，但在随后的政府领导下又有些上升。[26]

之所以会发生这种根本性变化，可能与增长放缓带来的焦虑有很大关系。尽管当时没有证据表明，针对富人的大幅减税措施会促进经济增长（我们仍在等待美国和英国所承诺的实现经济好转），但证据本身是否存在更说不清楚。因为从 1973 年开始，增长就停止了，最自然的反应是批评 20 世纪 60 年代和 70 年代的凯恩斯主义宏观经济政策，例如（右倾的）芝加哥经济学院的教授们，以及诺贝尔奖获得者米尔顿·弗里德曼（Milton Friedman）与罗伯特·卢卡斯。

在这一时期占主导地位的经济学被称为里根经济学（Reaganomics），深信增长是以不平等作为代价的。这一理论背后的想法是，富人首先受益，而穷人最终受益。这就是著名的涓滴理论（trickle-down theory）。哈佛大学教授约翰·肯尼思·加尔布雷思（John Kenneth Galbraith）对其做出过最佳阐述，他说这就是 19 世纪 90 年代的"马和麻雀理论"："如果你给马足够的燕麦吃，总有些燕麦撒在地上可以让麻雀吃。"[27]

事实上，20 世纪 80 年代美国和英国的社会契约发生了巨大变化。自 1980 年以来，所有的经济增长，无论是出于何种意图和目的，都被富人所攫取。里根经济学，或者它的英国版本，应该对此负责吗？

大逆转

20 世纪 80 年代，尽管增长仍然低迷，不平等却加剧了。通过托马斯·皮凯蒂（Thomas Piketty）和伊曼纽尔·赛斯辛勤出色的工作，全世界的人才知道发生了什么事：1980 年正是里根当选的那一年。几乎是在这一年，美国最富裕的 1% 的人占有的国民收入比重，扭转了 50 年来的下降趋势，开始不断攀升。1928 年，在"咆哮的二十年代"即将结束时，最富裕的 1% 的人拥有国民收入的

24%，而 1979 年的比例大约是前者的 1/3。到了 2017 年，也就是本书最后统计的一年，该比率几乎回到了 1929 年的水平。收入不平等的加剧伴随着财富不平等的加剧（收入是年收入，财富是他们累积的财富），尽管财富不平等还没有达到 20 世纪 20 年代初的水平。美国前 1% 的富人的财富占比从 1980 年的 22% 上升到 2014 年的 39%。[28]

英国的故事极其类似。就像在美国一样，转折点很接近撒切尔夫人上任的 1979 年。收入最高者的财富占比从 1920 年开始稳步下降，1979 年以后，出现了类似的上升趋势，直到 2009 年的全球金融危机将其短暂地中断。与美国不同的是，英国的不平等程度尚未回到 20 世纪 20 年代的水平，但也相差无几。[29]

在欧洲大陆，模式则截然不同。1920 年之前，法国、德国、瑞士、瑞典、荷兰、丹麦的最高收入人群的财富占比与美国或英国的收入占比相差无几。但是从 1920 年以后的某个时间开始，不平等现象在所有这些国家中减弱了，就像当时的美国一样，但与美国不同的是，这些国家保持了这种状态。其间经历了起起伏伏，如瑞典实际上从 20 世纪 80 年代开始出现了大幅上升，但相比美国标准来说，还是小巫见大巫。[30]

这些数据是税前的，即在富人缴纳税款、穷人接受转移分配之前，因此，并没有考虑从富人到穷人的二次分配。由于美国的税率下降，我们可以设想 1979 年后的税后不平等比税前还严重。在美国于 1986 年通过《税收改革法案》后，确实出现了一些好转，但总的来说，税前和税后收入占比曲线还是并行的。[31] 税收对于再分配很重要，但不平等的加剧是一种远比机械化的再分配不足更为深刻的现象。

同时，1980 年前后，工资停止增长，至少对于教育程度最低的人群而言是如此。经过通货膨胀的调整后，美国非管理人员的平均时薪在 20 世纪 60 年代和 70 年代上升，在 70 年代中后期达到顶峰，然后从里根－布什时期逐渐下降，然后又缓慢回升。其结果是，2014 年的平均实际工资并不比 1979 年的更高。在同一时期（从 1979 年到今天），受教育程度最低的工人的实际工资是下降的。在高中辍学、高中毕业和有大学学历的人中，2018 年男性全职员工的实际每周收入比 1980 年的水平低 10% 到 20%。[32] 如果降低税率像其倡导者所声称的那样有涓滴效应，里根－布什时期的工资本应该加速增长。但实际发生的事情恰恰相反。20 世纪 80 年代以来，劳动份额（用于支付工资的收入份额）一直在下降。在制造业中，1982 年时，几乎有 50% 的销售额用于支付工人工资；到了 2012 年，这个数字已经下降到 10% 左右。[33]

这种大逆转发生在里根和撒切尔的时代或许并非偶然，不过我们也没有理由认为里根和撒切尔是造成这种情况的原因。他们的当选也是当时政治的一种征兆，主要是对增长结束的担忧。就算他们输了，其他人赢了，大概也会沿着相同的道路走上一段。

更重要的是，人们无法先验地认为，里根－撒切尔政策是不平等加剧的主要原因。对这一时期实际情况以及政策的明显影响的研究，到今天为止依然是经济学界的一个热门争论课题，其中有些人（如托马斯·皮凯蒂）直言不讳地指责政策的变化，而大多数经济学家则强调经济的结构转型以及特殊的技术变化也是重要原因。[34]

这个问题之所以不容易回答，也因为当时是世界经济发生重大变化的时期。1979 年，中国开始改革开放。1984 年，印度开始迈向自由化。最终，这两个国家成为世界上最大的两个市场。在此期间，世界贸易相对于世界 GDP 增长了约 50%，[35] 我们在第三章讨论过其结果。

计算机的出现是这个时代的另一个特征。微软成立于1975年。1976年，苹果第一代电脑Apple I上市，1977年，Apple II热销。IBM（国际商业机器公司）在1981年发布了其第一台个人计算机。此外，在1979年，NTT（日本电报电话公司）在日本推出了第一个广泛应用的手机系统。2018年8月，主要依赖其出色的手机销售业绩，苹果公司成为第一家市值达到万亿美元的公司。

技术变革和全球化在多大程度上解释了美国和英国式的不平等加剧？政策，特别是税收政策，在多大程度上能够发挥作用？

随着计算机的出现，其他技术也发生了变化。正如罗伯特·戈登所说，从蒸汽机引发革命的意义上来说，计算机可能不是一场革命。但就像蒸汽机及其钟爱的后代内燃机一样，计算机终结了很多工作。现在没有人可以靠当打字员为生了，除了三个看不出年纪的孤独男子，坐在阿比吉特·班纳吉在加尔各答的家附近的一棵树下，只给一笔微薄的收入，就会敲下你的名字并录入到政府签发的文件中。剩下的速记员也很少了。即便在白宫，他们的日子也所剩无几了。而且这种技术进步在很大程度上针对的是那些能力有所欠缺的人。

这种带有技能偏见的技术变革清楚地说明，接受大学教育的回报正在增加。[36] 除非我们认为最富有人群的技能发生了根本性的改变，否则这依然不能解释收入分配最上层所发生的事情。通常我们认为，技能会随着教育程度和工资水平的提高而相对增长。因此，如果最高收入者带来的不平等的激增只是因为技术进步所致，那么工资分配的增加不仅应该针对超富裕人群，还应该针对普通的富裕人群。但实际上，那些年收入在10万至20万美元之间的人，其工资增速仅比平均水平稍快，而那些年收入超过 50 万美元的人，其收入却呈爆炸式增长。[37]

这说明技术的合理变化很难解释最高阶层收入极其快速的增长，也无法解释美国与欧洲大陆的区别，因为所有富裕国家的技术变革都是相似的。

"赢者通吃"？

但是，技术也改变了经济组织。高科技革命中许多最成功的发明都是"赢家通吃"的产品。全世界的人都在用脸书时，在聚友网上停留是没有意义的；除非有人转发你的推文，否则使用推特也毫无意义。技术创新还改变了现有的行业，并通过以前通常没有的行业（如客服或物流）获取巨大收益。举例来说，如果驾驶员知道所有乘客都使用特定的乘车共享平台，那么他们也会选择入驻该平台。相反，如果乘客知道所有驾驶员都使用特定的平台，他们也就会使用该平台。这些网络效应在一定程度上解释了谷歌、脸书、苹果、亚马逊、优步、爱彼迎这类大型科技公司的主导地位，同样也解释了沃尔玛和联邦快递等"旧经济"能够成为庞然大物的理由。此外，需求的全球化增加了品牌的价值，因为富有的中国和印度用户现在渴望获得相同的商品。能够在脸书上浏览、比较和炫耀，使消费者更加了解商品的价格和质量差异，对时尚也更加敏感。

其结果是经济上的赢家通吃（即使不是全部，也是大多数），其中少数公司占据了很大一部分市场。正如我们在有关增长的章节中所看到的那样，在许多领域，销售变得更加集中，并且我们看到了"超级巨星公司"的主导地位。在更加集中的领域，用于支付工资的收入份额下降得更多。这是因为那些垄断或接近垄断的公司获得了更多的利润,并且更愿意将其分配给股东。所以,集中度的提高有助于部分地解释,为什么工资不能与 GDP 保持同步增长。[38]

此外,超级巨星公司的兴起解释了整体工资不平等现象加剧的原因:一些公司的利润比其他公司高得多,因此它们支付的工资也更高。而与以往相比,收入能力的区别也更大,因为即使在超级巨星公司的集团之外,我们也更容易辨认出谁是赢家,谁是输家。[39] 实际上在美国,不同公司之间平均工资差距的增加,可以用来解释不平等加剧中 2/3 的情况(同一家公司内,员工之间不平等的增加可以解释其余的情况)。企业之间不平等的增加很大程度上可以归因于员工改变了自己服务的对象:低薪企业中薪资最高的人,前往能够支付更多薪水的企业。如果我们假设较高的收入反映了较高的生产率(平均而言这或许是真的),那么生产率更高的人正越来越多地联手其他高生产率的人。[40]

这与超级巨星公司既吸引资本又吸引优秀员工的理论是一致的。[41] 如果更多的高生产率员工从与其他高生产率员工的联手中得到更多的好处,那么市场就会驱使这些人聚集在一起,组建高生产率的公司,从而让他们的薪资水平比其他公司高出更多。一旦公司拥有这么一大批人才,该公司首席执行官的作用就非常明显了,如果他将员工引向错误的道路,他将浪费大量的生产能力。因此,这类公司为了能够争取到最好的首席执行官,会向他/她支付在外人看来匪夷所思的薪水。[42] 在这种情况下,最高收入者的收入增长只是超级巨星公司崛起的另一种表现,这些公司渴望获得最好的高层管理人员,并愿意为此付出高额的薪水。

经济的黏性也加剧了企业之间的不平等。随着某些行业的生产集中在超级巨星公司，该行业遍布全国各地的其他公司只能关门（想想本地的百货商店与亚马逊），更不用说那些由于新技术或贸易的影响而关闭的公司。由于员工不搬家，受影响地区的工资增长和租金将趋于平稳，或者出现倒退。对于那些幸存下来的公司来说，这是个好消息，如果它们的客户在其他地方则更是如此。由此产生的良好业绩可能让这些公司接受更多的投资，但可能尚不足以阻止该地区的整体下滑。换句话说，好公司与坏公司之间的区别，可能部分纯粹是因为偶然。如果一家公司身处经济下行的地区，只要能够幸存，并继续和国内或世界做生意，那么它至少可以在一段时间内做得很好，直到这些地方的人才全面流失为止——随着年轻的、富有志向的人离开本地，并造成伤害。

换句话说，全球化和信息技术产业的兴起，加上经济的黏性，以及肯定要包括在内的，其他重要但更多是地方性的变化，创造出一个由好公司与坏公司组成的世界。这个世界反过来加剧了不平等。在这种观点来看，这些事情可能是不幸的，但或许无法阻止。

在丹麦，有些事情尚未发生

但是，赢家通吃不能作为不平等现象加剧的全部解释。

就像带来技能歧视的技术进步一样，如果这种解释适用于美国，也应该一样适用于丹麦。但事实并非如此。与美国一样，丹麦是一个资本主义国家。在20世纪20年代，该国收入最高的1%的人占超过20%的收入比例，这和美国相同。但是当这个比例开始下跌后，就始终保持在低位，现如今徘徊在5%左右。[43] 丹麦虽然是一个小国，但它拥有许多大型和知名的公司，包括航运巨头马士基、精美的消费电子产品制造商 Bang & Olufsen 和乐堡啤酒厂。但该国的最高收入从未飞涨。西欧的许多国家和日本等也是如此。[44] 这些国家和美国有什么不同呢?

部分答案是金融。美国和英国主导着金融的"高端",包括投资银行、垃圾债券、对冲基金、抵押贷款担保的证券、私募股权、量化交易等——这是近年来许多天文数字收益的源头。哈佛商学院的两位金融教授估计,使用金融市场中介的投资者每年将其总投资的 1.3% 支付给其基金经理,相当于投资者在为自己退休生活做储蓄的 30 年时间里,将最初投资资产的 1/3 交给该经理。[45] 这已经不少了,但与管理代表高端金融的对冲基金、私募股权基金和风险投资基金的人相比,根本算不上什么。在上述情况下,你必须向经理人支付投资额的 3% 到 5%,而且是每年。因为总体投资额一直在稳定增长,也就难怪有些经理人变得非常富有了。

现在,金融部门的雇员比其他能力相当的雇员的工资高 50%~60%。但是在 20 世纪 50 年代、60 年代或 70 年代,情况并非如此。[46] 最高收入占比变化的一个主要原因就是这一类收入的增长。1998 年至 2007 年期间的英国是最受金融影响的大型经济体,其金融行业的雇员,虽然人数仅占收入前 1% 人群的 1/5,却占据该人群收入增长的 60%。[47] 在美国,从 1979 年到 2005 年,金融专业人士在最高收入人群中的占比几乎翻了一番。[48] 在法国,金融仍然主要是银行业和保险业,因此绝对而言,不平等的加剧情况要弱很多。从 1996 年到 2007 年,1% 的人口中最富有的 1/10 的国民收入所占比例从 1.2% 上升至 2%(金融危机期间有所下降,但到 2014 年已部分恢复[49]),据估计,其中大约一半的增长是由于金融收益的增加。[50]

超级明星的故事不太适用于金融业,金融不是团队运动。可以说，这是一个以单个天才人物为标志的行业，这些人可以发现当前正在影响市场的特殊非理性行为，或者可以先于其他人找到下一个谷歌或脸书。但是，很难解释为什么金融部门的一位普通经理能够年复一年地获得高额报酬。实际上，在大多数年份里，主动管理型基金的表现并不比仅复制股市指数的被动型基金更好。实际上，平均而言，美国共同基金的表现甚至不如美国股票市场[51]——它们似乎只有天才的说辞，而不是天才本身。向金融部门雇员支付的大部分保费几乎肯定只是纯粹的租金，也就是说，某人获得回报不是因为才华或辛勤工作，而只是因为幸运地从事这份特定的工作。[52]

与第五章中讨论的穷国的政府工作所带来的租金相似，这些租金扭曲了劳动力市场的整体运作。2008年的全球危机，很大程度上是由金融玩家们的不负责任和无能共同造成的。随后的一项研究报告称，哈佛大学毕业生中有28%的人选择了金融工作，[53]而1969年和1973年这个比例仅为6%。[54]我们担心这个问题的原因是，如果某些工作支付了与其用途无关的溢价，例如基金经理因无所作为而赚了大笔费用，或者聘用许多才华横溢的麻省理工学院工程师和科学家编写以毫秒计的股票交易软件，那么有用的人才就失去了在能够为社会做更多有益事情的公司里工作的机会。更快的交易或许是有益的，因为它允许交易者对新信息做出更快的反应，但是考虑到之前的反应时间已经是几秒钟或更短，认为这么做能以任何有意义的方式改善经济中的资源分配，似乎是不切实际的。雇用最聪明的人可能是金融公司营销自己的有效方式，但如果该公司没有做任何有用的事情，那么对于世界来说，这些人才就等于流失了。而在一个更理智的世界中，他们本可以写下一部伟大的交响曲，或治愈胰腺癌。

此外，还有另一个问题。大公司的首席执行官的薪水和奖金由董事会的薪酬委员会确定，这些委员会会参考同类公司首席执行官的薪水。这一点会传染：如果一家公司（如金融公司）开始向其首席执行官支付更多薪水，其他没有这个想法的金融公司也会觉得它们必须这样做，以保证能够聘用最佳人选。否则它们的首席执行官在跟这些首席执行官打高尔夫球的时候，会觉得自己被低估了。而帮助首席执行官整理"对标"公司的顾问，非常善于选择薪水特别高的样本。高企的金融行业薪资也往往会影响到整个经济。使用薪资比较作为增加薪酬的谈判手法早就不限于大公司，甚至不限于营利部门。

不仅是在金融行业，世界各地的首席执行官都非常努力地让他们认为可以控制的人（或只对董事收入感兴趣的人）进入董事会，这么做对世界没什么好处。这样做的结果是，首席执行官们常常因纯粹的好运气而获得回报。当公司的股票上涨时，哪怕是出于纯粹的偶然（例如，全球原油价格上涨，汇率对公司有利），他们的薪水也会增加。有一种情况是例外（在某种程度上证明了上述规律），即在有一个大股东担任董事会成员（并且保持警惕，因为那是他自己的钱）的公司，首席执行官只有更多地通过真正的生产管理，而不是幸运，才能获得报酬。[55]

如果所有人都认为，首席执行官的薪酬只跟股东利益相关，那么股票期权可能导致首席执行官的薪水飞涨。此外，将管理人员的薪酬与股票市场挂钩，意味着管理者的薪酬不再与企业内部的薪资表挂钩。如果大家都在一张表上，首席执行官们想要增加自己的薪水，就必须增加底层员工的薪水。而有了股票期权，他们就失去了提高最低工资的理由，并且实际上拥有了压缩成本的充分理由。家长制曾经是大公司要求员工忠诚，但同时照顾员工的特征。现在，这种待遇只限于软件公司的精英员工，并通过免费食品和干洗衣物之类的形式表达，以换取更长的工作时间。

丹麦问题的一种回答可能是，金融在英国和美国比在欧洲大陆上更具统治力，对于这些国家的精英毕业生来说，或许也是更具吸引力的选择。[①] 与此相关的是，股票期权（更普遍地说，是与股票市场相关的补偿）更可能在盎格鲁-撒克逊的世界中使用，因为那里有更多熟悉股票市场的人和更多进行股票交易且具有一定规模的公司。

高税率和文化改变

正如托马斯·皮凯蒂所说，低税率也可能在其中发挥了作用。当最高收入者的税率达到或超过 70% 时，企业更有可能认为支付高额工资是浪费他们的钱，从而削减最高工资。在这种税率下，董事会面临一个严峻的权衡：当面临 70% 的边际税率时，是给经理人 1 美元的薪水，而他最终到手的只有 30 美分，还是给企业留下 1 美元的收入？这令首席执行官的薪水大打折扣，而董事会可以选择以其他更便宜的"货币"向首席执行官支付薪水，如允许他推进自己想做的项目。可能这并不总是股东想要的（他们希望获得更高的利润，而不是企业规模）——20 世纪 60 年代和 70 年代的经济学家一直在关注管理者建立帝国的想法，但对工人或整个世界可能会更好。例如，首席执行官可以优先考虑发展公司，和员工搞好关系，

[①] 沙尔夫斯泰因（Scharfstein）和格林伍德（Greenwood）的研究表明，在欧洲大陆的大多数国家，金融业在经济中所占份额在 20 世纪 90 年代和 21 世纪第一个十年没有增长多少，甚至有所下降。具体请参考二人合著的《金融的增长》一文，该文索引信息如下："The Growth of Finance," Journal of Economic Perspectives 27, no. 2 (2013): 3–28.

或研发一些对世界有益，对股价未必有利的新产品。为了让他们的首席执行官满意，股东可以容忍这些。甚至这可以部分解释，当执行最高税率时，员工的工资依然上涨的原因。

因此，20世纪50年代和60年代极高的最高税率（仅适用于极高的收入）的意义不在于"剥夺富人"，而是"消除"最高收入。几乎没有人最终支付需要按最高税费扣税的收入，因为那些非常高的收入几乎都消失了。[56] 而当最高税率降至30%时，超高薪水才再次变得具有吸引力。

换句话说，较高的最高税率实际上不仅可以减少税后的不平等，而且可以减少税前的不平等。这很重要，因为正如我们已经讨论的那样，近十年来欧美之间的不平等差异很大一部分原因是税前的不平等。还有一些证据表明，最高税率的下降可能与下述情况有关：从1970年至今，在国家层面上，最高税率削减幅度与不平等加剧之间存在密切的相关性。最高边际税率一直居高不下的德国、瑞典、西班牙、丹麦和瑞士，但其国内的最高收入占比并没有急剧增加。相比之下，美国、爱尔兰、加拿大、英国、挪威和葡萄牙大幅降低了最高税率，同时最高收入占比出现了大幅增加。[57]

但是，除了税率以外，也可能是文化变革创造了可以接受高薪的美国社会。毕竟，如果我们对他们主要靠租金获得收入的判断是正确的，那么金融界人士该如何说服他们的股东和全世界，他们可以因为自己的服务获得如此高的报酬？

在我们看来，支撑里根－撒切尔革命的激励机制的叙事，使相当一部分普通收入者（以及大多数对此有疑问的富人）相信这些天价工资是合法的。低税率是一种征兆，但意识形态的转变则更加深远。只要是自己"赚取"的钱，富人们就可以继续向自己支付更多花不完的钱，同时不会引起任何麻烦。许多经济学家无条件地热衷于激励，因此在传播和将这种叙述合法化上面，发挥了关键作用。正如我们所看到的，尽管许多经济学家不反对全面提高税收，但今天他们仍然支持首席执行官拿高薪。这种叙事已经蔓延开来：即便美国和英国的许多人对自己当下的经济状况明显不满，但往往将罪魁祸首归咎于移民和贸易自由化，而不是超级富人对资源变本加厉的攫取。

问题是，高额的实得薪水对于鼓励最具生产力的人的全情投入，并为其他人创造繁荣是必不可少的，这个基本假设正确吗？税收对富人努力程度的影响，我们又了解多少呢？

两个足球联赛的故事

欧洲是一个比美国更平等的社会，税前收入的不平等程度更低，税负更高，税收累进程度也更高。但有一个有趣的例外：顶尖运动员的收入。美国的职业棒球大联盟（Major Baseball League）实行奢侈税，如果球队的工资总额超过一定数额，就将对其处以罚款。一个球队在五年内首次超过奢侈税门槛的，将处以超过门槛金额 22.5% 的罚款，对屡犯者的最高罚款为超额部分的 50%。美国大多数其他主要体育联盟（美国职业橄榄球大联盟，美国职业篮球联赛，美国职业足球大联盟等）都有工资帽（工资限制条款）。2018 年美国职业篮球联赛的球队可以支付的最高金额为 1.77 亿美元。但是，2018 年阿根廷足球运动员梅西（Lionel Messi）所在的巴塞罗那俱乐部向他支付的总额为 8 400 万美元，远高于美国的水平。

职业运动的工资帽很难被视为某种北欧理想主义的产物。显然，工资帽存在的主要理由是控制成本。球队拥有者这样做是为了限制分配给球员的收益，这也意味着增加他们自己的收入。这么做的优点是，它可以确保球队之间一定程度上的平等，使得观看赛季比赛变得更加有趣，而这也正是设定工资帽的明确原因。无限的金钱会造成太多的不平等，导致一个联盟中只有极少数的球队真正拥有获胜的机会。在欧洲，主要的足球联赛都没有工资帽。一些球队（例如英超的曼城、曼联、利物浦、阿森纳和切尔西）花费的资金远远超过其他球队，并享有无可争议的支配地位。它们的统治力如此之强，以至于2016年莱斯特队夺得英超联赛冠军的概率是1/5 000，低于发现猫王还健在的可能性。当这家俱乐部出乎所有人意料夺冠时，庄家总共损失了2 500万英镑。

在美国，很多人反对工资帽。《福布斯》杂志将其描述为"非美国的"，认为"基于资本主义制度，花在员工身上的钱（也就是运动员在职业体育中得到的钱）应该基于绩效，而不是受制度的束缚"。[58]球员自然也讨厌工资帽，并对此表示不满，还进行过多次罢工以示反对。但有趣的是，没有人提出，如果多给球员一点（或很多）的报酬，他们就会变得更加努力。每个人都相信，追逐奖杯就足够激励他们了。

胜利不是一切[59]

普遍来说，职业运动员的真实情况，也是富人的真实情况。

对富人征税的问题在2018年底成为美国政治讨论的中心议题。如今，亚历山大·奥卡西奥－科尔特斯（Alexandria Ocasio-Cortez）建议将最高边际所得税提高至70%以上，伊丽莎白·沃伦（Elizabeth Warren）呼吁建立累进的财富税，税收政策已经成为

2020年总统大选的关键问题之一。

考虑到所得税作为政策问题的长期重要性，有许多研究着眼于人们在所得税增加时是否停止工作也就不足为奇了。经济学家赛斯和他的同事对文献进行权威研究得出的结论是，最高税率确实会带来逃税和避税，但对实际工作并不会造成影响。[①] 例如，1986年里根的减税导致个人可征税收入一次性大幅增加，但很快就迅速下降了。这表明可征税收入的增加主要是因为人们将他们以前隐藏的收入纳入了（现在更友好的）税收网络，而不是他们因为更努力工作增加了收入。在那些税收适用于所有收入（不区分投资收入、劳动收入或"房地产经纪人的中介费"），所以不容易钻空子的国家里，可征税收入（及其代表的实际工作表现）对税收并不敏感。

这应该是有道理的。对于顶级运动员而言，正如著名美国橄榄球教练文斯·隆巴迪（Vince Lombardi）所说："胜利不是一切，而是唯一。"就算税率提高，他们也不会有丝毫懈怠。那些身怀抱负的顶级首席执行官恐怕也是如此。

那么，最好的公司想要最好的经理，并愿意为他们付出高价的观点又如何呢？如果税收很高，他们能做到吗？答案是肯定的。当政府要拿走70%的收入时，最好的首席执行官还是会前往收入最高的地方，这一点不会改变。只要所有公司面对相同的税率，最高薪的工作仍然是最高薪的工作。

[①] 我们在本节和下一节讨论的大量内容借鉴了托马斯·皮凯蒂、伊曼纽尔·赛斯和加布里埃尔·祖克曼的著作。想要了解得更深的读者，请阅读哈佛大学出版社于2014年出版的、皮凯蒂所著的《21世纪资本论》一书；芝加哥大学出版社于2015年出版的《隐藏的国家财富》（*The Hidden Wealth of Nations*）一书以及赛斯和祖克曼即将出版的《不公正的胜利》（*The Triumph of Injustice*）一书。

不过，较高的最高边际税率可能会减少最挣钱，但却不一定对社会有益的职业（例如金融业）的诱惑。失去了高额实得工资的吸引力，有抱负的高层管理人员可能更喜欢去生产力最高的地方，而不是去赚钱最多的地方。2008 年危机带来的一线希望是，它减少了金融部门对最有才华的人的吸引力。一项针对麻省理工学院毕业生职业选择的研究发现，与 2006 年至 2008 年之间毕业的人相比，2009 年毕业的人选择金融的可能性要低 45%。[60] 这可能会促成更好的人才分配，并且由于金融业的薪资水平一定程度上会影响到其他领域，这样也可以进一步降低收入不平等。

因此，总的来说，在我们看来，仅适用于超高收入的高边际所得税率，是限制最高收入不平等现象激增的极其明智的做法。这些人不会被盘剥，因为最终很少有人会支付这笔税费。高级管理人员根本不会再要求这类高收入。从我们的角度来看，这么做也不会损伤任何人的工作态度。在一定程度上，可能会朝着积极的方向发展，影响人们的职业选择。这并不是要否认结构性经济变革的重要性，但这种结构性变革使受教育程度较低的人越来越难以获得成功，即使在剩下的 99% 的人中，也会导致不平等现象的加剧。[61] 解决这个问题需要其他的办法。但我们可以从消除超级富豪开始（如果你为他们感到难过，那么我告诉你，这么做只是让他们从超级富豪变成普通富豪）。

"天堂文件"

不过，富人肯定会想方设法对增税做出回应，其中一种就是寻找不缴税的办法。

因为没有工资帽，欧洲足球出现了天价工资，从而导致变相激励球员逃税。2016 年，里奥·梅西（Lionel Messi，2017 年的收入超过 1 亿欧元）因共计 410 万欧元的三项税务欺诈罪被判有罪，并被判处缓刑。2018 年 7 月，西班牙政府与克里斯蒂亚诺·罗纳尔多（Cristiano Ronaldo）签署协议，后者同意支付 1 900 万欧元的罚款并被处以缓刑。罗纳尔多被指控犯有四项税务欺诈罪，总金额达到 1 470 万欧元。这笔钱源于 2011 年至 2014 年期间，西班牙境外空壳公司隐瞒的图像版权收入。此外，更多并没有实际逃税的人，也在找寻各种可以少缴税的办法。一项研究通过比较欧洲在不同时间点上调税率的国家发现，当一个国家的税率上升 10% 时，外国球员的数量将下降 10%。[62] 2018 年，为了降低税单，罗纳尔多离开西班牙，前往意大利。

"天堂文件"的曝光，暴露了巴拿马律师事务所摩萨克·丰塞卡（Mossack Fonseca）替全球富豪阶层建立起数以万计的空壳公司，以便逃税的事实。这表明逃税已经变得非常普遍。涉案名单包括了冰岛、巴基斯坦的前总理和英国的前首相。斯堪的纳维亚半岛以诚实闻名于世，那里的个人逃税比例只有 3%，但富人的犯罪情况要比这严重得多。一项研究估计，在挪威、瑞典和丹麦的财富分配榜前 0.01% 的人，逃避了应缴个税的 25% 至 30%。[63]

如果大幅提高税率，逃税也会增多。但问题是，有多少人会这么做？在短期内，肯定会产生实实在在的反应。我们已经在里根减税的例子中提到了这一点。我们期待在税率上升时，看到相反的情况：应纳税收入会急剧下降。因为那些可以隐瞒收入的人会立即采取行动，并且后续影响相对较小。

现象部分原因在于，美国少数政治家和一些经济学家[64]正在推动累进财富税（2019 年，伊丽莎白·沃伦提议对资产超过 5 000 万美元的美国人征收 2% 的财产税，对资产超过 10 亿美元的人征收 3% 的财产税）。这个想法并不新鲜。毕竟，大多数拥有房产的美国人已经为房产价值缴税：他们向市政府缴纳房产税。但这种税是累退的。假设你拥有价值 30 万美元的房产，并支付 1% 的房产税（3 000 美元）。同时你有 27 万美元的抵押贷款，那么你支付的有效金额就是你净资产（3 万美元）的 10%。但如果你拥有 270 万美元的金融资产（这样你的净资产就是 300 万美元），你支付的税额仅占净资产的 0.1%。

财富税将是累进的，适用于所有形式的财富，而不仅仅是房地产。从消除不平等的角度来看，对非常高的财富征税的好处是，这些非常富裕的人不会消耗他们从财富中获得的大部分收入。取而代之的是，他们以股息的形式获取财富收入的一小部分，然后将剩余的收入重新投入家庭信托或任何允许其积累财富的项目中。在大多数国家和地区的现行税法中，富人们并不对返还给信托的金额缴纳任何税款。[65] 这就是沃伦·巴菲特提醒我们注意的，他很少缴纳所得税的部分原因。[①] 如果大多数最高收入者都以这种方式有效地（合法地）免税，那么想要征收用于二次分配的所得税就很难了。此外，税收优惠变得更加复杂了。新财富产生了新的投资收入，出于上述相同的原因，其中大部分都不必再次征税，从而让富人变得更加富有。高额财富税可以解决这个问题。看待这件事的最好办法，不是像财经媒体和政客所说的，将其理解为富人努力做出"回馈"的一种方式，尽管这么想能让富人们感觉良好；这只是确保他们对

---

① 另一方面，投资收益的税率较低。替代财富税的另一种方法是在投资收益尚未被分配时就对其征税，但从技术上讲，这种收益很难计算。

所有收入都缴纳税款的简便且行政上（相对）简单的方法——无论他们如何处理自己的财富：每年拥有 5 000 万美元财富的人平均至少获得 250 万美元的投资收益，对总财富征收 2% 的税（100 万美元），相当于对其收入征收 40% 的税，这并不算过分。

与财产税（在被称为"死亡税"后口碑不佳）不同，财富税的概念非常流行。2018 年，《纽约时报》进行的民意测验中有 61% 的受访者表示赞成，其中包括 50% 的共和党人。[66] 因此，这在政治上也是可行的。然而，在最近几十年中，许多有过财富税的国家都取消了这项税收，同时也很少有国家准备实施它（哥伦比亚是一个例外）。在法国，取消财富税是中间派的马克龙政府在 2017 年当选后的第一个行动。正如我们所看到的那样，这是非常危险的政治举动。取消财富税和试图征收燃油附加费是"黄背心"运动最初的导火索。为了平息事态，马克龙做出了一些让步，但并没有恢复财富税。

财富税在政治上如此难以实施的原因有两个。首先就是有效的游说。高净值人群为各党派政治家的竞选活动提供资金，即使这些人本来就很自由，也很少有人支持财富税。其次，合法或非法避税是很容易的，特别是在欧洲小国，人们可以将其财产转移或存放在国外。这导致了纳税基准的竞争。

但我们不应忽略一个事实，即发生所有上述情况是因为这个世界对逃税行为是宽容的：大多数税法存在漏洞，同时对在国外存钱行为的处罚并没有效果。税法简单、漏洞少的国家，当其税收增加时，因逃税而遭受的损失比美国更少。[67] 加布里埃尔·祖克曼令人信服地指出，许多相对简单的做法都有助于限制逃税和避税行为。他的想法包括：建立一个全球金融注册机构，可以跟踪任何地点的财富（无论财富在何处，都可以对其征税）；改革公司税制，使跨国公司的全球利润锁定在销售发生的地点；更严格地监管那些帮助他人通过避税天堂避税的银行和律师事务所。[68]

只是找到这样一系列措施当然并不足够。想要实施这些政策还需要政治意愿。祖克曼建议的三个举措可能特别棘手，因为它们都涉及国际合作，而且现在那些拥有最高权位的男人（是的，几乎总是男人）似乎没有办法团结起来完成这些事情。如果做不到这些，一些国家可能会为了吸引人才和资金，而参与到低税率的竞争中。比利时、丹麦、芬兰、荷兰、葡萄牙、西班牙、瑞典和瑞士已经引入了针对高技能外国工人的税收优惠计划。例如在丹麦，高收入的外国人在三年内仅需支付 30% 的单一税（丹麦最高税率为 62%）。对于吸引高收入外国人到丹麦，这一招非常有效。这可能对丹麦有利，但对其他国家不利。这让那些国家只能有两种选择，要么减少对最高收入者征税，要么迫使他们离开。[69] 在关于税收竞争的辩论里，这种个人所得税政策设计中存在的国家福利与全球福利之间的紧张关系，同样隐约可见。

问题在于，这些是政治问题，从经济学的角度看，并非找不到解决办法。本书的主旨是强调没有任何经济学的铁律能够阻止我们建设一个更加人性化的世界，但是许多人因为盲目的信仰、自私自利，或者只是单纯因为缺乏对经济学的认识，就宣称这是不可能完成的任务。

联合公民？

严格地从经济效率的角度来看，有证据表明，没有什么能阻止政府制定具有非常高的最高边际税率的累进税收计划。如果丹麦可以对高收入人群征收高额税收，并且国内资本也都没有转移到某个邻近的税收较低的国家，富人也都没有去往爱尔兰（或巴拿马），那么对于像美国这样规模庞大，并且全球一体化程度要低得多的经济体来说，（从严格的经济学角度看）没有什么可以阻止它也这样做。

提高最高税率的困难在于政治。事实上，我们似乎正处于政治和经济权力集中的恶性循环之中。随着富人变得更加富裕，他们更有兴趣也有更多的资源来组织社会，以维持现状，包括资助那些愿意降低最高税率的立法者的竞选活动。美国最高法院对"联合公民"（Citizens United）一案的判决，裁定限制商业机构资助选举活动的条款违反了宪法，从而将金钱在影响选举方面的无限权力正式合法化。

但是很难想象，这种状况可以不受限制地继续下去，并且不会产生巨大的反弹。对高收入者实施高税率确实受到欢迎。投票数据显示，51%的选民支持对收入超过1 000万美元的人征收70%的边际税率。[70] 在我们的调查中，超过2/3的受访者——这些人并不具有特别的自由主义倾向——认为，年收入超过430 600美元（收入排名前1%）的企业家缴纳的税款太少。[71]

在某种程度上，美国最近兴起的民粹主义是这种抗议的开始，其背后是深切的边缘感，一种不论对错、总是精英们在做决定的感觉，而且无论他们做出何种决定，对于路人甲乙来说都不会带来改变。在美国，特朗普尽管拥有财富和精英关系，但他承诺打破以往的商业模式，并因此当选。但是共和党人站在他身后，因为他们相信特朗普和他们一样支持富人，而他确实实施了减税。现在还不清楚这个鱼饵和变脸的游戏在总爆发之前还能玩多久。富人可能最终会认为，为实现真正的繁荣共享做出根本性转变符合他们的自身利益，或者最终通过一种不情愿的方式强加给他们。究其缘由，还是因为不平等的加剧造成了社会焦虑和不满情绪的急剧增加。

"赶上琼斯家"

长期以来，社会科学家一直怀疑人们的自我价值感与他们在所处群体中的地位有关。这些群体包括他们的社区、同行和国家。如果上述属实，那么不平等自然会直接影响人的幸福感。在我们看来这非常合理，但毫无疑问，想要证明这一点很难。比如说，有证据表明，如果给定的收入水平低于本地的平均标准，人们的幸福感就会降低。[72] 但这有可能是因为他们生活的社区物价昂贵，从住房到咖啡，所有花费都更高。换句话说，对事实的解释可以不涉及不平等。

挪威最近进行的一项研究表明，人们对自己在收入分配中所处地位的认识越多，他们的幸福感就越依赖于收入程度。[73] 在挪威，税收数据已经公开发布多年，但这些记录保存的形式是纸质副本，因此很难获得。到了 2001 年，这些数据放到了网上，人们只需要上网点击几下鼠标，便可以看到邻居或朋友的数据。这种现象非常普遍，每个人似乎都明确地知道自己在什么位置上。这些数据上线后，我们立即发现，穷人变得更沮丧，而富人变得更幸福。意识到自己的收入地位，确实会影响人们的幸福感。

在某种意义上，我们都生活在某种形式的挪威实验中。就像我们被互联网和媒体上的他人生活所震动一样，固执地想要对这个世界正在前进的情况充耳不闻是不可能的。事情的另一面是，我们有一种冲动向世界宣告我们也能够"赶上琼斯家"，如果可能的话，要比他们过得更好。这是"炫耀式"消费背后的逻辑，旨在彰显自己的身份。在最近的一项实验中，一家印尼银行向一些高收入的客户（主要是城市人口和中产阶级）提供了新的白金信用卡。[74] 在对照组中，客户收到的是现有信用卡的升级邀请，除了卡片的外观不同，享受的所有优惠和白金卡一样。尽管客户们都知道这些卡具有完全相同的优惠，但这并不能阻止他们更喜欢白金卡。收到白金卡的人当中有 21% 愿意使用它，相比之下，只有 14% 的人愿意使用外观普通的信用卡。

有趣的是，当人们自我感觉良好时，炫耀的欲望会减弱。实验人员发现，只需让人写一篇简短的文章来讲述自己感到骄傲的时刻，就可以减少他们对白金卡的需求。这导致了一个恶性循环，即经济上糟糕的人特别渴望通过某种没有意义的（并且难以负担的）购买行为来证明自己的价值，而信用卡行业也准备好了提供这样的服务，当然，他们的收费可不便宜。

美国人的噩梦

美国人还有另外一个属于自己的特殊情况。接受着"美国梦"的灌输、吃着早餐麦片的美国人倾向于相信，尽管他们的社会并不平等，但无论如何，努力总有回报。在最近的一项研究中，研究人员询问了美国和一些欧洲国家的人们对社会流动的看法。[75] 当被问及"如果我们将 500 个家庭（按经济状况）分为 5 组，每组 100 个家庭，那些最贫困组的父母所生的孩子中，有多少人将留在本组，有多少人可以向上提升一组、两组及至最富裕的那组？"时，美国人的回答比欧洲人更为乐观。他们认为，100 个贫困儿童中，有 12 个将进入最富有的那组，只有 32 个人将留在贫困组。相比之下，法国人认为，100 个贫困儿童中，有 9 个人将进入最富组，35 个人将留在贫困组。

美国人的乐观观点并不能反映当今美国的现实。伴随着底层的普遍停滞，美国的代际流动性急剧下降。美国现在的流动性远远低于欧洲。在经合组织内，底层人口的后代最有可能无法实现阶级跃升的是美国（33.1%），成绩最好的是瑞典（26.7%），欧洲地区的平均值低于30%。在美国，底层人口成为最富裕的1/5人口的可能性为7.8%，但欧洲的平均比例接近11%。[76]

在美国，最有可能坚持过时的美国社会流动性（也就是美国梦）想法的地区，实际上是最不可能发生这种事的地方。美国人通常还认为，努力就有回报（背后的推论是，穷人必须为自己的困苦承担部分责任），并且可能出于同样的原因，那些相信社会流动性很高的人，往往会怀疑政府为解决穷人所面临的问题而采取的所有努力。[77]

当人们对流动性的乐观看法与现实相冲突时，便产生了一股强烈的回避尴尬现实的冲动。大多数美国人的工资和收入停滞不前，他们看到周围的财富那么多，自己却在经历财务困境，两者之间的鸿沟日益拉大时，要么责怪自己没有从他们所相信的社会机遇中受益，要么指责什么人偷走了他们的工作。这两种选择分别指向了绝望和愤怒。

无论如何，当今美国的绝望情绪正在上升，并且已经变得致命。文化程度较低的中年白人的死亡率空前上升，预期寿命也在下降。2015年、2016年和2017年，所有美国人的预期寿命连续下降。这个严峻的趋势只存在于美国白人，尤其是他们当中没有大学学位的那些人中。除白人外，美国所有种族的死亡率都在下降。那些拥有与美国大致相似社会模式的其他英语国家，即英国、澳大利亚、爱尔兰和加拿大，尽管发展缓慢，但也都在经历类似的变化。而在所有其他的富裕国家中，死亡率都在下降，其中没有受过教育的人

(最初死亡率比较高)的死亡率,其下降速度比接受过教育的人更快。换句话说,对于接受过大学教育和没有接受过大学教育的人来说,当他们的死亡率在世界上的其他国家和地区间趋于一致时,美国则出现了相反的方向。安妮·凯斯(Anne Case)和安格斯·迪顿(Angus Deaton)的研究表明,死亡率的增加,是由美国中年白人男女"绝望致死"(deaths of despair,例如因酒精和药物中毒、自杀、酒精性肝病和肝硬化导致的死亡)的稳步增加,加上解决其他致死问题(包括心脏病)的进展放缓所导致的。身体状况和心理健康状况的自评也出现类似的情况。自 20 世纪 90 年代以来,受教育程度较低的中年白人越来越多地报告自己身体状况欠佳,他们更有可能抱怨自己正在承受各种病痛,也更有可能出现抑郁症状。[78]

这些现象本身并非低收入(或不平等)必然会带来的结果。毕竟,历史上黑人的经济状况并没有更好,但他们并没有展现出这种趋势。此外,即便在收入停滞的大萧条时期,西欧的死亡率也没有上升。而另一方面,在 1991 年苏联解体后,俄罗斯的死亡率出现了暴增,并且和美国一样,增长的主要原因是年轻人和中年人因心血管疾病和暴力死亡(主要是自杀、谋杀、意外中毒和交通事故)导致的死亡率变化。[79]

凯斯和迪顿还指出,尽管美国的死亡率增长始于 20 世纪 90 年代,但它体现了一个早在此前就已经开始的趋势。在 20 世纪 70 年代末期进入劳动力市场的那批人之后,随后的每一代人在许多方面都比前一批人更差。[80] 在受过较少教育的美国白人的每个年龄段中,此后的每一代人都更有可能面对社交障碍、体重超重、精神困扰、抑郁症状,以及慢性疼痛的困扰。他们也有更大的可能选择自杀或死于药物滥用。这些日积月累的损伤最终导致了死亡率的增加。

任何缓慢发展的因素都可能导致受教育程度较低的美国人的幸福感被侵蚀。每一代人当中的个体,相比前一代人,在劳动力市场中的相似之处越来越少。对于那些还在工作的人来说,他们的实际工资并不比以前的人更高,有时候甚至更低,而且他们也更难对特定的工作或公司产生强烈的感情。结婚和建立稳定的关系对他们来说也更难了。总体来说,没受过大学教育的白人工人阶级在20世纪70年代后溃败了,这可能是美国所经历的特殊的不平等的经济增长的产物。

对抗世界

不选择绝望,就选择愤怒。

意识到缺乏社会流动性并不一定让人更愿意支持二次分配。在我们此前讨论的研究中,研究人员在询问了美国人的意见后,向他们中的一些人展示了一张信息图表,表明流动性比他们想象的要低得多(其他人会看到另一张图表,显示的数据相同,但视角更积极)。对于那些最初认同共和党的受访者来说,这甚至导致他们无法认同政府可以成为解决方案的一部分。[81]

另一种选择是反抗整个系统,并为之付出可能的巨大的个人代价。在印度奥里萨邦进行的一次实验中,当一家公司的员工感觉到工资随意变化时(相比那些工资保持不变的公司),他们会消极怠工以示抗议,并且更频繁地旷工,由于这些员工是通过每天上班来获得固定工资的,因此他们的做法会损害自身的利益。薪酬不平等的公司中的员工也不太可能合作实现与奖励挂钩的集体目标。员工可以忍受工资上的不平等,但前提必须是工资与绩效明确挂钩。[82]

在美国，还有另一种可能的反应。由于许多人认为美国的市场体系从根本上来讲是公平的，因此他们必须找出其他可以归咎的原因。如果他们没有得到一份工作，那一定是因为精英们以某种方式秘密地将这份工作转给了一个非洲裔美国人、一个西班牙裔，或者一个中国工人。我为什么要相信由这些精英组成的政府，来对我进行二次分配？政府的钱越多，就是"其他人"的钱越多。

因此，当增长停滞，或无法使普通人受益时，就需要找到替罪羊。在美国尤其如此，但欧洲的情况差不多。最自然的指责对象是移民和贸易。正如我们在第二章中所论述的，反移民观点背后有两个误解：夸大了到来的和潜在的移民数量，以及相信低技能移民会使工资下降，但这并非事实。

正如我们在第三章中看到的那样，更多的国际贸易伤害了富裕国家的穷人。这不仅激起了对国际贸易的抵制，也激起了对现有"体系"和精英的反对。奥托、多恩和汉森发现，在受中国影响更大的美国选区中，温和的政客被更极端的政客所取代。在最初倾向于民主党的地区，中间派民主党人被更倾向自由主义的民主党人所取代。在最初倾向于共和党的地区，温和的共和党人被保守的共和党人所取代。受贸易影响最大的地区通常是传统意义上的共和党州，因此，其总体影响是将许多地区送到更保守的候选人手中。这种趋势早在 2016 年大选之前就已经开始了。[83] 当然，问题在于，由于保守派候选人倾向于反对任何形式的政府干预（特别是二次分配），因此加剧了一个问题，即几乎没有采取任何措施来补偿因为贸易所造成的伤害。比如，许多受到贸易影响的、在保守派共和党治下的州，都拒绝联邦基金扩大医疗（Medicare expansion）。而这反过来加剧了人们对国际贸易的不满。

随着人们逐渐认识到他们生活在一个比以前所认为的更加不平等、机会更少的社会中，类似的负面循环可能还会出现。正如我们此前的研究提到的，他们可能对政府更加不满，甚至不相信政府能够帮到他们。

这背后有两个含义。第一，里根 – 撒切尔革命带来的对增长的痴迷，此后也并没有哪个总统对此提出质疑，从而造成了持续的损害。当经济增长的大部分利益被一小撮精英所攫取时，增长就可能是一场社会灾难的诱因（就像我们目前正在经历的灾难一样）。此前我们指出过，应该警惕所有以增长为名的政策，因为它可能是虚假的。我们甚至应该为这样的政策能行得通感到更加害怕，因为增长只会让少数人获益。

第二个含义是，我们作为一个社会集体，如果现在不设法采取行动，设计能够帮助人们在这个高度不平等的世界中生存并保持尊严的政策，那么公民对社会应对该问题的能力的信心则可能会被永远破坏。这使设计有效的社会政策并提供充足资金显得更加紧迫。

第八章
被认可的政府

本书反复提到的一个主题是，总是期待市场创造公正的、可接受的甚至高效的结果是不合理的。比如，在棘手的经济形势下，一定程度的政府干预是有必要的，可以帮助人们在适当的时候迁徙他处，但有时也要让人们在维持生计和尊严的前提下留在原地。更普遍地讲，在一个不平等程度急剧上升、赢者通吃的世界里，穷人和富人的生活正在产生巨大差异，如果我们把所有社会问题甩给市场，这种差异将无法逆转。

正如我们所看到的那样，税收可以用来控制社会顶层的收入及财富分配不平等的现象，但社会政策的最终目标并非是单纯地削弱占总人口 1% 的顶级富裕群体，我们还要探索一下如何帮助其余群体。

社会政策的任何创新都需要新的资源。超级富豪的财富可能不足以为整个政府提供资金，如果税前收入不平等程度像我们希望的那样趋于下降，这种局面将更为严重。此外，以史为鉴，这些超级富豪或许会抵制社会政策的创新，甚至还可能取得一定的成功，其他人也将付出代价。许多国家的经验表明，这种局面是完全可能发生的，并将引发政治挑战，因为越来越多的选民认为这个国家不可靠，甚至更糟，政府合法性受到侵蚀。如何才能恢复这种合法性呢？

税收与支出

民主国家通过征税来筹措资金。2017 年美国的总税收（把各级政府都考虑进去）仅占 GDP 的 27%，这个数字比经合组织成员国的平均水平低了 7 个百分点，其中，韩国与美国并列，只有墨西哥、爱尔兰、土耳其和智利这四个成员国的税收收入在 GDP 中占比低于 27%。[1]

任何重大的公共政策都需要更多的资金。即使美国对富人提高税率，达到与丹麦看齐的水平，总税收在 GDP 中的占比仍将远低于 2017 年的丹麦（46%）、法国（46%）、比利时（45%）、瑞典（44%）和芬兰（43%）。其中一个原因在于，如果美国的税率提高到上述水平，高收入群体的收入水平可能会大幅下降，因为企业再也无力支付天价工资。虽然对富人增税有一定的可取之处，但最终必然不利于实现增税的初衷。换句话讲，尽管将所得税税率提高到 70% 以上的提议在限制收入不平等方面或许有一定的可取性，但最终不太可能给国家带来预期中的那么多税收增量。

只要采取减少逃税的措施，适当的财富税税率就能大幅增加政府的财政收入。赛斯和祖克曼估计，对资产超过 5 000 万美元的家庭征收每年 2% 的财富税（这将影响大约 7.5 万人），对资产超过 10 亿美元的家庭征收每年 3% 的财富税，那么只要 10 年，就能给政府增加 2.75 万亿美元的税收收入，或者说 GDP 的 1%。[2] 我们看到，较之于提高边际所得税税率，对资产超过 5 000 万美元的家庭征收财富税其实更受欢迎。[3] 即使按照这里提议的税率来征收，税收增幅也能达到 GDP 的 1%。

即使在税率较高且征收财富税的欧洲国家，政府的大部分收入也是来自对普通收入者的税收。换句话讲，让 99% 的纳税人享有更低税率的税收改革之梦，注定导致美国政府未来依然无法向低收入者重新分配大部分税金。税收改革不仅需要拿超级富豪开刀，也需要针对普通富豪甚至中产阶级采取措施。

就目前情况而言，税改是美国左右两派政客共同面临的一个"禁区"。对（几乎）所有人增税的提议并不受欢迎。在我们的调查中，48%的受访者认为小企业主纳税太多，只有不到5%的人认为这些小企业主纳税太少。人们对工薪阶层的纳税情况也存在类似看法。[4] 难度最大的环节可能是说服美国的普通纳税人支付更多的税金，以便获得更多的公共服务。我们怀疑，经济学家对人们不愿纳税负有部分责任，原因有很多。

首先，许多著名的经济学家提出了这样的担忧：如果税收增加，人们将停止工作。比如，米尔顿·弗里德曼有句名言："我支持在任何情况下、以任何借口、以任何理由、在任何可能的时候减税。"[5] 这类人坚持认为高税收会扼杀人们工作的积极性，妨碍经济增长，但他们面前的数据并不能佐证这一点。我们已经看到，富人不会在税收上涨时停止工作。那剩下的99%呢？他们会停止工作，退隐到农村吗？关于这一主题的大量经济文献表明，他们不会这么做。[6]

最好的例子之一来自瑞士。在20世纪90年代末和21世纪初，瑞士将"每两年调整一次所得税税率"的制度转变为一种更标准的"付工资时扣缴所得税"的制度。比如，在旧的税收制度中，一个人在1997年和1998年的纳税税率是基于1995年和1996年的收入水平，1999年和2000年的纳税税率是基于1997年和1998年的收入水平，依此类推。新制度的运作方式与美国的类似。比如，通过预估的方式确定2000年全年的所得税税率，然后，到2001年初，纳税人填写所得税申报表，进行纳税义务调整。为了向新的税收体系过渡，瑞士必须有一个免税期。瑞士的图尔高州在1999年进行了税收制度变革。1997年和1998年，纳税人为1995年和1996年的收入纳税。1999年，他们开始根据当年实际收入纳税。为了避免向人民征收两次税，1997年和1998年被设定为免税年度，这两年的收入无须纳税。瑞士各州在1999年至2001年之间经历了不同的转变，因此，不同的人在不同的年份享受了不同的免税期，具体取决于他们的居住地。此外，还有临时退税，并提前通知了广大纳税人。因此，在人们决定1997年和1998年这两年的工作意愿以及工作时间之际，就已经知道自己将无须纳税。这是一个观察降低税率是否会影响人们工作意愿的绝佳机会。我们可以比较一下免税期之前、期间和之后的劳动力供应情况。答案是：根本没有变化。这对人们的工作意愿没有任何影响，对工作时长也没有任何影响。[7]

尽管瑞士的例子非常特殊，但其结果却具有普遍性。增税似乎并没有阻止人们工作。[8]然而，如果选民认为别人会因为增税而停止工作，那么依然有可能反对征税。在我们的调查中，我们询问了一些受访者，如果税率提高，他们是会停止工作，还是会减少工作？72%的人说他们绝对不会停止工作，60%的人说他们会和以前一样工作。这与我们得到的数据非常一致。我们还询问了其他受访者，看看他们觉得普通的中产阶层将如何应对增税。在这种情况下，只有35%的受访者认为普通的中产阶层会像往常一样工作，50%的人认为他们会停止工作。[9]因此，当美国人评价自己时，他们是正确的；但是当他们预测朋友和邻居的行为时，就太悲观了。

政府是问题所在?

人们不愿意提高税收以获得更多服务的另一个原因是,许多美国人对政府的任何干预都持怀疑态度(英国和许多发展中国家的人也是如此)。至少从里根时代开始,美国人就被灌输了这样的观念:"在当前的危机中,政府不会解决问题,而是问题所在。"[10]

2015 年,只有 23% 的美国人认为自己可以"一直"或者"在大部分时间里"信任政府。59% 的人对政府持负面看法。20% 的人认为政府无法改善贫富差距,32% 的人认为较之于借助增税来为资助穷人的计划融资,降低富人和企业税收以鼓励投资不失为一个更好的方法,有助于提高机会的平等性。[11]

这种对政府行动的极端怀疑态度,可能是帮助那些亟须帮助的人的最大障碍,但矛盾的是,许多人偏偏持有这种观点。曼普里特·辛格·巴达尔(Manpreet Singh Badal)是印度旁遮普邦一位年轻有为的部长,他的政治生涯就因此遭遇了挫折。旁遮普邦的农民可以免费用电,地下水也是免费的,结果每个人都过度灌溉土地,导致地下水位快速下降,几年之后可能再也抽不出地下水了。在这种情况下,减少水的消耗量符合每个人的利益。巴达尔的解决方案是给每个人一笔固定金额的钱来补偿他们,然后收取他们的电费,这样他们就不会抽出超出实际所需的水量,因为成本是对过量抽水的一种威慑。从经济角度来看,这显然是符合逻辑的,但从政治角度来看,这无异于自杀。这项于 2010 年 1 月推出的措施在 10 个月后被取消了,巴达尔因此失去了旁遮普邦财政部长的职位,最终被迫离开所属政党。农民根本不相信他们会得到任何钱,而且势力庞大的农民协会极力反对这些措施。值得注意的是,在 2018 年,重新执政的巴达尔决定再试一次。这一次的计划是先将 48 000 卢比（考虑到购买力平价差异，相当于 2 823 美元）直接转到所有农民的银行账户，然后从这个账户中扣除电费。补贴的计算方法是这样的：按照当前的速度，一个农民消耗的电力不足 9 000 个单位，就可以获得补贴（国家估计平均消耗量在 8 000 到 9 000 个单位之间）。这样做的目的是让人们完全明白，这不是一种伪装的税收；换句话讲，这并不是一种从农民那里筹措税金的狡猾手段。这一次政府的动作很谨慎。他们从一个小的试点项目开始，现在正打算开展规模更大的随机对照研究项目，以评估该计划对农民用水量和农民福利的影响。尽管如此，农民们仍然心存疑虑，农民协会依旧声称"政府的真正目的是停止对农业用电的补贴"。[12]

为什么人们如此怀疑政府？毫无疑问，其中一部分是历史原因。在印度，人们目睹了太多政府言而无信的情况。在美国，显然存在一种自力更生的心态，尽管这种心态已经确立了很多年，但在很大程度上，它是建立在幻想基础之上的：对自力更生最引以为豪的那些州，恰恰是最依赖联邦补贴的州（根据联邦补贴在州财政收入中的占比来看，高居榜首的是密西西比州、路易斯安那州、田纳西州和蒙大拿州）。[13] 就像我们之前提到的那样，这在一定程度上也与人们对精英阶层的不信任有关。政府项目被视为精英阶层为每个人提供的一种补贴，但努力工作的白人，尤其是白人男性除外，因为这些人往往不符合接受补贴的条件。但在经济学家的启发下，政府内部一直存在关于财政资金浪费的讨论，如果你当着一屋子经济学家的面提到政府干预，你会清楚地听到一阵窃笑。许多（可能是大多数）经济学家认为政府的激励措施总是一团糟，尽管政府干预具有一定的必要性，但往往是笨拙的或腐败的。①

但这种判断是相对于什么来看呢？问题是，政府所做的许多事情都是无可替代的（当然，政府做的许多事情超出了它应该做的范畴，比如印度政府运营一家航空公司）。当龙卷风来袭，当一个穷人需要医疗保健，或者当一个行业关闭，市场通常无法提供解决方案，政府存在的部分作用是解决其他机构无法解决的现实问题。要证明政府存在浪费，人们需要证明可以通过一种替代方式更好地组织同样的活动。

大多数国家的政府都存在浪费现象，这是毋庸置疑的。来自印度、印度尼西亚、墨西哥和乌干达等国的一些研究发现，政府做事方式的转变可以带来实质性的改善。比如，在印度尼西亚，仅仅分发一张表明某人有资格参加某个计划的卡片，就能促使更多符合条件的贫困人口去申请福利，从而导致政府发放给贫困人口的补贴总额增加了26%。一旦人们发现自己有资格得到什么，就会更好地去争取。[14]另一方面，正如我们在第五章中所指出的那样，私营公司内部也存在着巨大的浪费，因此，对资源的良好管理比我们想象的还要困难。

---

① 关于这方面，人们经常引用米尔顿·弗里德曼的名言。弗里德曼激励了好几代经济学家，尤其是右翼经济学家。他有一句话在推特上广为流传，而且在所有名言资料库中都能找到，即"人类文明的伟大成就并非来自官僚"。他接着补充道："爱因斯坦不是在官僚命令下构建其理论的。"弗里德曼选择的这个例子很奇怪，因为爱因斯坦在做早期研究时是一个官员(当年在瑞士专利局工作)，如果爱因斯坦没有取得如此巨大的成就，将是政府浪费人才的一个重要例子。请参考BrainyQuote.com 网站上的"米尔顿·弗里德曼名言"，该网站开发者为BrainyMedia公司，网址https://www.brainyquote.com/quotes/milton_friedman_412621，访问时间2019年6月18日。

与此相一致的是，想方设法减少政府浪费也比我们想象的困难。简单的公式化方案是行不通的，比如，私有化就不是灵丹妙药。事实表明，那些将私营部门和公共部门提供的同一种服务加以比较的证据是非常有限和混杂的。在印度，私立学校学费较低，但随机分配到私立学校的孩子与留在公立学校的孩子考试分数一样低。[15] 在法国，私营部门为长期失业者提供的安置服务效率低于公共部门的服务效率。[16]

2016年，利比里亚政府将管理93所公立学校的责任移交给了8个不同的私营组织（有些是非政府性质，有些是营利性质），并实施了一个随机对照实验项目来评估效果，结果喜忧参半。平均而言，这些学校的学生成绩略好一些，但私立学校在每个学生身上花的钱也要多得多（是公立学校学生的两倍），因此竞争环境并不公平。此外，这8个组织中有4个比公立学校好不到哪里去。布里奇学校（Bridge Academy）堪称其中一所明星学校，学生成绩不错，但出现这种成就的前提是收到了一笔非常可观的外部资金，并清理了所有超过班级人数限制的学生。[17] 甚至一家名为"超越自我"（More Than Me）的美国慈善组织在经营这些学校的过程中，竟然卷入了一桩令人震惊的性虐待丑闻。[18] 由此可见，灵丹妙药是不存在的。

对腐败的执念

对政府持怀疑态度的部分根源是人们对政府腐败的执念，这种情况普遍存在于世界各地。或许是因为政府官员靠纳税人的钱过着舒适的生活，从而冒犯了纳税人，因此，腐败常常成为政治竞选的核心话题。一种假设认为，如果有足够的政治意愿，腐败或将消失。这种假设自然有其真实之处，毕竟，当政府的头头脑脑们自己都忙着发财时，你怎么能指望腐败消失呢？

但那种认为只需政治决心就能根除腐败的观点忽视了腐败的根源和我们控制腐败的能力。正因为政府做了市场不愿做的事情，他们才容易受到腐败的影响。以污染罚款为例。造成污染的人很乐意付一部分罚款给污染控制办公室的官员，以便消除造成污染的证据。但如果让一家追求利润最大化的私营企业去管理污染，并收取罚款，情况会有所改善吗？很可能不会，因为他们至少和你一样喜欢钱。此外，私人征税（即"包税制"①）的历史告诉我们，鼓励代理人去征税（或收取罚款）有可能会敲诈那些原本不需要缴税的人。

而最好的公立学校的名额也是个问题。对于一名学校官员来说，接受一笔贿金为一个有钱却不合格的学生打开一扇门是很诱人的。但这与政府本身无关，而是与名额分配有关。每当一种商品被定量分配时，人们就会强烈地希望以某种方式购买。这一点在2019年斯坦福大学和耶鲁大学等私立精英大学的录取丑闻中得到了充分证明。有些父母虽然比较富裕，但财力还不足以为其子女支付走后门的全部费用（比如，给大学捐建一栋楼），这样一来，他们就会选择与这个大学的某个顾问合作，这名顾问能把这些父母引向一个成本较低的后门（比如行贿大学的某个体育教练）。

更广泛的观点是，我们的社会目标常常促使我们不去遵循市场的指令。征收罚款没有纯粹的市场化解决方案；公立的中小学收费之所以很低，私立大学之所以不会根据市场能够承受的最高价格去收学费，是因为我们希望那些贫穷却有才华的孩子能够得到最好

---

① 包税制（tax farming），指国家将政府的征税活动承包给出价最高的投标者，后者只需要事前付给国家某个定额的租金就可以保留多余的税收收入。——译者注

的机会。但无论何时，只要有人试图干预市场，就会存在作弊的诱惑。由于政府的工作性质是在市场面前进行干预，所以政府的反腐败斗争尽管初衷是好的，但必将是一场艰苦的持久战。

此外，打击腐败绝非没有代价。在意大利，一个名为 Consip 的政府性联盟组织应运而生，以应对接二连三的腐败丑闻。它的工作是代表政府部门采购物资。它所采购的东西不时地发生变化，因此，有时政府部门不得不自己采购某些东西；而在其他时候，他们依赖于 Consip 组织。如果政府部门可以使用这个平台去采购物资，那么他们大部分情况下都会使用它，但这个平台采购的产品往往要耗费更多的政府资金，因为市场上通常存在一个更便宜的替代品。换句话说，各部门本来可以按照更便宜的价格购买自己需要的东西，但只要可以通过 Consip 组织采购，他们就决定不行使这一选择权。因此，总体而言，这个组织是在浪费政府资金。有鉴于此，相信政府官员，不给他们施加各种限制，让他们放手去做他们一直在做的事情，或许不失为一个更好的方法。[19]

为什么几乎每个人明明知道可以通过其他渠道买到更便宜的产品，却偏偏通过 Consip 组织花更多钱去采购呢？或许这是因为他们知道这样可以让自己免受腐败指控。政府官员没有什么特别之处，他们也希望尽力避免麻烦。比如，美国的医生建议病人接受过多的检查以避免医疗事故诉讼。再比如，有些大公司仅仅指定一家旅行社为所有员工提供差旅服务，这虽然有助于降低员工虚报账目的风险，但几乎可以肯定的是，这些大公司最终会在大部分机票上付出更多的成本，因为员工为了避免麻烦而根本不会去寻求最佳交易。

这说明了一个更广泛的问题。目前打击腐败的方式是提高透明度，即政府的工作应该接受外部人士的监督，比如独立的公共审计机构、媒体和公众。有确凿的证据表明，在许多情况下，提高透明度有助于反腐。尤其值得一提的是，让最终受益人知道自己有权获得什么，从而能让他们发现应得与实际所得之间的差异，堪称打击腐败的有力工具。[20] 然而，正如 Consip 的例子所表明的那样，一味强调透明度也存在一个不足。监督工作往往依赖于外部人员，而这些人员理解大局的能力有限，或无法评估总体社会目标的实现情况，他们能做的最多就是核实是否遵循了正当程序。反过来，这意味着官僚们往往会耗费大量精力去思考怎样做才算正确，才能避免引起关注和避免麻烦。这催生了一种特别注重遵循条条框框的刻板倾向，即使这些条条框框的精神有悖于经济原则，也在所不惜。

将官僚和政客们描绘成笨拙的白痴或腐败的无赖（对此，经济学家可能要负部分责任），是极具破坏性的。

首先，它引发了一种下意识的反应，即使在政府部门明显需要扩张的时候，相关提议依旧招致反对，今天的美国就存在这个现象。在我们对美国受访者的调查中，对官僚的信任程度和对经济学家的信任程度一样低：只有 26% 的受访者对公务员怀有"几分"或者"许多"信任感。[21] 这可能解释了为什么很少人认为政府能够成功解决贫富差距等社会问题。

其次，它还影响人们为政府效力的意愿。政府要实现良好运作，吸引合格人才至关重要。但对于一个很有才华的美国年轻人来说，考虑到政府的名声欠佳，从政对他而言是没有吸引力的。从来没有一个即将拿到毕业证的大学生告诉我们他打算到政府部门工作。把政府归入名声不佳的行列可能会演变成一个恶性循环：只要那些能力较差的人进入政府部门工作，我们看到的就是一个没有能力的政府，名声越来越不佳，这更容易导致人才不愿意加入政府。然而，在法国则是另一番景象,为政府工作是有声誉的事情,最优秀和最聪明的人愿意跻身政府。

政府的形象也影响到为其效力者的诚信度。印度的一项研究复制了我们在第四章中讨论的针对瑞士银行家的实验,[22] 印度的参与者(这次是大学生)被要求在一种私密状态下掷色子42次,并记录每次掷出的数字,不同数字会带来不同的奖励:如果掷出的数字是1,则可获得0.5卢比的奖励;如果掷出的数字是2,则可获得1卢比的奖励;如果掷出的数字是3,则可获得1.5卢比的奖励,以此类推。学生们享有充分的自由空间,使他们能够自由地对掷出的数字撒谎,结果撒谎人数的比例与瑞士那次针对银行家的实验大致相同。正如那些被提醒自己的身份是银行家的人在实验中更容易作弊一样,那些在印度打算为政府工作的学生也更容易作弊。[23] 相比之下,当这项研究被复制到丹麦时(丹麦对于本国政府部门的清廉非常自豪),研究人员发现了与印度截然相反的结果:那些打算加入政府部门的人作弊的可能性要小得多。[24]

再次,如果政府中的大多数人不是贪腐就是懒政(或者两者兼具),那么他们无异于在剥夺整个社会的创造力,驱逐具有创造力的人,在这种情况下,剥夺这些官员的全部决策权是有道理的。这直接影响到政府官员的所作所为。在最近于巴基斯坦进行的一项实验中,给医院和学校的采购人员提供更多的灵活空间,给他们一些可以自由支配的现金来购买基本用品,大大提高了他们通过谈判获得低价的能力,从而为政府省下了一大笔钱。[25]

在最需要人才的时候,给政府官员和政府合同设置太多的限制会打击人才的积极性。尽管美国在计算机科学领域处于世界领先地位,但没有一家大型科技公司愿意竞标为奥巴马医改建立配套设施的计算机系统。原因很明显，做政府承包商受制于太多的条条框框，以至很少有公司愿意这么做。《美国联邦采购条例》多达1 800页。因此，为了赢得一份政府合同，擅长文书工作比胜任这份工作更重要。[26] 在经济开发领域，那些有系统地竞标并赢得美国国际开发署合同的承包商被称为"环城路强盗"①，其他组织即便拥有实地开发的相关经验，也很难从这种政府采购合同中分一杯羹。

最后，或许也是最重要的一点是，"政府腐败无能"的口号造就了一批厌倦政府的公民，他们可能对当选领导人无耻腐败的消息不再感兴趣，从华盛顿到耶路撒冷再到莫斯科，都存在这种情况。他们基本上已经学会了不抱任何期望，不再集中注意力关注政府。因此，人们对轻微腐败的执念和纵容可能滋生大范围的腐败。

美国是第一名吗？

美国似乎陷入了僵局。40年来，政府一直承诺美好的事情就在眼前，但这也造就了一种太多人不信任任何人（尤其是政府）的社会大环境。政府坚持不懈地追求能够维持经济增长的灵丹妙药，由此造成的一个结果就是富人的经济、政治影响力日益增强，再加上富人精心培养大众的反政府情绪，从而阻碍了政府抑制富人财富日益增长的企图。政府长期处于破产窘境，因为从政治角度来讲，它是不可能提高税收的，甚至那些最具社会意识的年轻人也开始认为

---

① 环城路强盗（beltway bandit），此处的环城路指环绕华盛顿特区的495号州际公路，这条路沿线分布着很多家以竞标政府合同为主的私营承包商，以接近联邦机构和国会议员。——译者注

政府的工作一点也不酷，所以他们就算无法跻身一个"重磅"的基金，也会转向那些私营部门的基金会，或者加入一个不加掩饰地赚钱的企业。然而，要解决这些社会问题，唯一可能的出路是让政府发挥更大的作用。

在许多其他国家，这可能是未来的趋势。虽然法国的收入不平等问题没有美国那么令人瞩目，但的确有所加剧。从 1983 年到 2014 年，最富有的 1% 的人的平均收入增长了 100%，最富有的 0.1% 的人的平均收入增长了 150%。由于 GDP 增长缓慢，除富人外，大多数人的生活水平的改善趋于停滞：在同一时期，剩下的 99% 的法国人的收入只增长了 25%（每年还不到 1%）。[27] 这加剧了人们对精英阶层的不信任，并导致了排外的民族主义的兴起。中间派的马克龙政府最近进行的一轮税收改革降低了税收的累进性，提高了单一税，取消了财富税，削减了资本税。官方给出的理由是，这对于法国从其他国家吸引资本是必要的。这很可能是真的，但它也冒着迫使欧洲其他国家跟进减税的风险，从而引发一场逐底竞争。美国的经验警告我们，欧洲出现这种局面的前景可能很难逆转。明智的观点是，欧洲国家需要通过合作来维持税收。

发展中国家政府的税收在 GDP 中的占比远低于美国。中低收入国家的税收在 GDP 中的占比为 15%，而欧洲的这一比例接近 50%（经合组织成员国平均为 34%）。在某种程度上，税收制度的不发达是经济性质的结果，经济体的很大一部分被收入难以核实的小公司或偏远农场占据。但在很大程度上，低税率是一种政治选择。印度和中国形成了有趣的对比。从历史上看，这两个国家的大多数公民收入太少，不值得向他们征税。但随着收入的增长，印度不断提高个人所得税起征点，收入超过这个起征点的人必须缴纳所得税。新税率公布的那一天，提高起征点常常成为头条新闻。结果，缴纳所得税的人口比例保持在 2% 到 3% 之间。在很少调整个人所得税起征点的中国，缴纳个人所得税的人口比例从 1986 年的不足 0.1% 上升到 2008 年的约 20%。中国的所得税收入迅速增长，从不足 GDP 的 0.1% 增长到 2008 年的 2.5%，而印度的所得税收入在 GDP 的 0.5% 左右停滞不前。更普遍地说，印度税收在 GDP 中的占比多年来一直稳定在 15% 左右，而中国的这一比例超过 20%，这让中国可以选择增加投资，也可以选择增加社会支出。[28] 印度新实施的商品和服务税改革本应有助于提高逃税的难度，但作为一种按比例征收的消费税，它的财富再分配效果微乎其微。

此外，与美国非常相似的是，印度也曾利用税收来限制高收入人群税前收入不平等现象的加剧，但也不是很成功。根据"世界收入不平等数据库"（World Inequality Database）的数据，印度收入最高的 1% 人口所拥有的收入在 GDP 中的占比从 1980 年的 7.3% 上升到 2015 年的 20% 以上。在中国，人们付出了更多的努力，虽然这一比例仍在上升，但上升幅度较小，从 6.4% 升到 13.9%。[29]

一个有趣的反例是拉丁美洲。多年来，每个人都用这个例子来说明经济增长期间必然伴随着收入不平等的加剧（后来，拉丁美洲被用来说明收入不平等过于严重时就扼杀了经济增长）。在最近几十年里，拉丁美洲的收入不平等现象有了显著的缓和。这在一定程度上可以归因于大宗商品价格的上涨，但在一定程度上也是政策干预、提高最低工资以及大规模的再分配改革催生的结果。[30]

这些国家扩大再分配的方式很有启发意义。在拉丁美洲，财政转移支付计划向来面临着强烈的政治反对，反对者的依据就是这种财政转移支付类似于赠予行为，将引发严重的道德后果和心理后果。

这一点和美国的情况有些类似,因为在美国,对滥用和懒惰的恐惧往往主导着关于社会福利的讨论。从一开始,墨西哥经济学教授圣地亚哥·利维(Santiago Levy)就非常清楚有必要争取右翼的支持。利维教授在墨西哥制订"进步计划"(Progresa)的过程中发挥了非常重要的作用。[31] 这个计划强调"交换",即政府的财政转移支付是有条件的:这些受益的家庭必须带他们的孩子去看医生,然后送孩子去学校,才能拿到政府的钱。一项随机对照实验证明,那些获得该计划支持的儿童后来发展得更好。[32] 或许正是出于这个原因,这些计划才能持久实施下去。数十年来,历届政府有时会改变这个项目的名称(Progresa 变成了 Oportunidades,后来又改成了 Prospera),但除此之外就没什么改变了。2019 年,新上台的左翼政府似乎即将用一个附加条件更少的、慷慨程度相仿的计划取代该计划。

与此同时,墨西哥这种"有条件现金转移支付"计划在整个拉丁美洲地区和其他地区得到了广泛效仿(就连纽约市也效仿它)。起初,大多数计划都采用了类似的附加条件,并经常通过随机对照实验去评估计划的实施效果。这一系列实验有两个影响。首先,它们证明当一个政府给穷人发钱时,并不会发生什么可怕的事情。正如我们将在下一章看到的那样,穷人并没有把自己获得的资助挥霍一空,也没有因为得到了资助而停止工作。这有助于改变发展中国家的公众对财富再分配的看法。在 2019 年的印度大选中,两大主要政党首次将为穷人发放现金作为竞选纲领的核心内容之一。其次,随着各国开始尝试这一模式及其变体,穷人显然并不像"有条件现金转移支付"制度最初所暗示的那样需要那么多的帮助。公众对财富再分配的讨论出现了彻底的转变,墨西哥实施的"进步"计划以及之后在此基础之上的多个变体对这种转变做出了很大贡献。

但即便在拉丁美洲，应对收入不平等日益加剧的斗争也没有取得一劳永逸的胜利。最高税率仍然很低，最高收入也没有大幅下降（自 2000 年以来，在世界收入不平等数据库中，智利的最高税率维持不变，哥伦比亚的有所上升，巴西的则有升有降）。[33] 但是，"进步"计划的经验凸显了这样一个理念，即认真的制度设计或将成为打破美国等地在应对收入不平等方面面临的僵局的关键。

搞清楚这一点可能是我们这个时代面临的最大挑战之一，这比太空旅行更伟大，甚至可能比治愈癌症更伟大。毕竟，这关系到我们对所谓"美好生活"的整体认知。我们有的是资源，但我们缺乏有助于我们跨越分歧和猜疑鸿沟的理念。如果我们能让世界认真参与这一探索，让世界上最优秀的人才与政府、非政府组织和其他机构合作，重新设计我们社会的各项制度，提高其有效性和政治可行性，那么历史或将以感激之情铭记我们这个时代。

第九章

资助与关注

许多前往印度北部城市勒克瑙的游客，都会参观位于老城区中心位置一座18世纪的伊斯兰风格大型历史遗迹，它的名字叫巴达墓宫（Bada Imambara）。它看起来既不像堡垒或宫殿，也不像清真寺或陵墓，这在那个时期的建筑中很不寻常。导游讲述了关于它的很多故事，阿比吉特被告知这是当地国王为了抵御英国殖民者而修建的部分工事，但它看起来一点也不像堡垒。毫无疑问，为了迎合游客的口味，这些说法有些偏离事实。事实上，它是由曾经统治北方邦的阿瓦德王国的国王阿萨夫–乌德–道拉（Asaf-ud-Daula）在1784年建造的，目的是为那些因农作物歉收而饱受饥馑之苦的臣民们提供一份工作。

有一个关于该历史遗迹的故事留在了阿比吉特的记忆中。据称，这项工程耗时过长，比它本应消耗的时间长得多，因为工人们白天建的东西，到了晚上，国王就让那些属于精英阶层的官员们毁掉了。国王之所以产生了这样一个主意，是为了给那些同样以农业为生的精英阶层提供一种谋生方式，因为他们和其他人一样，也因为农作物歉收而挨饿。但是作为贵族，他们宁死也不愿意让公众知道他们陷入了如此可怕的困境，因此才有了让这些精英在夜间工作的计策。

无论人们如何看待这种荒唐的虚荣，无论这种虚荣是否真的存在过，这个故事都说明了一个重要问题：要尽可能地保护被救助者的尊严。但这一点恰恰是人们很容易忘记的。尤其是在危机中，人们更容易忘记这一点。值得赞扬的是，这位国王没有忘记。至少历史是这样铭记他的。

我们认为,资助和关注之间的失衡应该是社会政策设计者考虑的核心问题之一。在当前的辩论中,有些人站到了一个极端,认为对于市场经济中的那些失败者,我们所能做的最好的事情就是给他们一些钱,放开他们,任由其寻找自己的生存之路。有些人却站到了另一个极端,几乎不相信穷人有能力照顾好自己,因此主张或者让他们听天由命,或者深度介入他们的生活,限制他们的选择,惩罚那些不顺从者。站在前一个极端的人表现得好像公共福利计划受益者的自尊不是问题,站在后一个极端的人却要么不在乎,要么认为如果穷人需要公众帮助,丧失尊严就是他们需要付出的代价。然而,很多干预穷人生活的公共福利计划并没有考虑到穷人也渴望获得尊重。因此,即便那些需要社会干预自己生活的穷人也不支持这类社会计划,很多这类政策走向失败的一个原因,或许正是没有考虑到穷人的尊严。在这一章中,我们将探讨这种特殊视角对社会政策设计的影响。

设计社会福利计划

目前,至少在社会福利计划中,没有哪个计划的设计者数量能够超出"全民基本收入"计划(UBI)了。这个计划看似简洁优雅,起源于 20 世纪中叶,属于现代社会的福利计划,深受硅谷企业家、媒体专家、某些哲学家、经济学家以及古怪政客的欢迎。该计划设想政府不管每个人的需求如何,都派发一笔可观的基本收入保障(美国曾经提出每月给每个公民派发 1 000 美元)。这对比尔·盖茨来说无非是一小笔零花钱,但对那些失业者来说却是一笔不小的数目,如果他们真的失业了,那么他们就算一辈子不工作,也能每个月固定领钱。硅谷之所以喜欢这个计划,是因为他们担心自己的科技创新可能会造成大量失业,这个计划可以为失业者兜底,不至于造成社会混乱。本欲取代弗朗索瓦·奥朗德(François Hollande)出任法国总统的社会党候选人伯努瓦·哈蒙(Benoit Hamon)曾试图利用这一点来重振他的竞选活动,最后以失败告终;希拉里·克林顿(Hilary Clinton)偶尔提到此事(她最终也输了);瑞士对此进行了公投(但只有 1/4 的选民投了赞成票);在印度,它最近出现在财政部的一份官方文件中,而且参加选举的两个最大政党都在各自的平台上提出了某种形式的"无条件现金转移支付"计划(事实上,财政部和竞选政党提出的方案,都不是普遍性的,不会把福利金派发给每一个人)。

许多经济学家——至少可以追溯到米尔顿·弗里德曼,都赞同"全民基本收入"计划不应干涉受益者的生活。正如我们所讨论的那样,许多经济学家已经习惯性地认为人们最了解什么对自己有利,认为没有理由相信政府官员更了解受益者的真实需求。在这些经济学家看来,把现金交给受益者显然是正确的做法,因为受益者知道这笔钱怎么花才算最好。如果买食物有意义,他们就会买食物;如果买衣服更有用,他们也有权做出决定。像美国的"营养补充援助"计划(SNAP)这样的项目,只能花在食品上,则显得政府之手伸得过长了,对受益者的干涉太多。同样地,如同墨西哥"进步"计划及其诸多效仿者实施的"有条件的现金转移支付"计划那样,虽然派发现金名义上是奖励受益者的"良好行为",但其实只不过是让人们为了这个目的俯首帖耳。如果某个行为真的是"良好行为",人们在任何情况下都会去做,反之,如果人们不认同，不去做，那么人们的选择更可能比政府还正确。2019年，左倾的墨西哥政府宣布计划用"无条件转移支付"计划取代"有条件转移支付"的 Prospera 计划，并指出如果要求妇女必须参加健康研讨会和接受医学检查（以及履行其他义务）才能获得社会福利，那么这些事情会成为妇女的负担。[1]

如果一个社会福利计划是面向所有人，而不刻意瞄准和监控受益者，那就真是具有一大吸引力。大多数社会福利计划都有复杂的筛选和监控规则，以确保福利发放给正确的人。要确定受益人是否在儿童教育、健康检查等方面满足接受福利救济的条件，成本并不低。在墨西哥，将100比索转移到一个家庭，成本大约是10比索。在这10比索中，34%用于确定受益人，25%用于确保受益人符合获得"有条件现金转移支付"计划罗列出来的条件。[2]

有些社会福利计划的申请规则纷繁复杂，导致很多条件合适的申请者很难提出申请，这可能会导致实际受益者远远没有预期中的普遍。在摩洛哥，埃斯特·迪弗洛研究了一个存在这种情况的社会福利计划。该计划的初衷是为贫困家庭提供补贴贷款，帮助他们在家里接通市政自来水管道的项目。[3] 当埃斯特首次访问这个项目覆盖的社区，评估法国自来水服务公司威立雅公司实施这个计划的效率时，该公司自豪地向她展示了一辆"威立雅巴士"，从一个社区开到另一个社区，向市民提供有关这个福利计划的信息。但奇怪的是，宣传车里面竟然一个人都没有。埃斯特挨家挨户地走访，结果发现了一个很明显的事实：人们通常对这个福利计划有一个模糊的概念，但并不知道怎样提出申请。事实证明，这个申请过程并不算简单。符合条件的潜在申请人在宣传车上无法直接申请，必须带着一些证明自己住所和产权的文件去市政厅申请，还必须亲自填写一份申请表，几周之后再去市政厅看看是否获批了。埃斯特及其同事提供了一项简单的服务：派人到居民家里，把所需材料复印一份，帮居民填好申请表，然后一并送到市政厅。这非常有效：申请率增加了 7 倍。

更糟糕的是，那些被复杂注册过程吓到的人往往是最需要帮助的。在德里，生活困难的寡妇和离异妇女有权每月申请 1 500 卢比补助（考虑到购买力平价和生活成本，约合 85 美元）。对于这些女性而言，这算是一笔不小的数目，但申请率很低：世界银行的一项调查显示，符合条件的女性里面，有 2/3 没有申请这个项目。[4] 原因之一可能在于申请程序涉及一套复杂的规则，大多数女性无法理解，或者不知道怎么游刃有余地处理。

为了了解申请规则本身或者人们对申请规则的理解究竟在多大程度上妨碍了申请率，有人专门开展了一项研究，将 1 200 名符合条件的印度女性随机分为四组。[5] 一组为对照组；一组收到了有关福利计划的信息；一组在申请过程中得到了一些信息和协助；最后一组不仅得到了福利计划的信息和协助，还在当地非政府组织代表的陪同下到办公室去申请。结果表明，如果仅仅提供相关信息，而不帮助这些女性完成申请流程，则只是增加了申请的妇女人数，却没有显著增加最终完成申请程序的妇女人数。如果除了提供信息，还在申请过程中提供协助，则会促使更多的妇女完成申请程序。在申请过程中获得帮助的女性完成所有步骤的概率要高出 6 个百分点，被带到办公室的女性提出申请的概率要高出 11 个百分点，几乎是基本概率的两倍。重要的是，那些最弱势的妇女（不识字，完全不关心政治）从干预中获益最多，而如果没有这些协助，这些人恰恰最可能被复杂的申请过程吓得望而却步。但即使有了这些帮助，真正完成申请并拿到福利补贴的人数只有 26%（这些福利基本上是无条件发放的）。成功率之所以这么低，可能是因为这些女性对政府的履约能力缺乏信心，看不到自己辛辛苦苦走完申请程序的价值何在。

美国也是如此。从 2008 年到 2014 年，美国政府决定，贫困家庭的孩子入学后，将自动获得学校的免费午餐，无须父母提出申请。事实上，早在 2004 年，这些贫困学生就有资格享用免费午餐，但必须先由家长提出申请，结果太多家长没有申请。[6]

美国的"营养补充援助"计划也存在类似问题。在 3 万名符合申请条件却没有申请的老年人中，随机选取一组人，告知他们符合条件；然后，随机选取第二组人，告知他们符合条件，并为其提供相关信息；最后，随机选取第三组人，不仅告知他们符合条件，提供相关信息，还为他们提供申请过程的切实协助。9 个月后，第一组只有 6% 的人完成申请，获得相关信息的第二组老人的申请率上升到 11%，而在那些得到切实协助的第三组老人里面，这一比例上升到了 18%。[7]

在美国，被认定为穷人是一件有损名誉的事情，这种刻板观念妨碍了符合条件的穷人去申请福利计划。人们相信任何人都能成功，对贫穷的污名化就是这种信念的产物，我们之前已经讨论过这方面的证据。因此，许多人拒绝向自己或他人承认自己很穷或者应该得到帮助。我们在加州研究低收入工人时就遇到了一个跟这种观点有关的案例。可以想象，人们之所以不愿意让别人给自己贴上"领取食品券"的标签，或许来自这样一个事实：历史上，工人的工资是用各种券支付的。但如今，各种福利券的受益人可以选择换一种形式，不再领取各种有形的券，而是接受政府发行的"电子津贴转账卡"，这种卡可以像借记卡一样在结账台刷卡，避免了递交各种券带来的尴尬，或者说羞辱感。但并非所有有资格参与"营养补充援助"计划的人都知道这一点。于是，布洛克税务公司（H&R Block）就在自己办公室里开展了一项实验。

大多数在 1 月份拜访这些办公室的人都是低收入的工人，他们期望获得退税。在一些由抽签选出的办公室里（未被选中的办公室的访客被视为"对照组"），那些可能有资格加入"营养补充援助"计划的人收到了由一家公关公司设计的小册子。册子中将当地的"电子津贴转账卡"（EBT）描述为"金州优惠卡"（Golden State Advantage Card），宣称这种卡可以帮人们在杂货店买到更多东西，并强调工薪家庭符合申请条件。对照组的成员则被问及是否愿意接受"食品券"福利计划，并得到一本小册子，以人们之前熟悉的措辞介绍该计划。无论是对照组所在的办公室，还是被选中的那一组所在的办公室，都拉起宣传横幅，以各自的措辞强化这些信息。我们发现，如果去除了"食品券"这一标签，客户对"营养补充援助"计划的兴趣明显更大。[8]

相反，觉得自己会被不公平地排除的想法，则会阻止那些最需要福利救济的人生出申请的念头。这就是为什么那些旨在帮助极端贫困人群的组织反复强调必须确保福利服务惠及每一个条件合适的人。当无家可归的法国人蒂埃里·劳克（Thierry Rauch）听说法国政府将帮助 30% 的穷人摆脱贫困时，他的第一反应却是"显然，我和我的家人不会在那个数字里"。他继续说："如果服务不是面向每一个人，我肯定会被踢出去。"在"被社会抛弃"了半辈子之后，他对自己能够被福利计划选中完全不抱任何信心。[9]

像这种降低福利计划效率的悲观情绪也出现在摩洛哥的社会福利工作中。埃斯特和她的同事比较了 Tayssir 计划和"无条件现金转移支付"计划的效果。Tayssir 计划是一种传统的"有条件现金转移支付"项目,目的是解决贫困儿童上学问题。埃斯特实地走访了一个没有参加该计划的贫困家庭,问他们为什么没有参加该计划。这家人有三个正在上学的孩子,年龄都符合该计划的申请条件。这位父亲解释说,他经常整天外出做工,甚至连续做好几天,不能确保他的孩子们按时上学,担心孩子们会过于频繁地旷课,最终导致他们失去该计划的福利救济,并导致他看起来像个糟糕的家长。

数据显示这个家庭的情况并非例外。这类家庭的孩子辍学风险最大,却偏偏没有申请加入"有条件现金转移支付"计划,因为他们不确定自己是否能够满足条件。他们似乎宁愿主动把自己排除在外,也不想因为表现不佳而被剔除。因此,"无条件现金转移支付"计划作为帮助贫困家庭改善子女教育情况的一种方式,而不是获得福利的前提条件,比"有条件现金转移支付"计划在改善弱势家庭子女教育方面更为有效(对其他人群来说也是这样)。[10]

钱去哪儿了?

既然目前这种"有条件现金转移支付"计划存在诸多弊端,为什么"全民基本收入"计划会遭到抵制呢?这些抵制究竟来自哪里?为什么不附加任何条件的"无条件现金转移支付"这类普惠性计划在世界各地如此少见?一个简单的原因是:缺钱。落实这种兼顾所有居民的福利计划的成本是非常高的。比如,每个月向每个美国人支付 1 000 美元的福利计划一旦落实,每年将耗费 3.9 万亿美元,这比当前美国所有福利计划的总成本还要多出 1.3 万亿美元,大致相当于整个联邦预算,或美国 GDP 总量的 20%。[11] 要在不削弱国防、公共教育等传统政府职能的前提下，为这样一个福利计划融资，就需要取消当前所有的福利计划，而且美国的税率也要提高到丹麦的水平。此外，随着美国人的收入逐渐提高，该计划无条件转移支付的福利金会显得越来越小，甚至对于超出某个收入水平的人而言，这个金额无异于零。所以，就连世界各地最狂热支持这种计划的人也在讨论这个问题。如果只是给比较贫穷的那一半美国人口无条件发钱，1.95 万亿美元的总成本更容易负担得起，但这样一来，这种计划就有了明显的针对性，而且也存在其他方面的陷阱。

中产阶层的道德

12 岁时，阿比吉特和他的许多朋友一样，爱上了奥黛丽·赫本。他在勒纳（Lerner）与洛伊（Loewe）创作的音乐剧《窈窕淑女》（*My Fair Lady*）的电影版中发现了赫本，赫本在这部电影中扮演伊莉莎·杜利特尔（Eliza Doolittle）。这部音乐剧改编自激进左翼分子乔治·萧伯纳的戏剧《卖花女》（*Pygmalion*）。在这部音乐剧中，伊莉莎的父亲阿尔弗雷德做了一个非常精彩的、颇具哲学意味的演讲（在他提出以 5 英镑卖掉女儿之前）：

我问你们，我算什么？我是个不配得到一点好处的穷光蛋，这就是我。你替我想想，我这号人一年到头受绅士们的欺负，每次想占点便宜，他们总是搬出老一套说辞："你不配，这轮不到你。"可是我的需要也并不比别人少啊。就拿那寡妇来说，她死了丈夫，一个星期就领了六个慈善机构的救济金，我的需要比起她来也不少啊，我用钱的地方还更多呢，我吃得不少于人家,酒喝得也比人家多,我还需要一点娱乐,因为我是个爱动脑筋的人,当我情绪低落的时候,还喜欢热闹一下,需要唱歌,需要看乐队演出,他们跟我要起钱来也不比人家少啊。绅士们的道德是什么?无非是一个从不给我任何东西的借口。[12]

这个剧本的背景是维多利亚时代的英国,那时,贫穷很不光彩,穷人生活非常困苦。为了得到施舍,人们必须勤俭节约,并经常去教堂,最重要的是要努力工作。如果做不到这些,他们就会被送到济贫院,在那里,穷人被强制工作,夫妻被迫分开。除非穷人碰巧还背负着债务,就会被投入债务人监狱或被送上一段去殖民地澳大利亚或新西兰的身不由己的旅程。一份描述伦敦贫困形势的1898年的地图将伦敦一些地区划为"最低等区、堕落区、半罪犯区"。[13]

我们今天离这个局面不远了。在美国、印度或欧洲的富人中,一提到福利,总会有人摇头,借用发端于维多利亚时代的英国,如今依然在印度某些阶层中普遍使用的词语,担心福利会把穷人变成"一无是处的废物"(good for nothing)。给他们现金,他们就会停止工作或挥霍一空。在这种偏见的背后,富人怀疑穷人之所以贫穷,是因为他们没有抱负,缺乏实现目标的意愿,一旦给穷人某个借口,他们就会停止工作,坐等施舍。

在美国,20世纪30年代的"大萧条"引发的经济灾难暂时给贫困披上了一层较为温和的外衣,因为穷人无处不在。每个人都认识一些突然陷入贫困的人。约翰·斯坦贝克(John Steinbeck)笔下那些逃离沙尘暴区的勇敢的俄克拉何马州人一度成为高中课堂的主要内容。富兰克林·罗斯福的新政标志着一个时代的开始,在这个时代,贫困被视为可以通过政府干预来对抗和战胜的东西。这种思维一直持续到 20 世纪 60 年代，最终以林登·约翰逊的"反贫困战争"达到高峰。然而，当经济增速放缓、资源紧张时，对贫困的战争变成了对穷人的战争。罗纳德·里根一次又一次地提到所谓的"福利女王"的形象，这个形象存在四个特征，即黑人、懒惰、女性和诈骗。这个形象的典型例子来自芝加哥的琳达·泰勒（Linda Taylor），她有四个假名，被控诈骗 8 000 美元，被判入狱好几年。这比曾经轰动一时的亿万富翁、"英雄"式资本家查尔斯·基廷（Charles Keating）的刑期多了一年半。基廷是里根时代最著名的腐败丑闻——"基廷五人组"丑闻的核心人物，他引发的相关储贷危机导致政府耗费了纳税人超过 5 000 亿美元的资金去救助多家大公司。

然而，后来却出现了一个新的反转：穷人的道德沦丧被描述为福利本身催生的一个结果。众所周知，里根在 1986 年宣布了"反贫困战争"的失败。是福利导致我们输掉了这场战争，因为福利不鼓励人们工作，反而鼓励人们依赖福利，这就引发了"家庭破裂的危机，尤其是接受福利救济的贫穷家庭，不管是黑人还是白人"。[14] 1986 年 2 月 15 日，里根在面向全国发表的一篇广播演讲中谈到了如下内容：

> 我们面临着滋生永久的贫困文化的风险，这种文化就像任何锁链或纽带一样不可避免；我们还面临着催生另一个美国的危险，那是一个梦想破灭、生活停滞的美国。具有讽刺意味的是，以同情之名设立的福利计划误入歧途，把原本日渐缩小的贫困问题变成了一场全国性的悲剧。从 20 世纪 50 年代开始，美国的贫困人口在减少，那时，美国社会是一个充满机遇的社会，不断创造奇迹。经济增长为数百万人摆脱贫困、走向繁荣

提供了阶梯。1964 年，著名的反贫困战争打响了，一件有趣的事情发生了。根据人们依赖福利的程度来衡量，贫困问题停止了萎缩，后来反而开始恶化。我猜你会说贫困赢得了战争。贫困之所以成为赢家，部分原因在于政府的项目没有帮助穷人，反而破坏了维系贫困家庭的纽带。

也许福利最阴险的影响在于它篡夺了供养者的角色。比如，在福利水平最高的州，对单身母亲的救助可能远远超过最低工资的工作带来的收入。换句话说，福利政策可以为她们的辞职买单。许多缺失父亲的家庭都有资格享受更高的福利。一名男性知道如果自己逃避法律上的父亲职责，自己的孩子却会过得更好，那么这对他有什么影响呢？根据现行的福利规定，少女怀孕后可以享受福利，包括为其提供住处、提供医疗护理、提供衣食。她只需要满足一个条件——不结婚，或者不确认孩子的父亲……福利悲剧持续太久了。现在是重塑我们的福利体系的时候了，在这个新体系下，我们要以它使多少美国人摆脱了对福利的依赖作为评判标准。[15]

这些危言耸听的说法经不起仔细推敲。关于福利对生育率和家庭结构的影响，人们可以把相关的研究成果摆满很多长长的书架。这类文献的一个压倒性结论认为，这些负面影响即便存在，也是非常小的。[16] 里根的担心是没有根据的。

然而，尽管存在这些确凿的证据，关于福利导致贫困、福利依赖、福利文化、家庭价值观危机，以及贫困与种族存在隐性关联的论调，依然在不同的时间和地区甚嚣尘上。2018 年 6 月，法国总统埃马纽埃尔·马克龙录制了一段演讲录音，准备就他提出的反贫困计划改革发表演讲。后来，法国政府公开了这段录音，给公众提供一个了解总统"内幕"观点的机会，让公众了解他的真实风格和坦率观点。我们看到，尽管马克龙的演讲与里根的演讲之间存在着种种差异，但他的语气却非常像里根，一遍又一遍地重申当前的福利体系正在走向失败，并且在短短几分钟的演讲内6次提到了让穷人承担更多责任的必要性。[17]

在美国，这一精神于1996年转化为行动，当时克林顿总统在两党支持下通过了《个人责任与工作机会协调法案》。它用"贫困家庭临时援助"计划（TANF）取代了"对有子女家庭援助"计划（AFDC），对受益人提出了新的工作要求。克林顿还扩大了"劳动所得税抵扣"，这是对贫困工人收入的一种补充（这种政府援助以申请人"必须参加工作"为前提）。2018年，特朗普总统的经济顾问委员会发布了一份报告，主张将"必须参加工作"作为获得三个主要非现金补贴（医疗补助、食品补贴和租房补贴）的资格条件。[18] 2018年6月，阿肯色州成为第一个对接受医疗补助的成年人实施"必须参加工作"要求的州。有趣的是，总统经济顾问委员会的主要论调不再是反贫困战争已经失败，而是"我们的反贫困战争基本上已经结束，而且取得了成功"。该报告认为，包括政府税务扶持和（现金、非现金）转移支付政策在内的社会保障体系有助于美国贫困人口的大幅减少，但与此同时，达到工作年龄的非残疾成年人中，自力更生的比例却下降了，依赖福利者的比例有所上升。如果扩大这些非现金福利计划对于申请者"必须参加工作"的要求，将提高自力更生的能力，在解决物质困难方面取得的进展基本不会出现倒退的风险。换句话说，必须强迫申请福利的人参加工作，通过自身努力挣得晚餐，这样一来，他们就不会背离美国人的职业道德，正是这种职业道德驱使美国人每周工作更长时间，每年工作更多周，超越了其他经济体，这是美国赖以成功的一个长期因素。当然，这可能会给人们造成一些痛苦，但这是值得的，以防止大量的穷人懒惰。懒惰是七宗罪之一，清教徒们肯定会鼓掌欢迎。

每天都要给我们面包

清教徒们更加乐意接受实物援助，而非现金，这是历史上左右两派都有的默契。在印度，左翼最近做出的比较成功的努力之一就是要求出台《全国粮食安全法案》。该法案于 2013 年通过，承诺每月向近 2/3 的印度人（超过 7 亿人）提供 5 千克的粮食补贴。[19] 在埃及，食品补贴计划在 2017 年和 2018 年花费了 850 亿埃及镑（约合 49.5 亿美元，或者占埃及 GDP 的 2%）。[20] 印度尼西亚实施了"家庭福利大米"计划（Rastra），该计划的前身是"贫穷家庭大米"计划（Raskin），目前向 3 300 多万户家庭分发了政府补贴的大米。[21]

分发粮食的过程既复杂，成本又高。政府必须负责采购、储存和运输，通常要跨越数百英里。在印度，据估计，运输和储存这两个环节导致该法案的成本提高了 30%。此外，还有一个挑战是确保目标人群以官方既定的价格购买低价粮食。2012 年，印度尼西亚为符合条件的贫困家庭提供的大米数量，其实只有既定数量的 1/3，而且贫穷家庭支付的价格比官方既定价格高出 40%。[22]

在印度，政府现在正考虑转向它所谓的"直接福利转移"，即直接把现金转到人民的银行账户，而不是给他们食物（或其他物质福利），因为这样更便宜，也有助于减少腐败因素的影响。然而，这种转向受到相当强烈的反对。反对力量主要由左翼知识分子领导，其中一个人曾经采访了印度各地的 1 200 户家庭，询问他们对现金和食物的偏好。总体而言，2/3 的家庭更喜欢食物，而不是现金。在粮食分配系统运转良好的邦（主要集中在印度南部），这种偏好更为强烈。被问及原因时，13% 的家庭提到了交易成本（银行和市场都很远，所以很难把现金变成食物）。但有 1/3 喜欢食物的家庭认为，购买食物可以防止他们受到滥用现金的诱惑。在泰米尔纳德邦的达尔马布里县，一位回答者说："食品要安全得多。钱很容易花掉。"另一个说："即使你给十倍的金额，我还是宁愿选择定量的食物，因为食物不会被浪费。"[23]

穷人低估了自己

并没有任何数据表明这些穷人的担忧是正确的。截至 2014 年，已有 119 个发展中国家实施了某种形式的无条件现金援助计划，52 个国家为贫困家庭实施了"有条件现金转移支付"计划。发展中国家共有 10 亿人参加了其中至少一项计划。[24] 这些计划最初都是先搞试点，看看效果如何。从所有这些实验中可以明显看出，没有数据证明穷人会把政府救济金浪费到满足不切实际的欲望上，而非用于现实需求。如果说发放食品和现金有什么不同的话，那就是得到现金的穷人用于购买食品的资金比例有所提高（当他们得到更多的钱时，由于在食品上花更多的钱，导致食品支出在所有支出中的占比大幅上升）。他们的营养状况也改善了，教育和健康支出状况也改善了。[25] 此外，也没有证据表明现金转移会导致穷人增加对烟草和酒的消费。[26] 一般来看，无论是现金转移支付，还是定量提供食品，穷人在购买食品方面的支出增幅都是一样的。[27]

似乎就连男人也不浪费福利金,当这些钱被随机分配给男性或女性时,食品开支与酒类或烟草支出之间的比例并没有变化。[28] 尽管如此,我们仍然赞成给女人钱,并不是因为我们觉得男人会把钱拿去买酒,而是因为这有助于恢复家庭内部的权力平衡,并可能让女性去做她们认为重要的事情(包括外出工作[29])。

避开蛇坑

没有证据表明现金转移支付会减少人们的工作量。[30] 经济学家们对此感到惊讶,因为他们觉得:如果你不需要辛苦挣钱来维持生计,为什么还要工作呢?懒惰的诱惑呢?在《圣经》里,犯下懒惰之罪的人在地狱中将被扔进蛇坑作为惩罚。

许多人(也许是大多数人)确实希望利用自己有限的生命取得一定的成就,这是完全合理的,但如果他们的钱太少,为了生存而不得不优先解决一系列迫切需求,那么久而久之,就会陷入麻木状态。获得额外的现金或许会鼓励他们更努力地工作,或尝试新事物。在加纳,阿比吉特和他的同事们做了一个实验。他们让一些参与者制作袋子,然后以非常慷慨的价格买下来。同时,从这些女工里再随机选出一些人,给她们提供一部分生产资料,通常是山羊,并培训她们如何充分利用这些生产资料,提振她们的信心(这些女工都非常贫穷,并不一定相信自己可以取得成功)。尽管照顾山羊增加了这些女工的工作量(但也给她们带来了一些收入,使其不太迫切需要额外的现金),她们制作的袋子数量却增加了,反观那些没有获得生产资料的女工,制作的袋子数量反倒比较少。最有趣的是,当袋子的设计变得复杂时,那些有生产资料和没有生产资料的人之间的反差变得更为明显。前者工作速度更快,而且能达到必要的质量标准。最合理的解释是,获得生产资料使她们不必担心生存,使她们更有精力专注于工作。[31]

在发展中国家,穷人一般无法获得贷款(或者只能以天文数字的利率获得贷款),而且如果他们创业失败,也没有人给予救助。这两种情况都使他们很难开创自己梦想的事业。持续数年的现金转移既提供了一些额外的资金,又在他们创业失败时支撑了他们的消费。也许一份有保障的收入会让穷人愿意去其他地方找一份更好的工作,学习一项新技能,或开创一份新事业。

但这种情况或许只适用于一些发展中国家,那里的穷人真的很穷,为他们提供救济金,能够提高他们找工作的能力。但美国的情况大不相同,因为每个美国人,不管多穷,通常都能找到工作。懒惰有没有可能在美国占据主导地位?事实上,早在20世纪60年代,就有证据表明懒惰不应该成为美国人的主要担忧。社会科学领域的第一个大规模随机实验新泽西州收入维持实验正是为了确定"负所得税"(negative income tax)的影响而设计的。"负所得税"践行了这样一种理念,即所得税制度的设计应该确保每个人能够获得某个水平的最低收入。穷人应该缴纳负税,或者说非但不应交税,还应得到政府的救济金,这样他们除了自己挣的钱之外,还有一笔额外收入,但随着他们变得更富有,他们从政府那里得到的现金转移支付就会逐渐减少,直到有一天他们开始缴纳所得税。

这种"负所得税"制度与"全民基本收入"制度不同,因为对于接受救济金和开始纳税临界点附近的人而言,或许存在某些抑制他们工作的强烈因素。换句话说,大多数政策制定者不仅担心出现"收入效应"(即"如果我有足够的钱维持生存,就不需要工作了"),

还担心出现"替代效应"(即"工作的价值减少了,我虽然多挣了一点钱,但没资格领救济金了")。

美国两党的许多学者和政策制定者都赞成负所得税制度。在左翼方面,民主党总统林登·约翰逊领导下的美国经济机会办公室率先提出了这一想法,并提出用该计划取代传统福利计划。在右翼方面,米尔顿·弗里德曼主张用负所得税制度取代现有的大多数转移支付计划。1971 年,共和党总统理查德·尼克松在其福利改革方案中提出了这一方案,但国会没有批准。当时的一个主要担忧是负所得税计划可能诱使受益人减少工作时间,因此政府宁愿直接给那些本可以自己谋生的人提供现金转移支付,以期鼓励他们拿出更多精力去工作。

为了弄清给低收入群体钱是否会降低其就业的意愿,麻省理工学院经济学博士生希瑟·罗斯(Heather Ross)第一次从经济学角度提出一项实验。政客们习惯用奇闻逸事来证明经济政策的正当性,而不是事实依据,这让罗斯很沮丧。1967 年,她向美国经济机会局提交了一份随机对照实验提案。这个提案最终得到了资助。正如罗斯所说,她最后所写的那篇论文"价值 500 万美元"。[32]

这个富有灵感的提议最终不仅仅在新泽西州开展了随机对照实验,还扩展到其他地区。20 世纪 70 年代初,唐纳德·拉姆斯菲尔德(没错,就是后来的国防部长)决定不直接全面实施负所得税计划,而是先开展一系列实验。第一次实验(1968—1972)在新泽西州和宾夕法尼亚州的城市地区,后续的实验依次在艾奥瓦州和北卡罗来纳州的农村地区(1969—1973)、印第安纳州加里市(1971—1974),规模最大的一次实验是在华盛顿州西雅图市和科罗拉多州丹佛市开展的"收入维护实验"(1971—1982,覆盖 4 800 个家庭)。[33]

负所得税计划的一系列实验有力地证明了随机对照实验在政策

制定过程中的可行性和实用性。像这样雄心勃勃的实验项目，直到几十年后，才再次在社会政策中占据核心地位。由于这一系列实验是社会科学领域的第一批实验，所以设计和实施状况远非完美也就不足为奇了。参与者被跟丢了，样本太小，无法得到精确的结果，最令人担忧的是数据收集被污染了。[34]此外，由于实验时间较短，规模较小，难以据此推断一个更持久、更普遍的方案会产生什么结果。

尽管如此，综合来看，实验结果表明负所得税计划的确减少了一点劳动力供应，但并没有人们担心的那么多。平均而言，一年的全职工作时间只减少了两到四周。[35]在最大的那次实验（西雅图/丹佛）中，通过负所得税计划收到政府现金资助的丈夫们的工作时间，与那些没有收到现金的丈夫相比，只减少了9%，相比之下，在该计划下收到现金资助的妻子们的工作时间减少了20%。[36]总的来说，官方研究的结论是，收入维持计划没有大幅影响人们的工作积极性，尤其是家庭顶梁柱的工作积极性。[37]

美国很多地方政府也试点过"无条件现金转移支付"计划。自1982年以来，阿拉斯加州每个居民每年都会收到阿拉斯加永久基金（Alaska Permanent Fund）发放的2 000美元红利①。这似乎没有对居民的就业情况产生负面影响。[38]阿拉斯加永久基金虽然具有普遍性和永久性（如其名称所示），但与全国性的"全民基本收入"计划相比，它提供的现金资助就显得少得多了，假如提供足够多的钱，足以维持生活，那么人们可能会停止工作。一个更类似于"全民基本收入"的计划出现在切罗基部落，该部落出租土地修建赌场，向部落里的每位成年人支付赌场带来的红利，每个成年人每年大约能

---

① 该基金的收入取决于阿拉斯加州的石油收益，每年给居民发的福利金额度是浮动的，从八九百美元到2 000美元左右不等。——译者注

获得4 000美元现金，这会大幅提高居民的收入水平，因为对于当地印第安人家庭而言，成年人年均收入约为8 000美元。一项研究比较了斯莫基山地区符合条件和不符合条件的家庭在领取补助金之前和之后的情况，发现补助金对家庭的工作时长没有影响，但对改善青少年教育却产生了很大的积极影响。[39]

"全民超级基本收入"计划

因此，没有证据表明"无条件现金转移支付"计划会削弱人们的工作积极性。这对我们设计福利政策有什么启示呢？要知道，发达国家拥有相对完整的社会保障体系，比如免费的急诊室、收留无家可归者的庇护所以及向穷人免费发放食品的"食物银行"，这个体系虽然不尽完善，但它毕竟是存在的。在广大发展中国家，这个体系根本不存在，很多人时常面临着贫困造成的种种风险。在这种情况下，诸如"全民基本收入"之类的"无条件现金转移支付"计划就给他们提供了一种兜底方案，让他们更有能力去应对不幸事件，更容易去尝试新事物。因此，这类福利计划对发展中国家的穷人具有重要价值。

在许多发展中国家，人们保护自己免受收入风险影响的最常见方式之一是持有土地。我们在第二章讨论到这些拥有土地的人往往不愿意迁徙，因为一旦迁徙，就会面临丧失土地权益的风险。但有趣的是，对于今天印度大多数拥有土地的农村家庭而言，大部分收入来自农业以外的行业，尽管如此，土地所有权仍然对他们很有价值，它意味着这样一种保障：如果其他谋生手段都失败了，他们依然可以靠种地谋生。

这种局面造成的一个结果就是小农户数量太多的地区往往难以实现工业化。部分原因在于土地改革的设计方式：当穷人被赋予土地权利时，土地通常可继承，而不可出售。不仅如此，农民群体内部也存在反对土地买卖的强烈倾向。在印度西孟加拉邦，印度共产党在1977年赢得选举并上台执政后，首要任务是赋予佃农在自己耕种的土地的永久权利。这项权利可以继承，但不可出售。30年后，依然在该邦执政的共产党政府意识到自己邦的工业发展不足，试图收购农民（包括佃农）的土地，却遭到了强烈的抵制，不得不搁置计划，最后被迫下台。

西孟加拉邦的农民想要的补偿之一，是一份作为稳定收入来源的工作。或许，如果有某种类似于"全民基本收入"的"无条件现金转移支付"计划来提供这种收入，政府征地的阻力可能会小得多，把耕地转变为工业用地可能会更容易。在第五章中，我们提到了土地使用不当是印度分配失衡的一个主要原因，也可能是造成经济增长严重受限的原因之一。如果实施了"全民基本收入"计划，削弱了农民不惜一切代价坚守土地的需求，将有助于弱化这种错误的土地分配方式带来的影响。这种计划还可能让土地所有者更易于接受出售土地的观念，并搬到就业机遇更好的地方。

然而，印度目前还没有"全民基本收入"这样的制度。政府目前提出的福利方案仅仅适用于农民群体，而且根本无法维持农民的生计。反对派提出的最低收入保障更类似于负所得税计划，面向穷人，并随着收入的增长而逐步开始征税。事实上，很少国家实施了诸如"全民基本收入"这样一种能够为每个居民提供一笔资金保障，而且无须纳税的制度。如果有的话，也无非是针对穷人的有条件或无条件的转移支付。但要在发展中国家找到条件合适的申请者，往往特别困难，因为大多数人从事农业或在小公司工作，政府几乎不可能知道他们赚了多少钱，这使得政府很难遴选出贫困人群，并为他们提供额外收入。[40]

由于政府无法按照某个标准去遴选目标人群，那么一种替代方案就是设置一个标准，让人们主动查看自己是否符合这个标准。印度《国家农村就业保障法案》（NREGA）就属于此类，而且是适用范围最大的方案之一（也许是美国提出的联邦就业保障法案的某种变体）。每个农村家庭每年都有权在长达100天的工作时间内享受官方规定的最低工资标准，而且这个最低工资标准高于大多数地方之前的实际工资水平。至于哪些人符合受益标准，无须经过官方的筛选，只要他们的工作符合该法案关于工作类型的规定。那些在建筑工地工作的人通常符合标准，因为他们每天站在太阳下工作八个小时，如果工作条件稍微好一些，则不在受益者之列。

这个法案很受穷人的欢迎，以至于莫迪政府在赢得2014年印度大选后决定不与该法案发生正面对抗（他之前在竞选中曾声称反对该法案）。诸如印度《国家农村就业保障法案》这类福利计划的一个优点是，在那些无法实施最低工资标准的地方，它至少在一定程度上提高了当地的最低工资水平。工人们可以利用该法案规定的工资标准与私营部门的雇主讨价还价，而且有证据表明他们的确是这样做的。[41]此外，雇主们之前串通一气压低工资，实际上是在减少工作岗位的数量，或许这是因为一些人无法或不愿为很少的钱工作。但如今，一项研究发现，尽管最低工资水平提高了，私营部门雇用的人数实则不降反升。

所有工作福利计划面临的主要症结在于，必须有人创造出数百万个就业岗位。在印度，这个职责往往落在了村级自治组织（被称作"潘查雅特")身上,但中央政府和村级自治组织之间存在严重的不信任感,双方常常出于某种原因指责对方腐败。其结果是,当过于强调反腐败时,往往会出现官僚作风和效率低下。一个项目从提出到获批再到落实,往往需要数月之久,还需要村级自治组织付出相当大的努力。这意味着这些项目无法有效应对需求的突然变化,比如突如其来的干旱。这也意味着,如果某个村的自治组织觉得这个项目太麻烦,那么这个村里人的运气就不好了。在印度最贫穷的比哈尔邦,希望通过该法案同雇主讨价还价的人里面,成功者还不到一半。[42]

印度《国家农村就业保障法案》在实施过程中很容易产生腐败,因为负责监督项目的人可以利用权力阻止工资支付并索贿。减少参与监督该计划的官僚机构的层级,使全国就业保障领域的工作人员的财富中位数减少了14%。[43] 此外,即使人们找到了工作,通常也要几个月才能拿到工资。

所有这些都表明,许多发展中国家有非常好的理由考虑实施"全民基本收入"计划。问题当然是钱。大多数发展中国家需要提高税收,但这种改变不会很快实现。最初,大部分资金将来自其他福利计划的终止,包括一些大规模的、受欢迎的计划,比如电力补贴计划。削减福利计划数量的潜在好处是可以将有限的政府能力集中起来。印度政府有数百个这样的福利计划,其中许多计划基本上没有资金,却拥有一个专门的办公室和一些基本不作为的工作人员。德里的副首席部长马尼什·西索迪亚(Manish Sisodia)曾开玩笑说,他上台后,发现政府预算中有一个购买鸦片的计划,原来这是一项早已终止的计划的余留部分,该计划原本旨在帮助那些从阿富汗迁徙到德里定居的难民中的瘾君子。

穷国政府能够负担得起的任何"全民基本收入"计划都是极其基本的,我们不妨将这种计划称为"全民超级基本收入"计划(Universal Ultra Basic Income)。《印度经济调查报告》(Economic Survey of India)在 2017 年提出了类似的建议。按照报告的估计,如果每年向印度 75% 的人口每人转移支付 7 620 卢比(按购买力平价约合 430 美元),那么,除了印度的绝对贫困人口外,将使得其他所有人都能超过 2011—2012 年的贫困线。虽然以印度的标准来衡量,7 620 卢比非常少(几个经济学家建议的印度"全民基本收入"计划提供的最低收入保障水平也高于这个数字),但或许足够维持穷人的基本生计。调查显示,这项计划的成本占印度 GDP 的 4.9%。2014—2015 年,印度主要的化肥、石油和食品补贴占 GDP 的 2.07%,而十大核心福利计划的成本为 1.38%,所以完全削减这些现有项目,将为"全民超级基本收入"的 2/3 买单。[44]

该建议认为将 25% 的人排除在该项目之外是相当容易的,确实有可能引入一套温和的"自我遴选"法。比如,要求每个受益人每周无论是否取钱,都要前往自动取款机,输入一遍自己的生物识别信息。这种要求具有双重优势:一方面,可以排除条件不合适的申请者;另一方面,稍微富有的人觉得这样做太麻烦,从而打消申请这项福利的想法。与此同时,制度设计者应该考虑到一些备选方案,比如允许残疾人拿到钱,或者在出现技术故障的情况下也能让申请者拿到钱(这种情况经常发生,特别是对于体力劳动者来说,他们的指纹会在工作中被磨掉,从而无法有效输入个人指纹信息)。一旦建立了正确的大框架("在穷人迫切需要时,就可以申请一些额外的钱"),一种温和的要求(比如每周去自动柜员机输入自己的生物识别信息)至少会促使经济条件相对较好的那 25% 人口嫌麻烦而主动放弃申请,同时确保真正急需额外资金的人依然会不厌其烦地提出申请。

虽然我们目前所了解的情况支持"全民超级基本收入"计划，但是目前还没有关于其长期影响的数据。我们的大多数证据来自相对短暂的干预措施。我们无法确定永久的基本收入保障会导致受益者做出什么样的反应。当额外收入的新鲜感逐渐消失时，他们会重新感到气馁、减少工作，还是会有更高的追求、更加努力呢？如果他们的家庭获得了收入保障，长期的影响会是什么？阿比吉特在肯尼亚对一项大规模的"全民基本收入"计划开展了随机对照实验，就是希望发现这些问题的答案。在44个村庄，每个成年人在12年里每天可以得到0.75美元。在另外80个村庄，每个成年人将接受为期两年的现金资助。在另外71个村庄，每个成年人将一次性获得500美元的补助。最后，在另外100个村庄，没有人获得任何收入保障，但定期收集有关他们的数据。总共有近15 000个家庭参与了这项实验。我们将在2020年初看到效果。

然而，我们可以从几个国家实施多年的"有条件现金转移支付"计划中发现一些长期性的证据。这些计划始于20世纪90年代，当时的儿童现在已经成年了。这些计划似乎对他们的福利产生了持久的积极影响。比如，2007年，印度尼西亚政府推出了"家庭希望"计划（PKH），这是一项"有条件现金转移支付"计划，涵盖该国438个城区（从736个城区中随机抽取）的70万个家庭。该计划具有大多数"有条件现金转移支付"计划的标准特征：参与家庭每个月收到一笔福利金的前提是要送孩子入学，并使孩子获得预防保健服务。在2007年加入该计划的村庄直到今天仍继续获得福利，但由于官僚机构的惰性，政府从未将该计划扩大到之前作为对照组的那些村庄。经过对比发现，那些获得福利的家庭在卫生和教育方面取得了一些巨大的持续进步，由专业卫生人员照料的新生儿数量急剧增加，失学儿童数量减半。随着时间的推移，该计划也增加了人力资本的存量，发育不良儿童的数量减少了23%，完成学业的人数显著增加。然而，尽管人力资本存量和转移支付规模都有所增加，家庭财富却没有显著增加。这是对单纯现金转移支付的长期影响发出的一个严重警告。之所以出现这种局面，一种可能的原因在于政府能够负担得起的钱太少，在提高家庭收入方面影响非常有限（大规模转移支付对一个经济体造成的负担确实太重）。[45]

鉴于上述情况，最好的福利政策组合可能是这样的：一方面，实施"全民超级基本收入"计划，面向国内所有居民，无论是谁，都能从该计划获得一笔福利金；另一方面，实施补贴金额更大的"有条件现金转移支付"计划，面向那些非常贫困的群体，为申请者设置一个前提条件，比如必须在孩子获得预防保健和教育服务之后才能提出申请。但这种前提条件在实施过程中无须非常严苛，不然会导致很多人望而却步。在摩洛哥，我们看到"有条件现金转移支付"计划仅仅鼓励受益人将福利金用于孩子教育，而不强制执行这一要求，结果如何呢？它似乎与传统的"有条件现金转移支付"计划一样有效地改变了穷人的行为方式。[46]同样，在印度尼西亚的"家庭希望"计划中，申请福利的前提条件也没有执行得非常严苛。从这个意义上说，这种现金转移支付降低了管理成本，避免将最弱势的家庭排除在外，也可以用相对较低的成本锁定目标群体。锁定目标群体的方法就是聚焦贫困地区，依靠社区领导者去判断一个人是否属于穷人，也可以利用现有的数据去判断。虽然存在判断失误的可能性，只要我们愿意在评判前提条件方面宽松一些（这样一来，尽管可能导致一些不符合条件的人领取福利金，但至少那些急需帮助的人不会被排除在外），而且只要"全民超级基本收入"计划为每个人提供一笔最低生存保障金，就能取得最佳效果。

美国实施"全民基本收入"计划？

美国（以及其他大多数富裕国家）的福利政策也需要重新调整。有太多人怒气冲天，觉得事情在太长时间内没有朝着自己期待的方向发展。目前，还没有迹象表明问题会自行解决。那么实施"全民基本收入"计划是美国解决问题之道吗？

如果选民相信政府走在正确的轨道上，那么他们对增税的抵触可能会有所减少。根据皮尤研究中心的一项研究[47]，61%的美国人支持政府的一项政策，即为所有美国人提供一份有保障的基本收入，以满足他们的基本需求，防止机器人取代人类的大多数工作。在民主党人中，77%的人支持；在共和党人中，38%的人支持。65%的民主党人（但只有30%的共和党人）认为政府有责任帮助失业工人，即使这涉及增税，也在所不惜。考虑到这么高的支持率，以及鉴于美国税率低于全球标准，人们可以想象税收占GDP的比例将从26%上升到31.2%。这将使每个美国人每年得到3 000美元。[48]对于一个四口之家来说，每年将获得12 000美元，达到了贫困线的将近一半①。这算不上一笔多大的财富，但对于最贫穷的1/3人口来说，这笔钱不可谓不多。如果"全民基本收入"的资金来源是资本税，并且资本在经济中所占的份额由于自动化技术的发展而逐渐增长，那么随着时间的推移，"全民基本收入"计划可能会变得更加慷慨。

---

① 根据美国人口普查局的最新调查，2019年的美国贫困线标准为单身收入低于 11 880 美元，四口之家低于 25 750 美元。——译者注

在欧洲，增税空间更小，但可以把住房补贴、贫困人口收入补贴等一系列的转移支付整合为一笔，并且对其用途基本不加限制。这实际上是芬兰在 2017 年和 2018 年进行的实验：2 000 名失业工人被随机分配到"全民基本收入"计划，以一笔福利金取代所有传统的福利援助计划，比如住房补贴、失业补贴等。另外 173 222 人构成对照组，没有被纳入这个计划。早期结果显示，接受"全民基本收入"计划援助的人幸福度普遍提升。这两组人获得的福利补贴总额其实并没有什么差别，这与我们迄今看到的情况或许是一致的。[49]

但"全民基本收入"计划真的能让那些被社会甩在后面的穷人少生一点气吗？这种计划的许多支持者（不包括穷人）似乎觉得它有利于安抚和收买那些在新经济形势下无用武之地以及找不到工作的人。如果他们有了这种计划提供的一笔福利金，就算不去找工作，也不愁生计，从而有精力去做其他事情。但我们迄今所知的一切似乎都表明这是不大可能的。我们曾经问受访者一个问题："如果'全民基本收入'计划每年为你提供 13 000 美元（没有附加条件），你觉得自己会停止工作或停止找工作吗？" 87% 的人表示不会。[50] 这本书中的所有证据都表明，大多数人实际上都想工作，不仅仅是因为他们需要钱，而且因为工作给人带来一种使命感、归属感和尊严感。

兰德公司于 2015 年对大约 3 000 名美国人的工作条件进行了一次深入调查。[51] 受访者被问及他们的工作是否能够为他们提供以下几点感受："工作干得好带来的满足感""觉得自己在做有用工作""个人成就感""有机会对社区/社会发挥积极影响""有机会充分发挥才能""找到了追寻的目标"。他们发现，80% 的人表示自己的工作总是或在大部分时间内能够提供其中至少一种感觉。

大约在同一时间，皮尤研究中心搜集了美国人对工作满意度的数据，并询问受访者是否觉得工作给了他们一种认同感。[52] 大约一半（51%）有工作的美国人说他们从工作中获得了认同感，而大约另一半（47%）说他们工作只是为了谋生。

目前还不完全清楚这两项研究得出的数据究竟孰优孰劣，但毫无疑问，许多人关心工作的原因不仅仅是为了赚钱。受教育程度更高、收入水平更高的人，往往将工作视为自我身份认同的一部分；在年收入 3 万美元或更少的人里面，只有 37% 的人表示从工作中获得了认同感。各个行业之间也存在显著差异。比如，在医疗保健行业工作的人有 62% 表示自己从工作中获得了认同感，这个数字在教育行业是 70%，在酒店业是 42%，在零售或批发行业是 36%。

人们在考虑一份工作时，会区分出好的工作和坏的工作，或者有意义的工作和不那么有意义的工作。一般来说，收入更高的工作是更好的工作，但你做什么也很重要。即使收入保持不变，人们也可能会拒绝从他们喜欢的工作转到他们认为毫无价值的工作。而且，事实上，当人们失去了他们已经拥有多年的工作时，很难真正地重新站起来，因为许多研究发现，平均而言，在大规模裁员后，被解雇的工人的收入从未完全恢复。一般来说，他们找到的工作薪水较低，稳定性较差，也没有像之前那样的福利。[53]

这在一定程度上可能与我们在第二章讨论的事实有关，劳动力市场在很大程度上取决于雇主和雇员之间的适当匹配，双方能否建立互信和重视，运气的成分很大。一旦你找到了一份工作，自然而然地想要留下来，这样你就会有一份更稳定、更有意义的工作，无论在经济方面，还是在其他方面。一旦你失去了这种联系，就很难重新建立，尤其是当你年纪大了，习惯了自己的生活方式后。

这解释了一些相当惊人和可怕的事情。一项研究发现，当长期任职的员工在大规模裁员期间被解雇时，他们更有可能在随后的几年里很快死去。[54] 失业似乎真的会使人心脏病发作。据估计，失业对死亡率的影响会随着时间的推移而下降，但不会归零，因为会出现更长期的问题，如酗酒、抑郁、疼痛和各种上瘾症。总的来说，研究发现，中年失业的工人平均寿命缩短了 1 年到 1.5 年。

工作转型的代价很高，体现在多个方面，而大多数经济学分析都忽略了这些。作为经济学家，我们担心收入损失，担心找新工作所花费的时间和精力，但其他成本在我们的模型中并没有出现。由于经济学家们本能地倾向于支持"全民基本收入"计划，因此，这类计划仅注重提供经济补贴，忽略失业的其他成本或许就不足为奇了。这类计划往往一厢情愿地设想下岗工人终于从工作的枷锁中解放出来，进入了一个新的世界，依靠这类计划生活的年轻退休人员在他们的生活中找到了新的意义，他们可以在家工作，在社区做志愿者，学习手艺，或者探索世界。不幸的是，有证据表明，人们实际上很难在原有的工作结构之外找到意义。自 20 世纪 60 年代"美国人时间使用调查"（American Time Use Survey）启动以来，男性和女性用于休闲活动的时间都增加了不少。[55] 对于年轻男性来说，自 2004 年以来，相当大一部分时间都花在了电子游戏上。[56] 对于其他年龄组来说，大部分时间都用于看电视了。2017 年，男性平均每天花在休闲活动（包括上网、看电视、社交和志愿活动）上的时间为 5.5 小时，女性为 5 小时。看电视是占用时间最多的休闲活动（每天 2.8 小时）。户外社交活动占用的时间排在第二位，但与第一位差距很大，只有 38 分钟。[57] 在经济大衰退时期，人们花在工作以外的时间减少了，而看电视和睡眠占据了一半的空闲时间。[58]

但很明显，看电视和睡觉不一定让我们快乐。丹尼尔·卡尼曼和艾伦·克鲁格通过调查，让人们回忆自己的一天，以及对每一刻的感受，发现在休闲活动中，看电视、玩电脑和打盹给人带来的即时愉悦感和成就感最少，社交是最令人愉快的活动之一。[59]

人们似乎很难在独处状态下找出使生活富有意义的途径。我们大多数人都需要一个有组织的工作环境提供的纪律，然后我们才为其赋予重要性或意义。当人们担心自动化技术带来的影响时，就会出现这种情况。在皮尤研究中心的调查中，64%的受访者估计，如果被迫与先进的机器人和电脑展开竞争，人们将很难有心思去寻找让生活有意义的事情。[60]事实上，那些拥有更多闲暇的人（退休者、失业者、劳动力市场之外的人）比那些有全职工作的人，更不愿意做志愿者。[61]志愿活动是我们在日常活动之外的事，它无法取代日常活动。

换句话说，如果说富裕国家真正的危机在于许多曾经自认为是中产阶层的人失去了他们过去从工作中获得的自我价值感，那么"全民基本收入"计划不是解决问题的答案。我们对富国和穷国的问题有不同的答案，原因有两个。第一，许多穷国缺乏管理能力，无力运作更复杂的福利计划，而"全民基本收入"简单易行。但美国并非如此，法国和日本更非如此。

第二，在大多数发展中国家，一般人也肯定希望拥有一份稳定的工作、良好的收入和福利，但他们往往觉得自己没有权利得到这些东西。世界上有很大比例的穷人和准穷人是个体经营者，他们基本上都生活在发展中国家。他们不喜欢搞个体经营，但别无选择，而且已经习惯了。他们知道自己可能不得不在一个月甚至一天的时间内从一个工作转换到另一个非常不同的工作，这取决于什么样的机遇会光顾自己。他们上午卖食品，下午做裁缝，抑或在雨季当农民，在旱季做制砖工。

这在一定程度上导致他们的生活并非围绕工作而建立。他们小心翼翼地与邻居、亲戚、同一种姓的人、宗教团体以及各种正式非正式的组织保持联系。在阿比吉特的故乡西孟加拉邦,"俱乐部"(在孟加拉语中被称作 klaab)就属于一个关键组织。大多数村庄和城市社区至少有一个俱乐部,会员年龄在 16 到 35 岁之间,他们几乎每天见面,打板球、踢足球、打牌,或者玩南亚特色的桌上运动——克朗棋(carrom)。他们经常把自己描述成"社工",当某个朋友的家里有人去世时,其他人都会现身,并提供帮助。但这种组织也会以"社会工作"或"宗教仪式"的名义进行一种温和的敲诈勒索,当地政客将这些年轻人用作"桩脚"[①],给这些俱乐部提供数量不等的捐款,为俱乐部运转及其庆祝活动提供了支持。然而,最重要的是,这是一种使当地年轻人免于陷入麻烦的方法,因为他们中的大多数人要么不工作,要么做着自己不喜欢的工作,那样他们就无法找到人生的意义。

超越弹性保障制度

如果"全民基本收入"计划解决不了我们当前经济模式造成的破坏,那还有什么能解决呢?经济学家和许多政策制定者喜欢丹麦的弹性保障制度。这个制度赋予劳动力市场完全的灵活性。所谓"完全的灵活性",意味着只要一个企业不再需要某些工人,可以很轻易地解雇他们,而这些失业者会得到丰厚的失业补贴,并不会蒙受多大的经济损失,政府部门会齐心协力帮助失业者实现再就业

---

① 桩脚,foot soldier,指在选举中为候选人拉票的基层工作人员,他们利用各种手段使其支持的政客当选,比如动员街坊或家族成员参与投票。——译者注

（或许需要先接受有效的再培训）。较之于基本让失业工人自谋生路的制度（如美国），弹性灵活制度确保失业不至于沦为一场悲剧，而是生活的一个正常阶段。较之于那种企业与工人签订无限期合同，以致很难解雇工人的制度（法国那套制度就是如此），弹性灵活制度可以让雇主更好地适应环境的变化，避免"内部人"与"外部人"之间的冲突。所谓"内部人"指的是那些足够幸运地得到了一份获得法律强力保护的工作的人，所谓"外部人"指的是那些根本没有工作的人。

这与经济学家们条件反射式的基本观点是一致的，即我们应该让市场发挥作用，同时为那些弱势群体提供保障。从长远来看，阻止劳动力从萎缩的经济部门重新分配到增长的经济部门既不现实，代价也高昂。对于一个经济体中的许多人来说，尤其是对于年轻的工人来说，为他们提供的任何再培训都是有价值的。比如，我们在前面的章节中看到美国的《贸易调整援助计划》就取得了成功。

尽管如此，我们并不认为弹性保障制度能够一劳永逸地解决失业带来的所有问题，原因正如我们之前讨论过的，失业显然比收入损失的危害大得多。失业常常意味着一个人从一个固定的生活日程和美好的生活愿景中被强行推出来。特别是，老年人和那些多年在某个地方或某个公司工作的人，可能会发现工作转型更为困难。由于他们剩余可用的工作年限相对较短，对他们进行再培训的成本就会比较高。失业会导致他们失去很多东西，而从一份新工作中得到的东西却很少（如果再迁徙到异地，失去的更多）。唯一相对容易的过渡，是转换到相同的领域和相似的位置。

正是由于这个原因，我们在第三章的最后提出了一个有点激进的想法，即一些工人应该得到补贴才能继续工作。当整个行业受到贸易或技术的破坏时，老员工的工资可以得到部分或全部补贴。但只有当某一地区的某一特定行业处于衰退状态时，才应启动这一失业补贴政策，覆盖住那些至少拥有10年（或8年或12年）相关工作经验，而且年龄较大的员工（如50岁或55岁以上）。

经济学家本能地对赋予政府如此大的自由裁量权持批评态度。政府如何知道哪个是衰落的行业？

政府肯定会犯一些错误，也会滥用权力，我们并不怀疑这一点。然而，正是基于这些理由，当这些年来贸易一边抢走人们的生计，一边宣称让每个人过得更好时，政府一直在袖手旁观。如果我们想让贸易给所有人带来好处，就要设计一套好的制度。这套制度应该包括如何鉴定经济上的失败者，如何为他们提供补偿。事实上，贸易经济学家（包括政府里面那些经济学家）有足够的数据了解哪些地区进口增长迅速，哪些地区外包业务增长迅速，美国2018年征收的关税就是根据这些数据计算出来的。贸易战可能会伤害到经济中的其他许多人，而更有针对性的补贴将保护最脆弱的群体，不会造成新的破坏。还可以制定类似的政策，遴选出自动化技术发展最快的行业和地区，并采取干预措施。

对于地方政府基于各地情况制定的经济政策，莫雷蒂等经济学家持怀疑态度，因为他们担心这些政策最终会把经济资源从一个地区重新分配至另一个地区，并可能从生产率最高的地区转移到生产率较低的地区。但如果超过一定年龄的人不能或不愿迁徙，就会不清楚自己还有什么选择。如今，大量被社会甩在后面的人散布在美国各地，数百个城镇因愤怒和滥用药物而满目疮痍，在这些地方，凡是能够承担迁徙成本的人，要么已经离开，要么正在考虑离开。在这些地方帮助这些弱势群体将是非常困难的。因此，社会政策的目标不仅应该是帮助现存的贫困地区,更重要的一点或许是避免最终造就更多的贫困地区。

从某种意义上说,这正是欧洲"共同农业政策"发挥的效果。很多经济学家痛恨这种政策,因为欧洲的农民越来越少,却在牺牲其他所有人利益的前提下获得了大量补贴。但他们忘记了,正是这种政策使许多农场躲过了被关闭的命运,让许多欧洲国家的乡村留住了青山绿水和勃勃生机。此前,由于一个农民种植的农产品比较多,获得的补贴就比较高,这就促使农民冲动地扩大农业生产,以致出现了大片看起来丑陋的田地。但从2005年到2006年,给农民的补贴金额不再与生产规模挂钩,而是基于环境保护和动物福利。结果便是小型手工农场得以生存下来,我们从中获得了高质量的产品,并留住了美丽的风景。可能大多数欧洲人都认为,这是值得保留的东西,也有助于提高自己的生活质量,强化欧洲人对于自己身份的认知。如果农业生产更加集中,农舍被仓库取代,法国的GDP会更高吗?可能。幸福感会更强吗?未必。

美国保护制造业就业与法国保护自然之间的类比似乎有些奇怪,但美丽的乡村吸引着游客,并留住年轻人以照顾年迈的父母。同样,企业为员工生活而建造的城镇也可以确保留下一所高中、一些运动队、一条有几家商店的主街,以及一种归属感。这也是一种生活环境,是我们都喜欢的东西,我们的社会应该乐于为这种良好环境买单,就像乐于为植树买单一样。

聪明的凯恩斯主义:为公益事业提供补贴

2018年,一套与以往存在很大差异的工作补贴制度在美国民主党内部获得广泛支持。2019年，总统候选人科里·布克（Cory Booker）、卡玛拉·哈里斯（Kamala Harris）、伯尼·桑德斯（Bernie Sanders）、伊丽莎白·沃伦（Elizabeth Warren）都提出了某种形式的联邦担保，即任何想要工作的美国人都有权获得好工作（最低时薪15美元，带退休金、医保金、子女看护援助金以及12周的带薪探亲假），社区服务、家庭护理、公园维护等领域的工作都要满足这些条件，才算好工作。国会里的民主党议员提出了"绿色新政"，其中包括联邦政府为人们提供工作保障。这个想法当然不算新鲜，《印度全国农村就业保障法案》的运作方式与最初的"新政"都具有相似的思路。

如果印度有什么经验可资借鉴的话，就是这样的项目并不容易运作良好。在美国，创造和组织足够多的工作岗位可能会更加困难，因为在美国，很少有人愿意去挖沟或修路，而在印度，人们却别无选择，时常被要求这么做。此外，这些工作必须能够产生切切实实的现实价值。如果明显让人们看出来这些工作是政府为了增加就业而创造出来的，那么这些工作并不会提高人们的自尊感。在假装工作和身患残疾之间，人们可能宁愿选择后者。最后，考虑到该计划的规模之大，将不得不由私人公司竞标政府合同来实施，而政府合同向来以高价格、低质量著称。

对于政府来说，一个更现实的策略或许是增加采购劳动密集型服务的预算，以此提高对这类服务的需求，而没必要直接提供这些服务。一个重要的考虑是政府不要创造那些工作量少而收入较高的工作机会。在发展中国家，这点尤其重要，因为正如我们之前看到的那样，这类活少钱多的工作将导致每个人宁愿排长队碰运气，也不愿接受那些薪酬较低的工作，最终导致劳动力市场的冻结和整体就业率的下降。工作岗位必须有用，薪酬必须公平。这样的可能性有很多。虽然自动化技术提高了人们的生产率，但在养老、教育和儿童护理等领域，自动化的影响非常有限，至少目前如此。的确，机器人似乎永远不可能完全取代人类照顾幼儿或老人的能力，充其量只可能对人类这一能力构成有效补充。

人类在学校和幼儿园很难被取代的另一个原因是，如果机器人接管了所有需要专业技能的工作（从拧紧螺栓到会计），人类的灵活性和与生俱来的同理心将日益受到重视。事实上，研究表明，与认知技能相比，社交技能在过去十年的劳动力市场上变得更受重视。[62] 关于如何传授社交技能的研究很少，但在传授社交技能方面，人类肯定比软件更具优势，这似乎是常识。事实上，在秘鲁进行的一项实验表明，如果寄宿学校的一些学生的床铺被随机安排在善于社交的学生附近，他们自己的社交技能也能有所提高。相比之下，如果被安排在一个考试成绩好的学生旁边，却无法帮助他们取得更好的成绩。[63]

人类在护理和教学领域虽然具备比较优势，但相对于那些自动化技术普及的领域，这些领域的生产率将越来越落后，而且吸引的私人投资可能也会少于生产率增长更快的部门。但照顾老人肯定是一个有价值的社会目标，目前，这一目标还没有得到充分的实现。投资于更好的教育和儿童护理可以为社会带来巨大的潜在收益。这需要花钱，而无论政府愿意花多少钱，这两个行业都能吸收。如果这些钱能为人们提供稳定高薪、受人尊敬的工作，将达成两个重要目标：为社会创造有用的东西，提供大量有意义的工作岗位。

起跑线

儿童的代际流动与其成长的社区密切相关。对于一个出生在美国收入分配下半区家庭的孩子而言，如果在犹他州的盐湖城长大，则其平均收入将达到全国平均收入的 46%；如果他在北卡罗来纳州的夏洛特长大，则收入只能达到全国平均收入的 36%。这些空间上的差异早在人们参加工作之前就显现出来了：生活在低流动性地区的孩子上大学的可能性更小，而且更有可能早早地生了自己的孩子。[64]

1994 年，美国住房和城市发展部发起了一项名为"向机会迁居"（Moving to Opportunity）的计划，为一些严重贫困地区租住公共住房的数千家庭提供抽奖机会，奖品是政府的住房券，使他们有机会从贫困率较高的社区搬到贫困率较低的社区。其中一半家庭中奖了，利用住房券迁入了贫困率低得多的较好社区。

一组研究人员跟踪了抽奖的赢家和输家，看看发生了什么变化。对儿童的早期研究结果有些令人失望：女孩的精神状态更好，在学校的表现也更好，而男孩则不是这样。[65] 然而，从长期来看，在第一次抽签后的 20 多年里，他们的生活结果有很大的不同。父母中奖的年轻人每年比父母没有中奖的多赚 1 624 美元，而且更有可能上大学，住在更好的社区，而女孩成为单身母亲的可能性更小。因此，其中一些影响可能也会传给下一代。[66]

有些社区的流动性比其他社区更好，拿什么去解释这种现象呢？研究人员还远未解决这个问题，但社区环境特征似乎与更高的流动性存在显著关联，其中最重要的是学校的质量。事实证明，社会流动性与标准化教育考试成绩密切相关。[67]

得益于数十年的教育研究，我们对如何提高学业成绩有了相当多的了解。2017 年，一项研究总结了在发达经济体进行的 196 项随机研究，这些研究都是关于提高学业成绩的干预措施（包括学校干预和家长干预）。[68] 尽管这些干预措施的效果存在很大差异，但良好的学前教育和针对贫困儿童的强化辅导似乎效果最好。一些孩子落后于年级平均水平，然后完全失去方向的可能性比较大。要有效阻止这种局面，一种好办法就是让他们在学前班阶段就为进入小学做好准备，及时发现他们与别人的成绩差距，在这种差距变得太大之前就帮助他们解决在学习过程中遇到的困难。这完全符合我们在发展中国家的工作中所发现的情况。[69]

也有证据表明，在校学习成绩的差异会转化为长远机遇的差异。比如，在田纳西州开展的一项随机对照实验将班级规模从 20~25 人减少到 12~17 人，这在短期内提高了学生的考试分数，增加了他们以后上大学的机会。通过住房拥有率、储蓄状况、婚姻状况和所住社区来衡量，发现被分配到小班的学生以后的生活更好。[70] 为孩子提供更多的辅导和小班教学需要有更多的工作人员，这有助于创造更多的就业机会，对孩子的整个学生生涯也有好处。

在这方面，美国面临的限制主要是地方政府对教育的资金投入有限，那些急需良好公共教育的地方无法获得足够的资金。如果有大规模的资金投入，则会带来很大不同。此外，美国还存在一个更为普遍的情况，学前教育不在美国联邦政府的补贴范围之内。政府对学前教育的低水平资助引发的一个后果便是，只有 28% 的美国孩子就读于一些获得补贴的学前教育项目，[71] 这与法国形成了鲜明对比，法国政府对学前教育提供大量补贴，多年来几乎所有法国儿童都会接受学前教育，[72] 最近，法国政府甚至强制要求所有孩子必须接受学前教育。

支持学前教育计划的最初证据来自一些早期随机对照实验。这些实验发现高质量的学前教育干预措施在短期和长期内都能产生巨大影响，诺贝尔奖得主詹姆斯·赫克曼（James Heckman）因此宣称，这些干预是减少不平等的最佳解决方案。[73] 然而，这些实验中有一些规模很小，从而更有可能按照实验者预设的方式开展下去。

后来，有两个大规模的随机对照实验，分别是美国"全国启蒙"计划和田纳西州"学前教育实验"计划，它们对学前教育项目的评估结果或许令人觉得失望，因为这些项目都在短期内产生了影响，但对考试成绩的影响逐渐消失，甚至在几年后发生逆转。[74] 这导致许多人认为学前教育的作用被高估了。

但事实上，"全国启蒙"计划的一个关键发现是，学前教育的有效性似乎与计划的质量有着巨大关联。特别是，全天运作的项目比半天运作的项目更有效，那些包括家访和其他形式的家长参与的项目也更有效。美国和其他国家的随机对照实验也有单独的证据证明家访的有效性，在家访期间，幼儿园教师或社会工作者会向家长示范如何与孩子做游戏。[75]

现在的普遍观点认为，我们需要更多的研究才能明确知道在儿童早期什么是有效的。但我们知道，资源很重要，当"全国启蒙"计划的规模扩大时，资金压力越来越大，许多学前教育试点不得不通过削减服务来降低成本，从而降低了其效率。保持学前教育的质量是至关重要的，而且这样做还能带来一个额外的好处，就是可以大幅增加对许多人来说很有吸引力的工作岗位，尤其是当这些工作岗位的薪酬足够多时，吸引力更大。这些工作既有回报，又不可能被机器人取代（真的无法想象机器人去家里拜访父母的情景）。

同样重要的是，只要有必要的教学器具支持，似乎就有可能以较低的成本和相当快的速度，培养一名高效的学前教师。在印度，我们与哈佛大学心理学教授利兹·斯皮尔克（Liz Spelke）合作，设计了一套幼儿园数学课程，其中包括一些以数学直觉认知为基础的游戏，这是为那些还没学会读写，甚至还没学会数数的小孩子准备的。试点范围包括德里贫民区的数百所幼儿园，然后通过随机对照实验去检验效果。[76]利兹最初对德里的条件感到震惊，那里幼儿园的小门廊里挤满了不同年龄的学生，老师接受的培训也很少，其中许多人都没有完成高中学业。这与她在哈佛实验室的条件大不相同。但事实证明，这些教师经过一周的培训之后，在良好的教学器具辅助下，能够维持贫民窟儿童的注意力，他们玩了几周的数学游戏，孩子们在游戏中进步很快，充满热情，学习了大量的数学知识。

　　托儿服务不足也是美国已婚女性和低收入单身母亲面临的最严重不利条件之一。缺乏高质量的全日托儿补贴意味着，她们要么不工作（因为托儿的费用几乎和她们的收入一样高），要么不得不找一份离家近的工作（尤其是离母亲近的地方），以便于让母亲帮忙照顾孩子。在发达经济体的劳动力市场上，女性会因为生养孩子而付出巨大代价，这是造成男女收入差距的很大一部分原因。[77]即使在先进的丹麦也是如此，男女在生孩子之前的收入几乎没有差别，而从长远来看，孩子的出生造成了男女之间大约20%的收入差距。在第一个孩子出生后，女性的职业等级和成为管理者的可能性开始落后于男性。此外，初为人母的女性换工作主要是为了加入"对家庭友好"的公司。一个公司是否"对家庭友好"，是根据有年幼孩子的女性在公司员工中的比例来衡量的。但第一个孩子出生后，也有大约13%的女性永久退出了职场。[78]在政府慷慨补贴下大幅增加高质量的全托服务供给，可以让那些低收入女性通过工作获得酬劳，有效提高收入。

老年人护理是另一个有巨大发展空间的领域，因为美国几乎没有老年人的家庭护理，也很少有财政资助的养老院。相比之下，丹麦和瑞典的养老支出占 GDP 的 2%。[79] 它们建立了一个集中的电子健康数据库，存储了老人的就医记录，有助于医院和有关政府部门进行协作。所有 80 岁及以上的老人（不只是穷人）都有资格接受家访和家政服务，所有 65 岁及以上的丧偶老人都获得监控服务，以便及时确认他们是否需要帮助。老年人也能获得一笔必要的修缮资助，让家变得更安全。那些需要持续护理的老人最后通常会住进公立养老院，费用由他们应得的公共养老金支付。

照顾老年人很有挑战性，而且在美国，这些工作的报酬很低。换句话说，这类工作不是很有吸引力。但这种情况可能会迎来改变。我们需要提供足够的资金来雇用足够多的员工，对他们进行充分培训，确保他们有足够的时间与老人相处，并支付足够高的薪酬，让他们为自己的工作感到自豪。

协助搬家

考虑到社区在帮助人们找好工作和抚养孩子方面的重要作用，帮助人们迁居别处堪称另一个重要策略。

1994 年，美国住房和城市发展部为了解决低收入家庭住房的问题，在部分城市实施了"向机会迁居"计划，通过向居住在贫困社区的贫穷家庭发放租房补贴券，鼓励这些家庭向非贫困社区搬迁。虽然将这一计划推向全国，使每个人都有可能搬到更好的社区是不可能的，但支持部分贫困人群改变所住地区或更换工作应该是可能的。实际上，有几个计划就是针对这一问题的，但其中许多计划除了为贫困工人指明工作方向并帮助其完成申请程序外，几乎没有其他作用。在欧洲和美国，这类积极的劳动力市场政策的经验相当令人失望。它们产生的效果是积极的，但作用很小，而且那些没有得到帮助的工人要为得到帮助的幸运者承担一定成本。[80]

另一个雄心更大、成本更高的计划是，将为失业工人自动延长失业保险，使他们有时间接受培训，寻找好工作，不必为了生计接受一份低薪工作，也不必继续处于无能为力的状况。这种计划不仅可以让他们获得短期培训机会，还可以让他们参加更高级的项目，比如进入大学或社区大学深造，并获得全额奖学金。我们需要转变一下思维，不仅是帮他们找一份工作，而且帮他们找到一份事业。美国的一个随机对照实验最近评估了三个这样的项目。其核心思想是将失业工人的培训期延长至数月，根据那些工人短缺部门的需求培养失业者的专业技能（如医护和电脑维修技能），然后将工人与需求部门进行匹配。两年后的结果令人看到了希望：评估结果表明，在完成培训之后，参与者更有可能被雇用，而且得到的工作也比那些没有参加培训项目的员工更好。总的来说，参与培训者比非参与者多赚29%。[81]

重要的是，这些项目也帮助弱势群体迁徙。无论是在培训期间，还是在新工作开始时，它们为弱势群体的求职者和工人提供托儿、交通、住房或法律服务方面的帮助。这种帮助可以扩大到提供短期住房，并为儿童寻找学校和托儿所。这些项目提供的住房租金抵用券（比"向机会迁居"提供的抵用券金额要少）有助于人们负担得起较好的社区。

帮助那些需要招聘员工的公司走出所在社区和当地的推荐人网

络，或许也很重要。大多数促进求职者和雇主需求匹配的计划都以求职者为中心，但对于雇主来说，找到合适员工的过程很费时费钱。一项调查显示，招聘一个员工的成本（发布职位空缺、筛选应聘者和培训新员工）占这名员工年薪的比例在 1.5%~11%。大公司通常有一个人力资源部门，但对小企业来说，这些招聘成本可能真的算是一大障碍。法国最近的一项研究显示，招聘成本高到足以延缓招聘进度的地步。研究人员与应对失业问题的政府机构开展合作，为雇主提供招聘援助，为雇主发布职位空缺，并接收简历，筛选出条件合适的应聘者。他们发现，与那些没有获得招聘协助的雇主相比，那些获得协助的雇主发布的职位空缺往往比较多，而且雇用的固定员工数量也会多出 9%。[82] 这样的服务可以使雇主超越非正式的人才推荐渠道，扩大应聘者的范围。

诸如此类的计划好处多多，能够让失业者获得新技能，并促进求职者和雇主之间实现更好的匹配，这对任何一个经济体而言都是有价值的。退一步讲，即使它们没有产生很大的经济价值，对于减少失业者焦虑和恢复其尊严的意义也将是深远的，因为这类计划影响到的人群不仅包括失业者，还包括所有觉得自己工作有朝一日或将受到威胁的人，此外，受到这类计划帮助的失业者的朋友们也会从中感到慰藉。同样重要的是，这类计划改变了围绕失业者的固有叙事方式，之前，人们会对失业者说"我们正在拯救你"，现在，人们会说："很遗憾失业发生在了你身上，但你通过学习新技能，或者通过迁居，正在帮助我们的经济保持强劲活力。"这种叙事方式的改变，会让很多蓝领工人改变之前的一种认知，即其他人发起了对他们不利的战争，导致他们沦为了受害者的认知。

比如，奥巴马政府所谓的"对煤炭宣战"被视为一场针对煤炭工人的战争。或许煤炭工人对自己的工作特别自豪，认为没有什么可以取代自己，直到前不久，煤炭工人还敢同雇主抗争，结果到了今天，却不得不与雇主并肩作战，同政府抗争了。他们所从事的工作恰恰是大多数美国人认为应该由机器来完成的那种对身体有害的危险工作。钢铁工人也是如此。我们一定可以想出其他很多不那么危险，却同样会带来自豪感的工作。

尽管如此，当希拉里·克林顿 2016 年 3 月冷冰冰地宣布"我们将把煤炭公司和煤炭工人赶出市场"时，煤炭工人觉得这无情地破坏了自己的生活方式，而这些政客竟然不认为有必要向自己道歉或赔偿损失。希拉里随后立即谈到了照顾矿工的必要性，但她那句话伊始的"我们"却在这场辩论中清楚地变成了"我们"与"矿工"的对决。这句话在之后的几个月的政治广告中被反复播出。

事实上，每一次工作转型都可以且应该成为政府向承受这些的工人表达同情的机会。转换职业和跳槽都是困难的，但对经济体和个人来说，这也是一个促进人才和雇主实现最佳匹配的机会。每个人都应该像 80% 的美国人那样，在工作中找到意义。帮助失业者更好地实现工作转换，是政府应该提供的一种基本权利。但这类计划与"全民基本收入"计划不同的是，后者确保所有居民有权获得一笔现金补助，而前者确保失业者能够维系自己的社会认同感。我们每个人都应该在社会中过上一种富有成效的生活，这是一种普遍的权利。

许多欧洲国家在帮助人们工作转型方面的投入远远超过美国。丹麦在积极的劳动力市场政策（培训、就业援助等）上面的花费占 GDP 的 2%，这使得丹麦的工作流动性较高（从一份工作直接转换到另一份工作很容易），就业与失业之间的转换也比较频繁。丹麦非自愿失业的人员比例与其他经合组织成员国相似，但失业者重新找到工作的速度却快得多：丹麦 3/4 的失业工人在一年内重新找到了新工作。重要的是，丹麦模式挺过了 2008 年的危机和衰退，当时的非自愿失业人数没有大幅增加。德国将 GDP 的 1.45% 投入到了积极的劳动力市场政策，而在失业率远高于正常水平的金融危机期间，这一比例升至 2.45%。[83] 而在法国，尽管一直有人主张政府应该为失业者做更多事情，但积极的劳动力市场政策的支出在过去十多年间一直维持在 GDP 的 1%。在美国，相应的数字仅为 0.11%。[84]

事实上，美国也有可以遵循的模式。第三章讨论的贸易调整援助计划为获得批准的公司的工人提供培训和延长失业保险的资金。这个项目非常有效，而且它做的事情正是这类计划应该做的：帮助那些最贫困地区的工人迁居别处。接受该计划援助的工人也更有可能改变地区和行业，[85] 而且迁居之后，他们的收入可能是之前的两倍。但是，该计划并没有成为帮助员工应对职业过渡困难的模板，它的实施范围仍然很小，这怎么行呢？

有尊严地战胜贫困

很多人赞成限制企业用自动化技术取代工人。对于自动化技术造成的失业者，大部分共和党人和相当大一部分民主党人都反对政府通过实施"全民基本收入"计划或者"全国就业保障"计划为他们提供相应扶持。所以，尽管当前一些试点的政府福利计划比较有效，但难以在全国范围内铺展开来。[86] 一些人怀疑政府的动机，认为政府只是想帮助极小部分的人，另一些人则怀疑政府兑现承诺的能力被夸大了。然而，还有一些人的想法，即便是左翼人士和左翼组织可能也会认同，那就是认为政府的做法缺乏对弱势群体的理解，缺乏同理心，导致弱势群体不想得到这样的施舍和慈善。换句话说，他们不想接受政府傲慢的资助。

阿比吉特曾经在联合国一个由知名人士组成的小组工作，为联合国制定新的千年发展目标。在此期间，他经常受到一些知名国际非政府组织的低调游说，这些组织试图对应该制定什么目标发表自己的看法。这往往是了解有趣倡议的好方式，阿比吉特非常喜欢跟这些组织交流。其中，与一个名为"第四世界扶贫运动"（ATD Fourth World）的国际组织的交谈，给他留下了最为生动的记忆。

那次交谈的地点是在欧盟总部一个宽敞的房间。他进去后，立刻注意到他们是一群完全不同的人：没有西装，没有领带，没有高跟鞋，只有布满皱纹的脸、邋遢的冬季夹克，以及一种渴望的表情（这种渴望令他联想到了刚入学一周的大学新生）。他被告知，这些人经历过极度贫困，目前仍然属于贫困群体。他们想参加一个关于穷人想要什么的谈话。

结果发现这和他以前遇到的事情都不一样。人们踊跃发言，根据自己的经验，谈论了自己的生活、贫困的本质和政策的失败。阿比吉特尽量做出回应，起初，当他持有不同观点时，会表现得尽量委婉，但很快意识到自己小看了这些人，因为他们的老练程度和反驳能力一点也不逊于他。

他带着对"第四世界扶贫运动"组织极大的尊重离开了，并且理解了为什么它的口号是"一起有尊严地战胜贫困"。这是一个把尊严放在首位的组织，如果有必要，甚至高于人类的基本需求。在其建立的内部文化中，每个人都被当作有思想的人，每个人都能得到认真对待，这给成员们带来极大的信心。这是阿比吉特没有预料到的。

该组织创办了一家小公司 TAE（Travailler et Apprendre Ensemble，

译为"一起工作与学习"),旨在为极度贫困的人们提供稳定的工作。一个冬天的早晨,我们去了巴黎东部的大努瓦西,观摩他们的一次团队会议。我们到达时,这个小公司正在为他们的不同活动制定时间表,分配任务,并在白板上起草计划。完成工作安排之后,他们开始讨论公司的活动。在轻松而活跃的气氛中,大家严肃地讨论问题,然后开始各自的任务。这可能类似于硅谷一家小型初创企业的每周例会。

与硅谷公司的不同之处在于他们安排的活动(清洁服务、建筑和电脑维护)和坐在会议桌周围的人。会后,我们继续与尚塔尔(Chantal)、吉尔斯(Gilles)以及让-弗朗索瓦(Jean-François)交谈。尚塔尔原来是一名护士,但在一次意外事故后重度残疾。由于多年没有工作,她最终无家可归。这时她向"第四世界扶贫运动"组织寻求帮助。该组织为她提供住房,并在她准备好参加工作时,将她安排到了 TAE 这家小公司。我们见到她时,她已经在那里工作了 10 年,先是在清洁团队,然后是软件团队,并成为一名领导者。现在她正考虑离职去创办一个帮助残疾人找工作的小型非政府组织。

吉尔斯也在这家小公司工作了 10 年。经过一段时间的严重抑郁后,他发现自己无法在紧张的环境中工作。公司允许他按照自己的节奏工作后,他的情况逐渐好转。

让-弗朗索瓦和妻子失去了对儿子弗洛里安的监护权,弗洛里安患有多动症,而弗朗索瓦也因为脾气问题被置于国家行政监护之下。他们联系了"第四世界扶贫运动"组织,该组织获准在接受政府监管的前提下,将弗洛里安带到他们的一个中心,接受指导和矫正。弗洛里安在那里了解到了 TAE 这家小公司。

该公司首席执行官迪迪埃(Didier)在加入 TAE 公司之前,曾经是一家传统公司的首席执行官。他的助手皮埃尔-安托万（Pierre-Antoine）曾在一家职业介绍所做社会工作者，委托方解释了传统就业模式的局限性。当人们遇到一个困难时，传统就业模式可能会提供帮助。但当失业者积累了多个问题之后，不符合某些工作岗位对应聘者的正常期望，那么失业者往往很快放弃找工作，或者被拒绝提供帮助。与这种传统模式不同的是，TAE 的业务是围绕失业者自身的条件而设计的。

陪同我们参加会议的"第四世界扶贫运动"组织领导人布鲁诺·塔迪厄（Bruno Tardieu）告诉我们，关键在于，"在他们一生中，人们都是施舍给他们东西，甚至没有人要求他们做出什么贡献"。在 TAE 公司，他们被要求做出自己的贡献。他们每天一起做决定，互相培训，一起吃饭，互相照顾。当有人缺席时，他们会去查看。当有人需要时间来处理个人危机时，就会得到别人的帮助。

TAE 公司的精神很好地反映了其创办者"第四世界扶贫运动"组织的精神。"第四世界扶贫运动"组织是 20 世纪 50 年代由天主教神父约瑟夫·雷辛斯基（Joseph Wresinski）在法国创立的，当时他坚信，极端贫困不是一群人自卑或能力不足的结果，而是系统性排斥的结果。排斥和误解是相互依存的。极度贫困的人被剥夺了尊严和能力。他们获得的教导是要懂得对帮助心存感激，即便他们并不是特别需要这种帮助时，也要如此。一旦失去了尊严，他们就很容易起疑心，这种疑心会被视为忘恩负义和固执己见，从而进一步加深了他们所陷入的陷阱。[87]

在法国，一个雇用了不到 12 个极端贫困者、生存艰难的小公司，能够给我们的社会政策带来什么启示呢？

首先，在适当的条件下，每个人都可以拥有一份工作，并使自己变得富有成效。这种信念催生了法国的一项实验，试图创建"长期失业率为零的地区"，在那里，政府和公民组织承诺在短时间内为每个人找到一份工作。为了实现这一目标，政府为每名员工提供最高 1.8 万欧元的补贴，无论任何企业，只要同意雇用想要工作的长期失业者，都能获得这笔补贴。与此同时，非政府组织寻找长期失业者（包括那些面临多种困难的人：精神或身体残疾、有犯罪前科等），为他们匹配工作，提供所需的帮助，使他们能够找到工作。

其次，失业者不一定非要在所有其他问题得到解决，做好各项准备之后才能参加工作。工作可以是信心恢复过程的一部分。让-弗朗索瓦在找到工作后重新获得了儿子的监护权，他儿子为爸爸找到工作而自豪，这种自豪感也激励了他。

在远离法国大努瓦西的孟加拉国，规模庞大的非政府组织——孟加拉农村发展委员（BRAC）也得出了同样的结论。他们注意到，在他们开展业务的村庄里，极端贫困的人往往被他们的许多项目排除在外（或者这些穷人主动将自己排除在外）。为了解决这个问题，他们想出了一个办法。在社区的帮助下，确定了村里最贫穷的人之后，该组织的工作人员为他们提供了生产资料（如一对牛或几只山羊），并在之后 18 个月的时间里，在情感、社交和经济方面为他们提供支持，训练他们充分利用自己的资产。在七个国家开展的随机对照实验发现，这种方法产生了很大的影响。[88] 在印度，我们跟踪评估样本已经有十年了。尽管该地区的经济取得了进步，改善了所有家庭的生活，但我们仍然发现，与没有接受该项目的对照组相比，受益人群的生活方式存在巨大而持久的差异。他们消费更多，拥有更多资产，更健康，更快乐，从完全游离于社会之外的极端贫穷人群变成了"正常的穷人"。[89] 这与单纯的现金转移支付项目的长期效果有很大的不同，后者迄今为止一直令人失望。⁹⁰ 要使这些家庭真正走上富有成效的工作轨道，需要的不仅仅是钱，还需要我们用他们不习惯的尊重来对待他们，认识到他们的潜力和多年贫困对他们造成的损害。

在社会的保护制度中，对穷人尊严的严重漠视是普遍存在的。一个特别令人痛心的例子是我们遇到的 TAE 公司员工尚塔尔的遭遇。尚塔尔和她的丈夫都是残疾人，当他们需要别人帮忙照顾他们的四个孩子时（其中两个也是残疾人），他们得到了临时性的安置，把孩子送到寄养中心。结果，这个临时解决方案最终持续了十年之久，在此期间，他们只能每周在监督下探望一次孩子。人们普遍怀疑贫穷的父母没有能力照顾孩子。直到 20 世纪 80 年代，还有成千上万的瑞士贫困儿童被迫离开家庭，被安置在农场。2012 年，瑞士政府正式为其导致父母与子女分离道歉。这种歧视实际上是一种针对穷人的"种族主义"，令人想到了加拿大的一种政策：在加拿大，许多原住民儿童被送到寄宿学校，不让他们说自己的语言，以便让加拿大主流文化同化他们。

如果一个社会保护体系以这种麻木不仁的态度去对待那些急需帮助的人，那无异于在惩罚受助者，受助者也会竭尽全力避免与这套体系发生任何联系。这是毫无疑问的。这影响的不仅是那些与我们非常不同的极端贫困人口。当社会体系表达出惩罚和羞辱时，整个社会都会退缩，当一个工人刚刚失去工作时，他最不想要的就是得到与那些极端贫困人口一样的待遇。

从尊重穷人做起

我们完全有可能探索出一种不同的救助模式。有一次，我们驱车前往位于巴黎附近塞纳特市的"当地使命"组织的办公室，观摩一场关于"年轻创业者"计划的会议。该组织的一站式服务旨在满足贫困青年在医疗、社交、就业等方面的需要。"年轻创业者"计划面向那些想要做点小生意的年轻失业者。年轻人围坐在桌旁，阐述自己想做什么。我们听到有人说打算开设健身房、美容院或有机美容产品商店。然后，我们问他们为什么想创业。令人吃惊的是，他们都没有谈到钱，而是一个接一个地谈论尊严、自尊和自立。

"年轻创业者"计划的救助方法与就业促进机构的典型救助方法有很大的不同。在传统的方法中，咨询师们的目标是快速确定那些急需救助的年轻人（主要是高中辍学生或职业学校毕业生）可以做什么事情，通常是安排某种培训项目，然后指导他们去工作。这种做法的前提是咨询师知道什么对各方有好处（现在流行的做法是借助某种机器学习算法去了解这一点）。年轻人要么听从咨询师的安排，要么失去相应的好处。

迪迪埃·杜加斯特（Didier Dugast）构思了这个"年轻创业者"计划，他告诉我们，传统的方法往往流于失败。来到这里的年轻人之前一直都是被告知该做什么，还被告知他们在学校或者在家里的表现不够好，他们来的时候内心布满创伤，自尊心极低（我们在定量调查中证实了这一点[91]），这往往会转化为一种本能的怀疑，怀疑别人提供给他们的一切帮助，并倾向于拒绝别人提出的建议。

"年轻创业者"计划背后的想法是，先从年轻人提出的计划开始，然后认真对待。第一次访谈邀请他们讲一讲想做什么，为什么想做，以及什么地方适合他们的个人生活和计划。我们参加了三次访谈：一个想要开一家中药店的年轻女性，一个想要通过网上商店出售自己平面设计方案的年轻男性，还有一个想要为老年人开一家家庭护理公司的年轻女性。在所有的案例中，第一次访谈都很长（每次约一小时），而且社会工作者需要花时间去了解这个项目，从来不会明显地去做出自己的判断。在此之后，进行更深入的访谈，组织几次小组讨论。在这些谈话的过程中，社会工作者集中精力说服这些年轻人相信自己能够掌握命运，并且拥有成功的条件。与此同时，也清楚地向这些年轻人表明成功的途径不止一种，有抱负的中医药剂师可以通过接受培训，成为一名护士或护理人员。

我们参与了这个"年轻创业者"计划的随机对照实验。900 名申请了这个计划的年轻人被分给了这个计划或其他常规服务技能培训计划。我们发现，参加培训计划的人更有可能找到工作，而且挣得更多。对于那些最弱势的人来说，影响要大得多。乍一看，最令人惊讶的是，这个计划尽管是从申请人想创业的念头开始，实际上最后却降低了创业的可能性，其主要价值（及明确理念）是，自主创业计划只是接触和了解这些申请者的一个起点，但未必是终点。该计划本质上是一个旨在帮助这些弱势群体恢复信心的疗愈过程。对这些人而言，最重要的事情不是创业，而是在 6 个月到 1 年内找到一份稳定的、有回报的工作。我们还评估了另外一个侧重帮助穷人创业的计划作为对比。该计划择优挑选在创业方面最有前途的穷人，然后帮助他们把初步的项目创意逐步落实，但这个计划能够帮到的人非常有限，主要是因为它选中的人无论得到什么帮助都很可能成功，其效果并不如注重帮助穷人找工作的"年轻创业者"计划那么好。[92]

在我们看来，塞纳特市"年轻创业者"计划之所以得以发挥作用，正是源于它非常注重维护年轻人的自尊感。在这些贫穷的年轻人里面，很多人从未被任何公职人员（教师、官员、执法人员）认真对待。正如我们之前看到的那样，教育研究表明，孩子们很快就理解和记住了自己在社会等级体系中的地位，而老师又强化了这种地位。老师们被告知，有些孩子比其他人更聪明（但这些孩子们只是被随机挑选的，并不具有代表性），对待他们的方式便有所不同。所以，事实上，那些所谓的弱者完全可以做得更好。[93] 在法国，有一项关于通过干预措施激发年轻人潜能的随机评估，其灵感来自心理学家安杰拉·达克沃思（Angela Duckworth）关于"坚毅"的观点①。[94]它向学生展示鼓舞人心的视频，鼓励他们认为自己是强大的，这对他们在学校的正常出勤率、课堂状态，甚至考试成绩都有积极的影响。这种影响似乎与孩子们对自己的坚毅和认真程度的看法无关（如果有什么区别的话，就是孩子们在这些方面给自己打低分）。更重要的是，学生们对像他们这样的人取得成功的机会变得更加乐观。[95]"第四世界扶贫运动"组织与巴黎蒙特梭利高级研究所开展合作，试图尽早打破这种低期望值造成的恶性循环。其运作的"紧急住房援助"计划，运营着一些高质量的蒙特梭利学校，和巴黎市中心为数不多的服务精英的私立蒙特梭利学校一样，光鲜亮丽，管理良好。

同样从居高临下到恭敬有礼的态度转变，在芝加哥市中心实施的"成为一个男人"（Becoming a Man）计划中也有所体现。该计划旨在缓和年轻人之间的暴力冲突。但是，与其告诉他们使用暴力是错误的，我们更应该首先认识到这样一个事实：对于生活在贫困社区的青少年来说，暴力可能是一种常态，因此，为了避免给人留下弱者的印象，好斗甚至打架可能是必要的。身处这种社区环境中

---

① 达克沃思关于这一观点的作品《坚毅》已由中信出版社出版。——编者注

的人，一旦受到挑战，就会本能地用暴力反击。所以，"成为一个男人"计划并不是直接告诉参与者暴力并不是正确之举，也不会在他们诉诸暴力时施加惩罚，而是让这些来自贫穷社区的孩子们参与一系列受到认知行为疗法启发的活动，帮助他们识别暴力何时算适当反应，何时算不当反应。实际上，他们被教导，只需花一分钟来评估环境，并评估适当的行动方案。在施加干预期间，该计划使该地区被捕总人数减少了约 1/3，减少了一半因暴力犯罪被捕的人数，并使毕业率提高了约 15%。[96]

受干旱影响的印度农民、芝加哥南区的年轻人和刚被解雇的 50 多岁白人之间有什么共同之处？他们可能面临问题，但他们本身不是问题。他们有权被他们是谁，而不是其面临的困难所界定。我们在发展中国家的旅行中一次又一次地看到，希望是人们前进的动力。根据一个人面临的问题去界定他，就是将问题的本质归因于他所处的环境，并否认问题存在改善的希望。这样一来，这个人的自然反应就是把自己蜷缩在这个身份中，给整个社会带来危险的后果。

在这个变化和焦虑的时代，社会政策的目标是帮助人们吸收那些影响到自己的冲击波，而不让这些冲击波影响自我意识。不幸的是，我们承袭的制度并非如此。我们的社会保障仍有维多利亚时代的色彩，太多的政客毫不掩饰自己对穷人和弱势群体的轻视。即使态度有所转变，社会保障体系也需要深刻的反思，需要有丰富的想象力。在这一章中，我们已经给出了一些关于如何实现这一目标的线索，但我们显然没有找到能够解决所有问题的方案，我们怀疑其他人也没有。我们还有很多要学，但只要我们了解目标是什么，我们就能赢。

结　论

在我的开始中是我的结束，桑田沧海

屋宇建起又倒坍、倾圮又重新扩建，

迁移，毁坏，修复，或在原址

出现一片空旷的田野，或一座工厂，或一条间道。

旧石筑新楼，古木生新火，

旧火变灰烬，灰烬化黄土……

　　——托马斯·斯特恩斯·艾略特（T. S. Eliot），选自《东科克尔村》

经济学假想了一个活力不可抑制的世界：人们总是有灵感，随心所欲换工作，从制造机器转向制作音乐，想辞职就辞职，然后决定环游世界。新企业不断诞生、崛起、失败、消亡，由更时髦、更卓越的创意取而代之。生产力在断断续续的跳跃中增长，国家变得更富有。曼彻斯特工厂生产的产品转移到孟买的工厂，然后转移到缅甸的工厂，也许有一天会转移到蒙巴萨或摩加迪沙的工厂。曼彻斯特以"数字曼彻斯特"的形象获得重生，孟买将其工厂改造成高档住宅和购物中心，在那里，从事金融行业的人会花掉他们新赚来的丰厚薪资。机遇无处不在，时刻等待着需要它们的人去发现和抓住。

然而，作为研究贫穷国家的经济学家，我们早就知道实情并非如此，至少在我们工作和生活过的国家并非如此。孟加拉国的穷人渴望移民，但他们宁愿与家人一起待在村子里挨饿，也不敢面对在城市找工作的不确定性。加纳的求职者呆坐家中，他曾经相信教育会给他带来机会,但不知道什么时候,这些美好前景成了镜花水月。贸易导致南美洲南锥体地区①的大量工厂倒闭,但是很少有新的企业来取代它们。改变似乎总是造福于其他人,看不见,也接触不到。那些在孟买工厂失去工作的人将无法在那些金碧辉煌的餐馆里吃饭。他们的孩子也许会找到一份大部分人都不想要的工作。

在过去几年里,我们意识到,许多发达国家也存在类似情况。所有经济体都有各自棘手的问题,但肯定存在重要的区别。与印度或墨西哥的小企业相比,美国的小企业发展速度快得多,而那些没有发展起来的小企业肯定会倒闭,迫使企业主转战他处。印度和墨西哥的零售商似乎一直止步不前,既没有成长为下一个沃尔玛,也没有退出去做其他更有前途的事情[1](墨西哥的情况要稍好一些)。然而,美国的这种活力掩盖了巨大的地理差异。博伊西的企业纷纷倒闭,而在繁荣的西雅图,企业却欣欣向荣,但那些失去工作的工人却无力迁居西雅图。他们也不愿意这样做,因为一旦迁居,就不得不放下很多他们珍视的人和事,比如朋友和家人,回忆和归属感。但随着好工作的消失,当地经济陷入混乱,这些选择看起来越来越可怕,人们的愤怒也不断累积。这种局面正出现在世界很多地区,包括德国东部、法国大城市之外的大部分地区、英国"脱欧派"腹地、倾向于支持共和党的美国红色州,以及巴西、墨西哥的大片地区。富人和有才能的人敏捷地套上了经济成功的光环,但是太多的其他人不得不退缩。这个世界造就了唐纳德·特朗普、贾尔·博尔萨纳罗(Jair Bolsonaro)和英国脱欧,如果我们不采取行动,还将制造更多灾难。

---

① 南锥体地区指的是南美洲位于南回归线以南的地区,一般包括阿根廷、智利和乌拉圭,是南美洲经济最发达的地区。——编者注

然而，作为发展经济学家，我们也敏锐地意识到，过去40年最显著的事实是变化的速度，其中有好的变化，也有坏的变化。东欧剧变、苏联解体、中国的崛起、世界贫困一再削减、收入差距的爆炸式扩大、艾滋病形势的跌宕起伏、婴儿死亡率大幅下降、个人电脑和手机的普及、亚马逊和阿里巴巴、脸书和推特、"阿拉伯之春"、专制的民族主义思潮的传播、迫在眉睫的环境灾难。在过去的40年里，我们看到了上述种种现象。20世纪70年代末，当阿比吉特还在像婴儿学步般地努力成为一名经济学家时，苏联仍然能够博得尊重，印度当时还在寻思着如何变得与苏联更相似一点，里根和撒切尔夫人刚刚开始他们对现代福利国家的攻击，世界人口的40%生活在极端贫困状态。自那至今，很多都改变了，而且很多变得更好了。

并不是所有的改变都是自愿的。有些好主意碰巧流行，有些坏主意也是如此。有些变化是偶然的，有些则是其他事情的意外后果。比如，收入不平等加剧是黏性经济的另一面，这使得在正确的时间出现在正确的地点更有利可图；反过来收入不平等的加剧也为经济建设热潮提供了资金，为发展中国家城市里那些非技术工人创造了就业机会，为减贫铺平了道路。

但很多变化是由政策引发的，低估政策的作用是错误的。这类变化包括：中国和印度在私营企业和贸易领域的开放；英国、美国及其效仿者对富人的减税；全球合作减少可预防的死亡；把经济增长置于比环保优先的地位；通过改善不同地区的互联互通状况，刺激国民在国内迁徙，或因为对宜居城市的投资失败而降低了国民在国内迁徙的念头；福利国家的衰落以及最近发展中国家重新发明出了转移支付的福利政策；等等。政策的力量是强大的。政府有能力做大好事，但也有能力造成大破坏。大规模的私人捐助和国家之间的捐助也是如此。

很多政策都是站在好经济学或坏经济学的肩膀之上（社会科学领域更为常见）。社会科学家们在很多大趋势尚未显现之前就著书立说，论述苏联式政府干预的疯狂野心、释放印度和中国等国家的企业家精神的必要性、潜在的环境灾难以及互联网的非凡力量。聪明的慈善家们正在践行良好的社会科学理论，推动向发展中国家的艾滋病患者提供抗反转录病毒药物，以确保更广泛地开展检测，拯救数百万人的生命。好的经济学战胜了无知和意识形态，确保在非洲免费分发（而不是出售）经杀虫剂处理的蚊帐，从而使儿童疟疾死亡人数减少一半以上。坏经济学支撑了对富人的慷慨施舍和对福利计划的压缩，宣扬了国家无能、腐败，穷人懒惰的观念，一方面导致贫富差距扩大，另一方面又导致穷人变得越来越愤怒和懒惰，这两个方面形成了僵局。狭隘的经济学告诉我们，贸易对每个人都有好处，更快的增长无处不在。只是需要人们变得更加努力，且所有的痛苦都是值得的。盲目的经济学忽视了全球范围内收入差距的爆发式扩大，随之而来的社会分裂的加剧，以及迫在眉睫的环境灾难，从而推迟了应有的行动，以致可能无法挽回。

正如用自己的观念改变宏观经济政策的约翰·梅纳德·凯恩斯（John Maynard Keynes）所写的那样："那些相信自己在智力上不受影响的实干家，往往是那些已经过世的经济学家的奴隶，那些当权狂人信奉的其实也不过是若干年前某些末流文人狂妄思想的零碎而已。"思想很强大。思想推动变革。单靠好的经济学救不了我们。但没有它，我们注定要重复昨天的错误。无知、直觉、意识形态和惰性结合在一起，给了我们看似合理的答案，承诺了很多，但可预见的是，它们终将背叛我们。没错，正如历史一遍又一遍证明的那样，最终占上风的思想可能是好观念，也可能是坏观念。我们知道，"对移民保持开放态度将不可避免地摧毁我们社会"的观念似乎正在赢取人心，但事实上所有证据都指向了反面。我们对付坏观念的唯一办法是保持警惕，抵制显而易见的诱惑，对它们承诺的奇迹持怀疑态度，质疑证据，对复杂性保持耐心，对我们知道的和我们能知道的事情保持诚实。如果没有这种警惕性，有关多方面问题的讨论就会变成口号和漫画，政策分析就会被庸医疗法所取代。

行动的呼吁不仅是面向学院派经济学家的，也是面向我们所有人的，我们都想要一个更美好、更理智、更人道的世界。经济学太重要了，不能仅仅把它留给经济学家。

致　谢

所有的书都是集思广益的结果，而与大多数书相比，本书或许更是如此。出版人琪姬·萨卡尔（Chiki Sarkar）鼓励我们在对未来形成清晰规划之前就启动撰写本书的项目。她的热忱、智慧和对我们能力的信心，引导和支撑我们完成了这个项目。之后，安德鲁·威利（Andrew Wylie）也加入了这个项目，其丰富的经验给了我们继续前行的信心。尼尔·慕克吉（Neel Mukherjee）读完了最初版本的全部手稿，就方向、风格提出了一些建议，最重要的是让我们确信，这是一本值得写，甚至值得读的书。麦蒂·麦凯尔韦（Maddie McKelway）做了非常卓越的工作，以确保书稿中的每一个事实都得到了正确的核对和引用，确保每一个句子都讲得通（至少在一定程度上如此）。如同为我们上一本书《贫穷的本质》提供协助一样，克莱夫·普里德尔（Clive Priddle）非常清楚地知道我们未来要走向哪里，而且往往是在我们自己还不明确的时候，他就能提前知道，他的编辑工作使手稿变成了一本真正的书。

我们在写这样一本超越核心能力的书时，不得不在很大程度上依赖许多经济学家朋友的智慧。我们身边有那么多才华横溢的人，不可能记得每个想法蒙谁所赐。列出一些人，必然存在漏掉其他人的风险，但我们觉得必须列出他们（当然，文责我们自负）：达龙·阿切莫格鲁（Daron Acemoglu）、戴维·阿特金（David Atkin）、阿诺·科斯蒂诺（Arnaud Costinot）、戴夫·唐纳森（Dave Donaldson）、雷切尔·格伦斯特（Rachel Glennerster）、彭妮·戈德堡（Penny Goldberg）、迈克尔·格林斯通（Michael Greenstone）、本特·霍尔姆斯特伦（Bengt Holmstrom）、迈克尔·克雷默（Michael Kremer）、本·奥尔肯（Ben Olken）、托马斯·皮凯蒂、艾玛·罗斯柴尔德（Emma Rothschild）、伊曼纽尔·赛斯、弗兰克·席尔巴赫（Frank Schilbach）、斯蒂芬妮·斯坦切娃和伊凡·韦宁（Ivan Werning）。非常感谢你们不辞辛劳的赐教。此外，我们还感谢我们那些博士生导师：乔希·安格里斯特（Josh Angrist）、杰里·格林（Jerry Green）、安德烈·马斯·科勒尔（Andreu Mas Colell）、埃里克·马斯金（Eric Maskin）和拉里·萨默斯，我们还要感谢许多老师、合作者、朋友和学生，他们的印记在书中随处可见。漏掉其他人是严重不公平的，但我们不得不再次冒着这一风险，向下列人物表示感谢：菲利浦·阿吉翁（Philippe Aghion）、玛丽安娜·贝特朗（Marianne Bertrand）、阿伦·钱德拉塞卡尔（Arun Chandrasekhar）、丹尼尔·科恩（Daniel Cohen）、布鲁诺·克雷蓬（Bruno Crepon）、恩斯特·费尔（Ernst Fehr）、埃米·芬克尔斯坦（Amy Finkelstein）、迈特雷什·加塔克（Maitreesh Ghatak）、雷马·汉娜（Rema Hanna）、马特·杰克逊（Matt Jackson）、迪安·卡兰（Dean Karlan）、埃利安娜·拉费拉拉（Eliana La Ferrara）、马特·洛（Matt Low）、本·莫尔（Ben Moll）、森迪尔·穆拉纳坦（Sendhil Mullainathan）、凯万·孟希、安德鲁·纽曼（Andrew Newman）、保罗·尼豪斯（Paul Niehaus）、罗希尼·潘德（Rohini Pande）、南希·钱（Nancy Qian）、阿马蒂亚·森（Amartya Sen）、鲍勃·索洛（Bob Solow）、卡斯·桑斯坦（Cass Sunstein）、塔夫内特·苏里（Tavneet Suri）和罗伯特·汤森（Robert Townsend）。如果没有这些人的影响，本书就不会成为现在的样子。

我们在巴黎经济学院的那一年访学可谓天赐良机。那是一个令人感到愉悦和有趣的工作场所，氛围既严肃，又活泼。我们特别感谢吕克·贝哈格尔（Luc Behagel）、丹尼斯·科尼奥（Denis Cogneau）、奥利维尔·孔特（Olivier Compte）、埃莱娜·贾科比诺（Hélène Giacobino）、马克·古尔甘德（Mark Gurgand）、西尔维·朗贝尔（Sylvie Lambert）和卡伦·马库斯（Karen Macours）；感谢吉勒斯·波斯特尔-维奈（Gilles Postel-Vinay）和卡蒂亚·祖拉夫斯卡娅（Katia Zhuravskaya），感谢他们总是充满热情的微笑、有趣的交谈和许多汗流浃背的网球比赛。我们在麻省理工学院的同事格伦（Glenn）和萨拉·埃里森（Sara Ellison）为了我们去调换自己的假期，让我们这一年的访学变得更加美好。我们衷心感谢布莱兹·帕斯卡（Blaise Pascal）担任主席的法国区域研究所，还要感谢安盛研究基金会、ENS 基金会、巴黎经济学院和麻省理工学院。感谢它们提供的资金和其他支持。

15 年来，阿卜杜勒·拉蒂夫·贾米尔贫困行动实验室（J-PAL）的团队不仅为我们的研究提供了动力，还让我们对经济和人类保持乐观。我们非常幸运地与这些善良慷慨、勇于奉献的人年复一年地一起工作。感谢这艘船的掌舵者伊克巴勒·达利瓦（Iqbal Dhaliwal），还要感谢约翰·弗洛雷塔（John Floretta）、索比尼·慕克吉（Shobhini Mukherjee）、劳拉·波斯维尔（Laura Poswell）和安娜·施林普夫（Anna Schrimpf）。无论我们看到或看不到他们，他们都是我们每天的伙伴。当然，也要感谢希瑟·麦柯迪（Heather McCurdy）和乔万娜·梅森（Jovanna Mason），感谢他们勇敢地试图让我们的生活恢复一些秩序。

埃斯特的父母米歇尔（Michel）和维奥莱娜·迪弗洛（Violaine Duflo），以及她的哥哥科拉斯（Colas）一家人是我们能在巴黎度过美好时光的重要原因。感谢你们一年又一年为我们所做的一切。

对阿比吉特而言，他的父母迪帕克（Dipak）和尼尔马拉·班纳吉（Nirmala Banerjee）总是最理想的读者。阿比吉特感谢父母教会了自己那么多经济学知识，或许更重要的是，他要感谢他们教自己懂得了为何应该关心弱者。

注　释

第一章　让经济学再次伟大

1. Amber Phillips, "Is Split-Ticket Voting Officially Dead?," *Washington Post,* 2017, https://www.washingtonpost.com/news/the-fix/wp/2016/11/17/is-split-ticket-voting-officially-dead/?utm_term=.6b57fc114762.

2. "8. Partisan Animosity, Personal Politics, Views of Trump," Pew Research Center, 2017, https://www.people-press.org/2017/10/05/8-partisan-animosity-personal-politics-views-of-trump/.

3. "Poll: Majority of Democrats Think Republicans Are 'Racist,' 'Bigoted' or 'Sexist,'" *Axios*, 2017, https://www.countable.us/articles/14975-poll-majority-democrats-think-republicans-racist-bigoted-sexist.

4. Stephen Hawkins, Daniel Yudkin, Miriam Juan-Torres, and Tim Dixon, "Hidden Tribes: A Study of America's Polarized Landscape," *More in Common,* 2018, https://www.moreincommon.com/hidden-tribes.

5. Charles Dickens, *Hard Times*, *Household Words* weekly journal, London, 1854.

6. Matthew Smith, "Leave Voters Are Less Likely to Trust Any Experts—Even Weather Forecasters," YouGov, 2017, https://yougov.co.uk/topics/politics/articles-reports/2017/02/17/leave-voters-are-less-likely-trust-any-experts-eve.

7. "Steel and Aluminum Tariffs," Chicago Booth, IGM Forum, 2018, http://www.igmchicago.org/surveys/steel-and-aluminum-tariffs.

8. "Refugees in Germany," Chicago Booth, IGM Forum, 2017, http://www.igmchicago.org/surveys/refugees-in-germany (the answers are nor-malized by the number of people who give an opinion).

9. "Robots and Artificial Intelligence," Chicago Booth, IGM Forum, 2017, http://www.igmchicago.org/surveys/robots-and-artificial-intelligence.

10. Paola Sapienza and Luigi Zingales, "Economic Experts versus Average Americans,"

American Economic Review 103, no. 10 (2013): 636–42, https://doi.org/10.1257/aer.103.3.636.

11. "A Mean Feat," *Economist,* January 9, 2016, https://www.economist.com/finance-and-economics/2016/01/09/a-mean-feat.

12. Siddhartha Mukherjee, *The Emperor of All Maladies: A Biography of Cancer* (New York: Scribner, 2010).

第二章　鲨口余生

1. United Nations International migration report highlight, accessed June 1, 2017, https://www.un.org/en/development/desa/population/migra-tion/publications/migrationreport/docs/MigrationReport2017_Highlights. pdf; Mathias Czaika and Hein de Haas, "The Globalization of Migration: Has the World Become More Migratory?," *International Migration Review* 48, no. 2 (2014): 283–323.

2. "EU Migrant Crisis: Facts and Figures," News: European Parliament, June 30, 2017, accessed April 21, 2019, http://www.europarl.europa.eu/news/en/headlines/society/20170629STO78630/eu-migrant-crisis-facts-and-figures.

3. Alberto Alesina, Armando Miano, and Stefanie Stantcheva, "Immigration and Redistribution," NBER Working Paper 24733, 2018.

4. Oscar Barrera Rodriguez, Sergei M. Guriev, Emeric Henry, and Ekaterina Zhuravskaya, "Facts, Alternative Facts, and Fact-Checking in Times of Post-Truth Politics," *SSRN Electronic Journal* (2017), https://dx.doi.org/10.2139/ssrn.3004631.

5. Alesina, Miano, and Stantcheva, "Immigration and Redistribution."

6. Rodriguez, Guriev, Henry, and Zhuravskaya, "Facts, Alternative Facts, and Fact-Checking in Times of Post-Truth Politics."

7. Warsan Shire, "Home," accessed June 5, 2019, https://www.seekers guidance.org/articles/social-issues/home-warsan-shire/.

8. Maheshwor Shrestha, "Push and Pull: A Study of International Migration from Nepal," Policy Research Working Paper WPS 7965 (Washington, DC: World Bank Group, 2017), http://documents.worldbank.org/ curated/en/318581486560991532/Push-and-pull-a-study-of-international-migration-from-Nepal.

9. *Aparajito*, directed by Satyajit Ray, 1956, Merchant Ivory Productions.

10. Abhijit Banerjee, Nils Enevoldsen, Rohini Pande, and Michael Wal-ton, "Information

as an Incentive: Experimental Evidence from Delhi," MIMEO, Harvard, accessed April 21, 2019, https://scholar.harvard.edu/files/ rpande/files/delhivoter_shared-14.pdf.

11. Lois Labrianidis and Manolis Pratsinakis, "Greece's New Emigration at Times of Crisis," LSE Hellenic Observatory GreeSE Paper 99, 2016.

12. John Gibson, David McKenzie, Halahingano Rohorua, and Steven Stillman, "The Long-Term Impacts of International Migration: Evidence from a Lottery," *World Bank Economic Review* 32, no. 1 (February 2018): 127–47.

13. Michael Clemens, Claudio Montenegro, and Lant Pritchett, "The Place Premium: Wage Differences for Identical Workers Across the U.S. Border," Center for Global Development Working Paper 148, 2009.

14. Emi Nakamura, Jósef Sigurdsson, and Jón Steinsson, "The Gift of Moving: Intergenerational Consequences of a Mobility Shock," NBER Working Paper 22392, 2017, revised January 2019, DOI: 10.3386/w22392.

15. Ibid.

16. Matti Sarvimäki, Roope Uusitalo, and Markus Jäntti, "Habit Formation and the Misallocation of Labor: Evidence from Forced Migrations," 2019, https://ssrn.com/abstract=3361356 or http://dx.doi.org/10.2139/ssrn.3361356.

17. Gharad Bryan, Shyamal Chowdhury, and Ahmed Mushfiq Mobarak, "Underinvestment in a Profitable Technology: The Case of Seasonal Migration in Bangladesh," *Econometrica* 82, no. 5 (2014): 1671–1748.

18. David Card, "The Impact of the Mariel Boatlift on the Miami Labor Market," *Industrial and Labor Relations Review* 43, no. 2 (1990): 245–57.

19. George J. Borjas, "The Wage Impact of the *Marielitos*: A Reappraisal," *Industrial and Labor Relations Review* 70, no. 5 (February 13, 2017): 1077–1110.

20. Giovanni Peri and Vasil Yasenov, "The Labor Market Effects of a Refugee Wave: Synthetic Control Method Meets the Mariel Boatlift," *Journal of Human Resources* 54, no. 2 (January 2018): 267–309.

21. Ibid.

22. George J. Borjas, "Still More on Mariel: The Role of Race," NBER Working Paper 23504, 2017.

23. Jennifer Hunt, "The Impact of the 1962 Repatriates from Algeria on the French Labor Market," *Industrial and Labor Relations Review* 45, no. 3 (April 1992): 556–72.

24. Rachel M. Friedberg, "The Impact of Mass Migration on the Israeli Labor Market," *Quarterly Journal of Economics* 116, no. 4 (November 2001): 1373–1408.

25. Marco Tabellini, "Gifts of the Immigrants, Woes of the Natives: Lessons from the Age of Mass Migration," HBS Working Paper 19-005, 2018.

26. Mette Foged and Giovanni Peri, "Immigrants' Effect on Native Workers: New Analysis on Longitudinal Data," *American Economic Journal: Applied Economics* 8, no. 2 (2016): 1–34.

27. *The Economic and Fiscal Consequences of Immigration*, National Academies of Sciences, Engineering, and Medicine (Washington, DC: National Academies Press, 2017), https://doi.org/10.17226/23550.

28. Christian Dustmann, Uta Schönberg, and Jan Stuhler, "Labor Supply Shocks, Native Wages, and the Adjustment of Local Employment," *Quarterly Journal of Economics* 132, no. 1 (February 2017): 435–83.

29. Michael A. Clemens, Ethan G. Lewis, and Hannah M. Postel, "Immigration Restrictions as Active Labor Market Policy: Evidence from the Mexican Bracero Exclusion," *American Economic Review* 108, no. 6 (June 2018): 1468–87.

30. Foged and Peri, "Immigrants' Effect on Native Workers."

31. Patricia Cortés, "The Effect of Low-Skilled Immigration on US Prices: Evidence from CPI Data," *Journal of Political Economy* 116, no. 3 (2008): 381–422.

32. Patricia Cortés and José Tessada, "Low-Skilled Immigration and the Labor Supply of Highly Skilled Women," *American Economic Journal: Applied Economics* 3, no. 3 (July 2011): 88–123.

33. Emma Lazarus, "The New Colossus," in *Emma Lazarus: Selected Poems*, ed. John Hollander (New York: Library of America, 2005), 58.

34. Ran Abramitzky, Leah Platt Boustan, and Katherine Eriksson, "Europe's Tired, Poor, Huddled Masses: Self-Selection and Economic Outcomes in the Age of Mass Migration," *American Economic Review* 102, no. 5 (2012): 1832–56.

35. "Immigrant Founders of the 2017 Fortune 500," Center for American Entrepreneurship, 2017, http://startupsusa.org/fortune500/.

36. Nakamura, Sigurdsson, and Steinsson, "The Gift of Moving."

37. Jie Bai, "Melons as Lemons: Asymmetric Information, Consumer Learning, and Quality Provision," working paper, 2018, accessed June 19, 2019, https://drive.google.com/file/

d/0B52sohAPtnAWYVhBYm11cDBrSm M/view.

38. Girum Abebe, Stefano Caria, and Esteban Ortiz-Ospina, "The Selection of Talent: Experimental and Structural Evidence from Ethiopia," working paper, 2018.

39. Christopher Blattman and Stefan Dercon, "The Impacts of Industrial and Entrepreneurial Work on Income and Health: Experimental Evidence from Ethiopia," *American Economic Journal: Applied Economics* 10, no. 3 (July 2018): 1–38.

40. Girum Abebe, Stefano Caria, Marcel Fafchamps, Paolo Falco, Simon Franklin, and Simon Quinn, "Anonymity or Distance? Job Search and Labour Market Exclusion in a Growing African City," CSAE Working Paper WPS/2016-10-2, 2018.

41. Stefano Caria, "Choosing Connections. Experimental Evidence from a Link-Formation Experiment in Urban Ethiopia," working paper, 2015; Pieter Serneels, "The Nature of Unemployment Among Young Men in Urban Ethiopia," *Review of Development Economics* 11, no. 1 (2007): 170–86.

42. Carl Shapiro and Joseph E. Stiglitz, "Equilibrium Unemployment as a Worker Discipline Device," *American Economic Review* 74, no. 3 (June 1984): 433–44.

43. Emily Breza, Supreet Kaur, and Yogita Shamdasani, "The Morale Effects of Pay Inequality," *Quarterly Journal of Economics* 133, no. 2 (2018): 611–63.

44. Dustmann, Schönberg, and Stuhler, "Labor Supply Shocks, Native Wages, and the Adjustment of Local Employment."

45. Patricia Cortés and Jessica Pan, "Foreign Nurse Importation and Native Nurse Displacement," *Journal of Health Economics* 37 (2017): 164–80.

46. Kaivan Munshi, "Networks in the Modern Economy: Mexican Migrants in the U.S. Labor Market," *Quarterly Journal of Economics* 118, no. 2 (2003): 549–99.

47. Lori Beaman, "Social Networks and the Dynamics of Labor Market Outcomes: Evidence from Refugees Resettled in the U.S.," *Review of Economic Studies* 79, no. 1 (January 2012): 128–61.

48. George Akerlof, "The Market for 'Lemons': Quality Uncertainty and the Market Mechanism," *Quarterly Journal of Economics* 84, no. 3 (1970): 488–500.

49. Banerjee, Enevoldsen, Pande, and Walton, "Information as an Incentive."

50. World air quality report, AirVisual, 2018, accessed April 21, 2019, https://www.airvisual.com/world-most-polluted-cities.

51. Abhijit Banerjee and Esther Duflo, "The Economic Lives of the Poor," *Journal of*

Economic Perspectives 21, no. 1 (2007): 141–68.

52. Global Infrastructure Hub, *Global Infrastructure Outlook*, Oxford Economics, 2017.

53. Edward Glaeser, *Triumph of the City: How Our Greatest Invention Makes Us Richer, Smarter, Greener, Healthier, and Happier* (London: Macmillan, 2011).

54. Jan K. Brueckner, Shihe Fu Yizhen Gu, and Junfu Zhang, "Measuring the Stringency of Land Use Regulation: The Case of China's Building Height Limits," *Review of Economics and Statistics* 99, no. 4 (2017) 663–77.

55. Abhijit Banerjee and Esther Duflo, "Barefoot Hedge-Fund Managers," *Poor Economics* (New York: PublicAffairs, 2011).

56. W. Arthur Lewis, "Economic Development with Unlimited Supplies of Labour," *Manchester School* 22, no. 2 (1954): 139–91.

57. Robert Jensen and Nolan H. Miller, "Keepin'Em Down on the Farm: Migration and Strategic Investment in Children's Schooling," NBER Working Paper 23122, 2017.

58. Robert Jensen, "Do Labor Market Opportunities Affect Young Women's Work and Family Decisions? Experimental Evidence from India," *Quarterly Journal of Economics* 127, no. 2 (2012): 753–92.

59. Bryan, Chowdhury, and Mobarak, "Underinvestment in a Profitable Technology."

60. Maheshwor Shrestha, "Get Rich or Die Tryin': Perceived Earnings, Perceived Mortality Rate, and the Value of a Statistical Life of Potential Work-Migrants from Nepal," World Bank Policy Research Working Paper 7945, 2017.

61. Maheshwor Shrestha, "Death Scares: How Potential Work-Migrants Infer Mortality Rates from Migrant Deaths," World Bank Policy Research Working Paper 7946, 2017.

62. Donald Rumsfeld, *Known and Unknown: A Memoir* (New York: Sentinel, 2012).

63. Frank H. Knight, *Risk, Uncertainty, and Profit* (Boston: Hart, Schaffner, and Marx, 1921).

64. Justin Sydnor, "(Over)insuring Modest Risks," *American Economic Journal: Applied Economics* 2, no. 4 (2010): 177–99.

65. Alexis de Tocqueville, *Democracy in America* (London: Saunders and Otley, 1835).

66. Alberto Alesina, Stefanie Stantcheva, and Edoardo Teso, "Intergenerational Mobility and Preferences for Redistribution," *American Economic Review* 108, no. 2 (2018): 521–54, DOI: 10.1257/aer.20162015.

67. Benjamin Austin, Edward Glaeser, and Lawrence H. Summers, "Saving the Heartland:

Place-Based Policies in 21st Century America," Brookings Papers on Economic Activity Conference Drafts, 2018.

68. Peter Ganong and Daniel Shoag, "Why Has Regional Income Convergence in the U.S. Declined?," *Journal of Urban Economics* 102 (2017): 76–90.

69. Enrico Moretti, *The New Geography of Jobs* (Boston: Houghton Mifflin Harcourt, 2012).

70. Ganong and Shoag, "Why Has Regional Income Convergence in the U.S. Declined?"

71. "Starbucks," Indeed.com, accessed April 21, 2019, https://www.indeed.com/q-Starbucks-l-Boston,-MA-jobs.html; "Starbucks," Indeed.com, accessed April 21, 2019, https://www.indeed.com/jobs?q=Starbucks&l=Boise percent2C+ID.

72. This example is worked out by Ganong and Shoag in Peter Ganong and Daniel Shoag, "Why Has Regional Income Convergence in the U.S. Declined?"

73. "The San Francisco Rent Explosion: Part II," Priceonomics, accessed June 4, 2019, https://priceonomics.com/the-san-francisco-rent-explosion-part-ii/.

74. According to RentCafé, the average rent in Mission Dolores is $3,728 for 792 square feet. "San Francisco, CA Rental Market Trends," accessed June 4, 2019, https://www.rentcafe.com/average-rent-market-trends/us/ca/san-francisco/.

75. "New Money Driving Out Working-Class San Franciscans," *Los Angeles Times*, June 21, 1999, accessed June 4, 2019, https://www.latimes.com/archives/la-xpm-1999-jun-21-mn-48707-story.html.

76. Glaeser, *Triumph of the City*.

77. Atif Mian and Amir Sufi have developed these arguments in their book *House of Debt: How They (and You) Caused the Great Recession, and How We Can Prevent It from Happening Again* (Chicago: University of Chicago Press, 2014), and many articles, including Atif Mian, Kamalesh Rao, and Amir Sufi, "Household Balance Sheets, Consumption, and the Economic Slump," *Quarterly Journal of Economics* 128, no. 4 (2013): 1687–1726.

78. Matthew Desmond, *Evicted: Poverty and Profit in the American City* (New York: Crown, 2016).

79. Mark Aguiar, Mark Bils, Kerwin Kofi Charles, and Erik Hurst, "Leisure Luxuries and the Labor Supply of Young Men," NBER Working Paper 23552, 2017.

80. Kevin Roose, "Silicon Valley Is Over, Says Silicon Valley," *New York Times,* March 4, 2018.

81. Andrew Ross Sorkin, "From Bezos to Walton, Big Investors Back Fund for 'Flyover' Start-Ups," *New York Times,* December 4, 2017.

82. Glenn Ellison and Edward Glaeser, "Geographic Concentration in U.S. Manufacturing Industries: A Dartboard Approach," *Journal of Political Economy* 105, no. 5 (1997): 889–927.

83. Bryan, Chowdhury, and Mobarak, "Underinvestment in a Profitable Technology."

84. Tabellini, "Gifts of the Immigrants, Woes of the Natives."

第三章　贸易之痛

1. "Steel and Aluminum Tariffs," Chicago Booth, IGM Forum, 2018, http://www.igmchicago.org/surveys/steel-and-aluminum-tariffs.

2. "Import Duties," Chicago Booth, IGM Forum, 2016, http://www.igm chicago.org/surveys/import-duties.

3. Abhijit Banerjee, Esther Duflo, and Stefanie Stantcheva, "Me and Everyone Else: Do People Think Like Economists?," MIMEO, Massachusetts Institute of Technology, 2019.

4. Ibid.

5. *The Collected Scientific Papers of Paul A. Samuelson*, vol. 3 (Cambridge, MA: MIT Press, 1966), 683.

6. Ibid.

7. David Ricardo, *On the Principles of Political Economy and Taxation* (London: John Murray, 1817).

8. Paul A. Samuelson and William F. Stolper, "Protection and Real Wages," *Review of Economic Studies* 9, no. 1 (1941), 58–73.

9. P. A. Samuelson, "The Gains from International Trade Once Again," *Economic Journal* 72, no. 288 (1962): 820–29, DOI: 10.2307/2228353.

10. John Keats, "Ode on a Grecian Urn," in *The Complete Poems of John Keats,* 3rd ed. (New York: Penguin Classics, 1977).

11. Petia Topalova, "Factor Immobility and Regional Impacts of Trade Liberalization: Evidence on Poverty from India," *American Economic Journal: Applied Economics* 2, no. 4 (2010): 1–41, DOI: 10.1257/app.2.4.1.

12. "GDP Growth (annual %)," World Bank, accessed March 29, 2019, https://data.worldbank.org/indicator/ny.gdp.mktp.kd.zg?end=2017&start=1988.

13. Tractatus 7, in Ludwig von Wittgenstein, *Tractatus Logico-Philosophicus,* originally published by *Annalen der Naturphilosophie*, 1921. Published in the original edition by Chiron Academic Press in 2017, with an introduction by Bertrand Russell.

14. "GDP Growth (annual %)," World Bank.

15. Diego Cerdeiro and Andras Komaromi, approved by Valerie Cerra, "The Effect of Trade on Income and Inequality: A Cross-Sectional Approach," International Monetary Fund Background Papers, 2017.

16. Pinelopi Koujianou Goldberg and Nina Pavcnik, "Distributional Effects of Globalization in Developing Countries," *Journal of Economic Literature* 45, no. 1 (March 2007): 39–82.

17. Thomas Piketty, Li Yang, and Gabriel Zucman, "Capital Accumulation, Private Property and Rising Inequality in China, 1978–2015," *American Economic Review*, forthcoming in 2019, working paper version accessed on June 19, 2019, http://gabriel-zucman.eu/files/PYZ2017.pdf.

18. Topalova, "Factor Immobility and Regional Impacts of Trade Liberalization."

19. Gaurav Datt, Martin Ravallion, and Rinku Murgai, "Poverty Reduction in India: Revisiting Past Debates with 60 Years of Data," VOX CEPR Policy Portal, accessed March 15, 2019, voxeu.org.

20. Eric V. Edmonds, Nina Pavcnik, and Petia Topalova, "Trade Adjustment and Human Capital Investments: Evidence from Indian Tariff Reform," *American Economic Journal: Applied Economics* 2, no. 4 (2010): 42–75. DOI: 10.1257/app.2.4.42.

21. Orazio Attanasio, Pinelopi K. Goldberg, and Nina Pavcnik, "Trade Reforms and Trade Inequality in Colombia," *Journal of Development Economics* 74, no. 2 (2004): 331–66; Brian K. Kovak, "Regional Effects of Trade Reform: What Is the Correct Level of Liberalization?" *American Economic Review* 103, no. 5 (2013): 1960–76.

22. Pinelopi K. Goldberg, Amit Khandelwal, Nina Pavcnik, and Petia Topalova, "Trade Liberalization and New Imported Inputs," *American Economic Review* 99, no. 2 (2009): 494–500.

23. Abhijit Vinayak Banerjee, "Globalization and All That," in *Understanding Poverty,* ed. Abhijit Vinayak Banerjee, Roland Bénabou, and Dilip Mookherjee (New York: Oxford University Press, 2006).

24. Topalova, "Factor Immobility and Regional Impacts of Trade Liberalization."

25. Abhijit Banerjee and Esther Duflo, "Growth Theory Through the Lens of Development Economics," ch. 7, in *The Handbook of Economic Growth,* eds. Philippe Aghion and Stephen Durlauf (Amsterdam: North Holland, 2005), vol. 1, part A: 473–552.

26. Topalova, "Factor Immobility and Regional Impacts of Trade Liberalization."

27. Pinelopi K. Goldberg, Amit K. Khandelwal, Nina Pavcnik, and Petia Topalova, "Multiproduct Firms and Product Turnover in the Developing World: Evidence from India," *Review of Economics and Statistics* 92, no. 4 (2010): 1042–49.

28. Robert Grundke and Cristoph Moser, "Hidden Protectionism? Evidence from Non-Tariff Barriers to Trade in the United States," *Journal of International Economics* 117 (2019): 143–57.

29. World Trade Organization, "Members Reaffirm Commitment to Aid for Trade and to Development Support," 2017, accessed March 18, 2019, https://www.wto.org/english/news_e/news17_e/gr17_13jul17_e.htm.

30. David Atkin, Amit K. Khandelwal, and Adam Osman, "Exporting and Firm Performance: Evidence from a Randomized Experiment," *Quarterly Journal of Economics* 132, no. 2 (2017): 551–615.

31. "Rankings by Country of Average Monthly Net Salary (After Tax) (Salaries and Financing)," Numbeo, accessed March 18, 2019, https://www.numbeo.com/cost-of-living/country_price_rankings?itemId=105.

32. Abhijit V. Banerjee and Esther Duflo, "Reputation Effects and the Limits of Contracting: A Study of the Indian Software Industry," *Quarterly Journal of Economics* 115, no. 3 (2000): 989–1017.

33. Amos Tversky and Daniel Kahneman, "The Framing of Decisions and Psychology of Choice," *Science* 211 (1981): 453–58.

34. Jean Tirole, "A Theory of Collective Reputations (with Applications to the Persistence of Corruption and to Firm Quality)," *Review of Economic Studies* 63, no. 1 (1996): 1–22.

35. Rocco Machiavello and Ameet Morjaria, "The Value of Relationships: Evidence from Supply Shock to Kenyan Rose Exports," *American Economic Review* 105, no. 9 (2015): 2911–45.

36. Wang Xiaodong, "Govt Issues Guidance for Quality of Products," *China Daily*, updated September 14, 2017, accessed March 29, 2019, http:// www.chinadaily.com.cn/china/2017-09/14/content_31975019.htm.

37. Gujanita Kalita, "The Emergence of Tirupur as the Export Hub of Knitted Garments in India: A Case Study," ICRIER, accessed April 21, 2019, https://www.econ-jobs.com/research/52329-The-Emergence-of-Tirupur-as-the-Export-Hub-of-Knitted-Garments-in-India-A-Case-Study.pdf.

38. L. N. Revathy, "GST, Export Slump Have Tirupur's Garment Units Hanging by a Thread," accessed April 21, 2019, https://www.thehindubusiness line.com/economy/gst-export-slump-have-tirupurs-garment-units-hanging-by-a-thread/article9968689.ece.

39. "Clusters 101," Cluster Mapping, accessed March 18, 2019, http://www.clustermapping.us/content/clusters-101.

40. Antonio Gramsci, "'Wave of Materialism' and 'Crisis of Authority,'" in *Selections from the Prison Notebooks* (New York: International Publishers, 1971), 275–76; Prison Notebooks, vol. 2, notebook 3, 1930, 2011 edition, SS-34, Past and Present 32–33.

41. Pinelopi K. Goldberg, Amit K. Khandelwal, Nina Pavcnik, and Petia Topalova, "Imported Intermediate Inputs and Domestic Product Growth: Evidence from India," *Quarterly Journal of Economics* 125, no. 4 (2010): 1727–67.

42. Paul Krugman, "Taking on China," *New York Times*, September 30, 2010.

43. J. D. Vance, *Hillbilly Elegy: A Memoir of a Family and Culture in Crisis* (New York: Harper, 2016).

44. David Autor, David Dorn, and Gordon Hanson, "The China Syndrome: Local Labor Market Effects of Import Competition in the United States," *American Economic Review* 103, no. 6 (2013): 2121–68; David Autor, David Dorn, and Gordon Hanson, "The China Shock: Learning from Labor-Market Adjustment to Large Changes in Trade," *Annual Review of Economics* 8 (2016): 205–40.

45. Ragnhild Balsvik, Sissel Jensen, and Kjell G. Salvanes, "Made in China, Sold in Norway: Local Labor Market Effects of an Import Shock," *Journal of Public Economics* 127 (2015): 137–44; Wolfgang Dauth, Sebastian Findeisen, and Jens Suedekum, "The Rise of the East and the Far East: German Labor Markets and Trade Integration," *Journal of the European Economic Association* 12, no. 6 (2014): 1643–75; Vicente Donoso, Víctor Martín, and Asier Minondo, "Do Differences in the Exposure to Chinese Imports Lead to Differences in Local Labour Market Outcomes? An Analysis for Spanish Provinces," *Regional Studies* 49, no. 10 (2015): 1746–64.

46. M. Allirajan, "Garment Exports Dive 41 Percent in October on GST Woes," *Times of*

India, November 16, 2017, https://timesofindia.indiatimes.com/business/india-business/garment-exports-dive-41-in-october-on-gst-woes/articleshow/61666363.cms.

47. Atif Mian, Kamalesh Rao, and Amir Sufi, "Housing Balance Sheets, Consumption, and the Economic Slump," *Quarterly Journal of Economics* 128, no. 4 (2013): 1687–1726.

48. Autor, Dorn, and Hanson, "The China Syndrome."

49. David H. Autor, Mark Duggan, Kyle Greenberg, and David S. Lyle, "The Impact of Disability Benefits on Labor Supply: Evidence from the VA's Disability Compensation Program," *American Economic Journal: Applied Economics* 8, no. 3 (2016): 31–68.

50. David H. Autor, "The Unsustainable Rise of the Disability Rolls in the United States: Causes, Consequences, and Policy Options," in *Social Policies in an Age of Austerity*, eds. John Karl Scholz, Hyunpyo Moon, and Sang-Hyop Lee (Northampton, MA: Edward Elgar, 2015) 107–36.

51. Aparna Soni, Marguerite E. Burns, Laura Dague, and Kosali I. Simon, "Medicaid Expansion and State Trends in Supplemental Security Income Program Participation," *Health Affairs* 36, no. 8 (2017): 1485–88.

52. See, for example, Enrico Moretti and Pat Kline, "People, Places and Public Policy: Some Simple Welfare Economics of Local Economic Development Programs," *Annual Review of Economics* 6 (2014): 629–62.

53. David Autor, David Dorn, and Gordon H. Hanson, "When Work Disappears: Manufacturing Decline and the Fall of Marriage Market Value of Young Men," *AER Insights*, forthcoming 2019, available as NBER Working Paper 23173, 2018, DOI: 10.3386/w23173.

54. Anne Case and Angus Deaton, "Rising Morbidity and Mortality in Midlife Among White Non-Hispanic Americans in the 21st Century," *PNAS* 112, no. 49 (2015): 15078–83, https://doi.org/10.1073/pnas.1518393112.

55. Arnaud Costinot and Andrés Rodríguez-Clare, "The US Gains from Trade: Valuation Using the Demand for Foreign Factor Services," *Journal of Economic Perspectives* 32, no. 2 (Spring 2018): 3–24.

56. Rodrigo Adao, Arnaud Costinot, and Dave Donaldson, "Nonparametric Counterfactual Predictions in Neoclassical Models of International Trade," *American Economic Review* 107, no. 3 (2017): 633–89; Costinot and Rodríguez-Clare, "The US Gains from Trade."

57. "GDP Growth (annual %)," World Bank, accessed March 29, 2019, https://data.worldbank.org/indicator/ny.gdp.mktp.kd.zg.

58. Costinot and Rodríguez-Clare, "The US Gains from Trade."

59. Sam Asher and Paul Novosad, "Rural Roads and Local Economic Development," Policy Research Working Paper 8466 (Washington, DC: World Bank, 2018).

60. Nirmala Banerjee, "Is Small Beautiful?," in *Change and Choice in Indian Industry*, eds. Amiya Bagchi and Nirmala Banerjee (Calcutta: K. P. Bagchi & Company, 1981).

61. Chang-Tai Hsieh and Benjamin A. Olken, "The Missing 'Missing Middle,'" *Journal of Economic Perspectives* 28, no. 3 (2014): 89–108.

62. Adam Smith, *The Wealth of Nations* (W. Strahan and T. Cadell, 1776).

63. Dave Donaldson, "Railroads of the Raj: Estimating the Impact of Transportation Infrastructure," *American Economic Review* 108, nos. 4–5 (2018): 899–934.

64. Dave Donaldson and Richard Hornbeck, "Railroads and American Growth: A 'Market Access' Approach," *Quarterly Journal of Economics* 131, no. 2 (2016): 799–858.

65. Arnaud Costinot and Dave Donaldson, "Ricardo's Theory of Comparative Advantage: Old Idea, New Evidence," *American Economic Review* 102, no. 3 (2012): 453–58.

66. Asher and Novosad, "Rural Roads and Local Economic Development."

67. David Atkin and Dave Donaldson, "Who's Getting Globalized? The Size and Implications of Intra-National Trade Costs," NBER Working Paper 21439, 2015.

68. "U.S. Agriculture and Trade at a Glance," US Department of Agriculture Economic Research Service, accessed June 8, 2019, https://www.ers.usda.gov/topics/international-markets-us-trade/us-agricultural-trade/us-agricultural-trade-at-a-glance/.

69. Ibid.

70. "Occupational Employment Statistics," Bureau of Labor Statistics, accessed March 29, 2019, https://www.bls.gov/oes/2017/may/oes452099.htm.

71. "Quick Facts: United States," US Census Bureau, accessed March 29, 2019, https://www.census.gov/quickfacts/fact/map/US/INC910217.

72. Benjamin Hyman, "Can Displaced Labor Be Retrained? Evidence from Quasi-Random Assignment to Trade Adjustment Assistance," January 10, 2018, https://ssrn.com/abstract=3155386 or http://dx.doi.org/10.2139/ ssrn.3155386.

73. "Education and Training," Veterans Administration, accessed June 21, 2019, https://benefits.va.gov/gibill/.

74. Sewin Chan and Ann Huff Stevens, "Job Loss and Employment Patterns of Older Workers," *Journal of Labor Economics* 19, no. 2 (2001): 484–521.

75. Henry S. Farber, Chris M. Herbst, Dan Silverman, and Till von Wachter, "Whom Do Employers Want? The Role of Recent Employment and Unemployment Status and Age," *Journal of Labor Economics* 37, no. 2 (April 2019): 323–49, https://doi.org/10.1086/700184.

76. Benjamin Austin, Edward Glaesar, and Lawrence Summers, "Saving the Heartland: Place-Based policies in 21st Century America," Brookings Papers on Economic Activity conference draft 2018, accessed June 19, 2019, https://www.brookings.edu/wp-content/uploads/2018/03/3_austinetal.pdf.

第四章　喜欢、想要和需要

1. John Sides, Michael Tesler, and Lynn Vavreck, *Identity Crisis: The 2016 Presidential Campaign and the Battle for the Meaning of America* (Princeton, NJ: Princeton University Press, 2018).

2. George Stigler and Gary Becker, "De Gustibus Non Est Disputandum," *American Economic Review* 67, no. 2 (1977): 76–90.

3. Abhijit Banerjee and Esther Duflo, *Poor Economics: A Radical Rethinking of the Way to Fight Global Poverty* (New York: PublicAffairs, 2011).

4. Abhijit V. Banerjee, "Policies for a Better-Fed World," *Review of World Economics* 152, no. 1 (2016): 3–17.

5. Abhijit Banerjee, "A Simple Model of Herd Behavior," *Quarterly Journal of Economics* 107, no. 3 (1992): 797–817.

6. Lev Muchnik, Sinan Aral, and Sean J. Taylor, "Social Influence Bias: A Randomized Experiment," *Science* 341, no. 6146 (2013): 647–51.

7. Drew Fudenberg and Eric Maskin, "The Folk Theorem in Repeated Games with Discounting or with Incomplete Information," *Econometrica* 54, no. 3 (1986): 533–54; Dilip Abreu, "On the Theory of Infinitely Repeated Games with Discounting," *Econometrica* 56, no. 2 (1988): 383–96.

8. Elinor Ostrom, *Governing the Commons* (Cambridge: Cambridge University Press, 1990).

9. Robert M. Townsend, "Risk and Insurance in Village India," *Econometrica* 62, no. 3 (1994): 539–91; Christopher Udry, "Risk and Insurance in a Rural Credit Market: An Empirical Investigation in Northern Nigeria," *Review of Economic Studies* 61, no. 3 (1994): 495–526.

10. A recent very well-argued book that makes this case is Raghuram Rajan's *The Third Pillar*. Raghuram Rajan, *The Third Pillar: How Markets and the State Leave Community Behind* (New York: Harper Collins, 2019).

11. Harold L. Cole, George J. Mailath, and Andrew Postlewaite, "Social Norms, Savings Behavior, and Growth," *Journal of Political Economy* 100, no. 6 (1992): 1092–1125.

12. Constituent Assembly of India Debates (proceedings), vol. 7, November 4, 1948, https://cadindia.clpr.org.in/constitution_assembly_debates/volume/7/1948-11-04. The relationship between the two men has been widely written about, notably by the novelist Arundhati Roy in her 2017 book, *The Doctor and the Saint* (which focuses more on Ambedkar) and Ramachandra Guha's recent book *Gandhi* (told more from Gandhi's side). The two men did not get along. Gandhi thought Ambedkar was a hothead; Ambedkar implied the old man was a bit of a fraud. Despite their opposition, it is with Gandhi's blessing that Ambedkar ended up drafting the constitution. Arundhati Roy, *The Doctor and the Saint: Caste, War, and the Annihilation of Caste* (Chicago: Haymarket Books, 2017); Ramachandra Guha, *Gandhi: The Years That Changed the World, 1914–1948* (New York: Knopf, 2018).

13. Viktoria Hnatkovska, Amartya Lahiri, and Sourabh Paul, "Castes and Labor Mobility," *American Economic Journal: Applied Economics* 4, no. 2 (2012): 274–307.

14. Karla Hoff, "Caste System," World Bank Policy Research Working Paper 7929, 2016.

15. Kanchan Chandra, *Why Ethnic Parties Succeed: Patronage and Ethnic Headcounts in India* (Cambridge: Cambridge University Press, 2004); Christophe Jaffrelot, *India's Silent Revolution: The Rise of the Lower Castes in North India* (London: Hurst and Company, 2003); Yogendra Yadav, *Understanding the Second Democratic Upsurge: Trends of Bahujan Participation in Electoral Politics in the 1990s* (Delhi: Oxford University Press, 2000).

16. Abhijit Banerjee, Amory Gethin, and Thomas Piketty, "Growing Cleavages in India? Evidence from the Changing Structure of Electorates, 1962–2014," *Economic & Political Weekly* 54, no. 11 (2019): 33–44.

17. Abhijit Banerjee and Rohini Pande, "Parochial Politics: Ethnic Preferences and Politician Corruption," CEPR Discussion Paper DP6381, 2007.

18. "Black Guy Asks Nation for Change," *Onion*, March 19, 2008, accessed June 19, 2019, https://politics.theonion.com/black-guy-asks-nation-for-change-1819569703.

19. Eileen Patten, "Racial, Gender Wage Gaps Persist in U.S. Despite Some Progress," Pew Research Center, July 1, 2016.

20. Raj Chetty, Nathaniel Hendren, Maggie R. Jones, and Sonya R. Porter, "Race and Economic Opportunity in the United States: An Intergenerational Perspective," NBER Working Paper 24441, 2018.

21. Jane Coaston, "How White Supremacist Candidates Fared in 2018," *Vox*, November 7, 2018, accessed April 22, 2019, https://www.vox.com/ policy-and-politics/2018/11/7/18064670/white-supremacist-candidates-2018-midterm-elections.

22. Robert P. Jones, Daniel Cox, Betsy Cooper, and Rachel Lienesch, "How Americans View Immigrants and What They Want from Immigration Reform: Findings from the 2015 American Values Atlas," Public Religion Research Institute, March 29, 2016.

23. Leonardo Bursztyn, Georgy Egorov, and Stefano Fiorin, "From Extreme to Mainstream: How Social Norms Unravel," NBER Working Paper 23415, 2017.

24. Cited in Chris Haynes, Jennifer L. Merolla, and S. Karthik Ramakrishnan, *Framing Immigrants: News Coverage, Public Opinion, and Policy* (New York: Russell Sage Foundation, 2016).

25. Ibid.

26. Anirban Mitra and Debraj Ray, "Implications of an Economic Theory of Conflict: Hindu-Muslim Violence in India," *Journal of Political Economy* 122, no. 4 (2014): 719–65.

27. Daniel L. Chen, "Club Goods and Group Identity: Evidence from Islamic Resurgence During the Indonesian Financial Crisis," *Journal of Political Economy* 118, no. 2 (2010): 300–54.

28. Amanda Agan and Sonja Starr, "Ban the Box, Criminal Records, and Statistical Discrimination: A Field Experiment," *Quarterly Journal of Economics* 133, no. 1 (2017): 191–235.

29. Ibid.

30. Claude M. Steele and Joshua Aronson, "Stereotype Threat and the Intellectual Test Performance of African Americans," *Journal of Personality and Social Psychology* 69, no. 5 (1995): 797–811.

31. Steven J. Spencer, Claude M. Steele, and Diane M. Quinn, "Stereotype Threat and Women's Math Performance," *Journal of Experimental Social Psychology* 35, no. 1 (1999): 4–28.

32. Joshua Aronson, Michael J. Lustina, Catherine Good, Kelli Keough, Claude M. Steele, and Joseph Brown, "When White Men Can't Do Math: Necessary and Sufficient Factors in

Stereotype Threat," *Journal of Experimental Social Psychology* 35, no. 1 (1999): 29–46.

33. Robert Rosenthal and Lenore Jacobson, "Pygmalion in the Classroom," *Urban Review* 3, no. 1 (1968): 16–20.

34. Dylan Glover, Amanda Pallais, and William Pariente, "Discrimination as a Self-Fulfilling Prophecy: Evidence from French Grocery Stores," *Quarterly Journal of Economics* 132, no. 3 (2017): 1219–60.

35. Ariel Ben Yishay, Maria Jones, Florence Kondylis, and Ahmed Mushfiq Mobarak, "Are Gender Differences in Performance Innate or Socially Mediated?," World Bank Policy Research Working Paper 7689, 2016.

36. Rocco Macchiavello, Andreas Menzel, Antonu Rabbani, and Christopher Woodruff, "Challenges of Change: An Experiment Training Women to Manage in the Bangladeshi Garment Sector," University of Warwick Working Paper Series No. 256, 2015.

37. Jeff Stone, Christian I. Lynch, Mike Sjomeling, and John M. Darley, "Stereotype Threat Effects on Black and White Athletic Performance," *Journal of Personality and Social Psychology* 77, no. 6 (1999): 1213–27.

38. Ibid.

39. Marco Tabellini, "Racial Heterogeneity and Local Government Finances: Evidence from the Great Migration," Harvard Business School BGIE Unit Working Paper 19-006, 2018, https://ssrn.com/abstract=3220439 or http://dx.doi.org/10.2139/ssrn.3220439; Conrad Miller, "When Work Moves: Job Suburbanization and Black Employment," NBER Working Paper No. 24728, June 2018, DOI: 10.3386/w24728.

40. Ellora Derenoncourt, "Can You Move to Opportunity? Evidence from the Great Migration," working paper, accessed April 22, 2019, https:// scholar.harvard.edu/files/elloraderenoncourt/files/derenoncourt_jmp_2018.pdf.

41. Leonardo Bursztyn and Robert Jensen, "How Does Peer Pressure Affect Educational Investments?," *Quarterly Journal of Economics* 130, no. 3 (2015): 1329–67.

42. Ernst Fehr, "Degustibus Est Disputandum," Emerging Science of Preference Formation, inaugural talk, Universitat Pompeu Fabra, Barcelona, Spain, October 7, 2015.

43. Alain Cohn, Ernst Fehr, and Michel Andre Marechal, "Business Culture and Dishonesty in the Banking Industry," *Nature* 516 (2014): 86–89.

44. For an overview of their work, see Roland Bénabou and Jean Tirole, "Mindful Economics: The Production, Consumption, and Value of Beliefs," *Journal of Economic*

Perspectives 30, no. 3 (2016): 141–64.

45. William Julius Wilson, *When Work Disappears: The World of the New Urban Poor* (New York: Knopf Doubleday, 1997).

46. J. D. Vance, *Hillbilly Elegy: A Memoir of a Family and Culture in Crisis* (New York: Harper, 2016).

47. Dan Ariely, George Loewenstein, and Drazen Prelec, "'Coherent Arbitrariness': Stable Demand Curves without Stable Preferences,"*Quarterly Journal of Economics* 118, no. 1 (2003): 73–106.

48. Daniel Kahneman, Jack L. Knetsch, and Richard H. Thaler, "Experimental Tests of the Endowment Effect and the Coase Theorem," *Journal of Political Economy* 98, no. 6 (1990): 1325–48.

49. Dan Ariely, George Loewenstein, and Drazen Prelec, "'Coherent Arbitrariness': Stable Demand Curves without Stable Preferences," *Quarterly Journal of Economics* 118, no. 1 (2003): 73–106.

50. Muzafer Sherif, *The Robber's Cave Experiment: Intergroup Conflict and Cooperation,* (Middletown, CT: Wesleyan University Press, 1998).

51. Gerard Prunier, *The Rwanda Crisis: History of a Genocide* (New York: Columbia University Press, 1997).

52. Paul Lazarsfeld and Robert Merton, "Friendship as a Social Process: A Substantive and Methodological Analysis," in *Freedom and Control in Modern Society,* eds. Morroe Berger, Theodore Abel, and Charles H. Page (New York: Van Nostrand, 1954).

53. Matthew Jackson, "An Overview of Social Networks and Economic Applications," *Handbook of Social Economics,* 2010, accessed January 5, 2019, https://web.stanford.edu/~jacksonm/socialnetecon-chapter.pdf.

54. Kristen Bialik, "Key Facts about Race and Marriage, 50 Years after Loving v. Virginia," Pew Research Center, 2017, http://www.pewresearch.org /fact-tank/2017/06/12/key-facts-about-race-and-marriage-50-years-after -loving-v-virginia/.

55. Abhijit Banerjee, Esther Duflo, Maitreesh Ghatak, and Jeanne Lafortune, "Marry for What? Caste and Mate Selection in Modern India," *American Economic Journal: Microeconomics* 5, no. 2 (2013), https://doi.org/10.1257/mic.5.2.33.

56. Cass R. Sunstein, Republic.com. (Princeton, NJ: Princeton University Press, 2001); Cass R. Sunstein, *#Republic: Divided Democracy in the Age of Social Media* (Princeton, NJ:

Princeton University Press, 2017).

57. "Little Consensus on Global Warming: Partisanship Drives Opinion," Pew Research Center, 2006, http://www.people-press.org/2006/07/12/ little-consensus-on-global-warming/.

58. R. Cass Sunstein, "On Mandatory Labeling, with Special Reference to Genetically Modified Foods," *University of Pennsylvania Law Review* 165, no. 5 (2017): 1043–95.

59. Matthew Gentzkow, Jesse M. Shapiro, and Matt Taddy, "Measuring Polarization in High-Dimensional Data: Method and Application to Congressional Speech," working paper, 2016.

60. Yuriy Gorodnickenko, Tho Pham, and Oleksandr Talavera, "Social Media, Sentiment and Public Opinions: Evidence from #Brexit and #US Election," National Bureau of Economics Research Working Paper 24631, 2018.

61. Shanto Iyengar, Gaurav Sood, and Yphtach Lelkes, "Affect, Not Ideology: A Social Identity Perspective on Polarization," *Public Opinion Quarterly*, 2012, http://doi.org/10.1093/poq/nfs038.

62. "Most Popular Social Networks Worldwide as of January 2019, Ranked by Number of Active Users (in millions)," Statista.com, 2019, accessed April 21, 2019, https://www.statista.com/statistics/272014/global-social-networks-ranked-by-number-of-users/.

63. Maeve Duggan, Nicole B. Ellison, Cliff Lampe, Amanda Lenhart, and Mary Madden, "Social Media Update 2014," Pew Research Center, 2015, http://www.pewinternet.org/2015/01/09/social-media-update-2014/.

64. Johan Ugander, Brian Karrer, Lars Backstrom, and Cameron Marlow, "The Anatomy of the Facebook Social Graph," Cornell University, 2011, https://arxiv.org/abs/1111.4503v1.

65. Yosh Halberstam and Brian Knight "Homophily, Group Size, and the Diffusion of Political Information in Social Networks: Evidence from Twitter," *Journal of Public Economics*, 143 (November 2016), 73–88, https:// doi.org/10.1016/j.jpubeco.2016.08.011.

66. David Brock, *The Republican Noise Machine* (New York: Crown, 2004).

67. David Yanagizawa-Drott, "Propaganda and Conflict: Evidence from the Rwandan Genocide," *Quarterly Journal of Economics* 129, no. 4 (2014), https://doi.org/10.1093/qje/qju020.

68. Matthew Gentzkow and Jesse Shapiro, "Ideological Segregation Online and Offline," *Quarterly Journal of Economics* 126, no. 4 (2011), http://doi.org/10.1093/qje/qjr044.

69. Levi Boxell, Matthew Gentzkow, and Jesse Shapiro, "Greater Internet Use Is Not

Associated with Faster Growth in Political Polarization among US Demographic Groups," Proceedings of the National Academy of Sciences of the United States of America, 2017, https:// doi.org/10.1073/pnas.1706588114.

70. Gregory J. Martin and Ali Yurukoglu, "Bias in Cable News: Persuasion and Polarization," *American Economic Review* 107, no. 9 (2017), http:// doi.org/10.1257/ aer.20160812.

71. Ibid.

72. Matthew Gentzkow, Jesse M. Shapiro, and Matt Taddy, "Measuring Polarization in High-Dimensional Data: Method and Application to Congressional Speech," working paper, 2016.

73. Julia Cagé, Nicolas Hervé, and Marie-Luce Viaud, "The Production of Information in an Online World: Is Copy Right?," Net Institute working paper, 2017, http://dx.doi.org/10.2139/ ssrn.2672050.

74. "2015 Census," American Society of News Editors, https://www.asne .org/diversity-survey-2015.

75. "Sociocultural Dimensions of Immigrant Integration," in *The Integration of Immigrants into American Society,* eds. Mary C. Waters and Marissa Gerstein Pineau (Washington, DC: National Academies of Sciences Engineering Medicine, 2015).

76. Hunt Allcott and Matthew Gentzkow, "Social Media and Fake News in the 2016 Election," *Journal of Economic Perspectives* 31, no. 2 (2017), http:// doi.org/10.1257/ jep.31.2.211.

77. Donghee Jo, "Better the Devil You Know: An Online Field Experiment on News Consumption,"Northeastern University working paper, accessed June 20, 2019, https://www.dongheejo.com/.

78. Gordon Allport, *The Nature of Prejudice* (Cambridge, MA: Addison-Wesley, 1954).

79. Elizabeth Levy Paluck, Seth Green, and Donald P. Green, "The Contact Hypothesis Re-evaluated," *Behavioral Public Policy* (2017): 1–30.

80. Johanne Boisjoly, Greg J. Duncan, Michael Kremer, Dan M. Levy, and Jacque Eccles, "Empathy or Antipathy? The Impact of Diversity," *American Economic Review* 96, no. 5 (2006): 1890–1905.

81. Gautam Rao, "Familiarity Does Not Breed Contempt: Generosity, Discrimination, and Diversity in Delhi Schools," *American Economic Review* 109, no. 3 (2019): 774–809.

82. Matthew Lowe, "Types of Contact: A Field Experiment on Collaborative and Adversarial Caste Integration," OSF, last updated on May 29, 2019, osf.io/u2d9x.

83. Thomas C. Schelling, "Dynamic Models of Segregation," *Journal of Mathematical Sociology* 1 (1971): 143–186.

84. David Card, Alexandre Mas, and Jesse Rothstein, "Tipping and the Dynamics of Segregation," *Quarterly Journal of Economics* 123, no. 1 (2008): 177–218.

85. Joshua D. Angrist and Kevin Lang, "Does School Integration Generate Peer Effects? Evidence from Boston's Metco Program,"*American Economic Review* 94, no. 5 (2004): 1613–34.

86. Abhijit Banerjee, Donald Green, Jennifer Green, and Rohini Pande, "Can Voters Be Primed to Choose Better Legislators? Experimental Evidence from Rural India," Poverty Action Lab working paper, 2010, accessed June 19, 2019, https://www.povertyactionlab.org/sites/default/files/publications/ 105_419_Can%20Voters%20be%20Primed_Abhijit_Oct2009.pdf.

第五章　增长的终结？

1. Robert Gordon, *The Rise and Fall of American Growth* (Princeton, NJ: Princeton University Press, 2016).

2. C. I. Jones, "The Facts of Economic Growth," in *Handbook of Macroeconomics*, vol. 2, eds. John B. Taylor and Harald Uhlig (Amsterdam: North Holland, 2016), 3–69.

3. Angus Maddison, "Historical Statistics of the World Economy: 1-2008 AD," Groningen Growth and Development Centre: Maddison Project Database (2010).

4. Angus Maddison, "Measuring and Interpreting World Economic Performance 1500–2001," *Review of Income and Wealth* 51, no. 1 (2005): 1–35, https://doi.org/10.1111/j.1475-4991.2005.00143.x.

5. Robert Gordon, *The Rise and Fall of American Growth* (Princeton, NJ: Princeton University Press, 2016), 258.

6. J. Bradford DeLong, Claudia Goldin, and Lawrence F. Katz, "Sustaining U.S. Economic Growth," in Henry J. Aaron , James M. Lindsay, Pietro S. Nivola, *Agenda for the Nation* (Washington, DC: Brookings Institution, 2003), 17–60.

7. Robert Gordon, *The Rise and Fall of American Growth* (Princeton, NJ: Princeton University Press, 2016), 575, figure 17.2. Annualized TFP growth in the US was 0.46 percent

per year between 1880 and 1920 and 1.89 percent per year between 1920 and 1970.

8. Nicholas Crafts, "Fifty Years of Economic Growth in Western Europe: No Longer Catching Up but Falling Behind?," *World Economics* 5, no. 2 (2004): 131–45.

9. Robert Gordon, *The Rise and Fall of American Growth* (Princeton, NJ: Princeton University Press, 2016).

10. Annualized TFP growth in the US was 1.89 percent per year between 1920 and 1970 and 0.57 between 1970 and 1995; Robert Gordon, *The Rise and Fall of American Growth* (Princeton, NJ: Princeton University Press, 2016), 575, figure 17.2.

11. Robert Gordon, *The Rise and Fall of American Growth* (Princeton, NJ: Princeton University Press, 2016), 575, figure 17.2. Annual TFP growth was 0.40 from 2014 to 2014, even lower than the 0.70 annual TFP growth during the 1973–1994 period and the annual 0.46 TFP growth during the 1890–1920 period.

12. "Total Factor Productivity," Federal Reserve Bank of San Francisco, accessed June 19, 2019, https://www.frbsf.org/economic-research/indicators-data/total-factor-productivity-tfp/.

13. Robert Gordon and Joel Mokyr, "Boom vs. Doom: Debating the Future of the US Economy," debate, Chicago Council of Global Affairs, October 31, 2016.

14. Robert Gordon, *The Rise and Fall of American Growth* (Princeton, NJ: Princeton University Press, 2016), 594–603.

15. Robert Gordon and Joel Mokyr, "Boom vs. Doom: Debating the Future of the US Economy," debate, Chicago Council of Global Affairs, October 31, 2016.

16. Alvin H. Hansen, "Economic Progress and Declining Population Growth," *American Economic Review* 29, no. 1 (1939): 1–15.

17. Angus Maddison, *Growth and Interaction in the World Economy: The Roots of Modernity* (Washington, DC: AEI Press, 2005).

18. Thomas Piketty, *Capital in the Twenty-First Century* (Cambridge, MA: Harvard University Press, 2013), 73, table 2.1. The data Piketty uses for long-term growth originally comes from Angus Maddison, and can be found on the Maddison project data base at https://www.rug.nl/ggdc/historical development/maddison/releases/maddison-project-database-2018.

19. Chad Syverson, "Challenges to Mismeasurement Explanations for the US Productivity Slowdown," *Journal of Economic Perspectives* 31, no. 2 (2017): 165–86, https://doi.org/10.1257/jep.31.2.165.

20. Ibid.

21. Hunt Allcott, Luca Braghieri, Sarah Eichmeyer, and Matthew Gentzkow, "The Welfare Effects of Social Media," NBER Working Paper 25514 (2019).

22. Robert M. Solow, "A Contribution to the Theory of Economic Growth," *Quarterly Journal of Economics* 70, no. 1 (1956): 65–94, https://doi.org/10.2307/1884513.

23. "Estimating the U.S. Labor Share," Bureau of Labor Statistics, 2017, accessed April 15, 2019, https://www.bls.gov/opub/mlr/2017/article/estimating-the-us-labor-share.htm.

24. The Berkeley economist Brad DeLong is famous for making this point in J. Bradford De Long, "Productivity Growth, Convergence, and Welfare: Comment," *American Economic Review* 78, no. 5 (1988): 1138–54. He recently updated his graph using World Bank data at / www.bradford-delong.com/2015/08/in-which-i-once-again-bet-on-a-substantial-growth-slowdown-in-china.html.

25. Archimedes: "Give me a lever and a place to stand and I will move the earth." *The Library of History of Diodorus Siculus*, Fragments of Book XXVI, as translated by F. R. Walton, in *Loeb Classical Library*, vol. 11 (Cambridge: Harvard University Press 1957).

26. Robert E. Lucas Jr., "On the Mechanics of Economic Development," *Journal of Monetary Economics* 22, no. 1 (1988): 3–42.

27. Robert E. Lucas Jr., "Why Doesn't Capital Flow from Rich to Poor Countries?," *American Economic Review* 80, no. 2 (1990): 92–96.

28. Francesco Caselli, "Accounting for Cross-Country Income Differences," in *Handbook of Economic Growth*, vol. 1, part A, eds. Philippe Aghion and Steven N. Durlauf (Amsterdam: North Holland, 2005), 679–741.

29. Anne Robert Jacques Turgot, "Sur le Memoire de M. de Saint-Péravy," in *Oeuvres de Turgot et documents le concernant, avec biographie et notes*, ed. G. Schelle (Paris : F. Alcan, 1913).

30. Paul M. Romer, "Increasing Returns and Long-Run Growth," *Journal of Political Economy* 94, no. 5 (1986): 1002–37, https://doi.org/10.1086/261420.

31. Danielle Paquette, "Scott Walker Just Approved $3 billion Deal for a New Foxconn Factory in Wisconsin," *Washington Post,* September 18, 2017; Natalie Kitroeff, "Foxconn Affirms Wisconsin Factory Plan, Citing Trump Chat," *New York Times,* February 1, 2019.

32. Enrico Moretti, "Are Cities the New Growth Escalator?" in *The Urban Imperative: Towards Competitive Cities*, ed. Abha Joshi-Ghani and Edward Glaeser (New Delhi: Oxford University Press, 2015), 116–48.

33. Laura Stevens and Shayndi Raice, "How Amazon Picked HQ$_2$ and Jilted 236 Cities," *Wall Street Journal,* November 14, 2018.

34. Amazon HQ$_2$ RFP," September 2017, https://images-na.ssl-images-amazon.com/images/G/01/Anything/test/images/usa/RFP_3._V516043504_.pdf accessed June 14, 2019.

35. Adam B. Jaffe, Manuel Trajtenberg, and Rebecca Henderson, "Geographic Localization of Knowledge Spillovers as Evidenced by Patent Citations," *Quarterly Journal of Economics* 108, no. 3 (1993): 577–98, https://doi.org/10.2307/2118401.

36. Enrico Moretti. *The New Geography of Jobs.* (Boston: Mariner Books, 2012).

37. Michael Greenstone, Richard Hornbeck, and Enrico Moretti, "Identifying Agglomeration Spillovers: Evidence from Winners and Losers of Large Plant Openings," *Journal of Political Economy* 118, no. 3 (June 2010): 536–98, https://doi.org/10.1086/653714.

38. Of course, the question being asked in New York was not about the size of the gains (everybody agreed there would be some) but why Amazon was allowed to keep so much of it for themselves. After all, Alexandria offered much less, and Boston nothing at all (but then Boston did not win).

39. Jane Jacobs, "Why TVA Failed," *New York Review of Books*, May 10, 1984.

40. Patrick Kline and Enrico Moretti, "Local Economic Development, Agglomeration Economies, and the Big Push: 100 Years of Evidence from the Tennessee Valley Authority," *Quarterly Journal of Economics* 129, no. 1 (2014): 275–331, https://doi.org/10.1093/qje/qjt034.

41. Ibid

42. Enrico Moretti, "Are Cities the New Growth Escalator?," in *The Urban Imperative: Towards Competitive Cities*, ed. Edward Glaeser and Abha Joshi-Ghani (New Delhi: Oxford University Press, 2015), 116–48.

43. Peter Ellis and Mark Roberts, *Leveraging Urbanization in South Asia: Managing Spatial Transformation for Prosperity and Livability,* South Asia Development Matters (Washington, DC: World Bank, 2016), https://doi.org/10.1596/978-1-4648-0662-9. License: Creative Commons Attribution CC BY 3.0 IGO.

44. Paul M. Romer, "Endogenous Technological Change," *Journal of Political Economy* 98, no. 5, part 2 (1990): S71–S102, https://doi.org/10.1086/261725.

45. Philippe Aghion and Peter Howitt, "A Model of Growth Through Creative Destruction," *Econometrica* 60, no. 2 (1992): 323–51.

46. Philippe Aghion and Peter Howitt, "A Model of Growth Through Creative Destruction," *Econometrica* 60, no. 2 (1992): 323–51.

47. 'Real GDP Growth," US Budget and Economy, http://usbudget.blog spot.fr/2009/02/real-gdp-growth.html.

48. David Leonardt, "Do Tax Cuts Lead to Economic Growth?," *New York Times*, September 15, 2012, https://nyti.ms/2mBjewo.

49. Thomas Piketty, Emmanuel Saez, and Stefanie Stantcheva, "Optimal Taxation of Top Labor Incomes: A Tale of Three Elasticities," *American Economic Journal: Economic Policy* 6, no. 1 (2014): 230–71, https://doi.org/10.1257/pol.6.1.230.

50. William Gale, "The Kansas Tax Cut Experiment," Brookings Institution, 2017, https://www.brookings.edu/blog/unpacked/2017/07/11/the-kansas-tax-cut-experiment/.

51. Owen Zidar, "Tax Cuts for Whom? Heterogeneous Effects of Income Tax Changes on Growth and Employment," *Journal of Political Economy* 127, no. 3 (2019): 1437–72, https://doi.org/10.1086/701424.

52. Emmanuel Saez, Joel Slemrod, and Seth H. Giertz, "The Elasticity of Taxable Income with Respect to Marginal Tax Rates: A Critical Review," *Journal of Economic Literature* 50, no. 1 (2012): 3–50, https://doi.org/10.1257/ jel.50.1.3.

53. "Tax Reform," IGM Forum, 2017, http://www.igmchicago.org/ surveys/tax-reform-2.

54. "Analysis of Growth and Revenue Estimates Based on the US Senate Committee on Finance Tax Reform Plan," Department of the Treasury, 2017, https://www.treasury.gov/press-center/press-releases/Documents/Treasury GrowthMemo12-11-17.pdf.

55. The signatories were Robert J. Barro, Michael J. Boskin, John Cogan, Douglas Holtz-Eakin, Glenn Hubbard, Lawrence B. Lindsey, Harvey S. Rosen, George P. Shultz, and John B. Taylor. See "How Tax Reform Will Lift the Economy," *Wall Street Journal:* Opinion, 2017, https://www.wsj.com/articles/how-tax-reform-will-lift-the-economy-1511729894?mg=prod/accounts-wsj.

56. Jason Furman and Lawrence Summers, "Dear colleagues: You Responded, but We Have More Questions About Your Tax-Cut Analysis," *Washington Post,* 2017, https://www.washingtonpost.com/news/wonk/wp/2017/11/30/dear-colleagues-you-responded-but-we-have-more-questions-about-your-tax-cut-analysis/?utm_term=.bbd78b5f1ef9.

57. "Economic Report of the President together with the Annual Report of the Council of Economic Advisers," 2016, https://obamawhitehouse.archives.gov/sites/default/files/docs/

ERP_2016_Book_Complete%20JA.pdf.

58. Thomas Philippon *The Great Reversal: How America Gave up on Free Markets* (Cambridge: Harvard University Press, 2019).

59. David Autor, David Dorn, Lawrence F. Katz, Christina Patterson, and John Van Reenen, "The Fall of the Labor Share and the Rise of Superstar Firms," NBER Working Paper 23396, 2017.

60. For powerful arguments that the rise in concentration has been bad for consumers, see Thomas Philippon *The Great Reversal: How America Gave Up on Free Markets* (Cambridge: Harvard University Press, 2019); Jan De Loecker, Jan Eeckhout, and Gabriel Unger, "The Rise of Market Power and the Macroeconomic Implications," working paper, 2018.

61. Esteban Rossi-Hansberg, Pierre-Daniel Sarte, and Nicholas Trachter, "Diverging Trends in National and Local Concentration,"NBER Working Paper 25066, 2018.

62. Alberto Cavallo, "More Amazon Effects: Online Competition and Pricing Behaviors," NBER Working Paper 25138, 2018.

63. Germán Gutiérrez and Thomas Philippon, "Ownership, Concentration, and Investment," *AEA Papers and Proceedings* 108 (2018): 432–37, https:// doi.org/10.1257/pandp.20181010; Thomas Philippon, *The Great Reversal: How America Gave Up on Free Markets* (Cambridge: Harvard University Press, 2019).

64. Facundo Alvaredo, Lucas Chancel, Thomas Piketty, Emmanuel Saez, and Gabriel Zucman, "World Inequality Report 2018: Executive Summary," World Inequality Lab, 2018.

65. Mats Elzén and Per Ferström, "The Ignorance Survey: United States," Gapminder, 2013, https://static.gapminder.org/GapminderMedia/wp-up loads/Results-from-the-Ignorance-Survey-in-the-US..pdf.

66. "Poverty," World Bank, 2019, accessed April 14, 2019, https://www.worldbank.org/en/topic/poverty/overview#1.

67. "The Millennium Development Goals Report 2015: Fact Sheet," United Nations, 2015.

68. "Child Health," USAID.com, February 17, 2018, accessed April 14, 2019, https://www.usaid.gov/what-we-do/global-health/maternal-and-child-health/technical-areas/child-health.

69. "The Millennium Development Goals Report 2015: Fact Sheet," United Nations, 2015.

70. "Literacy Rate, Adult Total (% of People Ages 15 and Above)," World Bank Open Data, https://data.worldbank.org/indicator/se.adt.litr.zs.

71. "Number of Deaths Due to HIV/AIDS," World Health Organization, accessed April 14, 2019, https://www.who.int/gho/hiv/epidemic_status/ deaths_text/en/.

72. Paul Romer "Economic Growth," in Library of Economics and Liberty: Economic Systems, accessed June 13, 2019, https://www.econlib.org/ library/Enc/EconomicGrowth.html.

73. William Easterly, *The Elusive Quest for Growth* (Cambridge, MA: MIT Press 2001).

74. Ross Levine and David Renelt, "A Sensitivity Analysis of Cross-Country Growth Regressions," *American Economic Review* 82, no. 4 (September 1992): 942–63.

75. Daron Acemoglu, Simon Johnson, and James A. Robinson, "The Colonial Origins of Comparative Development: An Empirical Investigation, *"American Economic Review* 91, no. 5 (2001): 1369–1401, https://doi.org 10.1257/aer.91.5.1369; Daron Acemoglu, Simon Johnson, James A. Robinson, "Reversal of Fortune: Geography and Institutions in the Making of the Modern World Income Distribution," *Quarterly Journal of Economics* 117, no. 4 (November 2002): 1231–94, https://doi.org/10.1162/003355302320935025/.

76. Dani Rodrik, Arvind Subramanian, and Francesco Trebbi, "Institutions Rule: The Primacy of Institutions over Geography and Integration in Economic Development," *Journal of Economic Growth* 9, no. 2 (2004): 131–65, https://doi.org/10.1023/ B:JOEG.0000031425.72248.85.

77. "Global 500 2014," *Fortune,* 2014, accessed June 13, 2019, http:// fortune.com/global500/2014/.

78. William Easterly, "Trust the Development Experts—All 7 Billion," Brookings Institution, 2008, https://www.brookings.edu/opinions/trust-the-development-experts-all-7-billion/.

79. "The Impact of the Internet in Africa: Establishing Conditions for Success and Catalyzing Inclusive Growth in Ghana, Kenya, Nigeria and Senegal," Dalberg, 2013.

80. World Development Report 2016: Digital Dividends," World Bank, 2016, http://www.worldbank.org/en/publication/wdr2016.

81. Kenneth Lee, Edward Miguel, and Catherine Wolfram, "Experimental Evidence on the Economics of Rural Electrification," working paper, 2018.

82. Julian Cristia, Pablo Ibarrarán, Santiago Cueta, Ana Santiago, and Eugenio Severín, "Technology and Child Development: Evidence from the One Laptop per Child Program,"

American Economic Journal: Applied Economics 9, no. 3 (2017): 295–320, https://doi.org/10.1257/app.20150385.

83. Rema Hanna, Esther Duflo, and Michael Greenstone, "Up in Smoke: The Influence of Household Behavior on the Long-Run Impact of Improved Cooking Stoves," *American Economic Journal: Economic Policy* 8, no. 1 (2016): 80–114, https://doi.org/ 10.1257/pol.20140008.

84. James Berry, Greg Fischer, and Raymond P. Guiteras, "Eliciting and Utilizing Willingness-to-Pay: Evidence from Field Trials in Northern Ghana," CEnREP Working Paper 18-016, May 2018.

85. Rachel Peletz, Alicea Cock-Esteb, Dorothea Ysenburg, Salim Haji, Ranjiv Khush, and Pascaline Dupas, "Supply and Demand for Improved Sanitation: Results from Randomized Pricing Experiments in Rural Tanzania," *Environmental Science and Technology* 51, no. 12 (2017): 7138–47, https:// doi.org/10.1021/acs.est.6b03846.

86. "India: The Growth Imperative," report, McKinsey Global Institute, 2001.

87. Robert Jensen, "The Digital Provide: Information (Technology), Market Performance, and Welfare in the South Indian Fisheries Sector," *Quarterly Journal of Economics* 122, no. 3 (August 2007): 879–924. https://doi.org/10.1162/qjec.122.3.879.

88. Robert Jensen and Nolan H. Miller, "Market Integration, Demand, and the Growth of Firms: Evidence from a Natural Experiment in India," *American Economic Review* 108 no. 12 (2018): 3583–625, https://doi.org/10.1257/aer.20161965.

89. See, for example, the prospectus of one firm in Tirupur: "Prospectus," Vijayeswari Textiles Limited, February 25, 2007, http://www.idbicapital.com/pdf/IDBICapital-VijayeswariTextilesLtdRedHerringProspectus.pdf. accessed June 13, 2019.

90. Abhijit Banerjee and Kaivan Munshi, "How Efficiently Is Capital Allocated? Evidence from the Knitted Garment Industry in Tirupur," *Review of Economic Studies* 71, no. 1 (2004): 19–42, https://doi.org/10.1111/0034-6527.00274.

91. Nicholas Bloom and John Van Reenen, "Measuring and Explaining Management Practices Across Firms and Countries," *Quarterly Journal of Economics* 122, no. 4 (2007): 1351–1408.

92. Chris Udry, "Gender, Agricultural Production, and the Theory of the Household," *Journal of Political Economy* 104, no. 5 (1996): 1010–46.

93. Francisco Pérez-González, "Inherited Control and Firm Performance," *American

Economic Review 96, no. 5 (2006): 1559–88.

94. Chang-Tai Hsieh and Peter J. Klenow, "Misallocation and Manufacturing TFP in China and India,"*Quarterly Journal of Economics* 124, no. 4 (2009): 1403–48, https://doi.org/10.1162/qjec.2009.124.4.1403.

95. Chang-Tai Hsieh and Peter Klenow, "The Life Cycle of Plants in India and Mexico," *Quarterly Journal of Economics* 129, no. 3 (2014): 1035–84, https://doi.org/10.1093/qje/qju014.

96. Chang-Tai Hsieh and Peter Klenow, "Misallocation and Manufacturing TFP in China and India,"*Quarterly Journal of Economics* 124, no. 4 (2009): 1403–48, https://doi.org/10.1162/qjec.2009.124.4.1403.

97. Qi Liang,, Pisun Xu, Pornsit Jiraporn, "Board Characteristics and Chinese Bank Performance," *Journal of Banking and Finance* 37, no. 8 (2013): 2953–68, https://doi.org/10.1016/j.jbankfin.2013.04.018.

98. "Bank Lending Rates," Trading Economics, accessed April 15, 2019, https://tradingeconomics.com/country-list/bank-lending-rate.

99. "Interest Rates," Trading Economics, accessed April 15, 2019, https://tradingeconomics.com/country-list/interest-rate.

100. Gilles Duranton, Ejaz Ghani, Arti Grover Goswami, and William Kerr, "The Misallocation of Land and Other Factors of Production in India," World Bank Group Policy Research Working Paper 7547, (2016), https://doi.org/10.1596/1813-9450-7221.

101. Nicholas Bloom, Benn Eifert, Aprajit Mahajan, David McKenzie, and John Roberts, "Does Management Matter? Evidence from India,"*Quarterly Journal of Economics* 128, no. 1 (2013), https://doi.org/10.1093/qje/qjs044.

102. Jaideep Prabhu, Navi Radjou, and Simone Ahuja, *Jugaad Innovation: Think Frugal, Be Flexible, Generate Breakthrough Growth* (San Francisco: Jossey-Bass, 2012).

103. Emily Breza, Supreet Kaur, and Nandita Krishnaswamy, "Scabs: The Social Suppression of Labor Supply," NBER Working Paper 25880 (2019), https://doi.org/10.3386/w25880.

104. Authors' calculation from the National Sample Survey, 66h round, 2009–2010, accessed June 19, http://www.icssrdataservice.in/datarepository/ index.php/catalog/89/overview.

105. Abhijit Banerjee and Gaurav Chiplunkar, "How Important Are Matching Frictions in the Labor Market? Experimental and Non-Experimental Evidence from a Large Indian Firm," working paper, 2018, accessed June 19, 2019, https://gauravchiplunkar.com/wp-content/

uploads/2018/08/ matchingfrictions_banerjeechiplunkar_aug18.pdf.

106. Esther Duflo, Pascaline Dupas, and Michael Kremer, "The impact of Free Secondary Education: Experimental Evidence from Ghana," MIMEO, Massachusetts Institute of Technology, accessed April 18, 2019, https:// economics.mit.edu/files/16094.

107. "Unemployment, Youth Total (% of total labor force ages 15–24) (national estimate)," World Bank Open Data, accessed April 15, 2019, https:// data.worldbank.org/indicator/SL.UEM.1524.NE.ZS.

108. Abhijit Banerjee and Gaurav Chiplunkar, "How Important Are Matching Frictions in the Labor Market? Experimental and Non-Experimental Evidence from a Large Indian Firm," working paper, 2018.

109. "Labour Market Employment, Employment in Public Sector, Employment in Private Sector Different Categories-wise," Data.gov.in, accessed April 15, 2019, https://data.gov.in/resources/labour-market-employ ment-employment-public-sector-employment-private-sector-different.

110. Sonalde Desai and Veena Kulkarni, "Changing Educational Inequalities in India in the Context of Affirmative Action," *Demography* 45, no. 2 (2008): 245–70.

111. Abhijit Banerjee and Sandra Sequeira, "Spatial Mismatches and Beliefs about the Job Search: Evidence from South Africa," MIMEO, MIT, 2019.

112. Neha Dasgupta, "More Than 25 Million People Apply for Indian Railway Vacancies," Reuters, March 29, 2018, accessed June 19, 2019, https://www.reuters.com/article/us-india-unemployment-railways/more-than-25-million-people-apply-for-indian-railway-vacancies-idUSKBN1H524C.

113. Frederico Finan, Benjamin A. Olken, and Rohini Pande, "The Personnel Economics of the States," in *Handbook of Field Experiments*, vol. 2, eds. Abhijit Banerjee and Esther Duflo (Amsterdam: North Holland, 2017).

114. Ezra Vogel, *Japan as Number One* (Cambridge, MA: Harvard University Press, 1979), 153–54, 204–205, 159, 166.

115. Ernest Liu, "Industrial Policies in Production Networks," working paper, 2019.

116. Albert Bollard, Peter J. Klenow, and Gunjan Sharma, "India's Mysterious Manufacturing Miracle," *Review of Economic Dynamics* 16, no. 1 (2013): 59–85.

117. Pierre-Richard Agénor and Otaviano Canuto, "Middle-Income Growth Traps," *Research in Economics* 69, no. 4 (2015): 641–60, https://doi.org/10.1016/j.rie.2015.04.003.

118. "Guidance Note for Surveillance under Article IV Consultation," International Monetary Fund, 2015.

119. "Mortality Rate, under-5 (per 1,000 Live Births)," World Bank Data, accessed April 16, 2019, https://data.worldbank.org/indicator/SH.DYN.MORT?end=2017&locations=GT-LK-US&start=2009.

120. Taz Hussein, Matt Plummer, and Bill Breen (for the *Stanford Social Innovation Review*), "How Field Catalysts Galvanise Social Change," SocialInnovationExchange.org., 2018, https://socialinnovationexchange.org/ insights/how-field-catalysts-galvanise-social-change.

121. Christian Lengeler, "Insecticide-Treated Bed Nets and Curtains for Preventing Malaria," *Cochrane Database of Systematic Reviews* 2, no. 2 (2004), https://doi.org/10.1002/14651858.CD000363.pub2.

122. Abhijit Banerjee and Esther Duflo, *Poor Economics* (New York: PublicAffairs, 2011).

123. Jessica Cohen and Pascaline Dupas, "Free Distribution or Cost-Sharing? Evidence from a Randomized Malaria Prevention Experiment," *Quarterly Journal of Economics* 125, no. 1 (2010): 1–45.

124. "World Malaria Report 2017," World Health Organization, 2017.

125. S. Bhatt, D. J. Weiss, E. Cameron, D. Bisanzio, B. Mappin, U. Dalrymple, K. Battle, C. L. Moyes, A. Henry, P. A. Eckhoff, E. A. Wenger, O. Briët, M. A. Penny, T. A. Smith, A. Bennett, J. Yukich, T. P. Eisele, J. T. Griffin, C. A. Fergus, M. Lynch, F. Lindgren, J. M. Cohen, C. L. J. Murray, D. L. Smith, S. I. Hay, R. E. Cibulskis, and P. W. Gething, "The Effect on Malaria Control on *Plasmodium falciparum* in Africa between 2000 and 2015," *Nature* 526 (2015): 207–11, https://doi.org/10.1038/nature15535.

126. William Easterly, "Looks like @JeffDSachs got it more right than I did on effectiveness of mass bed net distribution to fight malaria in Africa," tweet, August 18, 2017, 11:04 a.m.

第六章　水温渐热

1. "Global Warming of 1.5℃," IPCC Special Report, Intergovernmental Panel on Climate Change, 2008, accessed June 16, 2019, https://www.ipcc.ch/ sr15/.

2. Lucas Chancel and Thomas Piketty, "Carbon and Inequality: from Kyoto to Paris," report, Paris School of Economics, 2015, accessed June 16, 2019, http://piketty.pse.ens.fr/files/ChancelPiketty2015.pdf.

3. Robin Burgess, Olivier Deschenes, Dave Donaldson, and Michael Greenstone, "Weather, Climate Change and Death in India," LSE working paper, 2017, accessed June 19, 2018, http://www.lse.ac.uk/economics/ Assets/Documents/personal-pages/robin-burgess/weather-climate-change-and-death.pdf.

4. Orley C. Ashenfelter and Karl Storchmann, "Measuring the Economic Effect of Global Warming on Viticulture Using Auction, Retail, and Wholesale Prices," *Review of Industrial Organization* 37, no. 1 (2010): 51–64.

5. Joshua Graff Zivin and Matthew Neidell, "Temperature and the Allocation of Time: Implications for Climate Change," *Journal of Labor Economics* 32, no. 1 (2014): 1–26.

6. Joshua Goodman, Michael Hurwitz, Jisung Park, and Jonathan Smith, "Heat and Learning," NBER Working Paper 24639, 2018.

7. Achyuta Adhvaryu, Namrata Kala, and Anant Nyshadham, "The Light and the Heat: Productivity Co-benefits of Energy-saving Technology," NBER Working Paper 24314, 2018.

8. Melissa Dell, Benjamin F. Jones, and Benjamin A. Olken, "What Do We Learn from the Weather? The New Climate-Economy Literature," *Journal of Economic Literature* 52, no. 3 (2014): 740–98.

9. Olivier Deschenes and Michael Greenstone, "Climate Change, Mortality, and Adaptation: Evidence from Annual Fluctuations in Weather in the US," *American Economic Journal: Applied Economics*, 3 no. 4 (2011): 152–85.

10. Robin Burgess, Olivier Deschenes, Dave Donaldson and Michael Greenstone, "Weather, Climate Change and Death in India," LSE working paper, 2017 accessed June 16, 2019, http://www.lse.ac.uk/economics/Assets/Documents/personal-pages/robin-burgess/weather-climate-change-and-death.pdf.

11. Melissa Dell, Benjamin F. Jones, and Benjamin A. Olken, "What Do We Learn from the Weather? The New Climate-Economy Literature," *Journal of Economic Literature* 52, no. 3 (2014): 740—98.

12. Nihar Shah, Max Wei, Virginie Letschert, and Amol Phadke, "Benefits of Leapfrogging to Superefficiency and Low Global Warming Potential Refrigerants in Room Air Conditioning," U.S. Department of Energy: Ernest Orlando Lawrence Berkeley National

Laboratory Technical Report, 2015, accessed June 16 2019, https://eta.lbl.gov/publications/benefits-leap frogging-superefficiency.

13. Maximilian Auffhammer and Catherine Wolfram, "Powering Up China: Income Distributions and Residential Electricity Consumption," *American Economic Review: Papers & Proceedings* 104, no. 5 (2014): 575–80.

14. Nicholas Stern, *The Economics of Climate Change: The Stern Review* (Cambridge, UK: Cambridge University Press, 2006).

15. Daron Acemoglu, Philippe Aghion, Leonardo Bursztyn, and David Hemous, "The Environment and Directed Technical Change," *American Economic Review* 102, no. 1 (2012): 131–66.

16. Daron Acemoglu and Joshua Linn, "Market Size in Innovation: Theory and Evidence from the Pharmaceutical Industry," *Quarterly Journal of Economics* 119, no. 3 (2004): 1049–90.

17. Hannah Choi Granade et al., "Unlocking Energy Efficiency in the U.S. Economy," executive summary," McKinsey & Company, 2009, accessed June 16, 2019, https://www.mckinsey.com/~/media/mckinsey/dotcom/client_service/epng/pdfs/unlocking%20energy%20efficiency/us_energy_efficiency_exc_summary.ashx.

18. "Redrawing the Energy-Climate Map," technical report, International Energy Agency, 2013. Accessed June 16, 2019, https://www.iea.org/publications/freepublications/publication/WEO_Special_Report_2013_Redrawing_the_Energy_Climate_Map.pdf.

19. Meredith Fowlie, Michael Greenstone, and Catherine Wolfram, "Do Energy Efficiency Investments Deliver? Evidence from the Weatherization Assistance Program," *Quarterly Journal of Economics* 133, no. 3 (2018): 1597–1644.

20. Nicholas Ryan, "Energy Productivity and Energy Demand: Experimental Evidence from Indian Manufacturing Plants," NBER Working Paper 24619, 2018.

21. Meredith Fowlie, Catherine Wolfram, C. Anna Spurlock, Annika Todd, Patrick Baylis, and Peter Cappers, "Default Effects and Follow-on Behavior: Evidence from an Electricity Pricing Program," NBER Working Paper 23553, 2017.

22. Hunt Allcott and Todd Rogers, "The Short-Run and Long-Run Effects of Behavioral Interventions: Experimental Evidence from Energy Conservation," *American Economic Review* 104, no. 10 (2014): 3003–37.

23. David Atkin, "The Caloric Costs of Culture: Evidence from Indian Migrants," *American Economic Review* 106, no. 4 (2016): 1144–81.

24. Avraham Ebenstein, Maoyong Fan, Michael Greenstone, Guojun He, and Maigeng Zhou, "New Evidence on the Impact of Sustained Exposure to Air Pollution on Life Expectancy from China's Huai River Policy," *PNAS* 114, no. 39 (2017): 10384–89.

25. WHO Global Ambient Air Quality Database (update 2018), https:// www.who.int/airpollution/data/cities/en/.

26. Umair Irfan, "How Delhi Became the Most Polluted City on Earth," Vox, November 25, 2017.

27. "The Lancet Commission on Pollution and Health," *Lancet* 391 (2017): 462–512.

28. "The Lancet: Pollution Linked to Nine Million Deaths Worldwide in 2015, Equivalent to One in Six Deaths," *Lancet*, public release, 2018.

29. Achyuta Adhvaryu, Namrata Kala, and Anant Nyshadham, "Management and Shocks to Worker Productivity: Evidence from Air Pollution Exposure in an Indian Garment Factory," IGC working paper, 2016, accessed June 16, 2019, https://www.theigc.org/wp-content/uploads/2017/01/ Adhvaryu-et-al-2016-Working-paper.pdf.

30. Tom Y. Chang, Joshua Graff Zivin, Tal Gross, and Matthew Neidell, "The Effect of Pollution on Worker Productivity: Evidence from Call Center Workers in China," American Economic Journal: Applied Economics 11, no. 1 (2019): 151–72.

31. Kevin Mortimer et al., "A Cleaner-Burning Biomass-Fuelled Cookstove Intervention to Prevent Pneumonia in Children under 5 Years Old in Rural Malawi (the Cooking and Pneumonia Study): A Cluster Randomised Controlled Trial," *Lancet* 389, no. 10065 (2016): 167–75.

32. Theresa Beltramo, David L. Levine, and Garrick Blalock, "The Effect of Marketing Messages, Liquidity Constraints, and Household Bargaining on Willingness to Pay for a Nontraditional Cook-stove," Center for Effective Global Action Working Paper Series No. 035, 2014; Theresa Beltramo, Garrick Blalock, David I. Levine, and Andres M. Simons, "Does Peer Use Influence Adoption of Efficient Cookstoves? Evidence from a Randomized Controlled Trial in Uganda," *Journal of Health Communication: International Perspectives* 20 (2015): 55–66; David I. Levine, Theresa Beltramo, Garrick Blalock, and Carolyn Cotterman, "What Impedes Efficient Adoption of Products? Evidence from Randomized Variation of Sales Offers for Improved Cookstoves in Uganda," *Journal of the European Economic Association* 16, no. 6 (2018): 1850–80; Ahmed Mushfiq Mobarak, Puneet Dwivedi, Robert Bailis, Lynn Hildemann, and Grant Miller, "Low Demand for Nontraditional Cookstove Technology," *Proceedings of the*

National Academy of Sciences 109, no. 27 (2012): 10815−20.

33. Rema Hanna, Esther Duflo, and Michael Greenstone, "Up in Smoke: The Influence of Household Behavior on the Long-Run Impact of Improved Cooking Stoves," *American Economic Journal: Economic Policy* 8, no. 1 (2016): 80−114.

34. Abhijit V. Banerjee, Selvan Kumar, Rohini Pande, and Felix Su, "Do Voters Make Informed Choices? Experimental Evidence from Urban India," working paper, 2010.

第七章　《自动钢琴》

1. Kurt Vonnegut, *Player Piano* (New York: Charles Scribner's Sons, 1952).

2. Kurt Vonnegut, *God Bless You, Mr. Rosewater* (New York: Holt, Rinehart and Winston, 1965).

3. Erik Brynjolfsson and Andrew McAfee, *The Second Machine Age* (New York: W. W. Norton & Company, 2014).

4. David H. Autor, "Why Are There Still So Many Jobs? The History and Future of Workplace Automation," *Journal of Economic Perspectives* 29, no. 3 (2015): 3−30.

5. Ellen Fort, "Robots Are Making $6 Burgers in San Francisco," *Eater San Francisco*, June, 21, 2018.

6. Michael Chui, James Manyika, and Mehdi Miremadi, "How Many of Your Daily Tasks Could Be Automated?," *Harvard Business Review*, December 14, 2015 and "Four Fundamentals of Business Automation," *McKinsey Quarterly*, November 2016, accessed June 19, 2019, https://www.mckinsey.com/business-functions/digital-mckinsey/our-insights/four-fundamentals-of-workplace-automation.

7. "Automation, Skills Use and Training," Organisation for Economic Co-operation and Development Library, accessed April 19, 2019, https://www.oecd-ilibrary.org/employment/automation-skills-use-and-training_2e2f4eea-en.

8. "Robots and Artificial Intelligence," Chicago Booth: The Initiative on Global Markets, IGM Forum, June 30, 2017.

9. Robert Gordon, *The Rise and Fall of American Growth* (Princeton, NJ: Princeton University Press, 2016).

10. Databases, Tables, and Calculators by Subject, Series LNS14000000, Bureau of Labor Statistics, accessed April 11, 2019, https://data.bls.gov/ timeseries/lns14000000.

11. Robert Gordon, *The Rise and Fall of American Growth* (Princeton, NJ: Princeton University Press, 2016); "Labor Force Participation Rate, Total (% total population ages 15+) (national estimate)," World Bank Open Data, https://data.worldbank.org/indicator/SL.TLF.CACT.NE.ZS?locations =US.

12. Daron Acemoglu and Pascual Restrepo, "Artificial Intelligence, Automation and Work," NBER Working Paper 24196, 2018.

13. N. F. R. Crafts and Terence C. Mills, "Trends in Real Wages in Britain 1750–1913," *Explorations in Economic History* 31, no. 2 (1994): 176–94.

14. Robert Fogel and Stanley Engerman, *Time on the Cross* (New York: W. W. Norton & Company, 1974).

15. Daron Acemoglu and Pascual Restrepo, "Robots and Jobs: Evidence from United States Labor Markets," NBER Working Paper 23285, 2017.

16. Daron Acemoglu and Pascual Restrepo, "The Race Between Machine and Man: Implications of Technology for Growth, Factor Shares and Employment," NBER Working Paper 22252, 2017.

17. David Autor, "Work of the Past, Work of the Future," Richard T. Ely Lecture, *American Economic Association: Papers and Proceedings,* 2019.

18. Daron Acemoglu and Pascual Restrepo, "Artificial Intelligence, Automation and Work," NBER Working Paper 24196, 2018.

19. Ibid.

20. Ibid.

21. Aaron Smith and Monica Anderson, "Americans' Attitudes towards a Future in Which Robots and Computers Can Do Many Human Jobs," Pew Research Center, October 4, 2017, accessed April 3, 2019, http://www.pew internet.org/2017/10/04/americans-attitudes-toward-a-future-in-which-robots-and-computers-can-do-many-human-jobs/.

22. Kevin J. Delaney, "The Robot That Takes Your Job Should Pay Taxes, Says Bill Gates," *Quartz,* February 17, 2017, accessed April 13, 2019, https:// qz.com/911968/bill-gates-the-robot-that-takes-your-job-should-pay-taxes/.

23. "European Parliament Calls for Robot Law, Rejects Robot Tax," Reuters, February 16, 2017, accessed April 12, 2019, https://www.reuters.com/article/us-europe-robots-lawmaking/european-parliament-calls-for-robot-law-rejects-robot-tax-idUSKBN15V2KM.

24. Ryan Abbott and Bret Bogenschneider, "Should Robots Pay Taxes? Tax Policy in the

Age of Automation," *Harvard Law & Policy Review* 12 (2018).

25. John DiNardo, Nicole M. Fortin, and Thomas Lemieux, "Labor Market Institutions and Distribution of Wages, 1973–1990: A Semiparametric Approach," *Econometrica* 64, no. 5 (1996): 1001–44; David Card, "The Effect of Unions on the Structure of Wages: A Longitudinal Analysis," *Econometrica* 64, no. 4 (1996): 957–79; Richard B. Freeman, "How Much Has Deunionization Contributed to the Rise of Male Earnings Inequality?," in eds. Sheldon Danziger and Peter Gottschalk *Uneven Tides: Rising Income Inequality in America* (New York: Russell Sage Foundation, 1993), 133–63.

26. See "UK Public Spending Since 1900," https://www.ukpublicspending.co.uk/past_spending.

27. John Kenneth Galbraith. "Recession Economics." *New York Review of Books*, February 4, 1982.

28. Facundo Alvaredo, Lucas Chancel, Thomas Piketty, Emmanuel Saez, and Gabriel Zucman, "World Inequality Report 2018: Executive Summary," Wid.World, 2017, accessed April 13, 2019, from the World Inequality Lab website: https://wir2018.wid.world/files/download/wir2018-summary-english.pdf.

29. "United Kingdom," World Inequality Database, Wid.World, accessed April 13, 2019, https://wid.world/country/united-kingdom/.

30. Thomas Piketty, Emmanuel Saez, and Stefanie Stantcheva, "Optimal Taxation of Top Labor Incomes: A Tale of Three Elasticities," *American Economic Journal: Economic Policy* 6, no. 1 (2014): 230–71, DOI: 10.1257/pol.6.1.230.

31. Facundo Alvaredo, Lucas Chancel, Thomas Piketty, Emmanuel Saez, and Gabriel Zucman, "World Inequality Report 2018," Wid.World, retrieved from the World Inequality Lab website: https://wir2018.wid.world/files/download/wir2018-full-report-english.pdf.

32. David Autor, "Work of the Past, Work of the Future," Richard T. Ely Lecture, *American Economic Review: Papers and Proceedings,* 2019.

33. David Autor, David Dorn, Lawrence F. Katz, Christina Patterson, and John Van Reenen, "The Fall of the Labor Share and the Rise of Superstar Firms," NBER Working Paper 23396, issued in May 2017, DOI: 10.3386/w2339.

34. Thomas Piketty, *Capital in the Twenty-First Century,* trans. Arthur Goldhammer (Cambridge, MA: Harvard University Press, 2014).

35. World Bank Data, accessed April 19, 2019, https://data.worldbank.org/indicator/ne.trd.

gnfs.zs.

36. Claudia Goldin and Lawrence F. Katz, *The Race between Education and Technology* (Cambridge, MA: Harvard University Press, 2010).

37. Thomas Piketty, *Capital in the Twenty-First Century,* trans. Arthur Goldhammer (Cambridge, MA: Harvard University Press, 2014).

38. David Autor, David Dorn, Lawrence F. Katz, Christina Patterson, and John Van Reenen, "The Fall of the Labor Share and the Rise of Superstar Firms," NBER Working Paper 23396 10.3386/w2339, 2017.

39. Jason Furman and Peter Orszag, "Slower Productivity and Higher Inequality: Are They Related?," Peterson Institute for International Economics Working Paper 18-4, 2018.

40. Jae Song, David J Price, Fatih Guvenen, Nicholas Bloom, Till von Wachter, "Firming Up Inequality," *Quarterly Journal of Economics*, Volume 134, no. 1 (2019): 1–50, https://doi.org/10.1093/qje/qjy025.

41. Sherwin Rosen, "The Economics of Superstars," *American Economic Review* 71, no. 5 (1981): 845–58.

42. Xavier Gabaix and Augustin Landier, "Why Has CEO Pay Increased So Much?," *Quarterly Journal of Economics* 123, no. 1 (2008): 49–100.

43. Facundo Alvaredo, Lucas Chancel, Thomas Piketty, Emmanuel Saez, and Gabriel Zucman, "World Inequality Report 2018," Wid.World, 2017, retrieved from the World Inequality Lab website: https://wir2018.wid.world/files/download/wir2018-full-report-english.pdf.

44. World Inequality Database, Wid.World, https://www.wid.world.

45. Robin Greenwood and David Scharfstein, "The Growth of Finance," *Journal of Economic Perspectives* 27, no. 2 (2013): 3–28.

46. Thomas Philippon and Ariell Reshef, "Wages and Human Capital in the U.S. Finance Industry: 1909–2006," *Quarterly Journal of Economics* 127, no. 4 (2012): 1551–1609.

47. Brian Bell and John Van Reenen, "Bankers' Pay and Extreme Wage Inequality in the UK," CEP Special Report, 2010.

48. Jon Bakija, Adam Cole, and Bradley T. Heim, "Jobs and Income Growth of Top Earners and the Causes of Changing Income Inequality: Evidence from U.S. Tax Return Data," working paper, Williams College, 2012, accessed June 19, 2019, https://web.williams.edu/Economics/wp/BakijaColeHeimJobsIncomeGrowthTopEarners.pdf.

49. Bertrand Garbinti, Jonathan Goupille-Lebret, and Thomas Piketty, "Income Inequality

in France, 1900−2014: Evidence from Distributional National Accounts (DINA)," WID.world Working Paper Series No. 2017/4, 2017.

50. Olivier Godechot, "Is Finance Responsible for the Rise in Wage Inequality in France?," *Socio-Economic Review* 10, no. 3 (2012): 447−70.

51. Eugene F. Fama and Kenneth R. French, "Luck Versus Skill in the Cross-Section of Mutual-Fund Returns," *Journal of Finance* 65, no. 5 (2010): 1915−47.

52. Thomas Philippon and Ariell Reshef, "Wages and Human Capital in the U.S. Finance Industry: 1909−2006, *Quarterly Journal of Economics* 127, no. 4 (2012): 1551−1609.

53. Robin Greenwood and David Scharfstein, "The Growth of Finance," *Journal of Economic Perspectives* 27, no. 2 (2013): 3−28.

54. Claudia Goldin and Lawrence F. Katz, "Transitions: Career and Family Life Cycles of the Educational Elite," *American Economic Review* 98, no. 2 (2008): 363−69.

55. Marianne Bertrand and Sendhil Mullainathan, "Are CEO's Rewarded for Luck? The Ones Without Principals Are," *Quarterly Journal of Economics* 116, no. 3 (2001): 901−32.no. 2 (2013): 3−28.

56. Thomas Piketty, *Capital in the Twenty-First Century,* trans. Arthur Goldhammer (Cambridge, MA: Harvard University Press, 2014), 550−51, and Emmanuel Saez and Gabriel Zucman, "Alexandria Ocasio-Cortez's Idea Is Not about Soaking the Rich," accessed April 20, 2019, https://www.nytimes.com/2019/01/22/opinion/ocasio-cortez-taxes.html.

57. Thomas Piketty, Emmanuel Saez, and Stefanie Stantcheva, "Optimal Taxation of Top Labor Incomes: A Tale of Three Elasticities," *American Economic Journal: Economic Policy* 6, no. 1 (2014): 230−71.

58. Maury Brown, "It's Time to Blowup the Salary Cap Systems in the NFL, NBA, and NHL," *Forbes,* March 10, 2015, accessed April 11, 2019, https://www.forbes.com/sites/maurybrown/2015/03/10/its-time-to-blowup-the-salary-cap-systems-in-the-nfl-nba-and-nhl/#1e35ced969b3.

59. Emmanuel Saez, Joel Slemrod, and Seth H. Giertz, "The Elasticity of Taxable Income with Respect to Marginal Tax Rates: A Critical Review," *Journal of Economic Literature* 50, no. 1 (2012): 3−50.

60. Pian Shu, "Career Choice and Skill Development of MIT Graduates: Are the 'Best and Brightest' Going into Finance?," Harvard Business School Working Paper 16-067, 2017.

61. David Autor, "Skills, Education, and the Rise of Earnings Inequality among the 'Other

99 Percent,'" *Science* 344, no. 6168 (2014): 843–51.

62. Henrik J. Kleven, Camille Landais, and Emmanuel Saez. 2013. "Taxation and International Migration of Superstars: Evidence from the European Football Market," *American Economic Review* 103, no. 5: 1892–1924.

63. Annette Alstadsæter, Niels Johannesen, and Gabriel Zucman, "Tax Evasion and Inequality," NBER Working Paper 23772, 2018.

64. Thomas Piketty, *Capital in the Twenty-First Century,* trans. Arthur Goldhammer (Cambridge, MA: Harvard University Press, 2014).

65. Ibid.

66. Ben Casselman and Jim Tankersly, "Democrats Want to Tax the Wealthy. Many Voters Agree." *New York Times*, February 19, 2019, https:// www.nytimes.com/2019/02/19/business/economy/wealth-tax-elizabeth-warren.html.

67. H. J. Kleven, Knudsen, M. B., Kreiner, C. T., Pedersen, S. and E. Saez, "Unwilling or Unable to Cheat? Evidence from a Tax Audit Experiment in Denmark," *Econometrica* 79 (2011): 651–92, doi:10.3982/ECTA9113.

68. Gabriel Zucman, "Sanctions for Offshore Tax Havens, Transparency at Home," *New York Times,* April 7, 2016; Gabriel Zucman, "The Desperate Inequality behind Global Tax Dodging," *Guardian,* November 8, 2017.

69. Henrik Jacobsen Kleven, Camille Landais, Emmanuel Saez, and Esben Schultz, "Migration and Wage Effects of Taxing Top Earners: Evidence from the Foreigners' Tax Scheme in Denmark," *Quarterly Journal of Eco-nomics* 129, no. 1 (2013): 333–78.

70. Ben Casselman and Jim Tankersly, "Democrats Want to Tax the Wealthy. Many Voters Agree," *New York Times*, February 19, 2019, https:// www.nytimes.com/2019/02/19/business/economy/wealth-tax-elizabeth-warren.html.

71. Abhijit Banerjee, Esther Duflo, and Stefanie Stantcheva, "Me and Everyone Else: Do People Think Like Economists?," MIMEO, Massachusetts Institute of Technology, 2019.

72. Erzo F. P. Luttmer, "Neighbors as Negatives: Relative Earnings and Well-Being," *Quarterly Journal of Economics* 120, no. 3 (2005): 963–1002.

73. Ricardo Perez-Truglia, "The Effects of Income Transparency on Well-Being: Evidence from a Natural Experiment," NBER Working Paper 25622, 2019.

74. Leonardo Bursztyn, Bruno Ferman, Stefano Fiorin, Martin Kanz, Gautam Rao, "Status Goods: Experimental Evidence from Platinum Credit Cards," *Quarterly Journal of Economics*

133, no. 3 (2018): 1561–95, https://doi.org/10.1093/qje/qjx048.

75. Alberto Alesina, Stefanie Stantcheva, and Edoardo Teso, "Intergenerational Mobility and Preferences for Redistribution," *American Economic Review* 108, no. 2 (2018): 521–54.

76. Ibid.

77. Ibid.

78. Anne Case and Angus Deaton, "Rising Midlife Morbidity and Mortality, US Whites," Proceedings of the National Academy of Sciences, December 2015, 112 (49) 15078-15083; DOI:10.1073/pnas.1518393112; Anne Case and Angus Deaton, "Mortality and Morbidity in the 21st Century," Brookings Papers on Economic Activity, 2017.

79. Tamara Men, Paul Brennan, and David Zaridze, "Russian Mortality Trends for 1991–2001: Analysis by Cause and Region," *BMJ: British Medical Journal* 327, no. 7421 (2003): 964–66.

80. Anne Case and Angus Deaton, "Mortality and Morbidity in the 21st Century," Brookings Papers on Economic Activity, 2017.

81. Alberto Alesina, Stefanie Stantcheva, and Edoardo Teso, "Intergenerational Mobility and Preferences for Redistribution," *American Economic Review* 108, no. 2 (2018): 521–54.

82. Emily Breza, Supreet Kaur, and Yogita Shamdasani, "The Morale Effects of Income Inequality." *Quarterly Journal of Economics* 133, no.2 (2017): 611–63.

83. David Autor, David Dorn, Gordon Hansen, and Kaveh Majlesi, "Importing Political Polarization. The Electoral Consequences of Rising Trade Exposure," NBER Working Paper 22637, September 2016, revised December 2017.

第八章　被认可的政府

1. "Revenue Statistics 2018 Tax Revenue Trends in the OECD," Organisation for Economic Co-operation and Development, December 5, 2018, accessed June 18, 2018, https://www.oecd.org/tax/tax-policy/revenue-statistics-highlights-brochure.pdf.

2. Emmanuel Saez and Gabriel Zucman to Elizabeth Warren, January18 2019, http://gabriel-zucman.eu/files/saez-zucman-wealthtax-warren.pdf.

3. Ben Casselman and Jim Tankersly, "Democrats Want to Tax the Wealthy. Many Voters Agree," *New York Times,* February 19, 2019, https:// www.nytimes.com/2019/02/19/business/economy/wealth-tax-elizabeth-warren.html.

4. Abhijit Banerjee, Esther Duflo, and Stefanie Stantcheva, "Me and Everyone Else: Do People Think Like Economists?," MIMEO, Massachusetts Institute of Technology, 2019.

5. Cited in *Conservatives Betrayed: How George W. Bush and Other Big Government Republicans Hijacked the Conservative Cause,* by Richard A. Viguerie (Los Angeles: Bonus Books, 2006), 46.

6. Emmanuel Saez, Joel Slemrod, and Seth H. Giertz, "The Elasticity of Taxable Income with Respect to Marginal Tax Rates: A Critical Review," *Journal of Economic Literature* 50, no. 1 (2012): 3–50.

7. Isabel Z. Martinez, Emmanuel Saez, and Michael Seigenthaler, "Intertemporal Labor Supply Substitution? Evidence from the Swiss Income Tax Holidays," NBER Working Paper 24634, 2018.

8. Emmanuel Saez, Joel Slemrod, and Seth H. Giertz, "The Elasticity of Taxable Income with Respect to Marginal Tax Rates: A Critical Review," *Journal of Economic Literature* 50, no. 1 (2012): 3–50.

9. Abhijit Banerjee, Esther Duflo, and Stefanie Stantcheva, "Me and Everyone Else: Do People Think Like Economists?," MIMEO, Massachusetts Institute of Technology, 2019.

10. Ronald Reagan, Inaugural Address, Washington, DC, 1981.

11. Alberto Alesina, Stefanie Stantcheva, and Edoardo Teso, "Intergenerational Mobility and Preferences for Redistribution," *American Economic Review* 108, no. 2 (2018): 521–54.

12. Anju Agnihotri Chaba, "Sustainable Agriculture: Punjab Has a New Plan to Move Farmers Away from Water-Guzzling Paddy," *Indian Express,* March 28 2018, accessed March 4, 2019, https://indianexpress.com/article/ india/sustainable-agriculture-punjab-has-a-new-plan-to-move-farmers-away-from-water-guzzling-paddy-5064481/.

13. "Which States Rely Most on Federal Aid?," Tax Foundation, accessed April 19, 2019, https://taxfoundation.org/states-rely-most-federal-aid/.

14. Abhijit Banerjee, Rema Hanna, Jordan Kyle, Benjamin A. Olken, and Sudarno Sumarto, "Tangible Information and Citizen Empowerment: Identification Cards and Food Subsidy Programs in Indonesia," *Journal of Political Economy* 126, no. 2 (2018).

15. Karthik Muralidharan and Venkatesh Sundararaman, "The Aggregate Effect of School Choice: Evidence from a Two-Stage Experiment in India," *Quarterly Journal of Economics* 130, no. 3 (2015): 1011–66.

16. Luc Behaghel, Bruno Crépon, and Marc Gurgand, "Private and Public Provision

of Counseling to Job Seekers: Evidence from a Large Controlled Experiment," *American Economic Journal: Applied Economics* 6, no. 4 (2014): 142−74.

17. Mauricio Romero, Justin Sandefur and Wayne Sandholtz, "Outsourcing Service Delivery in a Fragile State: Experimental Evidence from Liberia," working paper, ITAM, accessed June 18, 2019, https://www.dropbox.com/s/o82lfb6tdffedya/MainText.pdf?dl=0.

18. Finlay Young, "What Will Come of the More Than Me Rape Scandal?," ProPublica, May 3, 2019, accessed June 18, 2019 https://www.pro publica.org/article/more-than-me-liberia-rape-scandal.

19. Oriana Bandiera, Andrea Prat, and Tommaso Valletti, "Active and Passive Waste in Government Spending: Evidence from a Policy Experiment," *American Economic Review* 99, no. 4 (2009): 1278−1308.

20. Abhijit Banerjee, Rema Hanna, Jordan Kyle, Benjamin A. Olken, and Sudarno Sumarto, "Tangible Information and Citizen Empowerment: Identification Cards and Food Subsidy Programs in Indonesia," *Journal of Political Economy* 126, no. 2 (2018): 451−91

21. Abhijit Banerjee, Esther Duflo, and Stefanie Stantcheva, "Me and Everyone Else: Do People Think Like Economists?," MIMEO, Massachusetts Institute of Technology, 2019.

22. Alain Cohn, Ernst Fehr, and Michel Andre Marechal, "Business Culture and Dishonesty in the Banking Industry," *Nature* 516: (2014) 86−89.

23. Reman Hanna and Shing-Yi Wang, "Dishonesty and Selection into Public Service: Evidence from India," *American Economic Journal: Economic Policy* 9 no. 3 (2017): 262−90.

24. Sebastian Baufort, Nikolaj Harmon, Frederik Hjorth, and Asmus Leth Olsen et al., "Dishonesty and Selection into Public Service in Denmark: Who Runs the World's Least Corrupt Public Sector?," Discussion Papers 15−12, University of Copenhagen, Department of Economics, 2015.

25. Oriana Bandiera, Michael Carlos Best, Adnan Khan, and Andrea Prat, "Incentives and the Allocation of Authority in Organizations: A Field Experiment with Bureaucrats," CEP/DOM Capabilities, Competition and Innovation Seminars, London School of Economics, London, May 24 2018.

26. Clay Johnson and Harper Reed, "Why the Government Never Gets Tech Right," *New York Times,* October 24, 2013, accessed March 4, 2019, https://www.nytimes.com/2013/10/25/opinion/getting-to-the-bottom-of-healthcaregovs-flop.html?_r=0.

27. Bertrand Garbinti, Jonathan Goupille-Lebret, and Thomas Piketty, "Income Inequality

in France, 1900−2014: Evidence from Distributional National Accounts (DINA)," *Journal of Public Economics* 162 (2018): 63−77.

28. Thomas Piketty and Nancy Qian, "Income Inequality and Progressive Income Taxation in China and India, 1986−2015," *American Economic Journal: Applied Economics* 1 no. 2 *(*2009*)*: 53−63*, DOI: 10.1257/app.*1.2.53.

29. World Inequality Database, accessed June 19, 2019, https://wid.world/ country/india/ and https://wid.world/country/china/.

30. Luis Felipe López-Calva and Nora Lustig, *Declining Inequality in Latin America: A Decade of Progress?* (Washington, DC: Brookings Institution Press, 2010), 1−24.

31. Santiago Levy, *Progress Against Poverty: Sustaining Mexico's PRO-GRESA-Oportunidades Program* (Washington, DC: Brookings Institution Press, 2006).

32. Dozens of studies have documented various aspects of the Progresa experiment. The first working paper was Paul J. Gertler and Simone Boyce, "An Experiment in Incentive-Based Welfare: The Impact of Progresa on Health in Mexico," working paper, 2003. The studies of this and subsequent experiments are summarized in *Conditional Cash Transfers: Reducing Present and Future Poverty,* ed. Ariel Fizsbein and Norbert Schady, accessed on April 19, 2019, http://documents.worldbank.org/curated/en/914561468314712643/ Conditional-cash-transfers-reducing-present-and-future-poverty.

33. World Inequality data base, accessed on June 18, 2019, https://wid world/country/ colombia, https://wid.world/country/chile, https://wid.world/country/brazil.

第九章　资助与关注

1. Quote by Laticia Animas, who heads the new program. Benjamin Russell, "What AMLO's Anti-Poverty Overhaul Says About His Government," *Americas Quarterly,* February 26, 2019, accessed April 17, 2019, https://www.americasquarterly.org/content/what-amlos-anti-poverty-overhaul-says-about-his-government.

2. David Raul Perez Coady and Hadid Vera-Llamas, "Evaluating the Cost of Poverty Alleviation Transfer Programs: An Illustration Based on PROGRESA in Mexico," IFRPI discussion paper, http://ebrary.ifpri.org/ utils/getfile/collection/p15738coll2/id/60365/ filename/60318.pdf. See also Natalia Caldes, David Coady, and John A. Maluccio, "The Cost of Poverty Alleviation Transfer Programs: A Comparative Analysis of Three Programs in Latin

America," *World Development* 34, no. 5 (2006): 818–37.

3. Florencia Devoto, Esther Duflo, Pascaline Dupas, William Parienté, and Vincent Pons, "Happiness on Tap: Piped Water Adoption in Urban Morocco," *American Economic Journal: Economic Policy* 4 no. 4 (2012): 68–99.

4. Maria Mini Jos, Rinku Murgai, Shrayana Bhattacharya, and Soumya Kapoor Mehta, "From Policy to Practice: How Should Social Pensions Be Scaled Up?," *Economic and Political Weekly* 50, no. 14 (2015).

5. Sarika Gupta, "Perils of the Paperwork: The Impact of Information and Application Assistance on Welfare Program Take-Up in India," Harvard University, November 2017, accessed June 19, 2019, https://scholar.harvard.edu/files/sarikagupta/files/gupta_jmp_11_1.pdf.

6. Esther Duflo, "The Economist as Plumber," *American Economic Review: Papers & Proceedings* 107, no. 5 (2017): 1–26.

7. Amy Finkelstein and Matthew J. Notowidigdo, "Take-up and Targeting: Experimental Evidence from SNAP," NBER Working Paper 24652, 2018.

8. Diane Whitmore Schanzenbach, "Experimental Estimates to the Barriers of Food Stamp Enrollment," Institute for Research on Poverty Discussion Paper no. 1367-09, September 2009.

9. Bruno Tardieu, *Quand un people parle: ATD, Quarte Monde, un combat radical contre la misère* (Paris: Editions La Découverte, 2015).

10. Najy Benhassine, Florencia Devoto, Esther Duflo, Pascaline Dupas, and Victor Pouliquen, "Turning a Shove into a Nudge? A 'Labeled Cash Transfer' for Education," *American Economic Journal: Economic Policy* 7, no. 3 (2015): 86–125.

11. These key numbers are summarized in Robert Reich' s review of two books on the UBI https://www.nytimes.com/2018/07/09/books/review/annie-lowrey-give-people-money-andrew-yang-war-on-normal-people.html and can also be found in the books themselves. Annie Lowrey, *Give People Money: How a Universal Basic Income Would End Poverty, Revolutionize Work, and Remake the World*, 2018, and Andrew Yang, *The War on Normal People: The Truth About America's Disappearing Jobs and Why Universal Basic Income Is Our Future*, 2018.

12. George Bernard Shaw, *Pygmalion* (London: Penguin Classics, 2013).

13. Map Descriptive of London Poverty 1898–9, accessed April 21, 2019, https://booth.lse.ac.uk/learn-more/download-maps/sheet9.

14. "Radio Address to the Nation on Welfare Reform," Ronald Reagan Presidential

Library and Museum, accessed March 20, 2019, https://www.reaganlibrary.gov/research/speeches/21586a.

15. Ibid.

16. For the reader who wants more, this literature is summarized in several books: James P. Ziliak, "Temporary Assistance for Needy Families," in *Economics of Means-TestedTransfer Programs in the United States*, vol. 1, ed. Robert A. Moffitt (National Bureau of Economic Research and University of Chicago Press, 2016), 303–93; Robert Moffitt "The Temporary Assistance for Needy Families Program," in *Means-Tested Transfer Programs in the U.S.*, ed. R. Moffitt (University of Chicago Press and NBER, 2003); Robert Moffitt, "The Effect of Welfare on Marriage and Fertility: What Do We Know and What Do We Need to Know?," in *Welfare, the Family, and Reproductive Behavior*, ed. R. Moffitt (Washington, DC: National Research Council, National Academy of Sciences Press, 1998).

17. Sibith Ndiaye (@SibithNdiaye), "Le Président? Toujours exigeant. Pas encore satisfait du discours qu'il prononcera demain au congrès de la Mutualité, il nous précise donc le brief! Au boulot!," tweet, June 12, 2018, 3:28 p.m., accessed June 19, 2019, https://twitter.com/SibethNdiaye/status/1006664614619308033.

18. "Expanding Work Requirements in Non-Cash Welfare Programs," Council of Economic Advisors, July 2018, https://www.whitehouse.gov/wp-content/uploads/2018/07/Expanding-Work-Requirements-in-Non-Cash-Welfare-Programs.pdf.

19. Shrayana Bhattacharya, Vanita Leah Falcao, and Raghav Puri, "The Public Distribution System in India: Policy Evaluation and Program Delivery Trends," in *The 1.5 Billion People Question: Food, Vouchers, or Cash Transfers?* (Washington, DC: World Bank, 2017).

20. "Egypt to Raise Food Subsidy Allowance in Bid to Ease Pressure from Austerity," Reuters, June 20, 2017, accessed June 19, 2019, https://www.reuters.com/article/us-egypt-economy/egypt-to-raise-food-subsidy-allowance-in-bid-to-ease-pressure-from-austerity-idUSKBN19B2YW.

21. Peter Timmer, Hastuti, and Sudarno Sumarto, "Evolution and Implementation of the Rastra Program in Indonesia," in *The 1.5 Billion People Question: Food, Vouchers, or Cash Transfers?* (Washington, DC: World Bank, 2017).

22. Abhijit Banerjee, Rema Hanna, Jordan Kyle, Benjamin A. Olken, and Sudarno Sumarto, "Tangible Information and Citizen Empowerment: Identification Cards and Food Subsidy Programs in Indonesia," *Journal of Political Economy* 126, no. 2 (2018): 451–91.

23. Reetika Khera, "Cash vs In-Kind Transfers: Indian Data Meets Theory," *Food Policy* 46 (June 2014): 116–28, https://doi.org/10.1016/j.foodpol.2014.03.009.

24. Ugo Gentilini, Maddalena Honorati, and Ruslan Yemtsov, "The State of Social Safety Nets 2014 (English)," World Bank Group, 2014, accessed June 19, 2019, http://documents.worldbank.org/curated/en/302571468320707386/ The-state-of-social-safety-nets-2014.

25. Abhijit V. Banerjee, "Policies for a Better Fed World," *Review of World Economics* 152, no. 1 (2016): 3–17.

26. David K. Evans and Anna Popova "Cash Transfers and Temptation Goods," *Economic Development and Cultural Change* 65, no. 2 (2917), 189–221.

27. Abhijit V. Banerjee, "Policies for a Better Fed World," *Review of World Economics* 152, no. 1 (2016): 3–17.

28. Johannes Haushofer and Jeremy Shapiro, "The Short-Term Impact of Unconditional Cash Transfers to the Poor: Experimental Evidence from Kenya," *Quarterly Journal of Economics* 131, no. 4 (2016): 1973–2042.

29. Ercia Field, Rohini Pande, Natalia Rigol, Simone Schaner, and Charity Troyer Moore, "On Her Account: Can Strengthening Women's Financial Control Boost Female Labor Supply?," working paper, Harvard University, Cambridge, MA, 2016, accessed June 19, 2019, http://scholar.harvard.edu/ files/rpande/files/on_her_account.can_strengthening_womens_ financial_ control_boost_female_labor_supply.pdf.

30. Abhijit Banerjee, Rema Hanna, Gabriel Kreindler, and Ben Olken, "Debunking the Stereotype of the Lazy Welfare Recipient: Evidence from Cash Transfer Programs," *World Bank Research Observer* 32, no. 2 (August 2017) 155–84, https://doi.org/10.1093/wbro/lkx002.

31. Abhijit Banerjee, Karlan Dean and Chris Udry, "Does Poverty Increase Labor Supply? Evidence from Multiple Income Effects," MIMEO, Massachusetts Institute of Technology, 2019.

32. David Greenberg and Mark Shroder, "Part 1: Introduction. An Overview of Social Experimentation and the Digest," *Digest of Social Experiments,* accessed March 25, 2019, https://web.archive.org/web/20111130101109/http://www.urban.org/pubs/digest/introduction.html#n22.

33. Philip K. Robins, "A Comparison of the Labor Supply Findings from the Four Negative Income Tax Experiments,"*Journal of Human Resources* 20, no. 4 (Autumn 1985): 567–82.

34. Orley Ashenfelter and Mark W. Plant, "Nonparametric Estimates of the Labor Supply Effects of Negative Income Tax Programs," *Journal of Labor Economics* 8, no. 1, Part 2: Essays in Honor of Albert Rees (January 1990): S396–S415.

35. Philip K. Robins, "A Comparison of the Labor Supply Findings from the Four Negative Income Tax Experiments," *Journal of Human Resources* 20, no. 4 (Autumn, 1985): 567–82.

36. Ibid.

37. Albert Rees, "An Overview of the Labor-Supply Results," *Journal of Human Resources* 9, no. 2 (Spring 1974): 158–180.

38. Damon Jones and Ioana Marinescu, "The Labor Market Impacts of Universal and Permanent Cash Transfers: Evidence from the Alaska Permanent Fund," NBER Working Paper 24312.

39. Randall K .Q. Akee, William E. Copeland, Gordon Keeler, Adrian Angold, and E. Jane Costello, "Parents' Income and Children's Outcomes: A Quasi-Experiment Using Transfer Payments from Casino Profits," *American Economic Journal: Applied Economics* 2, no. 1 (2010): 86–115.

40. Vivi Alatas, Abhijit Banerjee, Rema Hanna, Matt Wai-poi, Ririn Purnamasari, Benjamin A. Olken, and Julia Tobias, "Targeting the Poor: Evidence from a Field Experiment in Indonesia," *American Economic Review* 102, no. 4 (2012): 1206–40, DOI: 10.1257/aer.102.4.1206.

41. Clément Imbert and John Papp, "Labor Market Effects of Social Programs: Evidence from India's Employment Guarantee," *American Economic Journal: Applied Economics* 7, no. 2 (2015): 233–63; Muralidharan Karthik, Paul Niehuas, and Sandip Sukhtankar, "General Equilibrium Effects of (Improving) Public Employment Programs: Experimental Evidence from India," NBER Working Paper 23838, 2018 DOI: 10.3386/w23838.

42. Martin Ravalion, "Is a Decentralized Right to Work Policy Feasible?," NBER Working Paper 25687, March 2019.

43. Abhijit Banerjee, Esther Duflo, Clement Imbert, Santhos Mattthews, and Rohini Pande, "E-Governance, Accountability, and Leakage in Public Programs: Experimental Evidence from a Financial Management Reform in India," NBER Working Paper 22803, 2016.

44. "Economic Survey 2016–17," Government of India, Ministry of Finance, Department of Economic Affairs, Economic Division, 2017, 188–90.

45. Nur Cahyadi, Rema Hanna, Benjamin A. Olken, Rizal Adi Prima, Elan Satriawan, and Ekki Syamsulhakim, "Cumulative Impacts of Conditional Cash Transfer Programs: Experimental Evidence from Indonesia," NBER Working Paper 24670, 2018.

46. Najy Benhassine, Florencia Devoto, Esther Duflo, Pascaline Dupas, and Victor Pouliquen, "Turning a Shove into a Nudge? A "Labeled Cash Transfer" for Education," *American Economic Journal: Economic Policy* 7, no. 3 (2015): 86–125.

47. Aaron Smith and Monica Anderson, "Americans' Attitudes towards a Future in Which Robots and Computers Can Do Many Human Jobs," Pew Research Center, October 4, 2017, accessed April 3, 2019, http://www.pewinternet.org/2017/10/04/americans-attitudes-toward-a-future-in-which-robots-and-computers-can-do-many-human-jobs/.

48. Robert B. Reich, "What If the Government Gave Everyone a Paycheck?," July 9, 2018, https://www.nytimes.com/2018/07/09/books/review/annie-lowrey-give-people-money-andrew-yang-war-on-normal-people.html.

49. Olli Kangas, Signe Jauhiainen, Miska Simanainen, Mina Ylikännö, eds., "The Basic Income Experiment 2017–2018 in Finland. Preliminary Results," Reports and Memorandums of the Ministry of Social Affairs and Health, 2019, 9.

50. Abhijit Banerjee, Esther Duflo, and Stefanie Stantcheva, "Me and Everyone Else: Do People Think Like Economists?," MIMEO, Massachusetts Institute of Technology, 2019.

51. Nicole Maestas, Kathleen J. Mullen, David Powell, Till von Wachter, and Jeffrey B. Wenger, "Working Conditions in the United States: Results of the 2015 American Working Conditions Survey," Rand Corporation, 2017.

52. "The State of American Jobs: How the Shifting Economic Landscape Is Reshaping Work and Society and Affecting the Way People Think about the Skills and Training They Need to Get Ahead," ch. 3, Pew Research Center, October 2016, accessed April 21, 2019, http://www.pewsocialtrends.org/2016/10/06/3-how-americans-view-their-jobs/#fn-22004-26.

53. See Steve Davis and Till Von Wachter, "Recession and the Costs of Job Loss," Brookings Papers on Economic Activity, Brookings Institution, Washington, DC, 2011, https://www.brookings.edu/wp-content/up-loads/2011/09/2011b_bpea_davis.pdf, and references therein.

54. Daniel Sullivan and Till Von Wachter, "Job Displacement and Mortality: An Analysis Using Administrative Data," *Quarterly Journal of Economics* 124, no. 3 (2009): 1265–1306.

55. Mark Aguiar and Erik Hurst, "Measuring Trends in Leisure: The Allocation of Time

over Five Decades," *Quarterly Journal of Economics* 122, no. 3 (2007): 969–100.

56. Mark Aguiar, Mark Bils, Kerwin Kofi Charles, and Erik Hurst, "Leisure Luxuries and the Labor Supply of Young Men," NBER Working Paper 23552, June 2007.

57. "American Time Use Survey—2017 Results," news release, Bureau of Labor Statistics, US Department of Labor, June 28, 2018, accessed June 19, 2019, https://www.bls.gov/news.release/atus.nr0.htm.

58. Mark Aguiar, Erik Hurst, and Loukas Karabarbounis, "Time Use During the Great Recession," *American Economic Review* 103, no. 5 (2013): 1664–96.

59. Daniel Kahneman and Alan G. Krueger, "Developments in theMeasurement of Subjective Well-Being," *Journal of Economic Perspectives* 20, no. 1 (2006): 3–24.

60. Aaron Smith and Monica Anderson, "Americans' Attitudes towards a Future in Which Robots and Computers Can Do Many Human Jobs," Pew Research Center, October 4, 2017, accessed April 3, 2019, http://www.pew internet.org/2017/10/04/americans-attitudes-toward-a-future-in-which-robots-and-computers-can-do-many-human-jobs/.

61. "Volunteering in the United States, 2015," Economic News Release, February 25, 2016, accessed April 21, 2019, https://www.bls.gov/news.release/volun.nr0.htm.

62. David Deming, "The Growing Importance of Social Skills in the Labor Market," *Quarterly Journal of Economics* 132, no. 4 (2017): 1593–1640, https://doi.org/10.1093/qje/qjx022.

63. Román Zárate, "Social and Cognitive Peer Effects: Experimental Evidence from Selective High Schools in Peru," MIT Economics, 2019, accessed June 19, 2019, https://economics.mit.edu/files/16276.

64. Raj Chetty, Nathaniel Hendren, Patrick Kline, and Emmanuel Saez, "Where Is the Land of Opportunity? The Geography of Intergenerational Mobility in the United States," *Quarterly Journal of Economics* 129, no. 4 (2014): 1553–1623, https://doi.org/10.1093/qje/qju022.

65. Lawrence F. Katz, Jeffrey R. Kling, and Jeffrey B. Liebman, "Moving to Opportunity in Boston: Early Results of a Randomized Mobility Experiment," *Quarterly Journal of Economics* 116 no. 2 (2001): 607–54, https://doi.org/10.1162/00335530151144113.

66. Ra Chetty, Nathaniel Hendren, and Lawrence F. Katz, "The Effect of Exposure to Better Neighborhoods and Children: New Evidence from the Moving to Opportunity Experiment," *American Economic Review* 106, no. 4 (2016): 855–902.

67. Raj Chetty and Nathaniel Hendren, "The Impacts of Neighborhoods on Intergenerational Mobility II: County-Level Estimates," *Quarterly Journal of Economics* 133, no. 3 (2018): 1163−1228.

68. Roland G. Fryer Jr., "The Production of Human Capital in Developed Countries: Evidence from 196 Randomized Field Experiments," in *Handbook of Economic Field Experiments* 2 (Amsterdam: North-Holland, 2017): 95−322.

69. Abhijit Banerjee, Rukmini Banerji, James Berry, Esther Duflo, Harini Kannan, Shobhini Mukerji, Marc Shotland, and Michael Walton, "From Proof of Concept to Scalable Policies: Challenges and Solutions, with an Application," *Journal of Economic Perspectives* 31, no. 4 (2017): 73−102.

70. Raj Chetty, John Friedman, Nathaniel Hilger, Emmanuel Saez, Diane Whitmore Schanzenbach, and Danny Yagan, "How Does Your Kindergarten Classroom Affect Your Earnings? Evidence from Project Star," *Quarterly Journal of Economics* 126, no. 4 (2011): 1593−1660.

71. Ajay Chaudry and Rupa Datta, "The Current Landscape for Public Pre-Kindergarten Programs," in *The Current State of Scientific Knowledge on Pre-Kindergarten Effects,* Brookings Institution, Washington, DC, 2017, accessed June 19, 2019 https://www.brookings.edu/wp-content/uploads/2017/04/duke_prekstudy_final_4-4-17_hires.pdf.

72. Maria Stephens, Laura K. Warren, and Ariana L. Harner, "Comparative Indicators of Education in the United States and Other G-20 Countries: 2015. NCES 2016-100," National Center for Education Statistics, 2015.

73. All the references to Heckman's research on the long-term impact of preschool education can be found at https://heckmanequation.org/. Among other references, see Jorge Luis García, James J. Heckman, Duncan Ermini Leaf, and María José Prados, "The Life-Cycle Benefits of an Influential Early Childhood Program," NBER Working Paper 22993, 2016.

74. Michael Puma, Stephen Bell, Ronna Cook, and Camilla Heid, "Head Start Impact Study Final Report," US Department of Health and Human Services, Administration for Children and Families, 2010, https://www.acf.hhs.gov/sites/default/files/opre/executive_summary_final.pdf; Mark Lipsey, Dale Farran, and Kelley Durkin, "Effects of the Tennessee Prekindergarten Program on Children's Achievement and Behavior through Third Grade," *Early Childhood Research Quarterly* 45 (2017): 155−76.

75. R. M. Ford, S. J. McDougall, and D. Evans, "Parent-Delivered Compensatory

Education for Children at Risk of Educational Failure: Improving the Academic and Self-Regulatory Skills of a Sure Start Preschool Sample," *British Journal of Psychology* 100, no. 4 (2009), 773−97. A. J. L. Baker, C. S. Piotrkowski, and J. Brooks-Gunn, "The Effects of the Home Instruction Program for Preschool Youngsters on Children's School Performance at the End of the Program and One Year Later," *Early Childhood Research Quarterly* 13, no. 4 (1998), 571−86. K. L. Bierman, J. Welsh, B. S. Heinrichs, R. L. Nix, and E. T. Mathis, "Helping Head Start Parents Promote Their Children's Kindergarten Adjustment: The REDI Parent Program," *Child Development*, 2015. James J. Heckman, Margaret L. Holland, Kevin K. Makinom Rodrigo Pinto, and Maria Rosales-Rueda, "An Analysis of the Memphis Nurse-Family Partnership Program," NBER Working Paper 23610, July 2017, http://www.nber.org/papers/w23610. Orazio Attanasio, C. Fernández, E. Fitzsimons, S. M Grantham-McGregor, C. Meghir, and M. Rubio-Codina, "Using the Infrastructure of a Conditional Cash Transfer Programme to Deliver a Scalable Integrated Early Child Development Programme in Colombia: A Cluster Randomised Controlled Trial," *British Medical Journal* 349 (September 29, 2014): g5785. Paul Gertler, James Heckman, Rodrigo Pinto, Arianna Zanolini, Christel Vermeerch, Susan Walker, Susan Chang-Lopez, and Sally Grantham-McGregor, "Labor Market Returns to an Early Childhood Stimulation Intervention in Jamaica," *Science* 344, no. 6187 (2014): 998−1001.

76. Moira R. Dillon, Harini Kannan, Joshua T. Dean, Elizabeth S. Spelke, and Esther Duflo, "Cognitive Science in the Field: A Preschool Intervention Durably Enhances Intuitive but Not Formal Mathematics," *Science* 357, no. 6346 (2017): 47−55.

77. Henrik Kleven, Camille Landais, Johanna Posch, Andreas Steinhauer, and Josef Zweimüller, "Child Penalties Across Countries: Evidence and Explanations," no. w25524, National Bureau of Economic Research, 2019.

78. Henrik Kleven, Camille Landais, and Jakob Egholt Søgaard, "Children and Gender Inequality: Evidence from Denmark," no. w24219, National Bureau of Economic Research, 2018.

79. "Denmark: Long-term Care," Organisation for Economic Co-Operation and Development, 2011, http://www.oecd.org/denmark/47877588.pdf.

80. Bruno Crépon and Gerard van den Berg, "Active Labor Market Policies," *Annual Review of Economics*, https://doi.org/10.1146/annurev-economics-080614-115738; Bruno Crépon, Esther Duflo, Marc Gurgand, Roland Rathelot, and Philippe Zamora, "Do Labor Market Policies Have Displacement Effects? Evidence from a Clustered Randomized Experiment,"

Quarterly Journal of Economics 128, no. 2 (2013): 531-80.

81. Sheila Maguire, Joshua Freely, Carol Clymer, Maureen Conway, and Deena Schwartz, "Tuning In to Local Labor Markets: Findings from the Sectoral Employment Impact Study," Public/Private Ventures, 2010, accessed April 21, 2019, http://ppv.issuelab.org/resources/5101/5101.pdf.

82. Yann Algan, Bruno Crépon, Dylan Glover, "The Value of a Vacancy: Evidence from a Randomized Evaluation with Local Employment Agencies in France," J-PAL working paper, 2018, accessed April 21, 2019, https:// www.povertyactionlab.org/sites/default/files/publications/5484_The-Value_ of_a_vacancy_Algan-Crepon-Glover_June2018.pdf.

83. "Employment Database—Labour Market Policies And Institutions," Organisation for Economic Co-operation and Development.

84. "Active Labour Market Policies: Connecting People with Jobs," Organisation for Economic Co-operation and Development, http://www.oecd.org/employment/activation.htm.

85. Benjamin Hyman, "Can Displaced Labor Be Retrained? Evidence from Quasi-Random Assignment to Trade Adjustment Assistance," January 10, 2018, https://ssrn.com/abstract=3155386 or http://dx.doi.org/10.2139/ ssrn.3155386.

86. Aaron Smith and Monica Anderson, "Automation in Everyday Life: Chapter 2," Pew Research Center, 2017, accessed April 21, 2019, https://www.pewinternet.org/2017/10/04/americans-attitudes-toward-a-future-in-which-robots-and-computers-can-do-many-human-jobs/.

87. Bruno Tardieu, *Quand un people parle* (Paris: La Découverte, 2015).

88. Abhijit Banerjee, Esther Duflo, Nathanael Goldberg, Dean Karlan, Robert Osei, William Parienté, Jeremy Shapiro, Bram Thuysbaert, and Christopher Udry, "A Multifaceted Program Causes Lasting Progress for the Very Poor: Evidence from Six Countries," *Science* 348, no. 6236 (2015): 1260799.

89. Esther Duflo, Abhijit Banerjee, Raghabendra Chattopadyay, Jeremy Shapiro, "The Long Term Impacts of a 'Graduation' Program: Evidence from West Bengal," MIMEO, Massachusetts Institute of Technology, 2019.

90. Christopher Blattman, Nathan Fiala, and Sebastian Martinez, "The Long Term Impacts of Grants on Poverty: 9-Year Evidence from Uganda's Youth Opportunities Program," April 5, 2019, https://ssrn.com/abstract=3223028 or http://dx.doi.org/10.2139/ssrn.3223028.

91. Bruno Crépon, Esther Duflo, Éllise Huillery, William Pariente, Juliette Seban, and Paul-Armand Veillon, "Cream Skimming and the Comparison between Social Interventions

Evidence from Entrepreneurship Programs for At-Risk Youth in France," 2018.

92. Ibid.

93. Robert Rosenthal and Lenore Jacobson, "Pygmalion in the Classroom," *Urban Review* 3, no. 1 (1968): 16–20.

94. Angela Duckworth, *Grit: The Power of Passion and Perseverance* (New York: Scribner, 2016).

95. Yann Algan, Adrien Bouguen, Axelle Charpentier, Coralie Chevallier, and Élise Huillery, "The Impact of a Large-Scale Mindset Intervention on School Outcomes: Experimental Evidence from France," MIMEO, 2018.

96. Sara B. Heller, Anuj K. Shah, Jonathan Guryan, Jens Ludwig, Sendhil Mullainathan, and Harold A. Pollack, "Thinking, Fast and Slow? Some Field Experiments to Reduce Crime and Dropout in Chicago," *Quarterly Journal of Economics* 132k, no. 1 (2017): 1–54.

结　论

1. Chang-Tai Hsieh and Peter J. Klenow, "The Life Cycle of Plants in India and Mexico," *Quarterly Journal of Economics* 129, no. 3 (August 2014): 1035–84, https://doi.org/10.1093/qje/qju014.